그림으로 쉽

안드로이드 프로그래밍

개정7판

천인국 지음

생능출판

저자 소개

천인국
1983년 서울대학교 전자공학과 공학사
1985년 KAIST 전기및전자공학과 공학석사
1993년 KAIST 전기및전자공학과 공학박사
1985~1988년 삼성전자 종합연구소 주임 연구원
1993년~현재 순천향대학교 컴퓨터공학과 교수
2005년 캐나다 UBC 방문 교수

E-mail: chunik@sch.ac.kr

그림으로 쉽게 설명하는
안드로이드 프로그래밍

초판발행 2012년 8월 20일
제7판1쇄 2024년 1월 29일

지은이 천인국
펴낸이 김승기, 김민수
펴낸곳 (주)생능출판사 / **주소** 경기도 파주시 광인사길 143
출판사 등록일 2005년 1월 21일 / **신고번호** 제406-2005-000002호
대표전화 (031)955-0761 / **팩스** (031)955-0768
홈페이지 www.booksr.co.kr

책임편집 이종무 / **편집** 신성민, 최동진 / **디자인** 유준범, 노유안
마케팅 최복락, 심수경, 차종필, 백수정, 송성환, 최태웅, 명하나, 김민정
인쇄 새한문화사 / **제본** 일진제책사

ISBN 979-11-92932-53-8 93000
정가 36,000원

개정7판 머리말

안드로이드는 현재 전 세계 사람들이 가장 많이 사용하는 모바일 운영체제 중의 하나이다. 이 책은 안드로이드 앱 개발자를 위한 책이다. 안드로이드 앱을 개발하는 것은 우리가 컴퓨터공학에서 배웠던 모든 내용을 집대성하는 느낌을 준다. 독자들은 컴퓨터공학의 네트워킹이나 그래픽, 스레드, 자바 프로그래밍, 객체 지향 등의 여러 분야들이 실제로 어떻게 사용되는지 그 생생한 느낌을 받을 수 있을 것이다. 집필하면서 가장 큰 목표는 입문자들이 빠르게 안드로이드의 기본 개념을 습득할 수 있는 책을 만들어 보자는 것이었다. 안드로이드에서도 "인텐트", "이벤트 처리", "액티비티"와 같은 기본적인 개념을 이해하는 것이 무척 중요하다. 개정7판에서는 다음과 같은 부분에 역점을 두고 집필하였다.

- 최신 14.0 버전에서 업데이트된 내용들을 수정하고 반영하였다. 14.0 버전에 맞지 않는 코드는 삭제하거나 수정하였다.
- 독자들이 흥미를 가질 수 있는 예제들을 새롭게 추가하였으며, Lab에서는 여러 가지 분야의 기초 버전 앱을 제공한다. 예를 들어서 "계산기", "MP3 플레이어", "만보계", "슈팅 게임", "그림판"과 같은 앱을 제공한다.
- 많이 사용되지 않는 부분은 과감히 삭제하였고, 최근 중요도가 증가하는 내용을 새롭게 추가하였다. 스타일과 테마에 대한 내용도 추가하였다.
- 도전적인 예제는 "Coding Challenge"로 제공하였다. 독자들은 상상력을 발휘하여서 Coding Challenge의 답안을 작성할 수 있다.
- 웹 서버와 안드로이드 앱이 어떻게 연결되는지를 보여주는 기초적인 모바일 쇼핑 앱 예제를 추가하였다.

개정7판까지 항상 적극적으로 지원해 주시는 ㈜생능출판사 여러분께 깊은 감사를 표한다. 또한, 책이 출간될 때마다 격려해 주시고 오류를 지적해 주시는 모든 교수님들과 독자 여러분께 깊이 감사드린다.

2024년 1월
저자 천인국

머리말

안드로이드는 최근에 각광받는 모바일 운영체제이다. 안드로이드는 지속적으로 마켓 쉐어를 늘려가고 있으며, 버전이 올라갈 때마다 각종 첨단 기술들이 추가되고 있다. 하지만 안드로이드는 상당히 배우기 힘든 점이 있다. 첫 번째로 자바, 데이터베이스, 멀티태스킹, 네트워크, 센서 등의 광범위한 분야에 대한 지식이 있어야 한다. 두 번째로 현존하는 가장 앞선 이론과 기술들을 채택하다 보니 입문자들이 이해하는 데 상당한 어려움을 느낀다. 시중에 나와 있는 안드로이드에 관한 좋은 책들도 상당히 어렵게 기술되어 있다. 저자가 이 책을 저술하게 된 가장 큰 이유가 바로 이 때문으로 컴퓨터공학에 대한 기본적인 지식을 가진 개발자들이 쉽게 이해할 수 있는 안드로이드 책을 만들어보자는 것이었다. 먼저 적절한 그림을 가능한 많이 사용하여 안드로이드 개념을 쉽게 이해하도록 노력하였다. 또한 컬러를 사용하여 지루하지 않고 친숙한 책이 되도록 노력하였다.

이 책은 안드로이드 입문자들을 위한 책이다. 이 책으로 안드로이드에 대한 기초를 확실히 하고, 실제 애플리케이션 개발에는 구글의 전문적인 문서들과 책들을 참조하면 될 것이다. 안드로이드에 대한 가장 큰 정보 원천은 역시 구글의 안드로이드 개발자 웹페이지라 할 수 있다. 이 책을 저술하면서도 구글의 웹페이지와 샘플 프로그램을 많이 참조하였다. 안드로이드는 너무 자주 버전이 업그레이드되는데, 책을 저술하는 입장에서는 상당히 어려운 문제였다. 이 책을 저술하는 중에도 버전이 두 번이나 업그레이드되었다. 이 책에는 가능한 한 최선을 다해서 최신의 내용을 담으려고 노력하였다. 한 가지 다행스러운 점은 안드로이드에서는 이전 버전도 최신 버전에서 계속 지원된다는 점이다. 책에 들어 있는 소스는 생능출판사 홈페이지(www.booksr.co.kr)에서 제공될 것이다.

이 책이 만들어지기까지 많은 도움이 있었다. 특히 까다로운 요구들을 묵묵히 들어주고 적극적으로 지원해 주신 생능출판사 여러분께 깊은 감사를 표한다. 그리고 항상 격려해 주시고 오류를 지적해 주시는 모든 교수님들과 독자 여러분께 깊이 감사드린다. 책을 저술하는 동안 안드로이드에 포함된 첨단 기술들이 필자를 즐겁게 했듯이, 독자 여러분들이 이 책에서 즐거움을 발견할 수 있다면 필자에게는 큰 보람이 될 것이다.

2012년 7월
저자 천인국

4

강의계획표

1학기를 15주로 가정하여 다음과 같이 강의를 진행하는 것을 생각해 볼 수 있다.

주	CHAPTER	학습 내용
1	1장 기초 사항	안드로이드 버전, 개발 툴 설치, 사용법
2	2장 애플리케이션의 기본 구조	이클립스를 이용한 기본 예제 실행, 안드로이드 앱의 구성
3	3장 기본 위젯 4장 레이아웃	기본 위젯 이해, 레이아웃 이해
4	5장 고급 위젯과 이벤트 처리하기 6장 액티비티와 인텐트	고급 위젯과 이벤트 처리, 액티비티와 인텐트 개념
5	7장 메뉴, 대화 상자, 알림	메뉴, 대화 상자, 푸쉬 알림 기법
6	8장 어댑터 뷰, 프래그먼트, 뷰 페이저	각종 어댑터 뷰와 프래그먼트 사용 방법
7	9장 그래픽과 터치 이벤트 처리	캔버스를 이용한 그래픽과 이미지 처리
8	중간시험 및 기말 프로젝트 제안서 발표	중간시험
9	10장 리소스, 스타일, 보안 11장 서비스, 방송 수신자, 컨텐츠 제공자	데이터를 저장하는 방법과 서비스 등의 컴포넌트
10	12장 파일과 데이터베이스	파일과 데이터베이스 사용
11	13장 스레드와 게임 14장 네트워크	스레드를 이용한 게임 작성, 네트워크 통신
12	15장 위치 기반 앱	구글 지도를 이용한 위치 기반 앱 작성
13	16장 멀티미디어 17장 센서	멀티미디어와 센서 사용 방법
14	18장 모바일 쇼핑앱 제작해보기	모바일 쇼핑앱 작성 예제
15	기말시험 및 기말 프로젝트 발표	기말시험

차례

CHAPTER 03 기본 위젯

CHAPTER 04 레이아웃

CHAPTER 05 고급 위젯과 이벤트 처리하기

CHAPTER 06 액티비티와 인텐트

CHAPTER 07 메뉴, 대화 상자, 알림

CHAPTER 08 어댑터 뷰, 프래그먼트, 뷰 페이저

CHAPTER 15 위치 기반 앱

CHAPTER 16 멀티미디어

CHAPTER 01

기초 사항

안드로이드!
이보다 더 쉬울 수는
없을거야.

그렇다고 너무 안심하면
안~돼요! 기초가 튼튼해
야 한다는 거 아시죠?

CHAPTER 01

기초 사항

SECTION 1 스마트폰

애플이 아이폰을 발표한 이후로 스마트폰은 우리의 일상생활을 바꾸어 놓았다. 우리는 스마트폰을 이용하여서 언제 어디서나 인터넷에 접속하여 정보를 얻을 수 있으며, 각종 애플리케이션을 실행하여서 필요한 작업을 수행할 수 있고 필요한 데이터를 가지고 다닐 수 있다. 일반적으로 스마트폰은 일반적인 휴대폰보다 훨씬 강력한 기능을 제공하는 휴대폰이다. 실제로 스마트폰은 완전한 운영체제가 탑재되어 있는 조그마한 컴퓨터라고 할 수 있다. 따라서 스마트폰에서는 데스크톱 컴퓨터처럼 사용자가 애플리케이션을 설치하고 실행할 수 있다.

● 그림 1-1
스마트폰은 우리의
일상을 변화시키고
있다.

언제 어디서나
인터넷을
할 수 있다니!

스마트폰은 이제 우리 생활에서 없어서는 안 될 장치가 되었습니다. 스마트폰 없는 일상생활을 상상해 보신 적이 있나요?

모바일 운영체제

스마트폰에 탑재되는 애플리케이션을 개발하는 개발자의 입장에서는 가장 중요한 것이 운영체제이다. 왜냐하면 운영체제에 따라서 애플리케이션의 구조가 완전히 달라지기 때문이다. 반대로 하드웨어가 다르더라도 운영체제가 같으면 동일한 애플리케이션을 실행할 수 있다. 현재 스마트폰 운영체제로 사용되는 것은 구글의 안드로이드, 애플의 iOS 등이 있다. 최근의 세계 시장 분포를 보면 다음과 같다. 안드로이드가 80% 이상으로 압도적인 점유율을 가지고 있다.

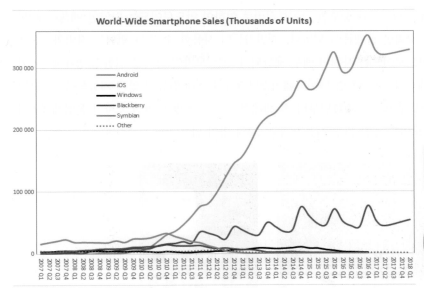

World-Wide Smartphone Sales (Thousands of Units)

● 그림 1-2
스마트폰 운영
체제의 점유율
(출처: Gartner:
Worldwide
smartphone
sales)

모바일 운영체제는 이제 안드로이드와 iOS만 남은 상태입니다. 전 세계적으로 보면 안드로이드 사용자가 더 많습니다.

모바일 운영체제의 비교

최근에 많이 사용되는 안드로이드, iOS 운영체제를 **표 1-1**로 비교하였다.

	안드로이드	iOS
제조사	Google	Apple
개발 언어	Java, Kotlin, C, C++	C, C++, Objective-C, Swift
커널	Linux	UNIX 계통
개발 도구	안드로이드 스튜디오	Xcode
최신버전	Android 14	iOS 17.0
플랫폼	64-bit ARM	ARMv8-A
타겟	스마트폰, 태블릿, 안드로이드 TV, 안드로이드 Auto, 스마트 워치	스마트폰, 태블릿, 포터블 미디어 플레이어
라이센스	오픈 소스	Proprietary
앱스토어	구글 플레이	애플 앱스토어

● 표 1-1
모바일 운영체제
비교

안드로이드(android)는 리눅스(Linux) 커널을 기반으로 많은 오픈 소스 소프트웨어들로 이루어진 모바일 운영체제로, 주로 스마트폰이나 태블릿과 같은 터치스크린 모바일 기기용으로 설계되었다. 안드로이드는 Open Handset Alliance로 알려진 개발자 컨소시엄에 의해 개발되었지만, 가장 널리 사용되는 버전은 구글에서 개발된 버전이다. 안드로이드의 리눅스 커널 위에는 자바 코드를 해석해주는 가상 머신이 탑재되어 있다. 이 가상 머신 위에서 거의 모든 자바 라이브러리들이 지원된다. 이 자바 라이브러리들을 이용하여서 개발자들은 애플리케이션을 작성하게 된다. 자바 언어의 간결성과 풍부한 라이브러리로 인하여 안드로이드는 다양한 애플리케이션을 작성할 수 있는 강력한 플랫폼이 되었다. 개발자들이 사용할 수 있는 언어는 자바와 코틀린(Kotlin)이 있다. 안드로이드는 자원이 매우 제한되어 있는 모바일 장치를 위한 운영체제이지만, 개발자들은 마치 데스크탑에서처럼 데이터베이스나 3차원 그래픽 등의 많은 기능들을 유사하게 사용할 수 있다. 안드로이드는 2011년부터 전 세계적으로 가장 많이 팔린 모바일 운영체제였다. 2021년 5월의 안드로이드 월간 활성 사용자 수는 30억 명이 넘는다.

● 그림 1-3
모바일 운영체제의
최신 버전 비교
(그림 출처: 위키
피디아)

(a) 안드로이드 14　　　　(b) 아이폰 iOS 17

SECTION 2

안드로이드란?

안드로이드의 역사

　2005년에 구글은 안드로이드 주식회사를 인수하게 된다. 안드로이드 주식회사는 캘리포니아에 있는 작은 벤처기업이었다. 안드로이드 주식회사의 설립자 중의 한 명이었던 앤디 루빈 등은 인수된 후에 구글에서 일하게 된다. 구글에서 앤드 루빈이 이끄는 팀은 리눅스 커널에 기반을 둔 모바일 장치 플랫폼을 개발했다. 2007년 11월 5일에 구글은 삼성전자, 텍사스 인스트루먼트, 모토롤라 등으로 구성된

OHA(Open Handset Alliance)라는 컨소시엄을 구성했다. 이 컨소시엄이 지금까지 안드로이드의 최신 버전을 발표하고 있다.

안드로이드 버전

안드로이드는 1.0 버전 이후에 많은 업데이트를 거쳤다. 사실은 너무 많은 업데이트가 있어서 제조업체의 불만이기도 하다. 이것은 또한 구글이 최신의 기술들을 안드로이드로 빠르게 도입하고 있음을 의미한다. 안드로이드 버전에 붙여지는 이름은 알파벳 문자로 시작되는 디저트의 이름이다. 하지만 최근 디저트의 이름이 소진되어서 이제는 **Android 14**처럼 숫자가 붙여지고 있다. 간단하게 최근 버전의 특징을 **표 1-2**에서 살펴보았다.

●표 1-2
안드로이드 버전

이미지	버전	발표일	특징
	7.0(Nougat)	2016.3	· 한 번에 여러 개의 응용 프로그램을 표시하는 분할 화면 기능 · OpenJDK 기반 Java 환경
	8.1(Oreo)	2017.12	· 알림 채널 · PIP
	9.0(Pie)	2018.8	· 적응적 배터리 · 새로운 제스처 제어
	Android 10	2019.9	· 라이브 캡션 · 스마트 리플레이
	Android 11	2020.9	· 한 곳에서 모든 메시지 받기 · 콘텐츠 캡처하고 공유하기
	Android 12	2021.10	· 개인화 극대화 버전 · 부드럽고 반응적인 사용자 인터페이스
	Android 13	2022.8	· 향상된 개인정보 보호 제어 · 앱 색상 테마를 더 많은 앱으로 확장 · 앱 수준에서 설정할 수 있는 언어 설정
	Android 14	2023.8	· 다국어 지원 향상 · 새로운 그래픽 API · 더 안전한 동적 코드 로드

안드로이드의 특징

안드로이드는 어떤 특징을 가지는 모바일 운영체제일까?

- 리눅스 커널 기반: 안드로이드 운영 체제의 핵심 부분은 리눅스(Linux) 커널이다. 리눅스 커널은 안드로이드 장치의 하드웨어 관리와 리소스 관리를 담당한다. 리눅스는 안정적이며 우수한 성능을 제공한다. 안드로이드와 경쟁자인 iOS도 유닉스(UNIX)에서 유래한 커널을 사용하고 있다.
- 애플리케이션 프레임워크(Application framework): 애플리케이션은 여러 개의 컴포넌트로 이루어진다. 안드로이드는 컴포넌트(component)의 재사용을 가능케 하는 애플리케이션 프레임워크를 가진다.
- 자바 언어 사용: 안드로이드 애플리케이션은 자바나 코틀린 언어로 작성된다. 안드로이드 개발자들은 자바의 SE 버전 중에서 AWT와 스윙(swing)을 제외한 거의 모든 패키지를 사용할 수 있다. 안드로이드에서는 자바를 지원하기 위하여 자체적인 가상 머신을 구현하였다. 자바의 표준 가상 머신을 사용하지 않는 이유는 스마트폰이 데스크탑에 비하여 처리 속도와 메모리 측면에서 한참 뒤처지기 때문이다. 자체적인 자바 가상 머신을 ART 가상 머신이라고 부른다.
- 최적화된 그래픽(Optimized graphics): 2D 그래픽은 자체 2D 라이브러리에 의하여 제공되고 3D 그래픽은 OpenGL ES 2.0 규격에 기반을 두고 있다.
- SQLite 데이터베이스 지원: 데이터베이스로 SQLite를 지원한다.
- 각종 오디오, 비디오 규격 지원(MPEG4, H.264, MP3, AAC, AMR, JPG, PNG, GIF)
- 블루투스, EDGE, 3G, WiFi 지원
- 카메라, GPS, 나침판, 가속도계 지원
- 풍부한 개발 환경 제공 장치: 에뮬레이터, 메모리와 성능 프로파일링, 안드로이드 스튜디오 제공

●그림 1-4
다양한 그래픽을 사용하는 Wind-up Knight 게임의 화면

안드로이드의 구조

애플리케이션을 개발하기 전에 미리 알아두어야 하는 사항들을 여기서 학습하여 본다. 안드로이드는 단순히 운영체제만을 제공하는 것은 아니다. 안드로이드는 운영체제, 미들웨어, 핵심 애플리케이션을 모두 포함하는 모바일 플랫폼이라고 할 수 있다. 구글에서는 안드로이드를 소프트웨어 스택(software stack)이라고 부른다. 즉 소프트웨어를 스택처럼 쌓아두었다는 의미이다. 다음 그림은 안드로이드 운영체제의 주요한 요소들을 나타낸다.

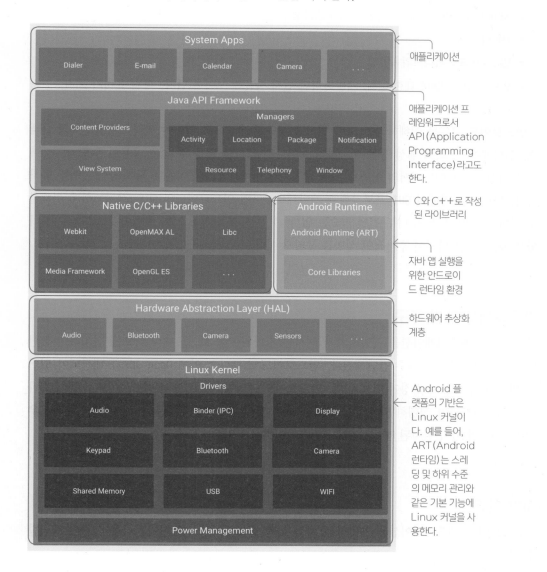

● 그림 1-5
안드로이드의 구조(출처: 안드로이드 홈페이지)

안드로이드 개발 준비 사항

SECTION 4

선수 학습

안드로이드 애플리케이션을 개발하려면 어떤 선수 학습이 필요할까? 다음과 같이 정리할 수 있다.

- 자바(Java) 언어에 대한 상당한 지식과 경험(필수)
- XML의 이해
- 안드로이드 스튜디오의 사용법 ←── 있으면 좋지만 없어도 무방하다.
- 안드로이드 기능에 대한 이해: 개발하려면 먼저 사용해 보아야 한다. 파워 유저가 되자.

안드로이드 코드를 이해하려면 자바 언어를 상당한 수준으로 알아야 한다. 자바 언어의 클래스, 인터페이스, 객체 생성 등을 이해하지 못한다면 코드를 읽을 수 없고 응용할 수도 없다. 예를 들어서 안드로이드에서의 이벤트 처리 방법과 자바 GUI에서의 이벤트 처리 방법은 아주 유사하다. 따라서 자바에서 GUI 프로그램을 개발해보았다면 안드로이드의 GUI 코드를 쉽게 이해할 수 있다. 하지만 뭐든지 너무 겁낼 필요는 없다. 이 책에서 난해한 자바 문법이나 코드가 등장하였을 때, 최선을 다하여 추가적인 설명을 붙일 것이다.

안드로이드 개발 도구

안드로이드 애플리케이션을 개발하기 위해서는 자바와 안드로이드 스튜디오를 설치하여야 한다. 최근에는 설치가 아주 간단해졌다. 안드로이드 스튜디오 안에 Open JDK가 내장되어 있어서 별도의 자바 설치 과정이 필요 없다. 안드로이드 개발자 사이트에서 안드로이드 스튜디오 파일을 다운로드하여 실행하면 개발에 필요한 모든 것이 한 번에 설치된다. 이 책에서는 윈도우 10(64비트 버전)이 설치된 PC에서 안드로이드 14 버전을 기준으로 설명한다.

개발 환경

안드로이드 애플리케이션을 개발하는 데는 어떤 하드웨어가 필요한가? 다음과 같이 정리할 수 있다.

- **개발용 컴퓨터**: 성능은 높을수록 좋다. 특히 에뮬레이터를 실행하기 위해서는 메모리는 **8GB** 이상 되어야 한다. 안드로이드 홈페이지에서 권장하는 최소 사양과 추천 사양은 다음과 같다.

요구사항	최소	추천
OS	64비트 Microsoft Windows 8	Windows 64비트 최신 버전
RAM	8GB RAM	16GB RAM 이상
CPU	x86_64 CPU 아키텍처. 2세대 Intel Core 이상 또는 Windows 하이퍼바이저 프레임워크를 지원하는 AMD CPU	최신 Intel Core 프로세서
디스크 공간	8GB(IDE, Android SDK, 에뮬레이터)	SSD(16GB 이상)
화면 해상도	1280x800	1920x1080

- **최신 버전의 안드로이드가 설치된 스마트폰(선택 사양)**: 실제 장치가 없어도 에뮬레이터를 이용하면 애플리케이션의 개발 및 실행이 어느 정도 가능하다. 하지만 **GPS**와 같이 특수한 하드웨어가 필요한 애플리케이션을 실행할 때는 실제 장치가 필요할 수도 있다. 이 책에서 실제 장치가 필요할 때는 버전 **12**가 탑재된 갤럭시 플립을 사용하였다.

이종 개발 환경

안드로이드 애플리케이션은 **PC**에서 안드로이드 스튜디오와 같은 도구를 이용하여서 개발되고 에뮬레이터에서 실행된다. 만약 에뮬레이터로 테스트하지 못하는 경우에는 실제 장치를 컴퓨터와 **USB** 케이블로 연결하여서 실제 장치로 다운로드하여 테스트할 수 있다.

●그림 1-6
이종 개발 환경

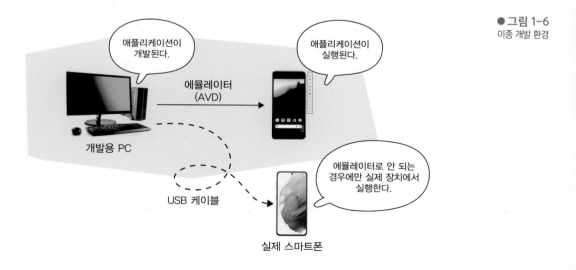

참고 사이트

안드로이드 애플리케이션을 개발하다 보면 책에는 설명되지 않은 많은 자료들이 필요하다. 당연히 제일 중요한 사이트는 구글이 만든 안드로이드 개발자 사이트이다.

```
http://developer.android.com/index.html
```

안드로이드 스튜디오도 여기서 다운로드 받을 수 있다. 안드로이드 학습 과정이나 개발자 가이드와 같은 자료들은 반드시 참고하여야 하는 중요한 자료이다. 또한 안드로이드는 업그레이드가 자주 되고 있으므로 수시로 여기에 들러서 어떤 점이 변경되었는지를 확인하여야 한다. 또한 책에 설명되지 않은 API의 상세한 메소드도 여기서 확인할 수 있다. 패키지와 클래스를 선택하면 클래스 안에 있는 각종 메소드에 대한 상세한 정보를 확인할 수 있다.

안드로이드 스튜디오를 사용할 때의 여러 가지 문제점은 다음 사이트를 참고하도록 하자.

```
https://developer.android.com/studio/troubleshoot
```

**참고
사항**

자바 vs 코틀린

안드로이드는 자바 언어나 코틀린(Kotlin)을 사용하여 개발할 수 있다. 코틀린은 자바의 가상 머신인 JVM 위에서 수행되는 새로운 언어이다. 2017년에 구글에서 안드로이드 개발 언어 중의 하나로 지정하였다. 안드로이드는 전통적으로 자바를 사용하였으나 오라클과의 소송이 영향을 준 것으로 보인다. 자바는 상대적으로 문법이 더 복잡하고 길어서 코드를 작성하고 이해하기 어려울 수 있다. 특히 안드로이드 앱에서 UI 관련 코드를 작성할 때 번거로울 수 있다. 코틀린은 간결하고 가독성이 높은 문법을 제공한다. 하지만 기존 자바 코드와의 상호 운용성도 중요하며, 무엇보다도 자바는 안드로이드 생태계에서 오랜 시간 동안 사용되어 왔다. 이 책에서는 전통적인 언어인 자바를 이용하였다.

안드로이드 개발 환경 구축

안드로이드 개발 환경은 다음과 같은 순서로 구축하면 된다. 아래 그림에서 왼쪽은 필수적인 과정이고 오른쪽은 선택 사항이다.

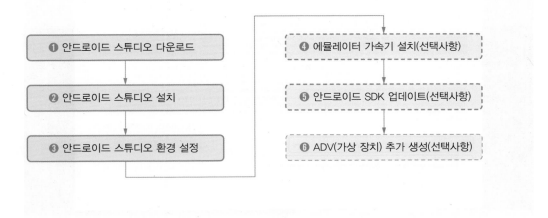

안드로이드 스튜디오 다운로드

안드로이드 스튜디오는 안드로이드 개발 도구에서 가장 핵심이 되는 도구이다. 안드로이드 스튜디오는 구글의 안드로이드 개발자 사이트인 https://developer.android.com에서 다운로드가 가능하다.

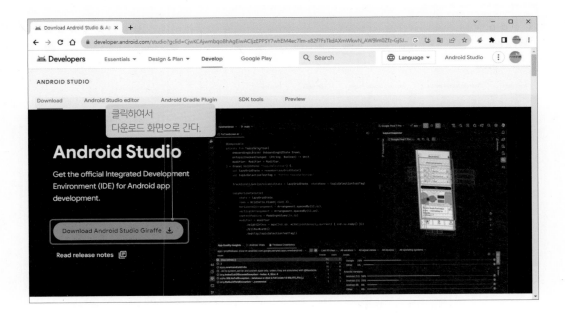

1 "Android 스튜디오 다운로드" 버튼을 누르면 안드로이드 스튜디오를 다운로드하는 화면으로 이동한다. 현재의 최신 버전은 3.0.1로서 버전은 지속적으로 업그레이드되고 있으므로 최신 버전을 설치하면 된다. 라이센스에 동의한다.

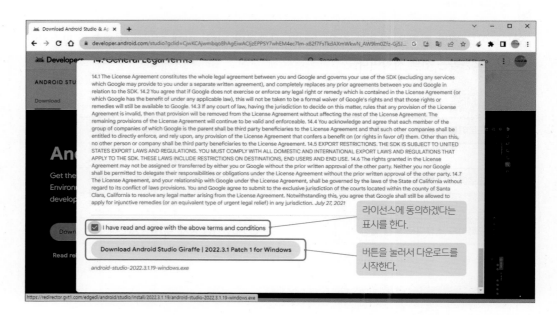

2 다운로드 버튼을 클릭하여 안드로이드 스튜디오 파일을 다운로드하고 다운로드가 끝나면 더블 클릭하여 설치한다. 실행하면 한참 동안 컴퓨터를 조사하다가 설치 마법사가 나온다. 한참 기다려야 한다.

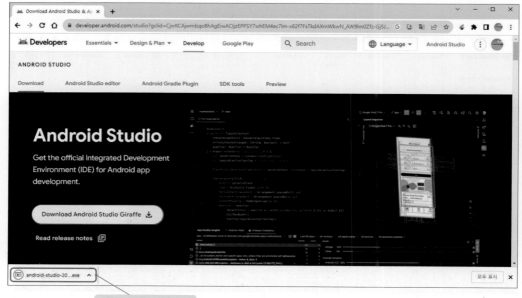

안드로이드 스튜디오 설치

1 설치 마법사의 안내에 따라 Android Studio와 필요한 SDK 도구를 설치하면 된다.

안드로이드 스튜디오는 컴퓨터의 이름이 한글로 되어 있거나 중간에 스페이스가 있는 경우에는 오류가 발생하는 경우도 있다고 한다. 따라서 컴퓨터 이름은 가능하다면 영문으로 하자. 또 개발 도구가 저장되는 디렉토리 이름도 영문으로 하는 것이 좋다.

참고
사항

안드로이드 SDK를 설치하려면 약 10GB가 권장된다. 디폴트 설치 드라이브는 c:이지만 만약 c: 드라이브에 충분한 공간이 없다면 d:와 같은 다른 드라이브에 설치하여야 한다. 만약 공간이 부족하면 SDK가 설치되지 않는다. 주의하여야 한다.

경고

안드로이드 스튜디오 환경 설정

SECTION 6

1 안드로이드 설치가 끝나면 자동으로 안드로이드 스튜디오가 실행된다. 자동으로 실행하지 않았다면 [Windows 시작] → [Android Studio]를 선택하여 실행하면 된다. 이제부터 안드로이드를 사용하는데 필요한 환경을 설정해보자.

2 제일 먼저 물어보는 것은 기존의 설정값을 계승할 것인지이다. "Do not import settings"를 선택한다.

3 로고 화면이 나오고 이어서 [Android Studio Setup Wizard]가 실행된다. [Install Type]은 "Standard"를 선택한다.

4 [Install Type]은 "Standard"를 선택한다.

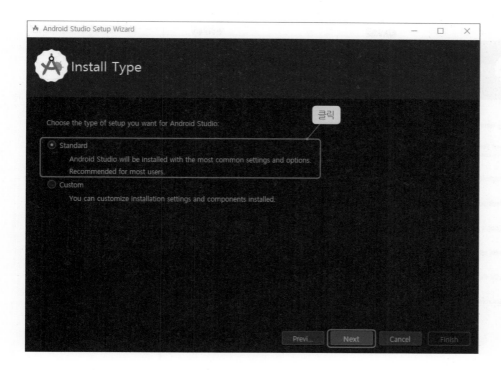

5 UI 테마를 선택한다. 어떤 것을 선택하여도 상관없다.

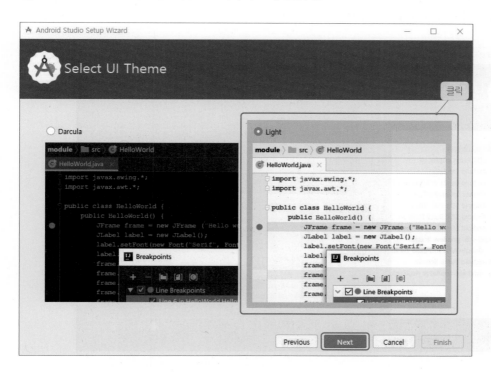

6 이어서 이제까지의 설정 사항을 다시 보여준다.

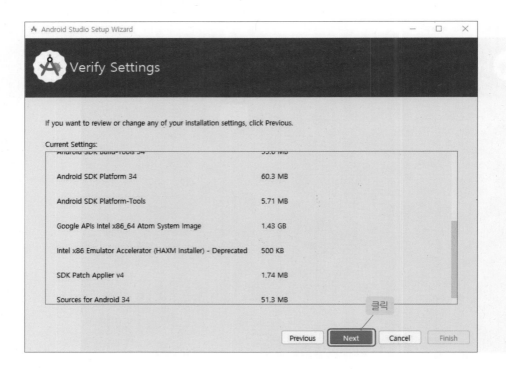

7 [License Agreement] 창이 나오면 모든 항목에 대하여 "Accept"를 선택한다. 현재는 3개의
항목에 대하여 "Accept"를 선택하여야 한다.

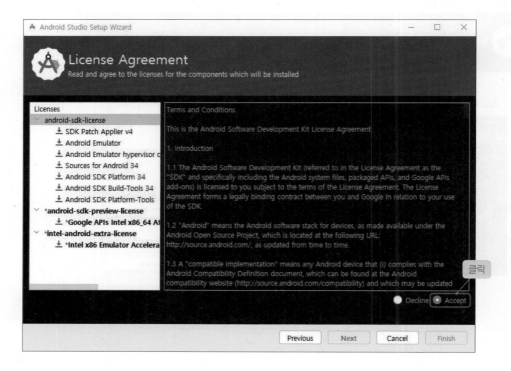

⑧ 컴포넌트들이 최신 버전으로 다운로드된다. 상당한 시간이 걸린다. 이때 인텔의 HAXM도 같이 설치된다. 별도로 설치할 필요가 없다.

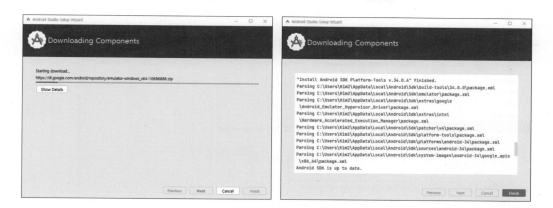

⑨ 안드로이드 스튜디오가 실행되어서 초기 화면이 나온다. 지금부터는 프로젝트를 만들고 안드로이드 앱을 본격적으로 작성할 수 있다. 하지만 그 전에 몇 가지 필요한 설정을 해보자. [Customize]를 선택하고 [All Settings]를 클릭한다.

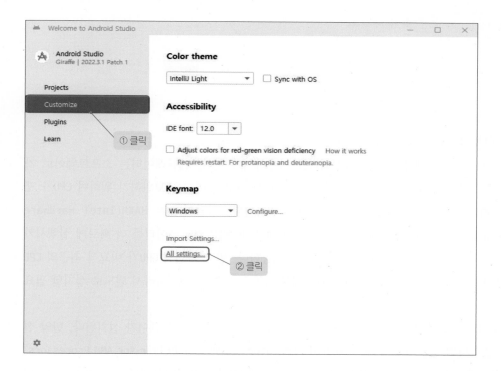

⑩ 안드로이드 스튜디오를 사용하다 보면, 개발자의 취향에 따라서 설정하고 싶은 옵션들이 있다. 특히 자동 임포트 기능은 반드시 필요하다. 자바 코드를 작성할 때마다 필요한 클래스를 찾아서 임포트시키는 기능이 없다면 아주 불편하다. 안드로이드 스튜디오에도 이러한 기능

이 내장되어 있다. [Settings] → [Editor] → [General] → [Auto Import]로 가서 "Add unambiguous imports on the fly" 옵션과 "Optimize imports on the fly" 옵션을 체크하면 된다.

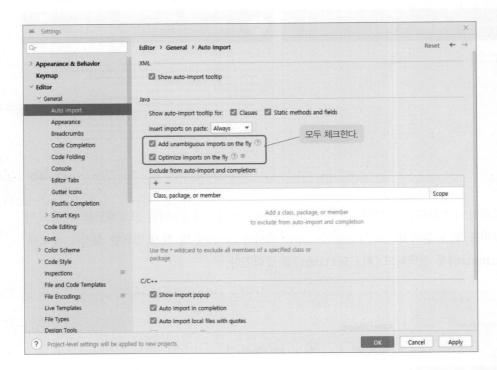

에뮬레이터 가속기 설치

앱을 개발하여 실행할 때는 에뮬레이터를 사용하여야 한다. 에뮬레이터는 소프트웨어로 가상의 스마트폰을 흉내내는 방식이라 속도가 상당히 느리다. 이것을 보완하기 위하여 CPU가 제공하는 하드웨어 가속 기능을 사용하는 것이 권장된다. 인텔의 경우 HAXM(Intel Hardware Accelerated Execution Manager)을 설치하면 된다. HAXM은 에뮬레이터를 더 빠르게 실행시키는 데 도움을 주는 소프트웨어 가상화 기술을 제공한다. 만약 자신의 CPU가 비교적 최근의 CPU라면, 안드로이드 스튜디오 환경 설정 과정에서 자동으로 설치된다. 따라서 별도로 설치할 필요는 없다.

AMD CPU도 안드로이드 스튜디오 환경 설정 단계에서 적절한 소프트웨어가 설치된다. 만약 설치되지 않았다면 구글이 제공하는 "Android Emulator Hypervisor Driver for AMD Processors"를 설치하면 된다. 구글의 GitHub에서 제공되니 구글에서 검색하여서 다운로드하여 설치하면 된다.

SDK 매니저

우리가 설치한 안드로이드 스튜디오에는 가장 최근 버전인 Android 14만 설치되어 있다. 하지만 안드로이드 앱을 개발할 때, 이전 버전에 대하여도 테스트를 하는 경우가 있다. 연습삼아, 이전 버전을 하나만 더 설치해보자. 언제든지 필요하다면, SDK Manager를 호출하여, 자신에게 필요한 버전을 설치할 수 있다.

1 안드로이드 시작 화면의 [More Actions]를 클릭하고 [SDK Manager]를 선택한다.

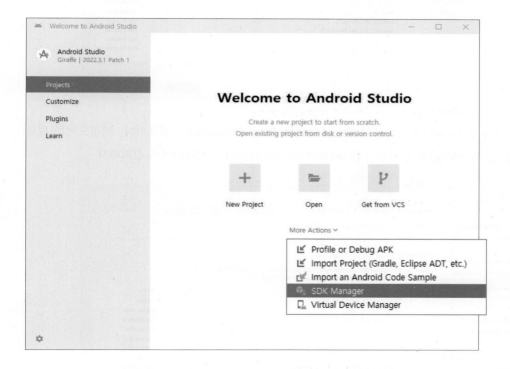

2 다양한 안드로이드 버전을 추가할 수 있는 화면이 등장한다. 여기서 직전 버전인 Android 13을 설치해보자. Android 13을 체크하고 [OK] 버튼을 누르면 다운로드되어 설치된다.

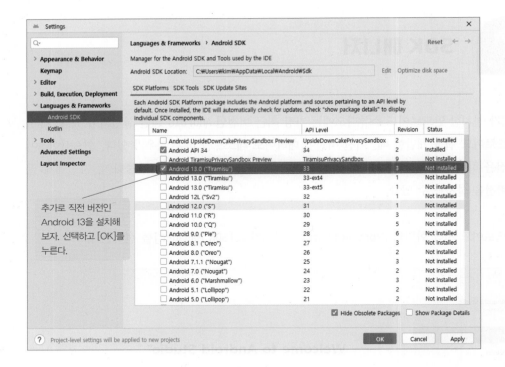

추가로 직전 버전인 Android 13을 설치해보자. 선택하고 [OK]를 누른다.

3 구글의 지도 서비스를 이용할 때는 [Google Play services]가 필요하다. 이것도 설치해보자. [SDK Tools]를 클릭하고 [Google Play services]을 선택하여서 설치하자.

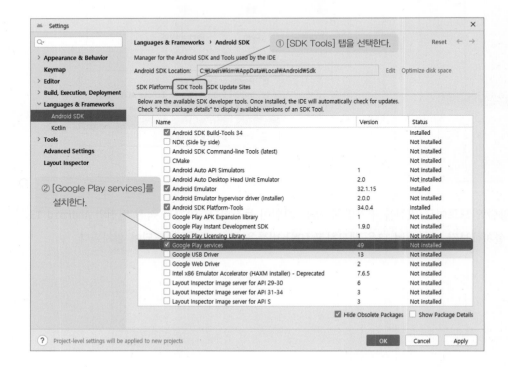

AVD 생성하고 설정하기

AVD(Android Virtual Device)는 실제 안드로이드 폰을 흉내내는 에뮬레이터(emulator) 또는 가상장치이다. 일반적으로 실제 안드로이드 폰을 가지고 실험을 하면 좋겠지만 여러 가지 사정으로 불가능한 경우가 많다. 예를 들어서 개발자가 다른 종류의 스마트폰을 가진 경우도 있고, 안드로이드 폰이라고 하더라도 최신 버전이 아닌 경우에는 최신 기능을 테스트하기가 불가능하다.

이런 경우에 많이 사용되는 것이 에뮬레이터이다. 에뮬레이터란 소프트웨어로 실제 하드웨어 장치를 그대로 흉내내는 것이다. 시뮬레이터보다도 더 정교하게 흉내를 내는 것인데 에뮬레이터는 해당 장치의 CPU 명령어로 실행이 가능하다. 에뮬레이터 안에서는 스마트폰에 사용되는 ARM 계열의 CPU 명령어까지 실행이 가능하다. AVD는 상당히 정교한 에뮬레이터로 리눅스 운영체제가 내부에 포함되어 있다. AVD는 실제 장치와 거의 같은 실행 환경을 제공한다고 생각하면 된다.

1 안드로이드 스튜디오를 실행하고 시작 화면의 [More Actions]를 클릭하고 [Virtual Device Manager]를 선택한다.

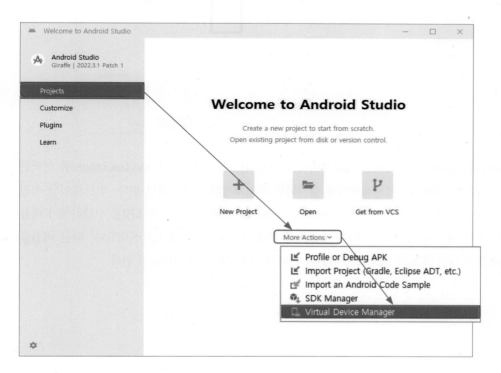

2 [Virtual Device Manager]가 실행되어서 다음과 같은 화면이 나타난다. 자동으로 생성된 AVD가 보인다. 일단 이것은 그대로 두고, 또 하나의 AVD를 생성해보자.

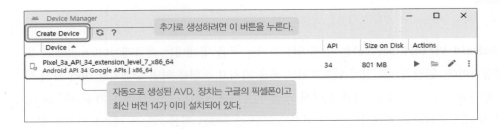

3 다음 화면에서 하드웨어를 선택할 수 있다. 가장 무난한 하드웨어인 구글 픽셀폰 2를 선택하자.

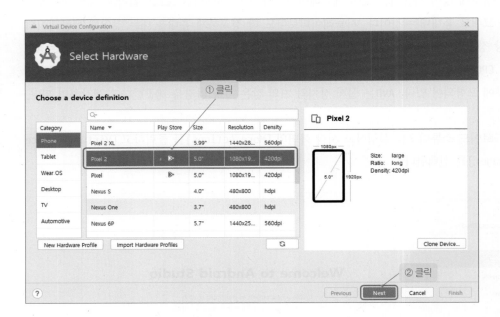

4 [System Image] 화면에서는 에뮬레이터에 사용되는 시스템 이미지(system image)를 선택한다. 시스템 이미지는 에뮬레이터에 설치되는 운영체제라고 생각하면 된다. 안드로이드 버전과 CPU에 따라서 시스템 이미지가 달라진다. 호스트 컴퓨터와 유사한 CPU를 선택하여야 에뮬레이터가 빠르게 실행된다. [x86 Images] 탭을 누르고 [API 32]를 선택한다. 다른 버전을 사용하고 싶다면 옆의 다운로드 버튼을 눌러서 다운로드하여 선택하면 된다.

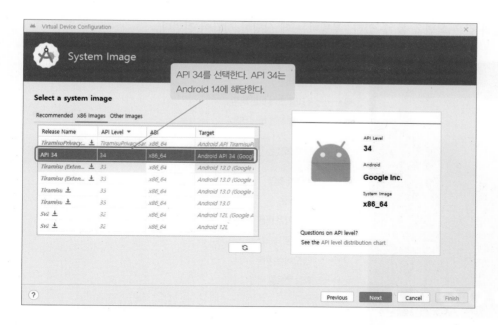

5 [AVD Name]은 가상 장치의 이름이다. "Pixel 2 API 34"를 그대로 둔다.

6 [Finish] 버튼을 누르면 다음과 같이 생성되어서 리스트에 추가된다. 가상 장치 [Pixel 2 API 34]의 오른쪽에 있는 [Launch] 버튼을 눌러서 AVD를 부팅한다.

7 다음과 같은 화면을 볼 수 있다. 부팅하는 데 상당한 시간이 걸린다.

전원 버튼

소리를 크게 하는 버튼

소리를 작게 하는 버튼

장치 회전

카메라 촬영

확대 버튼

뒤로 가기 버튼

홈 버튼

앱 오버뷰 버튼

확장 컨트롤 버튼

8 AVD는 안드로이드 스마트폰의 대부분의 기능을 지원한다. 예를 들어서 표시되는 언어를 한글로 변경하여 보자. 화면을 위로 스와이프하여서 설정 아이콘을 찾아서 더블 클릭한다.

클릭

9 설정 화면의 아래쪽에서 [System]을 찾아서 [Languages]를 클릭하고 [System Languages]를 클릭한다.

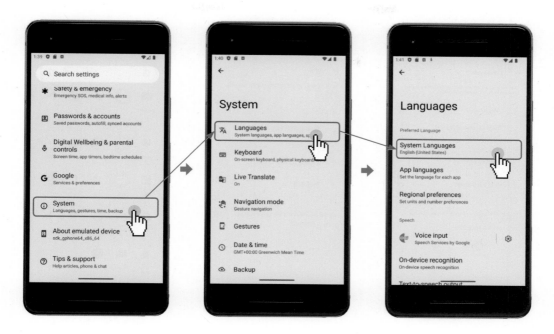

10 [Add a language]를 클릭하고 아래쪽으로 스와이프하여 [한국어]를 선택한다.

11 [Languages] 화면에 한국어가 추가되어 있을 것이다. 한국어 옆의 핸들을 잡아서 위로 드래그하여 한글을 첫 번째 언어로 만든다. 화면에 표시되는 메시지들이 모두 한글로 변경된다.

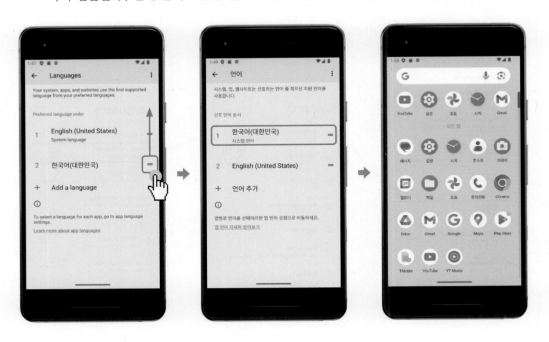

AVD를 사용해보자

가상 장치인 AVD에는 최신 버전의 안드로이드가 설치되어 있다. [View Mode] → [Float]를 선택하면 가상 장치를 별도의 윈도우에 띄울 수 있다. 상단의 버튼들은 스마트폰을 회전하거나 스마트폰의 여러 가지 속성을 변경한다. 하나씩 눌러보면서 AVD를 사용해보자. 빈칸을 채워보자.

전원 버튼이다.

앱들을 사용해보자.

Exercises

연습문제

01 새 에뮬레이터를 만들 때 어떤 도구를 사용하는가?

① 안드로이드 기기 모니터 ② AVD 매니저

③ SDK 관리자 ④ 테마 편집기

02 안드로이드 공식 개발 도구는 무엇인가?

① 이클립스 ② IntelliJ

③ 안드로이드 스튜디오 ④ AVD

03 앱을 가상으로 실행할 수 있는 장치는 무엇인가?

① SDK ② IntelliJ

③ 안드로이드 스튜디오 ④ AVD

04 안드로이드의 이전 버전 SDK를 설치하려고 한다. 어떤 도구를 사용하는가?

① 안드로이드 기기 모니터 ② AVD 매니저

③ SDK 관리자 ④ 테마 편집기

05 구글은 2005년에 안드로이드 OS를 만든 회사를 인수하였다. 회사 이름은 무엇인가?

① I Robot. ② Smart Phone

③ Apple ④ Android, Inc.

06 안드로이드 애플리케이션과 아이폰 애플리케이션을 개발하는 데 사용되는 언어를 조사하여 보자. 안드로이드 애플리케이션을 C/C++를 이용해서도 개발할 수 있는가? 네이티브 앱에 대해서도 검색하여 보자.

07 안드로이드 앱을 개발하는 데 참고할 만한 국내외 사이트를 조사하여 보자.

08 안드로이드 웹 사이트(www.android.com)를 방문하여서 안드로이드 최신 버전의 특징을 요약하여 보자.

09 자신이 이번 학기에 만들어 보고 싶은 앱을 스케치해 보자.

애플리케이션의
기본 구조

안드로이드 앱이 어떤 과정을
거쳐서 개발되는지 아니?

저~어???

CHAPTER 02 애플리케이션의 기본 구조

1 SECTION 안드로이드 애플리케이션의 구성

애플리케이션은 어떻게 작성할까요?

안드로이드 애플리케이션을 작성하는 데 필수적인 개념들은 여기서 살펴보고 지나가자. 만약 이해가 안 된다고 해도 크게 걱정할 것은 없다. 앞으로 반복적으로 등장하게 된다.

애플리케이션 컴포넌트

안드로이드 애플리케이션은 컴포넌트(component)들로 구성된다. 컴포넌트는 애플리케이션을 만드는 빌딩블록이며, 각 컴포넌트들은 하나의 독립된 엔티티로 존재하고, 정해진 역할을 수행한다. 각 컴포넌트는 애플리케이션을 시작하는 진입점을 가질 수 있다.

안드로이드 애플리케이션에는 다음과 같은 4가지 종류의 컴포넌트가 있다.

컴포넌트

애플리케이션

- 액티비티
- 서비스
- 방송 수신자
- 콘텐트 제공자

액티비티

액티비티는 하나의 화면을 가지고 사용자와 상호작용 하는 컴포넌트이다.

액티비티(activity)는 사용자 인터페이스 화면을 가지고 하나의 작업을 담당하는 컴포넌트이다. 하나의 애플리케이션은 여러 개의 액티비티를 가질 수 있다. 앱에서 하나의 화면은 하나의 액티비티라고 생각하면 된다. 모든 액티비티는 **Activity**라는 클래스를 상속받아서 작성된다.

서비스

서비스(service)는 백그라운드에서 실행되는 컴포넌트로 오랫동안 실행되는 작업이나 원격 프로세스를 위한 작업을 할 때 사용된다. 서비스는 사용자 인터페이스 화면을 가지지 않는다. 예를 들어서 서비스는 배경 음악을 연주하는 데 사용된다. 모든 서비스는 `Service` 클래스를 상속받아서 작성된다.

서비스

방송 수신자

방송 수신자(broadcast receiver)는 방송을 받고 반응하는 컴포넌트이다. 많은 방송들은 시스템에서 발생한다. 즉 배터리가 낮은 상태라든지, 사진이 촬영되었다는 것을 알리기 위하여 방송을 사용한다. 방송 수신자는 `BroadcastReceiver` 클래스를 상속받아서 작성된다. 방송 수신자는 일반적으로 사용자 인터페이스를 가지지 않는다.

방송 수신자

콘텐트 제공자

콘텐트 제공자(content provider)는 데이터를 관리하고 다른 애플리케이션에 데이터를 제공하는 컴포넌트이다. 데이터는 파일 시스템이나 `SQLite` 데이터베이스, 웹상에 저장될 수도 있다. 콘텐트 제공자를 통하여 다른 애플리케이션은 데이터를 쿼리하거나 변경할 수 있다. 콘텐트 제공자는 `ContentProvider` 클래스를 상속받아서 작성된다.

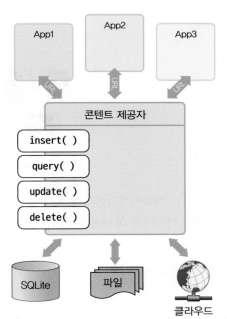

다른 애플리케이션의 컴포넌트를 실행할 수 있다!

안드로이드 애플리케이션은 PC에서 실행되는 프로그램과는 상당히 다르다. PC 애플리케이션은 다른 프로그램 안에 들어 있는 코드를 사용할 수 없다. 그러나 안드로이드의 애플리케이션은 다른 애플리케이션의 컴포넌트들을 이용할 수 있다. 안드로이드에서는 여러 개의 애플리케이션들이 특정한 컴포넌트를 공유하여서 사용하는 것이 가능하다.

● 그림 2-1
안드로이드에서는
다른 애플리케이션
이 가지고 있는 컴
포넌트를 사용할
수 있다.

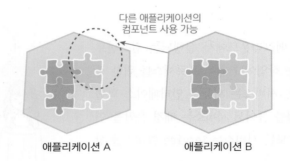

다른 애플리케이션의
컴포넌트 사용 가능

애플리케이션 A   애플리케이션 B

예를 들어서 설명하여 보자. 애플리케이션에서 사용자가 사진을 촬영하도록 하고 싶다. 하지만 이러한 기능을 제공하려면 상당한 코딩이 필요하다. 이런 경우에 생각해보면 분명히 안드로이드 안에는 사진 촬영 기능을 제공하는 카메라 애플리케이션이 존재한다. 이런 경우에는 카메라 애플리케이션에 포함된 사진 촬영 기능을 사용하면 된다. 물론 이러한 기능은 컴포넌트 형태로 카메라 애플리케이션에 포함되어 있을 것이다. 우리는 이 컴포넌트를 사용할 수 있다! 이 컴포넌트를 우리의 코드에 포함할 필요도 없고 링크할 필요도 없다. 단순히 필요할 때마다 카메라 애플리케이션의 액티비티를 시작하기만 하면 된다. 컴포넌트가 영상을 캡처하면, 캡처한 영상은 우리의 애플리케이션으로 반환된다. 따라서 이 영상을 우리의 애플리케이션에서 사용할 수 있다. 이것은 상당히 혁신적인 개념으로 스마트폰처럼 자원이 부족한 환경에서는 아주 바람직하다.

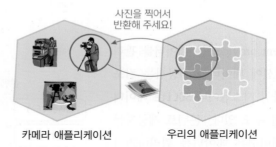

사진을 찍어서
반환해 주세요!

카메라 애플리케이션   우리의 애플리케이션

그러면 애플리케이션은 어떻게 자신이 원하는 컴포넌트를 안드로이드 안에서 찾아서 실행할 수 있을까? 바로 여기에 사용되는 것이 인텐트(intent)라고 불리는 비동기적인 메시지이다. 인텐트를 번역한다면 "의도"라고 할 수 있다. 즉 애플리케이션의 의도를 적어서 안드로이드에 전달하면 안드로이드가 가장 적절한 컴포넌트를 찾아서 활성화하고 실행한다.

● 그림 2-2
인텐트를 통하여
다른 애플리케이션
의 컴포넌트를 활
성화시킬 수 있다.

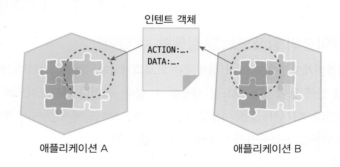

인텐트 객체

ACTION:….
DATA:….

애플리케이션 A   애플리케이션 B

앱을 개발할 때 4가지 컴포넌트를 전부 사용해야 할까?

개발자가 앱을 개발할 때는 자신에게 필요한 컴포넌트가 무엇인지를 결정하여야 한다. 예를 들어서 사용자를 상대하는 화면만 2개 있는 앱에서는 액티비티를 2개 생성하면 된다. 4가지 컴포넌트가 모두 있어야 하는 것은 결코 아니다.

이메일 애플리케이션을 예로 들어보자. 이메일 애플리케이션은 수신된 이메일들의 리스트를 화면에 표시하는 액티비티를 가질 수 있다. 또 이메일을 작성하는 화면이 또 하나의 액티비티가 될 수 있다. 또 다른 액

이메일 애플리케이션

티비티에서는 수신된 이메일의 내용을 화면에 표시할 수 있다. 이들 액티비티를 모두 결합하면 하나의 이메일 애플리케이션이 된다. 액티비티는 **Activity**라는 클래스를 상속받아서 작성된다.

컴포넌트는 앱 안에서 독립적인 실행 단위이다. 우리가 컴포넌트를 생성하고 멈출 수 없다. 컴포넌트의 생명 주기는 안드로이드 시스템에서 관리한다. 컴포넌트가 생성되고 실행되는 시점은 안드로이드 시스템에 맡겨야 한다. 우리는 힌트만 줄 수 있다. 즉 자신이 실행을 원하는 컴포넌트의 이름이나 성격만 알려준다. 컴포넌트는 자신이 실행하지 않아도 자동으로 다른 앱에 의하여 실행될 수도 있고 실행 시점도 다양하다.

앱 작성 절차

앱의 구성

안드로이드 앱은 기본적으로 자바 파일과 **XML** 파일, 이미지나 사운드 파일로 만들어진다. 자바 파일은 앱의 로직을 나타내고, **XML** 파일은 앱의 사용자 인터페이스를 나타낸다. 여기에 사운드와 이미지 같은 리소드(자원)들이 추가된다.

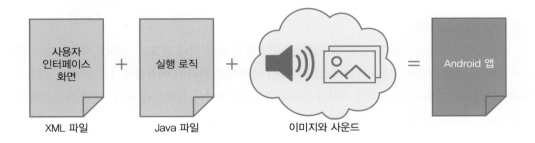

앱 작성 절차

자바에서는 일반적으로 코드를 이용하여서 앱의 사용자 인터페이스 화면을 절차적으로 작성하지만 안드로이드에서는 이것이 보편적인 방법이 아니다. 안드로이드에서는 화면의 구성을 XML을 이용하여서 선언적으로 나타내는 방법을 선호한다. 코드를 이용하여서 화면을 작성하였을 경우, 화면을 변경하고자 하면 반드시 코드를 변경하여야 한다. XML을 이용하여서 화면을 정의하게 되면 이러한 문제점들을 해결할 수 있다. 일반적인 안드로이드 애플리케이션을 작성하는 절차는 다음과 같다.

(1) 사용자 화면 작성

첫 번째 단계는 XML을 이용하여서 사용자 인터페이스 화면을 디자인하는 단계이다. 개발자가 직접 XML 파일을 편집하여 화면을 디자인할 수 있다. 또는 안드로이드 스튜디오가 제공하는 비주얼 도구들을 사용하여서 화면을 디자인할 수도 있지만, 이것도 결국은 XML 파일로 저장된다. 이 파일을 레이아웃 파일이라고 한다.

(2) 자바 코드 작성

두 번째 단계는 자바를 이용하여서 코드를 작성하는 단계이다. 개발자가 직접 필요한 클래스를 작성하거나 안드로이드에서 제공하는 라이브러리 클래스를 가져다가 사용하기도 한다.

(3) 매니페스트 파일 작성

애플리케이션을 구성하고 있는 컴포넌트를 기술하고 실행 시에 필요한 권한을 지정한다. 사용자 인터페이스와 자바 코드, 매니페스트 파일이 합쳐지면 하나의 애플리케이션이 된다. 애플리케이션이 제작되면 실제 장치나 에뮬레이터로 다운로드하여서 실행하면 된다. 만약 올바르게 동작하지 않으면 디버깅 단계가 필요할 것이다.

자바 VS 코틀린

최근에 안드로이드 앱을 개발할 때 코틀린(Kotlin)과 자바(Java) 중에서 하나를 선택하여야 한다. 언어 선택은 개발자의 선호도와 프로젝트 요구사항에 따라 다를 수 있다. 최근 구글에서는 코틀린을 더 권장하고 있다. 코틀린은 문법이 간결하고 읽기 쉬운 언어로, 코드 작성과 유지보수가 더 쉽다. 코틀린은 기존의 자바 코드와 원활하게 통합되므로, 이미 자바로 작성된 코드와 함께 사용하기 쉽다. 하지만 코틀린은 자바와는 상당히 문법이 달라서 아직도 상당수의 개발자는 전통적인 개발 언어인 자바를 선호하고 있다. 이 책에서는 자바를 사용한다.

 예제 첫 번째 앱 만들기

이번 실습에서는 안드로이드 스튜디오를 시작하여서 첫 번째 앱을 작성해본다. 우리는 한 줄의 코드도 추가하지 않겠지만 마법사가 프로그램의 뼈대를 자동으로 만들어줄 것이다. 첫 번째 앱에서는 자동으로 생성된 코드를 변경하지 않고 실행해본다.

1. 프로젝트 생성

(1) 윈도우의 [시작] 메뉴에서 안드로이드 스튜디오를 찾아서 실행한다.

(2) 시작 화면에서 [New Project]를 선택한다.

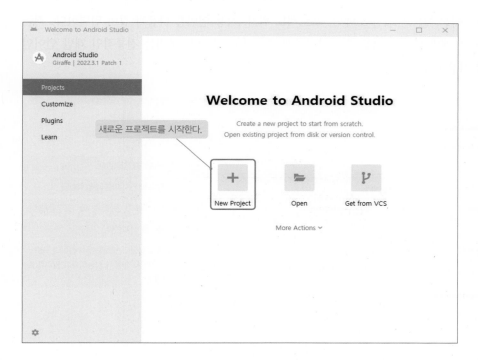

(3) 애플리케이션의 유형을 선택한다. [Phone and Tablet] 탭의 [Empty View Activity]를 선택한다.

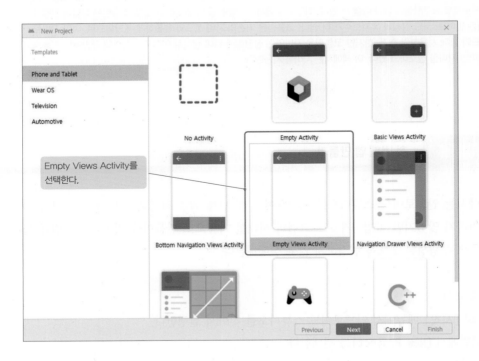

(4) 애플리케이션 이름과 회사 도메인, 프로젝트 위치, 사용 언어를 다음과 같이 입력한다. 최근에 구글은 개발 언어 "Kotlin"를 강력하게 추천하고 있으나, 우리는 전통적인 개발 언어인 자바를 사용한다.

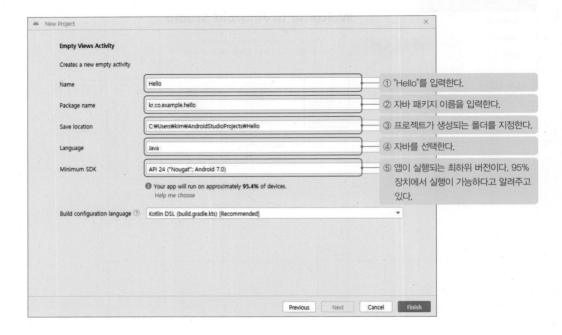

(5) 안드로이드 앱은 어떤 파일들로 이루어질까? 앞의 과정을 완료하면 많은 파일에 프로젝트에 추가되어서 다음과 같은 화면이 등장한다.

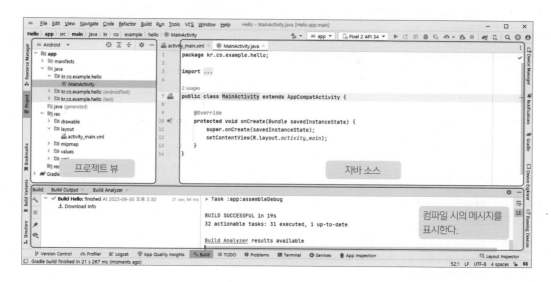

화면의 왼쪽을 보면 프로젝트 뷰(project view)가 있다. 프로젝트 뷰에서 [app] 아래에 있는 파일들은 애플리케이션을 생성하는 데 필요한 파일과 폴더들이다. [Gradle Scripts] 아래에 있는 것들은 모두 빌드 스크립트이다. 즉 앱을 빌드하는 데 필요한 정보들을 담고 있는 파일이다. 각 폴더와 파일에 대한 간략한 설명을 표 2-1에 보였다.

폴더 또는 파일	설명
manifest	XML 파일로 앱의 전반적인 정보, 즉 앱의 이름이나 컴포넌트 구성과 같은 정보를 가지고 있다.
java	자바 소스 파일들이 들어있는 폴더이다. 폴더 안의 kr.co.example.hello는 패키지의 이름이다.
res	각종 리소스(자원)들이 저장되는 폴더이다. drawable에는 해상도 별로 아이콘 파일들이 저장된다. layout에는 화면의 구성을 정의한다. values에는 문자열과 같은 리소스가 저장된다. menu에는 메뉴 리소스들이 저장되어 있다.
Gradle Scripts	그레이들(Gradle)은 빌드 시에 필요한 스크립트이다.
MainActivity.java	메인 액티비티를 나타내는 자바 소스 파일
activity_main.xml	메인 액티비티의 화면을 나타내는 XML 파일

● 표 2-1
프로젝트 뷰의 중요한 폴더와 파일들

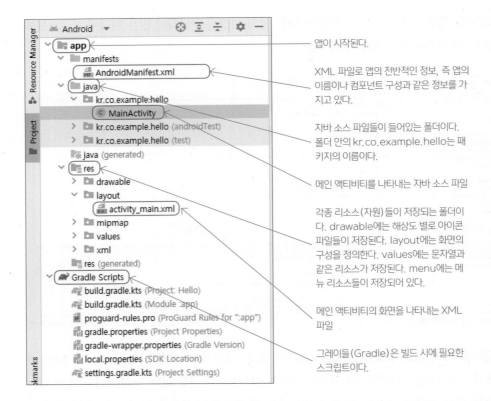

(6) 많은 파일 중에서 `MainActivity.java`와 `activity_main.xml`은 매우 중요한 역할을 하는 파일이다. 이 2개의 파일은 앱의 화면 및 동작을 정의하는 데 사용된다.

- `MainActivity.java` 파일은 앱의 메인 액티비티(Activity)를 정의하는 파일이다. 메인 액티비티는 앱이 시작될 때 가장 먼저 보여지는 화면이며, 사용자 인터페이스와 액티비티의 동작을 관리한다. `MainActivity.java` 파일에는 액티비티의 생명주기 메소드(onCreate, onStart, onResume 등)를 포함하여 액티비티의 동작을 제어하는 코드가 포함된다.

- `activity_main.xml` 파일은 `MainActivity.java`에서 정의한 액티비티의 사용자 인터페이스를 설계하고 레이아웃을 정의하는 파일이다. XML 파일로서 다양한 위젯(버튼, 텍스트뷰, 이미지뷰 등) 및 레이아웃 매니저(LinearLayout, RelativeLayout, ConstraintLayout 등)를 사용하여 화면 구성을 정의한다.

TIP

> 만약 소스 코드의 폰트가 너무 작아서 보기가 불편하다면 [File] → [Setting]을 선택하여서 설정 화면에서 변경하면 된다. [Editor] → [Colors & Fonts] → [Font]를 클릭한다. 새로운 Setting을 이름을 주어서 저장한 후에 폰트를 변경할 수 있다.

2. 자바 파일 작성

앱의 동작은 다음과 같은 자바 파일에 정의된다. 이 실습에서는 자동으로 만들어진 자바 파일을 변경하지 않고 사용한다. 다음 절에서 자세히 설명된다.

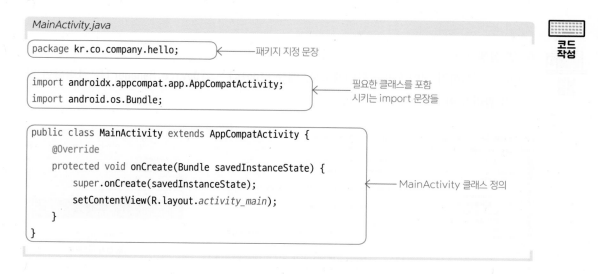

MainActivity.java

```java
package kr.co.company.hello;          ←── 패키지 지정 문장

import androidx.appcompat.app.AppCompatActivity;      필요한 클래스를 포함
import android.os.Bundle;                              시키는 import 문장들

public class MainActivity extends AppCompatActivity {
    @Override
    protected void onCreate(Bundle savedInstanceState) {
        super.onCreate(savedInstanceState);
        setContentView(R.layout.activity_main);        ←── MainActivity 클래스 정의
    }
}
```

코드
작성

3. 화면 정의

앱의 화면은 `activity_main.xml` 파일에서 XML을 이용하여 정의한다. 현재 이 파일에는 화면의 중앙에 "Hello World!"를 출력하는 화면이 정의되어 있다. 일단 변경하지 않고 사용한다. 다음 절에서 자세히 설명된다.

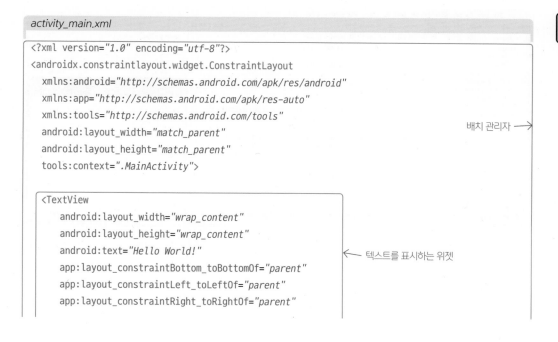

activity_main.xml

```xml
<?xml version="1.0" encoding="utf-8"?>
<androidx.constraintlayout.widget.ConstraintLayout
  xmlns:android="http://schemas.android.com/apk/res/android"
  xmlns:app="http://schemas.android.com/apk/res-auto"
  xmlns:tools="http://schemas.android.com/tools"
  android:layout_width="match_parent"
  android:layout_height="match_parent"
  tools:context=".MainActivity">                       ←── 배치 관리자

    <TextView
        android:layout_width="wrap_content"
        android:layout_height="wrap_content"
        android:text="Hello World!"                    ←── 텍스트를 표시하는 위젯
        app:layout_constraintBottom_toBottomOf="parent"
        app:layout_constraintLeft_toLeftOf="parent"
        app:layout_constraintRight_toRightOf="parent"
```

UI

```
        app:layout_constraintTop_toTopOf="parent" />

</androidx.constraintlayout.widget.ConstraintLayout>
```

4. 앱 실행하기

(1) 앱을 실행하기 전에 AVD를 확인해보자. 메뉴 [Tools] → [Device Manager]를 클릭하면 장
치 관리자 화면이 오른편에 나타난다.

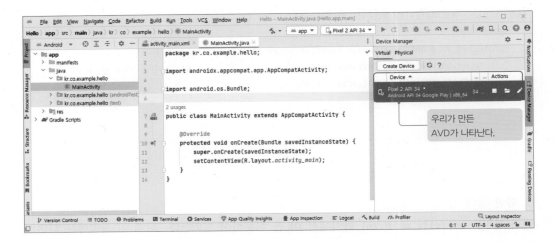

(2) 이 AVD에서 앱을 실행하기 위하여 실행 버튼을 누른다.

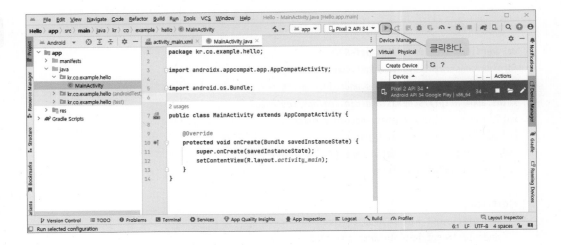

(3) AVD가 실행되고 우리의 앱이 실행된다.

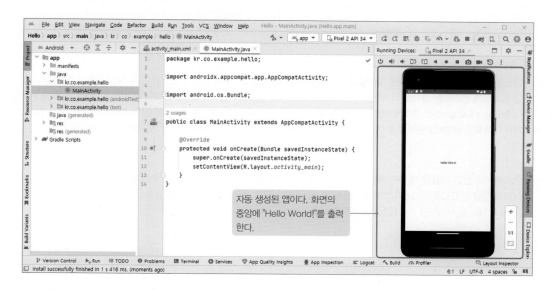

자동 생성된 앱이다. 화면의 중앙에 "Hello World!"를 출력한다.

(4) AVD가 나타나는 윈도우는 붙일 수도 있고 아니면 뗄 수도 있다. 가상 장치는 실습하는 동안 종료하지 말고 그대로 두는 편이 좋다. 가상 장치는 기동하는 데 상당한 시간이 소요되므로 실습 내내 유지하도록 하자. 새로운 앱을 작성하여 실행 버튼을 누르면 자동적으로 가상 장치에 다운로드되어 실행된다.

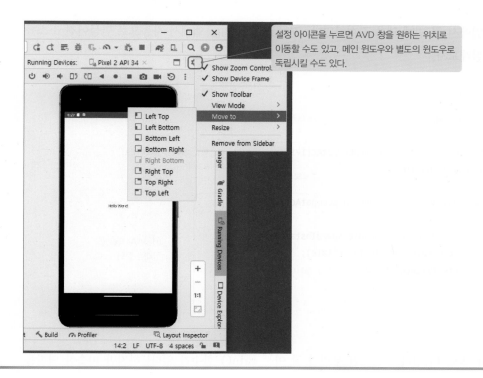

설정 아이콘을 누르면 AVD 창을 원하는 위치로 이동할 수도 있고, 메인 윈도우와 별도의 윈도우로 독립시킬 수도 있다.

안드로이드 개발 환경을 힘들게 설치하였는데 다른 컴퓨터로 이동해야 한다면 어떻게 하는 것이 좋을까? 물론 모든 것을 다시 설치하면 문제는 없다. 또 다른 방법은 안드로이드 스튜디오 디렉토리와 자신의 워크스페이스를 복사하여서 이동하여도 문제는 없다. 물론 압축하여서 USB 메모리로 옮겨도 된다. AVD는 이동하는 것보다 새로 생성하는 것이 낫다.

안드로이드 스튜디오를 사용하면 GitHub에 있는 예제 코드를 손쉽게 가져와서 실행해볼 수 있다. GitHub는 소스를 올리고 공유하며 관리하는 웹 기반의 저장소이다. 모든 안드로이드 예제 소스는 GitHub를 통하여 공유된다. [File] → [New] → [Import Samples]를 클릭해보면 많은 샘플들을 다운로드 할 수 있다. 간혹 시간이 너무 많이 걸리는 경우도 많다. 예제들의 목록을 살펴보고 흥미로운 예제를 가져와서 실행하여 보자. 각 분야마다 꼭 필요한 예제들이 준비되어 있다.

안드로이드 앱을 개발할 때 예전에는 이클립스를 사용하였다. 따라서 인터넷에는 많은 이클립스 기반의 앱들이 있다. 이러한 앱을 안드로이드 스튜디오에서 사용할 수 있을까? 사용할 수 있다. 안드로이드 스튜디오의 [File] → [New] → [Open] 메뉴를 사용하면 이클립스 프로젝트를 읽을 수 있다.

3 SECTION 자바 소스 분석

우리는 앞에서 첫 번째 앱을 작성하였다. 지금부터 첫 번째 앱에서 자동으로 만들어진 소스를 차분히 관찰해보자.

코드 작성

MainActivity.java

```java
package kr.co.company.hello;
```
← 패키지 지정 문장

```java
import androidx.appcompat.app.AppCompatActivity;
import android.os.Bundle;
```
← 필요한 클래스를 포함시키는 import 문장들

```java
public class MainActivity extends AppCompatActivity {
    @Override
    protected void onCreate(Bundle savedInstanceState) {
        super.onCreate(savedInstanceState);
        setContentView(R.layout.activity_main);
    }
}
```
← MainActivity 클래스 정의

음, 자바 프로그램이라고 하지만 우리가 잘 아는 main() 함수가 없다! 하지만 비슷한 역할을

하는 onCreate() 함수가 있다. 이 책을 읽는 독자들은 이미 자바는 학습하였겠지만 처음으로 등
장한 자바 소스인 만큼 각 줄에 대하여 간단히 복습해보자.

● package kr.co.company.hello;

위의 문장은 패키지를 선언하는 문장이다. 패키지(package)는 서로 관련 있는 클래스들을 모
아놓은 컨테이너로서 위의 문장은 패키지를 하나 생성하여서 현재의 클래스를 이 패키지에 넣겠
다는 것을 나타낸다.

● import androidx.appcompat.app.AppCompatActivity;

import 문장은 외부의 패키지나 클래스를 소스에 포함시킬 때 사용한다. 앞에 androidx가 붙
은 패키지는 JetPack에 속하는 클래스로서 호환성을 위하여 최근에 사용이 권장되는 패키지
이다.

● public class MainActivity extends AppCompatActivity { ... }

클래스는 객체 지향 프로그래밍에서 가장 기본이 되는 최소 단위이다. 액티비티는
Activity 클래스로 생성된다. AppCompatActivity는 Activity 클래스의 자식 클래스이다.
AppCompatActivity에서 상속을 받아서 MainActivity 클래스를 작성하였으므로 MainActivity
클래스도 액티비티가 된다. 액티비티(activity)는 안드로이드에서 애플리케이션을 구성하는 컴포
넌트 중 하나이다. 안드로이드 앱은 액티비티, 서비스, 방송 수신자, 콘텐트 제공자 등의 컴포넌
트들로 구성된다고 하였다. 우리의 첫 번째 애플리케이션은 하나의 액티비티만을 가지는 애플리
케이션이다.

● 그림 2-3
액티비티의 개념

액티비티는 화면을 통하여 사용자와
상호작용하는 활동을 의미한다.

액티비티는 어떤 역할을 하는 컴포넌트일까? 사용자가 화면을 통하여 어떤 작업을 할 수 있도
록 하는 컴포넌트가 바로 액티비티이다. 예를 들어서 전화를 거는 화면, 사진을 촬영하는 화면,
이메일을 보내는 화면, 지도를 보여주는 화면이 모두 액티비티로 작성된다. 애플리케이션은 여
러 개의 액티비티들을 가질 수 있다. 하지만 하나의 순간에 사용자는 오직 하나의 액티비티하고
만 상호작용을 한다. 사용자는 현재의 액티비티에서 다른 액티비티로 넘어갈 수 있다.

● @Override

@Override는 현재 메소드가 부모 클래스의 메소드를 재정의(오버라이드)하였다는 것을 명확하게 컴파일러에게 전달한다. 만약 재정의가 성립되지 않으면 컴파일러는 경고를 한다. 이러한 기호가 필요한 이유는 메소드의 이름을 한 글자라도 잘못 적으면 올바르게 메소드 재정의가 되지 않기 때문이다.

● protected void onCreate(Bundle savedInstanceState) { ... }

onCreate() 메소드는 안드로이드 시스템에 의하여 액티비티가 생성되는 순간에 딱 한번만 호출된다. 딱 한번만 수행되기 때문에 모든 초기화와 사용자 인터페이스 설정이 여기서 이루어져야 한다. onCreate() 메소드의 매개변수인 savedInstanceState는 애플리케이션이 이전에 실행되었던 상태를 전달하여 준다.

● super.onCreate(savedInstanceState);

위의 문장은 부모 클래스인 AppCompatActivity 클래스의 onCreate()를 호출하는 문장이다. 부모 클래스의 생성자도 호출해주는 편이 안전하다. super는 상속 관계에서 부모 클래스를 나타내는 키워드이다.

● setContentView(R.layout.activity_main);

setContentView()는 액티비티의 화면을 설정하는 함수이다. R.layout.activity_main을 액티비티의 화면으로 하겠다는 의미가 된다. R.layout.activity_main은 무엇일까? 자바에서 점 연산자(.)는 클래스의 멤버를 참조할 때 사용하는 연산자이다. 따라서 R이라는 클래스가 있고 그 안에 layout이라는 멤버가 있고 또 그 안에 activity_main이 있을 거라고 예상할 수 있다.

안드로이드 애플리케이션은 어디서 실행이 시작되는가?

소스 코드를 좀 더 살펴보면 액티비티만 정의되어 있고 자바 소스에 항상 등장하던 main() 메소드는 없다. 안드로이드에서는 애플리케이션의 실행이 main()에서 시작되는 것이 아니고 액티비티 별로 독립적으로 실행하게 된다. 개발자는 애플리케이션을 이루는 액티비티 중에서 가장 먼저 실행되는 액티비티를 지정한다. 만약 스마트폰 사용자가 이 앱의 아이콘을 클릭하면 앱에서 지정된 첫 번째 액티비티가 실행된다. 우리의 애플리케이션에서는 MainActivity의 onCreate() 메소드가 호출되면서 실행이 시작된다.

TIP

앱을 실행시키는 단축키는 SHIFT+F10이다. 아이콘을 누르는 것보다 단축키를 이용하는 편이 빠르다. 그리고 에뮬레이터를 선택하는 화면이 계속해서 나와서 귀찮다면 "Use same device for future launches"를 체크하면 된다.

리소스(Resource)

SECTION 4

화면의 패키지 탐색기에서 res 폴더 아래에 보면 layout 폴더가 있고 그 안에 `activity_main.xml`이라는 파일이 있다. 이 파일을 더블 클릭해보자. 화면의 오른쪽 상단에 있는 [Split] 탭을 클릭하여 본다. 아래와 같은 내용이 화면에 표시된다.

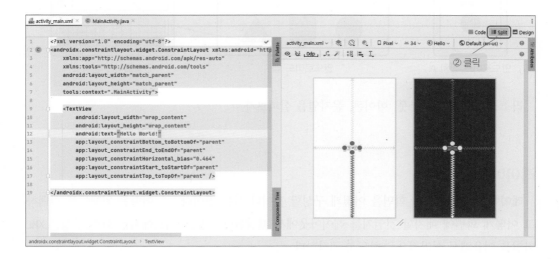

`activity_main.xml` 파일은 현재 보이는 화면을 XML로 작성한 것이다. 이 파일의 내용을 수정하면 앱의 화면이 달라진다. 이 파일의 자세한 내용은 다음 장에서 다루게 된다. 화면 오른쪽 상단의 [Design] 탭을 선택하면 마우스를 이용하여서 화면에 위젯들을 끌어서 넣을 수 있다.

리소스

안드로이드에서 레이아웃, 이미지, 문자열 등은 리소스로 취급된다. 리소드들은 모두 XML을 이용하여 정의된다. Hello 프로젝트의 res 폴더를 확장시켜보면 오른쪽 그림과 같이 리소스들이 저장되어 있음을 알 수 있다. drawable 폴더에는 이미지와 같은 리소스가 저장된다. layout 폴더에는 레이아웃 리소스가 저장된다. values 폴더에는 문자열과 같은 리소스가 저장된다.

안드로이드에서는 가능하면 리소스들을 코드의 외부에

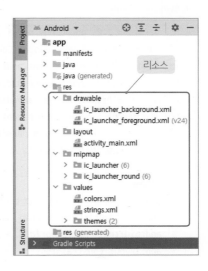

위치시킨다. 이것은 코드와 리소스를 분리하여 독립적으로 작성하기 위해서이다. 즉 코드는 프로그래머가 작성하고 리소스는 디자이너가 작성한다. 이들 코드와 리소스를 합쳐서 하나의 애플리케이션이 만들어지는 것이다. 코드와 리소스를 분리하는 또 한 가지 이유는 안드로이드가 탑재된 장치들이 다양해지면서 언어나 화면 크기에 따라 리소스를 다르게 하는 것이 필요하기 때문이다.

●그림 2-4
실제 장치에 따라서 서로 다른 리소스가 사용된다(출처: developer.android.com).

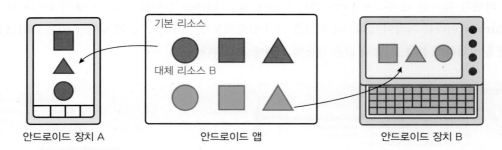

안드로이드 장치 A   안드로이드 앱   안드로이드 장치 B

리소스 중에서 레이아웃, 아이콘, 문자열을 살펴보자.

레이아웃

레이아웃(layout)이란 화면을 어떻게 구성할 것이냐 하는 것이다. 즉 어떠한 위젯들을 선택하고 어떻게 화면에 배치할 것인지를 레이아웃에서 결정한다. 안드로이드에서는 화면 구성을 XML 파일을 이용해서 선언적으로 하도록 권장한다.

어떻게 XML을 이용하여서 사용자 인터페이스를 나타낼 수 있을까? 첫 번째 앱에서 자동으로 생성되는 `activity_main.xml` 파일의 내용을 살펴보자. `activity_main.xml` 파일을 클릭하고 화면의 오른쪽 상단에서 [Code] 탭을 클릭한다.

UI

activity_main.xml

```xml
<?xml version="1.0" encoding="utf-8"?>
<androidx.constraintlayout.widget.ConstraintLayout
    xmlns:android="http://schemas.android.com/apk/res/android"
    xmlns:app="http://schemas.android.com/apk/res-auto"
    xmlns:tools="http://schemas.android.com/tools"
    android:layout_width="match_parent"
    android:layout_height="match_parent"
    tools:context=".MainActivity">

    <TextView
        android:layout_width="wrap_content"
        android:layout_height="wrap_content"
        android:text="Hello World!"
        app:layout_constraintBottom_toBottomOf="parent"
```

제약 레이아웃을 나타내는 요소

← 텍스트 뷰를 나타내는 요소

```
        app:layout_constraintLeft_toLeftOf="parent"
        app:layout_constraintRight_toRightOf="parent"
        app:layout_constraintTop_toTopOf="parent" />
```

```
</androidx.constraintlayout.widget.ConstraintLayout>
```

앞의 파일은 먼저 **ConstraintLayout**이라는 배치 관리자를 먼저 정의한다. **ConstraintLayout**은 위젯들에 어떤 제약을 주어서 배치하는 배치 관리자이다. 이 배치 관리자 안에서 **TextView**라고 하는 위젯을 정의한다. 따라서 다음과 같은 화면이 된다.

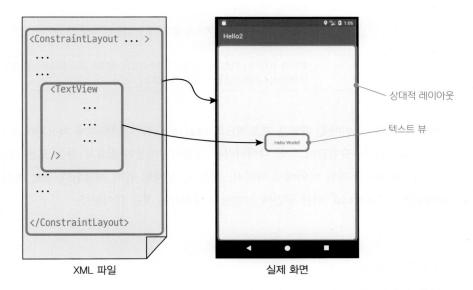

XML 파일   실제 화면

화면의 레이아웃을 나타내는 XML 파일에는 위젯이 포함되어 있다. 각각의 위젯들은 XML에서 하나의 요소들로 표현된다. 예를 들어서 **TextView** 위젯은 **<TextView ... />** 요소로 표현된다. 현재는 XML 파일 안에 하나의 위젯만 정의되어 있지만 여러 개의 위젯을 계층적으로 구성하는 것이 일반적이다. 이렇게 화면을 표현하는 방법은 웹페이지의 HTML에서 힌트를 얻은 것으로 이 방법을 사용하면 앱의 화면과 앱의 로직을 서로 분리할 수 있다. 또 빠르게 앱의 화면을 구축할 수 있다.

● **<?xml version="1.0" encoding="utf-8"?>**

이 문장은 이 문서가 XML 파일임을 나타낸다. 즉 이 파일이 SGML이나 다른 마크업 파일이 아니고 XML 파일이라는 것을 선언하는 것이다. XML 버전이 1.0이고 XML의 인코딩이 유니코드(utf-8)라는 것을 쉽게 알 수 있다.

● **<androidx.constraintlayout.widget.ConstraintLayout ... >**

이 문장은 상대적 배치 관리자를 나타내는 문장이다.

● `<TextView  ...     />`

`<TextView>`는 화면에 텍스트를 표시하는 위젯을 나타내는 요소이다. 이 요소는 5개의 XML 속성을 가진다. 그 의미를 간략하게 살펴보자.

속성	의미
`xmlns:android`	XML 이름공간의 선언으로 안드로이드 이름공간에 정의된 속성들을 참조하려고 한다는 것을 암시한다. XML 파일에서 항상 최외곽 태그는 이 속성을 정의하여야 한다.
`android:id`	TextView 요소에 유일한 아이디를 할당한다. 이 아이디를 이용하여서 소스 코드에서 이 텍스트 뷰를 참조할 수 있다.
`android:layout_width`	화면에서 얼마나 폭을 차지할 것인지를 정의한다. "match_parent"는 부모 화면의 폭을 다 차지하는 것을 의미한다.
`android:layout_height`	화면에서 높이를 얼마나 차지할 것인지를 정의한다. "wrap_content"는 콘텐츠를 표시할 정도만 차지하는 것을 의미한다.
`android:text`	화면에 표시하는 텍스트를 설정한다. 이 속성은 예제와 같이 하드코딩될 수도 있고 아니면 문자열 리소스의 개념을 사용할 수도 있다.

XML로 작성된 레이아웃 파일은 프로젝트의 `res/layout/` 디렉터리에 저장되어야 한다. "res"는 "resources"의 줄임말이고 이 디렉터리는 애플리케이션이 필요로 하는 모든 자원을 포함하고 있다. 레이아웃 파일 이외에도 이미지, 사운드, 문자열 들이 저장된다. XML 속성 앞에 붙은 "android"는 "android" 이름 공간에 선언된 속성이라는 것을 의미한다.

아이콘 리소스

애플리케이션을 나타내는 아이콘 이미지도 리소스에 속한다. `/res/drawable` 폴더 아래에 있는 `ic_launcher.png` 파일에는 애플리케이션을 나타내는 아이콘이 저장되어 있다. 아이콘은 각 해상도별로 따로 저장되어 있다. `ic_launcher.png(hdpi)`는 고해상도, `ic_launcher.png(mdpi)`는 중해상도, `ic_launcher.png(xhdpi)`는 초고해상도, `ic_launcher.png(xxhdpi)`는 초초고해상도를 각각 의미한다.

문자열 리소스

안드로이드에서는 문자열도 리소스로 정의하기를 권장한다. 많은 이유가 있는데 하나의 이유는 앱을 여러 가지 언어로 배포하기가 쉬워지는 것도 이유 중의 하나이다. 또 리소스로 정의하면 나중에 변경하기 쉬워진다. 예를 들어서 우리의 `Hello` 프로그램에서 화면에 표시되는 문자열을 분리하려면 `values/strings.xml` 파일에 한 줄을 추가한다.

strings.xml

```
<resources>
<string name="app_name">Hello</string>
<string name="message">Hello World!</string>
</resources>
```

UI

이 문자열을 화면을 나타내는 XML에서 **@string/message**와 같이 사용하면 된다.

activity_main.xml

```
...
<TextView
android:layout_width="wrap_content"
android:layout_height="wrap_content"
android:text="@string/message"
app:layout_constraintBottom_toBottomOf="parent"
app:layout_constraintLeft_toLeftOf="parent"
app:layout_constraintRight_toRightOf="parent"
app:layout_constraintTop_toTopOf="parent" />

</androidx.constraintlayout.widget.ConstraintLayout>
```

UI

하지만 지면을 최대한 아껴야 되는 이 책의 입장에서는 그냥 레이아웃 XML 파일에 문자열을 저장하였으니, 이점 많은 이해 부탁드린다.

리소스와 코드의 연결

우리는 액티비티의 화면을 지정할 때, 레이아웃 리소스의 **ID(식별자)**를 사용한다.

```
public class MainActivity extends AppCompatActivity {
  @Override
  protected void onCreate(Bundle savedInstanceState) {
    super.onCreate(savedInstanceState);
    setContentView(R.layout.activity_main);    ←── 레이아웃 리소스의 식별자
  }
}
```

위의 문장에서 **R.layout.activity_main**이 바로 리소스의 ID이다. 이 리소스는 **res/layout** 폴더에 위치한 **activity_main.xml**을 가리킨다고 하였다. 그렇다면 어떻게 리소스 ID와 실제 리

소스 파일이 서로 연결되는 것인가?

안드로이드 스튜디오는 res 폴더 아래의 리소스들을 분석하여서 각 리소스마다 겹치지 않는 식별자를 하나씩 부여한다. 이들 식별자는 R.java라고 하는 하나의 자바 파일에 모여 있게 된다. R.java 파일 안에는 R이라고 하는 클래스가 정의되어 있고 R 클래스 안에 다시 각 리소스의 타입별로 내부 클래스를 작성하여서 각각의 리소스는 바로 이 클래스 안에 정적 상수의 형태로 정의되어 있다. 즉 클래스 R 안에 다시 클래스 attr, dimen, drawable, id, layout, menu, string을 정의하고 이 안에 정수 상수 형태로 리소스들에 ID를 부여하고 있다. 이들 ID는 절대 겹치지 않도록 관리된다.

따라서 우리가 코드 안에서 리소스를 참조하려면 R.layout.activity_main과 같은 형식을 사용하면 된다. 즉 자바의 문법대로 R 클래스 안의 layout 내부 클래스 안에 정의된 activity_main이라는 상수를 의미한다. 아래 그림은 R.layout.activity_main이 activity_main.xml과 연결되는 과정을 보여준다.

●그림 2-5
안드로이드의 코드에서 리소스를 참조하는 방법

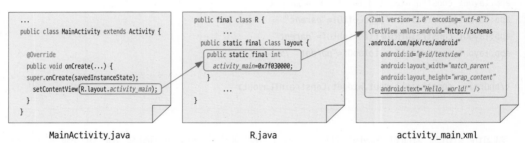

```
...
public class MainActivity extends Activity {

    @Override
    public void onCreate(...) {
    super.onCreate(savedInstanceState);
        setContentView(R.layout.activity_main);
    }
}
```
MainActivity.java

```
public final class R {
    ...
    public static final class layout {
    public static final int
        activity_main=0x7f030000;
    }
    ...
}
```
R.java

```
<?xml version="1.0" encoding="utf-8"?>
<TextView xmlns:android="http://schemas
.android.com/apk/res/android"
    android:id="@+id/textview"
    android:layout_width="match_parent"
    android:layout_height="wrap_content"
    android:text="Hello, world!" />
```
activity_main.xml

안드로이드에서는 레이아웃뿐만 아니라 문자열과 같은 리소스도 동일한 표기법으로 접근할 수 있다.

참고
사항

XML

XML(Extensible Markup Language)은 SGML의 부분 집합으로, 웹에서 구조화된 텍스트 형식의 문서를 전송하고 수신하며, 처리가 가능하도록 만든 마크업 언어이다. 1996년 W3C에서 제안되었으며, 기존의 HTML의 한계를 극복하는 새로운 방안으로 각광받고 있다. HTML은 문서의 외관만 정의할 수 있으며, 문서의 내용에 대해서는 정의가 불가능하다. 하지만 XML에는 HTML과는 다르게 사용자가 용도에 맞는 새로운 태그를 정의하여 문서의 내용에 태그를 붙일 수 있다. XML은 어떤 플랫폼에서나 읽을 수 있는 포맷을 제공하기 때문에 인터넷상에서 뿐만 아니라 많은 영역에서 개방된 데이터베이스 파일의 역할을 하고 있다.

XML에서 가장 중요한 것은 요소와 속성이다. 시작 태그로 시작되어 종료 태그로 끝나는 논리적인 구성 요소를 요소(element)라고 한다. 요소의 예는 <Greeting>Hello, world.</Greeting>이다. 속성(attribute)은 요소의 특성으로서 "이름/값"의 쌍으로 구성된다. 예를 들어서 <img src="madonna.jpg" alt='by Raphael'/>에서 img 요소는 src와 alt라는 2개의 속성을 가진다. 또 다른 예로서 <step number="3">Connect A to B.</step>에는 속성의 이름이 "number"이고 값은 "3"이다.

XML에서 요소나 속성은 충돌을 막기 위하여 특정한 이름 공간 안에 정의한다. XML 이름 공간은 xmlns 속성으로 정의된다. 이 속성의 값은 반드시 URI(Uniform Resource Identifier)이어야 한다. 예를 들어서 xmlns="http://www.w3.org/1999/xhtml"과 같이 지정할 수 있다. 이름 공간을 접두어로 매핑하는 것도 가능하다. 예를 들면

xmlns:android="http://schemas.android.com/apk/res/android"와 같이 지정할 수 있다. 이 경우에 접두어 android로 시작하는 모든 요소나 속성은 android 이름 공간에 있는 것으로 간주된다.

그레이들

안드로이드 스튜디오에서 그레이들(Gradle)은 안드로이드 애플리케이션의 빌드 및 종속성 관리를 담당하는 빌드 도구이다. 빌드 도구란 실행 파일을 만드는 데 사용되는 도구라는 의미이다. 안드로이드 앱은 상당히 복잡한 과정을 거쳐서 빌드되기 때문에, 좋은 빌드 도구가 필요하다. 그레이들은 안드로이드 프로젝트를 구축하고 관리하는 데 필수적인 요소 중 하나이며, 안드로이드 앱의 빌드 프로세스를 자동화하고 관리하는 데 도움을 준다. 앱을 빌드하는 데 필요한 라이브러리 버전도 자동으로 파악해서 필요하다면 다운로드한다. 이것을 종속성 관리라고 한다.

그레이들의 설정 파일이 build.gradle이다. 탐색 창을 보면 2개의 build.gradle이 있다. build.gradle(Project)는 전체 프로젝트에 대한 빌드 설정이고 별 내용이 없다. build.gradle(Module)에는 앱을 빌드하는 데 필요한 중요한 설정 사항들이 많이 저장되어 있다. 이 파일을 직접 편집하기 보다는 [Project Structure dialog]를 사용하는 것이 좋다.

build.gradle(Module)

```
plugins {
    id("com.android.application")
}

android{
    namespace = "kr.co.example.hello"
    compileSdk = 34  ◄─────────── 컴파일러가 사용하는 SDK 버전
```

```
        defaultConfig {
            applicationId = "kr.co.example.hello"
            minSdk = 24                                이 앱을 설치할 수 있는 장치의 최소 SDK 버전
            targetSdk = 33                             목표로 하는 타겟 장치의 SDK 버전
            versionCode = 1
            versionName = "1.0"


            testInstrumentationRunner = "androidx.test.runner.AndroidJUnitRunner"
        }


        buildTypes {
            release {
                isMinifyEnabled = false
                proguardFiles(
                    getDefaultProguardFile("proguard-android-optimize.txt"),
                    "proguard-rules.pro"
                )            }
        }
        compileOptions {
            sourceCompatibility = JavaVersion.VERSION_1_8    자바 언어의 버전, 현재 1.8 버전이
            targetCompatibility = JavaVersion.VERSION_1_8    내장되어서 사용된다.

        }
    }
    dependencies {
                                                             의존성 관리

        implementation("androidx.appcompat:appcompat:1.6.1")
        implementation("com.google.android.material:material:1.9.0")
        implementation("androidx.constraintlayout:constraintlayout:2.1.4")
        testImplementation("junit:junit:4.13.2")
        androidTestImplementation("androidx.test.ext:junit:1.1.5")
        androidTestImplementation("androidx.test.espresso:espresso-core:3.5.1")

    }
```

매니페스트 파일

매니페스트(manifest)의 원래 의미는 "화물 적재 목록"이다. 매니페스트 파일은 애플리케이션에 적재된 모든 컴포넌트에 대하여 기술하는 파일이다. 매니페스트 파일도 XML 파일로 `AndroidManifest.xml`이란 이름으로 존재한다. 많은 일을 하는데 그 중 제일 중요한 일은 애플리케이션을 구성하는 컴포넌트를 선언하는 것이다. 프로젝트 뷰에서 `manifest` 폴더의 `AndroidManifest.xml` 파일을 더블 클릭하여 보자.

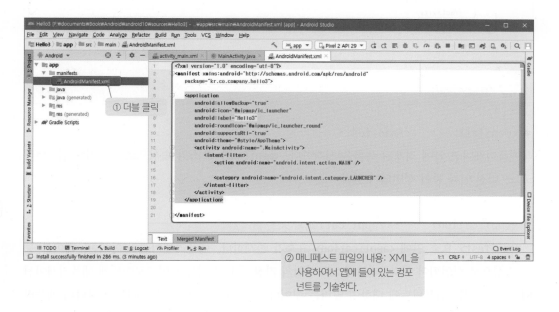

② 매니페스트 파일의 내용: XML을 사용하여서 앱에 들어 있는 컴포넌트를 기술한다.

매니페스트 파일의 분석

매니페스트 파일도 XML 형식을 이용하여서 작성된다. 예제의 매니페스트 파일을 분석하여 보자.

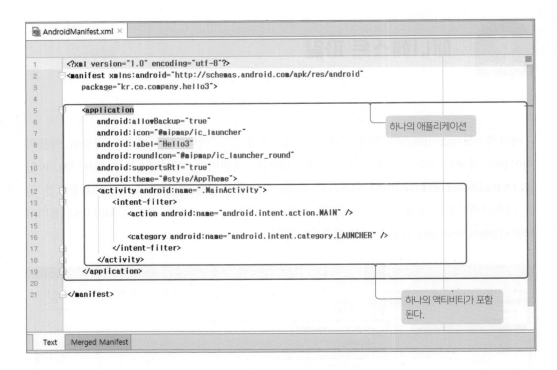

● <manifest> ··· </manifest>

애플리케이션 안에 적재된 목록을 시작한다. <manifest> 요소의 속성으로 패키지 이름, 버전 코드, 버전 이름 등이 선언되어 있다.

● <application> ··· </application>

<manifest> 요소 안에 <application> 요소가 존재한다. 애플리케이션의 아이콘, 레이블 등이 속성으로 선언되어 있다. 매니페스트 파일의 가장 주요한 기능은 안드로이드에 애플리케이션이 가지고 있는 컴포넌트에 대하여 알리는 것이다. 앞의 파일을 약간만 살펴보면 하나의 애플리케이션 안에 하나의 액티비티가 들어 있다는 것을 알 수 있다. 액티비티의 이름은 우리가 이클립스 마법사에서 입력하였던 바로 그 이름이다.

● <activity> ··· </activity>

<application> 요소 안에는 <activity> 요소가 존재한다. 현재 애플리케이션은 하나의 액티비티로 이루어져 있음을 알 수 있다. 액티비티의 속성들로 이름과 레이블이 선언되어 있다.

● <intent-filter> ··· </intent-filter>

액티비티 안에는 <intent-filter> 요소가 있다. 인텐트 필터란 액티비티로 들어오는 인텐트를 걸러내는 것이다. 즉 어떤 인텐트를 허용할 것인지를 기술한다. 인텐트란 액티비티와 액티비티 사이를 연결시켜 주는 메커니즘이다. 이 예제에서는 이 액티비티를 시작점으로 해서 애플리케이션 론처(launcher)에 등록한다고 기술되어 있다. `action`은 `android.intent.action.MAIN`으로 설정되어 있는데, 이 액티비티를 시작점으로 실행한다는 것을 의미한다(이 액티비티가 메인이라고 표시한다). `category`는 애플리케이션 론처를 나타내고 있다.

SECTION 7 에뮬레이터 로그캣

안드로이드 애플리케이션을 에뮬레이터나 실제 장치에서 실행할 때 안드로이드 스튜디오 맨 아래의 탭 중에서 [Logcat] 탭을 선택하면 실행되는 앱이 출력하는 메시지들을 볼 수 있다.

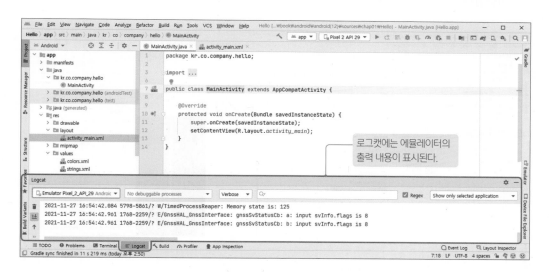

로그캣은 애플리케이션이 실행되면서 출력하는 여러 가지 정보들이 표시되는 창이다. 만약 애플리케이션에 오류가 있어서 실행이 중지되었다면 빨간색으로 오류 원인이 표시된다. 따라서 오류가 발생한 경우에는 로그캣 창을 주의 깊게 읽어보아야 한다.

만약 개발자가 애플리케이션이 실행되는 도중에 어떤 값을 출력해보려면 로그캣을 이용할 수 있다. 다음과 같은 문장을 소스 코드 안에 포함시키면 에뮬레이터가 로그캣 창에 출력한다.

```
Log.v("MY_TAG", "App Start!!");
```

태그 이름, 로그캣 필　　　메시지
터링에 사용한다.

예제 | 비주얼 도구 사용해보기 I

여러분들은 안드로이드 스튜디오가 상당히 편한 도구라는 것을 알아차렸을 것이다. 안드로이드에서 사용자 인터페이스는 XML 파일로 작성하는 것이 정석이지만, 여기에서는 비주얼 도구를 사용하여 사용자 인터페이스를 작성해보자. 아주 편리하다. 비주얼 도구에 대한 자세한 설명은 4장을 참조한다.

(1) [File] → [New] → [New Project]를 선택하여서 VisualTool1라는 이름의 프로젝트를 생성한다.

(2) 안드로이드 스튜디오의 /res/layout/ 폴더를 확장하여서 activity_main.xml 파일을 더블 클릭한다. 화면에서 [Design] 탭을 선택한다. 마우스로 TextView를 드래그하여서 위쪽으로 이동한다.

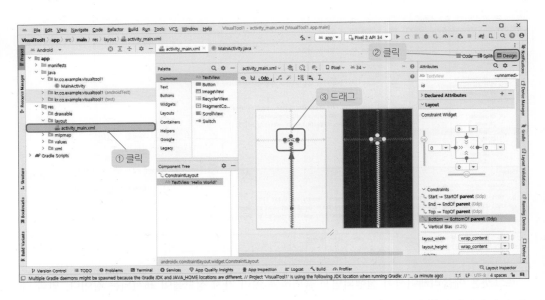

(3) 마우스로 왼쪽의 "Widgets" 카테고리에서 "Button"을 마우스로 끌고 와서 화면의 아래쪽에 놓아보자. 화면에 버튼이 나타난다. 어떤 위젯이던지 이런 식으로 마우스로 드래그하여서 화면을 구성할 수 있다. 그리고 위젯의 속성은 화면 오른쪽 하단의 속성 창에서 변경이 가능하다.

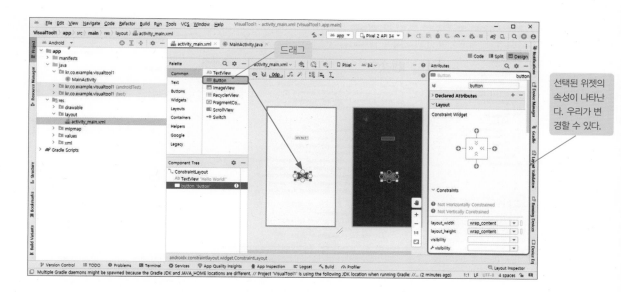

(4) 버튼을 선택한 상태에서 [Infer Contraints] 아이콘을 클릭한다. 자동으로 위젯을 상하좌우에 붙인다. 아주 편리한 기능이다. 이후에 위젯을 마우스로 드래그하면 위치를 바꿀 수 있다.

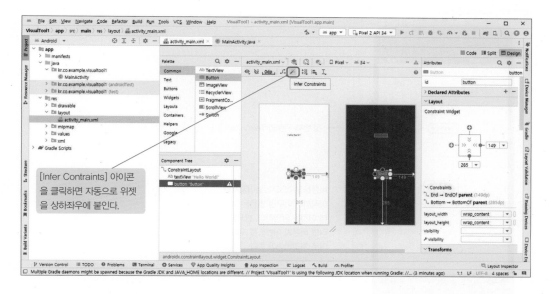

(5) 비주얼 도구를 이용하여 화면을 제작하더라도 최종적으로는 XML 파일로 저장된다. activity_main.xml 파일을 살펴보자.

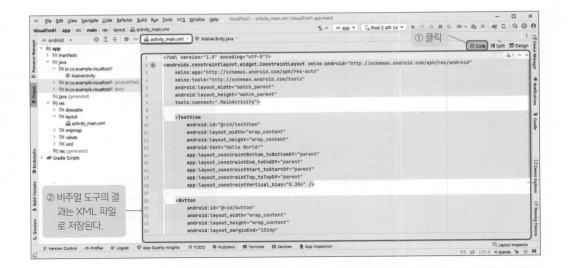

 (6) 자동 생성된 `MainActivity` 클래스는 변경없이 그대로 사용한다.

실행
결과
(7) 애플리케이션을 다시 실행한다. 애플리케이션을 다시 실행할 때는 아이콘을 클릭하는 것이 제일 쉽다.

첫 번째 위젯인 TextView이다.

버튼을 눌러보자. 눌러지지만 아직까지 아무런 반응은 없는 데 이것은 당연하다. 반응을 주려면 버튼의 이벤트를 자바 언어로 처리하여야 한다.

 **예제** 비주얼 도구 사용해보기 II

이번에는 화면에 버튼을 만들고 버튼을 누르면 전화 걸기 화면이 나오도록 해보자.

(1) [File] → [New] → [New Project]를 선택하여서 VisualTool2라는 이름의 프로젝트를 생성한다. 시작 화면에서 [New Project]를 선택한다. 애플리케이션의 유형을 [Phone and Tablet]의 [Empty View Activity]로 선택한다.

(2) 안드로이드 스튜디오의 /res/layout/ 폴더를 확장하여서 activity_main.xml 파일을 더블 클릭한다. 화면에서 [Design] 탭을 선택한다. 마우스로 TextView를 선택한 후에 삭제해보자.

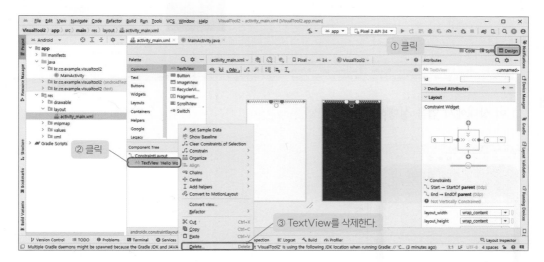

(3) 마우스로 왼쪽의 "Widgets" 카테고리에서 "Button"을 마우스로 끌고 와서 화면에서 놓아보자. 화면에 버튼이 나타난다. 이어서 [Infer Constraint] 버튼을 누른다.

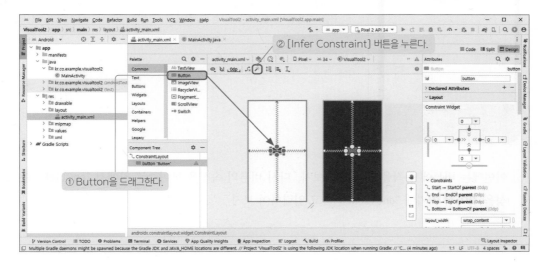

(4) 위젯의 속성은 화면 오른쪽 하단의 속성 창에서 변경이 가능하다. 예를 들어서 버튼의 텍스트를 변경하여 보자. 스크롤바를 움직여서 "text" 속성을 찾아서 "Button" 대신에 "전화걸기"로 변경하여 본다.

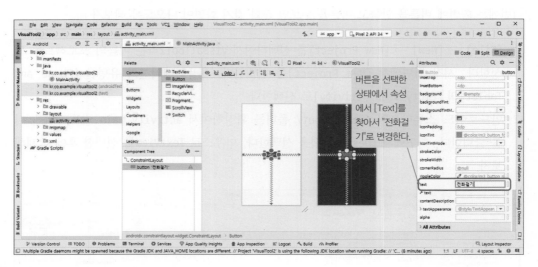

(5) 이 상태에서 앱을 실행해보자.

그런데 버튼을 눌러도 아무런 동작이 없다! 하지만 이것은 당연하다. 우리가 아무런 동작을 지정하지 않았기 때문이다.

(6) 이번에는 버튼에 동작을 지정하여 보자. 다시 버튼의 속성을 보여주는 창에서 "onClick" 속성을 찾아서 여기에 "onClicked"라고 입력하여 보자.

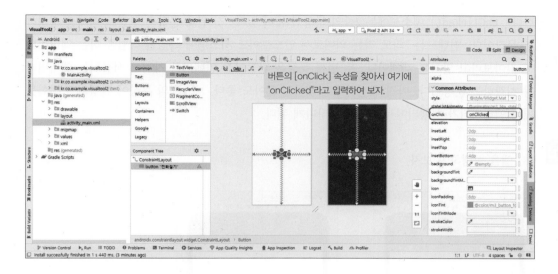

(7) 버튼이 클릭되면 "onClick" 속성에 입력되어 있는 메소드가 자동으로 호출된다. 따라서 우리는 onClicked()라고 하는 메소드를 자바 소스 파일에 정의하여 주어야 한다. 이번에는 MainAcivity.java 파일을 열어서 다음 메소드를 추가해보자.

MainActivity.java

```java
public void onClicked(View v) {
    Intent intent = new Intent(Intent.ACTION_VIEW, Uri.parse("tel:010-1234-5678"));
    startActivity(intent);
}
```

코드
작성

안드로이드 스튜디오가 자동으로 필요한 클래스 파일들을 포함할 것이다(만일 필요한 클래스 파일들이 자동으로 포함되지 않으면 설정에서 [Auto Import] 속성을 설정하여야 한다. 1장을 참조한다). `onClicked()` 메소드에는 2줄의 문장이 들어 있다. 첫 번째 문장은 인텐트 객체를 생성하는 문장이다. 인텐트는 "의도"라는 의미로서 안드로이드 시스템에 특정한 작업을 하는 액티비티를 찾아보라고 말하는 객체이다. 두 번째 문장은 만들어진 인텐트를 가지고 시작되는 액티비티를 시작하는 문장이다. 아직 완전하게 이해하지 않아도 좋다. 이 2개의 문장이 실행되면 전화를 거는 액티비티가 실행되어서 화면에 나타나게 된다.

(8) 앱을 실행하여 보자.

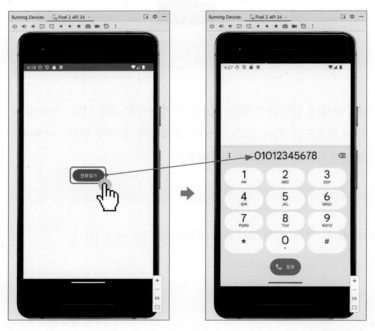

이번 장의 정리

상당히 많은 내용을 설명하였다. 이해가 되지 않는 부분도 상당히 있을 것이다. 많은 부분들이 다시 중복해서 설명될 것이다. 대략적으로 안드로이드 애플리케이션이 어떤 과정을 거쳐서 개발되는지 짐작할 수 있으면 된다. 여기서 안드로이드의 몇 가지 원칙을 정리하고 넘어가도록 하자.

· 애플리케이션은 컴포넌트들의 조합으로 만들어진다. 액티비티, 서비스, 컨텐트 제공자 등도 모두 컴포넌트이다. 뿐만 아니라 화면을 구성하는 요소들도 모두 컴포넌트이다.
· 코드와 리소스는 철저하게 분리된다. 즉 화면 구성과 코드는 분리된다. 문자열 정의도 코드에 들어가지 않고 외부 리소스 파일에서 정의된다. 애플리케이션이 규모가 커질수록 분리의 효과가 크게 나타난다.
· 코드와 리소스는 개발 도구에 의하여 자동으로 생성되는 R.java에 의하여 서로 연결된다.

비주얼 도구로 화면 만들어보기

안드로이드 앱 작성에 있어서 가장 중요한 것이 사용자 인터페이스를 만드는 것이다. 안드로이드 스튜디오에 포함된 비주얼 도구를 이용하여서 다음과 같은 화면을 만들어보자. 비주얼 도구는 이번 장 Lab들을 참고하고 4장을 미리 읽어도 된다. 위젯을 마우스로 끌어서 배치한 후에 [Infer Constraints] 버튼 누르는 것을 잊으면 안 된다.

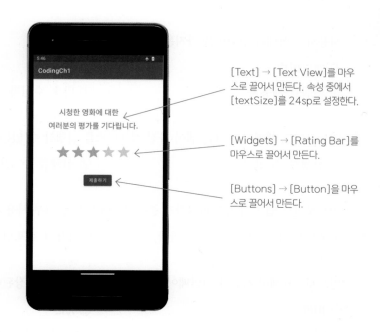

[Text] → [Text View]를 마우스로 끌어서 만든다. 속성 중에서 [textSize]를 24sp로 설정한다.

[Widgets] → [Rating Bar]를 마우스로 끌어서 만든다.

[Buttons] → [Button]을 마우스로 끌어서 만든다.

연습문제

01 안드로이드 애플리케이션을 구성하는 4가지의 컴포넌트에 속하지 않는 것은?

① 액티비티   ② 서비스

③ 콘텐트 소비자   ④ 방송 수신자

02 사용자를 상대하는 화면을 가지는 컴포넌트는 무엇인가?

① 액티비티   ② 서비스

③ 콘텐트 제공자   ④ 방송 수신자

03 안드로이드 앱에서는 다른 앱이 가진 컴포넌트를 실행할 수 있는가?

① 실행할 수 있다.   ② 실행할 수 없다.

04 안드로이드 앱을 개발할 때 4가지 종류의 컴포넌트를 전부 사용해야 하는가?

① 4가지 컴포넌트가 있어야 한다.   ② 1가지 컴포넌트만 있어도 된다.

05 안드로이드에서 사용자 인터페이스는 _____파일로 저장된다.

① HTML   ② XML

③ 자바 소스 파일   ④ 코틀린 소스 파일

06 안드로이드에서 빌드 도구로 사용되는 것은?

① make   ② Ant

③ Gradle   ④ Maven

07 안드로이드 앱에서 main() 함수의 역할을 하는 메소드는?

① onStart()   ② onCreate()

③ StartMain()   ④ onMain()

08 안드로이드 앱에서 리소스들이 모여 있는 폴더 이름은?

    ① `res`   ② `app`

    ③ `resource`   ④ `manifests`

09 안드로이드 앱에서 리소스들은 기본적으로 _____언어를 이용하여 기술된다.

    ① `HTML`   ② `XML`

    ③ 자바 소스 파일   ④ 코틀린 소스 파일

10 안드로이드 앱에서 화면의 구성을 기술한 리소스는 어떤 폴더에 모여 있는가?

    ① `mipmap`   ② `layout`

    ③ `drawable`   ④ `values`

11 버튼을 누르면 네이버 홈페이지가 열리는 다음과 같은 앱을 작성해보자. 비주얼 도구만을 사용한다. 본문의 Lab을 참고하고 버튼이 클릭되면 다음과 같은 자바 코드를 실행하게 한다.

(주제: 비주얼 도구, 난이도: 중)

```
Intent intent = new Intent(Intent.ACTION_VIEW, Uri.parse("https://m.naver.com"));
startActivity(intent);
```

CHAPTER 03

기본 위젯

위젯이 뭐예요?

오, 열심히 공부하는데…. 바로 사용자 인터페이스를 이루는 컴포넌트들이란다.

CHAPTER
03

기본 위젯

1
SECTION

사용자 인터페이스 개요

뷰와 뷰그룹

사용자 인터페이스(UI: User Interface)는 안드로이드에서도 무척 중요하다. 안드로이드의 사용자 인터페이스는 자바에서 기본적으로 제공하는 **Swing**이 아니다. **Swing**은 데스크톱 애플리케이션에 적합한 것으로 모바일 장치는 화면의 크기가 작고 **CPU**의 성능이 떨어지기 때문에 **Swing**이 제대로 돌아가지 않는다. 안드로이드는 모바일 환경에 특화된 버튼, 리스트, 스크롤 바, 메뉴, 체크 박스 등을 따로 작성하여 제공한다. 사용자 인터페이스 요소들을 크게 분류하면 뷰(View)와 뷰그룹(ViewGroup)으로 나눌 수 있다. 뷰는 화면을 구성하는 요소인 위젯이고 뷰그룹은 위젯들을 담는 컨테이너라고 생각하면 된다. 뷰그룹은 흔히 레이아웃이라고 불린다.

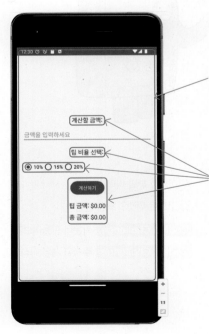

뷰그룹: 다른 뷰들을 담는 컨테이너 기능을 한다. 흔히 레이아웃(layout)이라고 불리며, 정해진 정책에 따라서 뷰들을 배치한다. 뷰그룹은 ViewGroup 클래스에서 상속받아서 작성된다.

뷰: 컨트롤 또는 위젯이라고도 불린다. 사용자 인터페이스를 구성하는 기초적인 빌딩 블록이다. 버튼, 텍스트 필드, 체크박스 등이 여기에 속한다. 뷰들은 View 클래스를 상속받아서 작성된다.

UI를 작성하는 절차

먼저 뷰그룹(레이아웃)을 생성하고 여기에 필요한 뷰들을 추가하면 된다. UI 작성이 끝나면 setContentView()를 호출하여 작성한 UI를 액티비티의 화면으로 설정하면 된다.

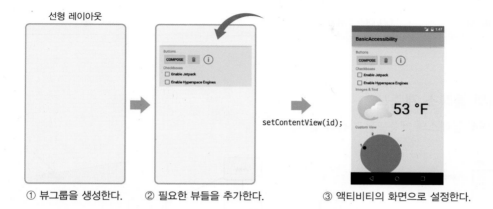

① 뷰그룹을 생성한다.　　② 필요한 뷰들을 추가한다.　　③ 액티비티의 화면으로 설정한다.

위젯의 유형

안드로이드에서는 버튼, 텍스트 뷰, 에디트 텍스트, 라디오 버튼, 체크박스와 같은 다양한 위젯을 제공한다.

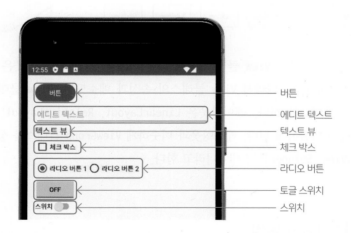

위젯	설명	이미지
Button	클릭할 수 있는 푸시 버튼	BUTTON
EditText	편집이 가능한 텍스트 필드	Name
TextView	편집이 불가능한 텍스트	TextView
CheckBox	사용자가 체크할 수 있는 ON/OFF 스위치	☐ CheckBox

위젯	설명	이미지
RadioButton	그룹에서 하나의 옵션만 선택할 수 있다.	⦿ RadioButton ◯ RadioButton
ToggleButton	라이트 인디케이터가 있는 ON/OFF 버튼	ON
Switch	ON/OFF 스위치	Switch ⬤

위젯 클래스 계층도

위젯 클래스의 계층도는 다음과 같다.

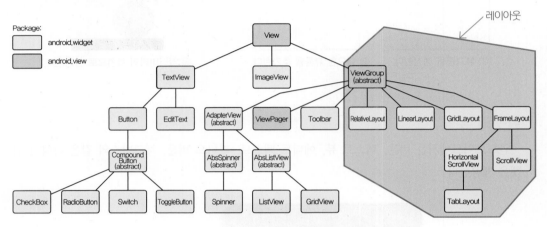

안드로이드의 모든 위젯은 `View` 클래스를 상속하여 만들어진다. 레이아웃은 `ViewGroup` 클래스를 상속하여 작성된다. 따라서 `View` 클래스의 속성과 메소드는, `View` 클래스를 상속받는 모든 위젯에서 사용이 가능하다. 레이아웃은 `LinearLayout`, `RelativeLayout` 등의 클래스이며, 우리는 4장에서 학습하게 된다. 레이아웃과 비슷하게 `ViewGroup` 클래스를 상속하여 만드는 `ListView`, `GridView`, `Spinner`는 컨테이너라고 한다.

UI를 작성하는 다양한 방법

안드로이드에서는 어떻게 사용자 인터페이스를 작성하는가? 다음 그림처럼 3가지의 방법이 있다. 첫 번째 방법은 XML을 사용하여 인터페이스를 기술하는 것이다. 두 번째 방법은 자바 코드만으로 인터페이스를 생성하는 방법이다. 세 번째 방법은 비주얼 도구를 사용하는 방법이다.

안드로이드에서는 XML로 사용자 인터페이스를 작성하는 방법이 기본이다. XML로 사용자 인터페이스를 만든 후에 자바 코드로 인터페이스를 변경하는 방법도 많이 사용된다. 최근에는 비주얼 도구도 많이 발전한 것 같다. 비주얼 도구의 결과도 결국은 XML 파일로 저장된다. XML로 사용자 인터페이스를 작성하는 방법부터 학습해보자.

XML로 사용자 인터페이스 작성하기

자바에서는 일반적으로 코드를 이용하여 사용자 인터페이스 화면을 작성하게 된다. 왜 안드로이드에서는 사용자 화면을 XML로 별도로 작성하는 것일까? 이 방법의 장점은 다음과 같다.

- 이 방법에서는 코드와 화면 디자인이 완벽하게 분리된다. 즉 코드는 프로그래머가 담당하고 화면은 디자이너가 담당할 수 있다.
- 사용자 인터페이스가 애플리케이션 코드의 외부에서 정의된다. 따라서 소스 코드를 변경하거나 재컴파일할 필요 없이 사용자 인터페이스를 변경할 수 있다.

- 비주얼 도구를 이용하여서 사용자 인터페이스를 빠르게 작성할 수 있다. XML 파일은 이러한 비주얼 도구들이 읽기가 편한 파일 규격이다.

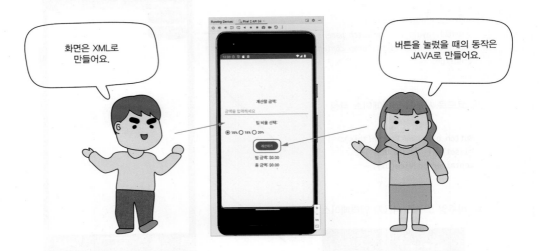

이번 장에서는 XML로 레이아웃을 선언하는 방법에 초점을 맞출 것이다. 일반적으로 사용자 인터페이스 요소들을 선언하는 XML 용어는 쉽게 그 의미를 유추할 수 있다. XML에서 요소는 클래스에 대응되고 속성은 메소드에 대응된다. 따라서 프로그래머들은 쉽게 XML 속성을 추측할 수 있다. 먼저 XML 방법으로 버튼이 2개 있는 화면을 만드는 과정을 실습해보자.

예제   **XML 파일로 사용자 인터페이스를 작성해보자.**

이번 실습에서는 2개의 버튼으로 이루어진 앱의 화면을 XML 파일로 정의하여 본다.

(1) 새로운 안드로이드 프로젝트 UserInterface1을 생성한다.
(2) 사용자 인터페이스를 변경하기 위하여 /res/layout 폴더에 있는 activity_main.xml 파일을 더블 클릭한다. 화면 오른쪽 상단의 [Code] 탭을 클릭하면 파일의 내용을 텍스트로 볼 수 있다. 다음과 같이 수정하여 보자.

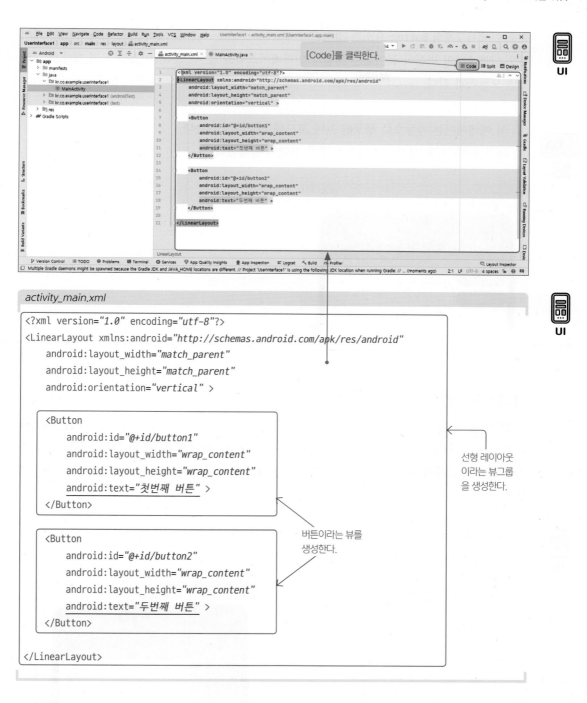

activity_main.xml

```xml
<?xml version="1.0" encoding="utf-8"?>
<LinearLayout xmlns:android="http://schemas.android.com/apk/res/android"
    android:layout_width="match_parent"
    android:layout_height="match_parent"
    android:orientation="vertical" >

    <Button
        android:id="@+id/button1"
        android:layout_width="wrap_content"
        android:layout_height="wrap_content"
        android:text="첫번째 버튼" >
    </Button>

    <Button
        android:id="@+id/button2"
        android:layout_width="wrap_content"
        android:layout_height="wrap_content"
        android:text="두번째 버튼" >
    </Button>

</LinearLayout>
```

선형 레이아웃 이라는 뷰그룹을 생성한다.

버튼이라는 뷰를 생성한다.

앞의 **XML** 파일을 해석하여 보자. 먼저 LinearLayout 이란 요소가 정의된다. 이 요소는 선형 레이아웃 객체를 의미한다. 선형 레이아웃이란 자식뷰들을 선형으로 배치하는 배치 관리자이다. LinearLayout 요소가 뷰그룹(컨테이너)의 역할을 한다. LinearLayout

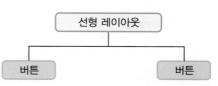

요소 안에서 2개의 Button 요소가 정의된다. Button 요소는 버튼을 의미한다. 따라서 선형 레이아웃 안에 2개의 버튼이 들어있는 사용자 인터페이스임을 알 수 있다. 이것을 트리 형태로 그려보면 오른쪽과 같다.

(3) 이 예제에서는 자동으로 생성된 자바 코드를 변경하지 않는다.

(4) 애플리케이션을 실행하면 다음과 같은 화면이 등장한다.

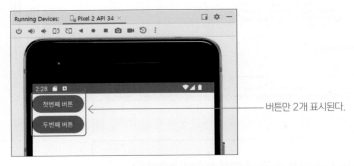

버튼만 2개 표시된다.

레이아웃 파일의 축약된 기술

레이아웃 파일은 상당히 길어질 수 있다. 책의 지면은 한정되어 있으므로, 지금부터는 다음과 같이 중요한 속성만 기술하고 나머지는 생략하고자 한다. 이점 많은 양해 부탁드린다. 전체 소스는 출판사 홈페이지에서 다운로드할 수 있다. 예를 들어서 앞의 레이아웃 파일을 축약하면 다음과 같다.

UI

activity_main.xml

```
<LinearLayout>
    <Button
        android:id="@+id/button1"
        android:text="첫번째 버튼" >
    </Button>

    <Button
        android:id="@+id/button2"
        android:text="두번째 버튼" >
    </Button>
</LinearLayout>
```

TIP

레이아웃 안에 다른 레이아웃을 넣을 수도 있다. 즉 컨테이너 안에 다른 컨테이너도 얼마든지 넣을 수 있다.

위젯의 속성

3 SECTION

View 클래스

이번 절에서는 안드로이드 위젯들이 공통적으로 가지고 있는 속성들에 대하여 살펴보자.

`View` 클래스는 모든 위젯들의 부모 클래스이다. 따라서 `View` 클래스가 가지고 있는 필드나 메소드는 모든 위젯에서 공통적으로 사용할 수 있다.

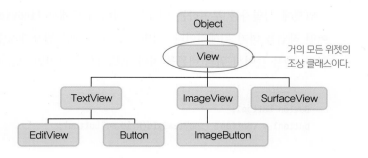

`View` 클래스의 필드나 메소드 중에서 중요한 것만을 살펴보자. 나머지는 안드로이드 홈페이지를 참조하도록 한다. 위젯은 클래스로 생성되고 클래스 안에는 많은 속성들이 변수로 정의된다. 이들 변수는 자바 코드에서 설정자 메소드를 통하여 직접 변경도 가능하고 XML 파일에서 특정한 값으로 지정할 수 있다.

id 속성

모든 위젯은 정수로 된 **id**(**식별자**)를 가질 수 있다. XML 파일에서는 다음과 같은 형식으로 위젯에 **id**를 부여할 수 있다.

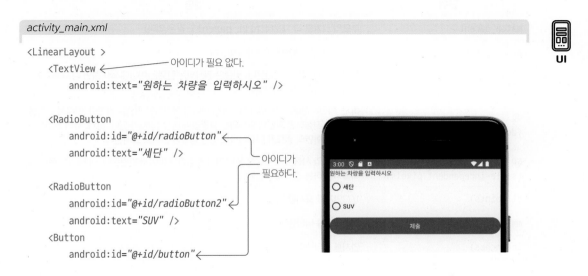

activity_main.xml

```xml
<LinearLayout >
    <TextView ←————————————— 아이디가 필요 없다.
        android:text="원하는 차량을 입력하시오" />

    <RadioButton
        android:id="@+id/radioButton" ←
        android:text="세단" />
                                            아이디가
                                            필요하다.
    <RadioButton
        android:id="@+id/radioButton2" ←
        android:text="SUV" />
    <Button
        android:id="@+id/button" ←
```

UI

```
                    android:text="제출" />
</LinearLayout>
```

여기에서 "@+id/button1"은 버튼에 고유한 ID를 지정하는 코드이다. 이러한 ID를 사용하면 자바 코드에서 해당 뷰를 식별하고 조작할 수 있다. "@+id/" 부분은 새로운 ID를 생성하고 할당 하겠다는 것을 나타낸다. 만약 이미 존재하는 ID를 사용하려면 @id/로 시작하게 된다.

위젯에 식별자를 부여하는 이유는, 자바 코드에서 findViewById() 메소드로 위젯을 찾아서 어떤 작업을 하기 위해서이다. 자바 코드에서 찾을 필요가 없는 위젯에는 식별자를 붙일 필요는 없다. 예를 들어서 위의 버튼을 자바 코드에서 찾으려면 다음과 같은 문장을 사용한다.

```
Button button1;
button1 = (Button) findViewById(R.id.my_button);
```

위젯의 위치와 크기

위젯의 위치와 크기는 레이아웃 객체에 의하여 전적으로 결정된다. XML 속성 앞에 layout이 붙으면, 이 속성은 위젯의 속성이라기보다는 레이아웃을 위한 속성이 된다. 픽셀 단위로도 지정할 수도 있지만, match_parent나 wrap_content와 같은 값을 주는 경우가 많다. match_parent는 부모의 공간을 전부 차지한다는 의미가 된다. fill_parent도 같은 의미가 된다. wrap_content는 콘텐츠를 포장할 정도의 크기라는 의미로서 위젯의 크기를 콘텐츠에 맞추라는 의미가 된다.

단위	설명
match_parent	부모의 크기를 꽉 채운다(fill_parent도 같은 의미).
wrap_content	뷰가 나타내는 내용물의 크기에 맞춘다.
px(pixels)	화면의 실제 픽셀을 나타낸다. 픽셀은 권장되는 단위는 아닌데 왜냐하면 장치마다 화면의 밀도가 다르기 때문이다.
dp (density-independent pixels)	dp는 화면의 밀도가 160dpi 화면에서 하나의 물리적인 픽셀을 말한다. 따라서 크기를 160dp로 지정하면 화면의 밀도와는 상관없이 항상 1인치가 된다. dp로 뷰의 크기를 지정하면 화면의 밀도가 다르더라도 항상 동일한 크기로 표시된다.
sp (scale-independent pixels)	화면 밀도와 사용자가 지정한 폰트 크기에 영향을 받아서 변환된다. 이 단위는 폰트 크기를 지정하는 경우에 추천된다.
pt(points)	1/72인치를 표시한다.
mm(millimeters)	밀리미터를 나타낸다.
in(inches)	인치를 나타낸다.

이들 상수들은 아주 많이 등장하므로 그 의미를 확실히 알아두어야 한다. 위젯의 크기를 명시적으로 지정할 때는 숫자 뒤에 단위를 붙인다. 안드로이드에서 사용할 수 있는 단위는 px, dp, sp, in, mm, pt이다. 예를 들어서 위젯의 너비를 200픽셀로 하고 싶으면 "200px"와 같이 쓰면 된다.

```
android:layout_width="200px"
```

만약 장치의 종류에 관계없이 항상 동일한 크기로 표시되게 하려면 dp, pt, mm, in 단위를 사용하여야 한다. 즉 화면에서 1인치를 표시하려면 **160dp**로 지정하면 된다.

 예제 위젯의 크기 설정

(1) LinearLayoutTest01이라는 프로젝트를 생성한다.
(2) 레이아웃 파일에서 버튼을 하나 생성하고 버튼의 layout_width와 layout_height 속성을 wrap_content로 변경해보자.

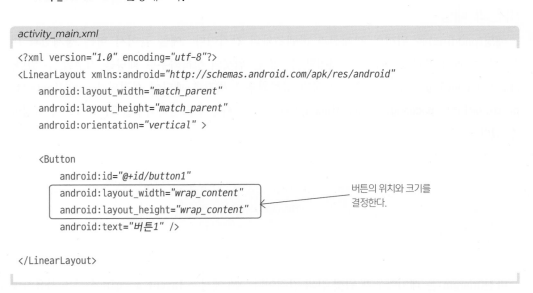

activity_main.xml
```xml
<?xml version="1.0" encoding="utf-8"?>
<LinearLayout xmlns:android="http://schemas.android.com/apk/res/android"
    android:layout_width="match_parent"
    android:layout_height="match_parent"
    android:orientation="vertical" >

    <Button
        android:id="@+id/button1"
        android:layout_width="wrap_content"          버튼의 위치와 크기를
        android:layout_height="wrap_content"         결정한다.
        android:text="버튼1" />

</LinearLayout>
```

(3) 레이아웃 파일에서 버튼의 layout_width와 layout_height 속성을 다양하게 변경하면서 실행해본다.

실행 결과

● 그림 3-1
wrap_content와
match_parent

(a)
layout_width="wrap_content",
layout_height="wrap_content"

(b)
layout_width="match_parent",
layout_height="wrap_content"

(c)
layout_width="wrap_content",
layout_height="match_parent"

(d)
layout_width="match_parent",
layout_height="match_parent"

위젯의 실제 위치는 getLeft()와 getTop()으로 얻을 수 있으며, 실제 너비와 실제 높이는 getWidth()와 getHeight()로 얻을 수 있다.

마진과 패딩

패딩(padding)은 위젯의 경계선과 콘텐츠와의 간격이다. 예를 들어서 버튼 경계선과 버튼 텍스트와의 간격은 패딩으로 제어할 수 있다. 위젯의 상하좌우로 패딩을 지정할 수 있다. XML에서 padding 속성 이름을 사용하면 상하좌우로 똑같은 패딩이 설정된다. paddingLeft, paddingRight, paddingTop, paddingBottom 속성을 사용하면 상하좌우를 각기 다르게 설정할 수 있다.

마진(margin)은 레이아웃과 위젯 간의 간격이다. XML에서는 layout_margin 속성을 사용하면 상하좌우로 똑같은 마진을 설정할 수 있다. layout_marginLeft, layout_marginRight, layout_marginTop, layout_marginBottom 속성을 사용하면 상하좌우 마진을 각기 다르게 설정할 수 있다.

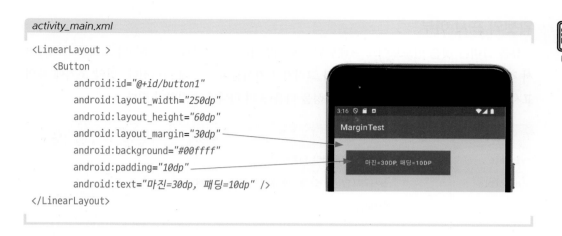

activity_main.xml

```
<LinearLayout >
    <Button
        android:id="@+id/button1"
        android:layout_width="250dp"
        android:layout_height="60dp"
        android:layout_margin="30dp"
        android:background="#00ffff"
        android:padding="10dp"
        android:text="마진=30dp, 패딩=10dp" />
</LinearLayout>
```

색상

뷰의 배경색을 변경하려면 background라는 속성을 변경하면 된다. 색상을 나타내는 방법은 16진수로 투명도와 빛의 3원색인 RGB값을 표시하는 것이다. 투명도는 생략이 가능하다. 각 색상 성분은 0에서 FF 사이의 값을 가질 수 있다. 0은 해당 성분이 전혀 없음을 표시하고 FF는 100%를 의미한다. 예를 들어서 검정색은 "#000000"이고 빨강색은 "#FF0000"이다.

표시 방법	설명
#RRGGBB	RR은 빨간색 성분, GG는 녹색 성분, BB는 청색 성분을 나타낸다.
#AARRGGBB	AA는 투명도, RR은 빨간색 성분, GG는 녹색 성분, BB는 청색 성분을 나타낸다.

화면에 버튼을 하나 생성하고 선형 레이아웃의 배경색을 녹색으로 지정하는 레이아웃 파일은 다음과 같다.

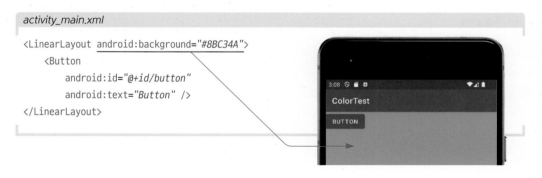

activity_main.xml

```
<LinearLayout android:background="#8BC34A">
    <Button
        android:id="@+id/button"
        android:text="Button" />
</LinearLayout>
```

위젯의 표시 여부

뷰를 그리는 것은 안드로이드 프레임워크의 책임이다. 프레임워크는 뷰들의 트리를 순회하면서 각 뷰들을 그린다. 부모 뷰들이 먼저 그려지고 자식들이 나중에 그려진다. 만약 초기에 뷰의 표시 여부를 제어하려면 **visibility** 속성을 다음 중의 하나로 설정하면 된다.

상수	값	설명
visible	0	화면에 보이게 한다. 디폴트 값
invisible	1	표시되지 않는다. 그러나 배치에서 공간을 차지한다.
gone	2	완전히 숨겨진다.

UI

activity_main.xml

```xml
<LinearLayout >
    <Button
        android:id="@+id/button"
        android:text="Button1" />
    <Button
        android:id="@+id/button2"
        android:text="Button2"
        android:visibility="invisible" />

    <Button
        android:id="@+id/button3"
        android:text="Button3" />

    <Button
        android:id="@+id/button4"
        android:text="Button4"
        android:visibility="gone" />

    <Button
        android:id="@+id/button5"
        android:text="Button5" />
</LinearLayout>
```

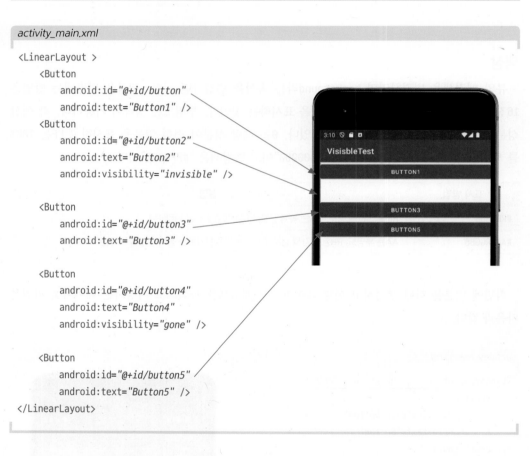

enable 속성과 rotation 속성

버튼의 동작 여부는 **enable** 속성으로 제어할 수 있다. 버튼을 회전하려면 **rotation** 속성을 사용한다.

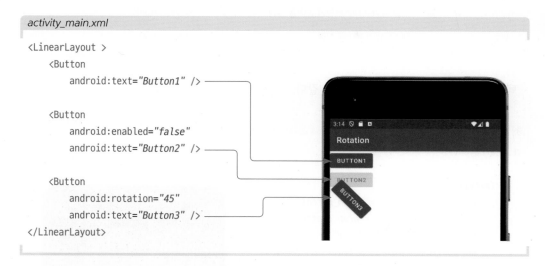

activity_main.xml

```
<LinearLayout >
    <Button
        android:text="Button1" />

    <Button
        android:enabled="false"
        android:text="Button2" />

    <Button
        android:rotation="45"
        android:text="Button3" />
</LinearLayout>
```

SECTION 4 텍스트 뷰

텍스트 뷰

텍스트 뷰(TextView)는 화면에 간단한 텍스트를 출력하는 위젯이다. 다른 곳에서는 레이블(label)이라고도 한다.

텍스트 뷰는 편집이 불가능하며, 주로 설명이나 제목 등에 많이 사용된다. 텍스트 뷰가 제공하는 중요한 속성은 다음과 같다.

XML 속성	설명	설정 메소드
text	표시할 텍스트	setText(CharSequence)
textColor	텍스트 색상	setTextColor(ColorStateList)
textSize	텍스트의 크기	setTextSize(float)
textStyle	텍스트 스타일(bold, italic, bolditalic)	setTextStyle(TextStyle)

XML 속성	설명	설정 메소드
typeface	텍스트 폰트(normal, sans, serif, monospace)	setTypeface(Typeface)
width	픽셀 단위로 텍스트뷰의 길이를 설정	setWidth(int)
height	픽셀 단위로 텍스트뷰의 높이를 설정	setHeight(int)
lines	텍스트뷰의 높이를 설정	setLines(int)

텍스트 뷰를 하나 만들어보면 다음과 같다.

activity_main.xml

```
<LinearLayout>

    <TextView
        android:layout_width="match_parent"
        android:layout_height="wrap_content"
        android:background="#0000ff"
        android:text="This is a test."
        android:textColor="#ff0000"
        android:textSize="60pt"
        android:textStyle="italic"
        android:typeface="serif" />

</LinearLayout>
```

---

5 SECTION   버튼

버튼(Button)은 가장 기본적인 위젯으로 사용자 인터페이스에서 아주 많이 사용한다.

Button 클래스는 TextView 클래스를 상속받아서 작성되었으므로 TextView의 모든 속성을 사용할 수 있다. 우리는 첫 번째 예제에서 XML 파일로 버튼을 생성한 바 있다. 여기서는 버튼의 이벤트 처리를 주로 생각해보자.

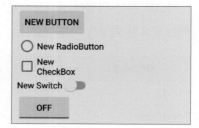

버튼의 색상

버튼의 색상은 backgroundTint 속성을 변경하면 된다.

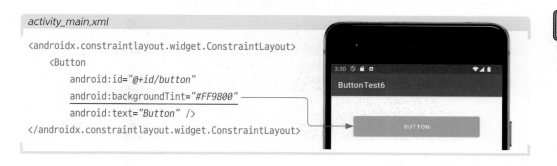

```
activity_main.xml
```
```
<androidx.constraintlayout.widget.ConstraintLayout>
    <Button
        android:id="@+id/button"
        android:backgroundTint="#FF9800"
        android:text="Button" />
</androidx.constraintlayout.widget.ConstraintLayout>
```

이벤트 처리하기(XML 파일 이용)

사용자가 버튼을 클릭하면, 클릭 이벤트가 발생한다. 클릭 이벤트는 어떻게 처리하면 좋을까? 가장 많이 사용되고 간편한 방법은 XML 레이아웃 파일에 이벤트 처리 메소드를 등록하는 방법이다.

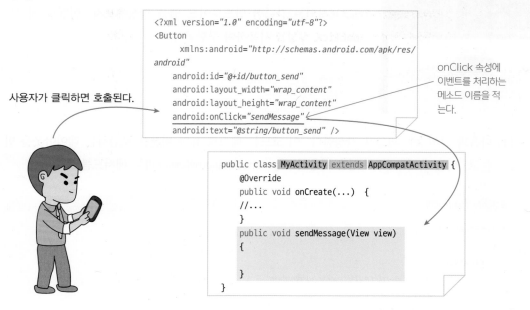

사용자가 버튼을 누르면 클릭 이벤트가 발생하고, 클릭 이벤트가 발생하면 레이아웃에 등록된 메소드가 자동으로 호출된다. 이를 위하여 레이아웃 안의 <Button> 요소에 onClick 속성을 추가한다. 클릭 이벤트가 발생하면 onClick 속성에 저장된 메소드가 호출된다. 버튼을 가지고 있는 액티비티는 이 메소드를 구현하여야 한다. 위의 레이아웃을 사용하는 액티비티가 클릭 이벤트를 처리하는 메소드를 정의한다. onClick 속성에 선언하는 메소드는 위와 같이 구체적으로 다음의 3가지 조건을 지켜야 한다.

- public이어야 한다.
- void 반환형을 가져야 한다.
- View를 메소드의 인수로 가져야 한다. 클릭된 View 객체가 전달된다.

TIP

최근에는 상당히 많은 위젯이 onClick 속성을 지원한다. 위젯을 사용할 때 먼저 안드로이드 스튜디오의 비주얼 도구에서 onClick 속성을 찾아보자. 만약 onClick 속성이 있다면 onClick 속성을 사용하는 것이 제일 편리한 이벤트 처리 방법이다.

난수 표시 앱

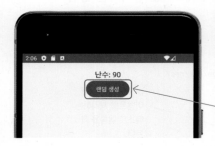

텍스트 뷰와 버튼을 사용하여 버튼을 누를 때 텍스트 뷰에 난수로 표시되는 간단한 안드로이드 앱을 작성해보자. 이벤트 처리는 onClick 속성을 사용하여 구현한다.

버튼을 누르면 난수가 생성되어서
텍스트 뷰에 표시된다.

(1) 다음과 같이 XML 파일을 작성한다. 이 코드는 텍스트 뷰와 버튼을 포함하는 레이아웃을 만들고, 버튼의 onClick 속성을 사용하여 generateRandomNumber라는 메서드를 호출한다.

UI

activity_main.xml

```xml
<LinearLayout>

    <TextView
        android:id="@+id/textViewRandomNumber"
        android:text="난수:"
        android:textSize="18sp"/>

    <Button
        android:id="@+id/buttonGenerateRandom"
        android:text="랜덤 생성"
        android:onClick="generateRandomNumber"/>

</LinearLayout>
```

(2) 다음과 같이 자바 코드를 작성한다. generateRandomNumber() 메소드에서는 난수를 생성하고 텍스트 뷰에 표시한다. 버튼을 클릭하면 텍스트 뷰에 난수가 표시된다.

MainActivity.java

```java
...
public class MainActivity extends AppCompatActivity {

    private TextView textViewRandomNumber;

    @Override
    protected void onCreate(Bundle savedInstanceState) {
        super.onCreate(savedInstanceState);
        setContentView(R.layout.activity_main);

        textViewRandomNumber = findViewById(R.id.textViewRandomNumber);
    }

    public void generateRandomNumber(View view) {
        // 난수 생성
        Random random = new Random();
        int randomNumber = random.nextInt(100); // 0부터 99까지의 난수 생성

        // 텍스트 뷰에 난수 표시
        textViewRandomNumber.setText("난수: " + randomNumber);
    }
}
```

6 SECTION 에디트 텍스트

에디트 텍스트(EditText)는 입력이 가능한 필드이다. 다른 곳에서는 텍스트 필드라고도 한다. EditText는 TextView의 자식 클래스이다. 에디트 텍스트를 사용하면 사용자가 앱에 텍스트를 타이핑하여 입력할 수 있다. 단일 라인이거나 멀티 라인일 수 있다. 텍스트 필드를 터치하면 커서가 나타나고 자동적으로 키보드가 화면의 하단에 표

Name
_____

Address
_____

시된다. 텍스트 선택(잘라냄, 복사, 붙여넣기)이나 자동 완성 기능도 지원된다. 텍스트 필드를 추가하려면 레이아웃 파일에 <EditText> 요소를 추가한다.

다음은 TextView 클래스에서 상속받은 속성들이다.

속성	설명
android:autoText	자동으로 타이핑 오류를 교정한다.
android:drawableBottom	텍스트의 아래에 표시되는 이미지 리소스이다.
android:drawableRight	텍스트의 오른쪽에 표시되는 이미지 리소스이다.
android:editable	편집 가능
android:text	표시되는 텍스트이다.
android:singleLine	true이면 한 줄만 받음
android:inputType	입력의 종류
android:hint	입력 필드에 표시되는 힌트 메시지

에디트 텍스트에서 사용자가 입력한 텍스트를 읽어오려면 getText(), 반대로 텍스트를 쓰려면 setText()를 호출하면 된다.

 **예제** **에디트 텍스트 사용하기 1**

가장 기본적인 예제로 사용자가 텍스트를 입력하고 버튼을 누르면, 입력된 텍스트를 화면의 하단에 표시하는 예제를 작성해보자.

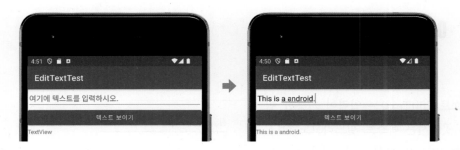

(1) EditTextTest라는 프로젝트를 생성한다.
(2) activity_main.xml 파일을 다음과 같이 변경한다.

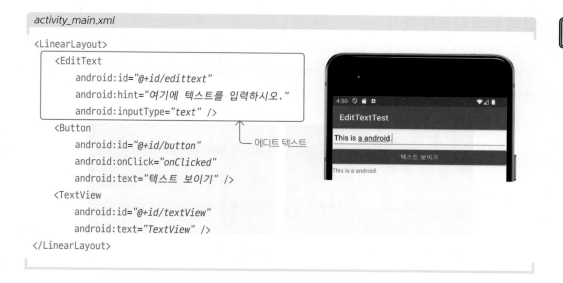

activity_main.xml

```xml
<LinearLayout>
    <EditText
        android:id="@+id/edittext"
        android:hint="여기에 텍스트를 입력하시오."
        android:inputType="text" />
    <Button
        android:id="@+id/button"
        android:onClick="onClicked"
        android:text="텍스트 보이기" />
    <TextView
        android:id="@+id/textView"
        android:text="TextView" />
</LinearLayout>
```

└─ 에디트 텍스트

(3) **MainActivity.java** 파일을 다음과 같이 변경한다.

MainActivity.java

```java
public class MainActivity extends AppCompatActivity {
    private TextView textView;
    EditText eText;
    @Override
    protected void onCreate(Bundle savedInstanceState) {
        super.onCreate(savedInstanceState);
        setContentView(R.layout.activity_main);
        eText = (EditText) findViewById(R.id.edittext);
        textView = (TextView) findViewById(R.id.textView);
    }
    public void onClicked(View v)      {
        String str = eText.getText().toString();
        textView.setText(str);
    }
}
```

버튼이 눌리면 아래의 텍스트 뷰에 입력받은 텍스트를 다시 출력한다.

CharSequence 형식의 문자열이므로 toString()을 불러서 String 객체로 변환

eText.getText()가 반환하는 것

getText() 메서드는 Editable 객체를 반환한다. 이 객체는 수정 가능한 텍스트를 나타내는 Android 클래스이다. 그러나 대부분의 경우 사용자 입력을 자바 형태의 문자열로 얻어야 하므로 toString() 메서드를 사용하여 Editable 객체를 문자열로 변환한다.

입력 형태 다르게 하기

에디트 텍스트에서 가장 중요한 속성은 inputType일 것이다. inputType 속성에 따라, 입력되는 내용을 제한할 수 있다. 예를 들어서 inputType을 "numberPassword"로 지정하면 숫자만 입력할 수 있는 입력기가 화면에 등장한다.

(textEmailAddress 입력 타입)   (phone 입력 타입)

키보드의 종류는 <EditText> 요소의 android:inputType 속성을 이용하여서 지정한다. 예를 들어서 사용자가 이메일 주소를 입력하려면 다음과 같이 지정한다.

```
<EditText
    android:id="@+id/email_address"
    android:layout_width="match_parent"
    android:layout_height="wrap_content"
    android:hint="@string/email_hint"
    android:inputType="textEmailAddress" />
```

이메일 형태의 입력을 받는다.

코드에서 inputType의 속성을 변경할 때에는 setInputType() 메소드를 호출한다. inputType 속성에는 다음과 같은 값들을 지정할 수 있다.

inputType	설명
none	편집이 불가능한 문자열
text	일반적인 문자열
textMultiLine	여러 줄로 입력 가능
textPostalAddress	우편번호
textEmailAddress	이메일 주소
textPassword	패스워드
textVisiblePassword	패스워드 화면에 보인다.
number	숫자
numberSigned	부호가 붙은 숫자

numberDecimal	소수점이 있는 숫자
phone	전화번호
datetime	시간

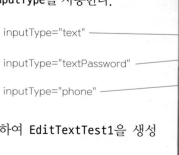 **예제** 에디트 텍스트 사용하기 2

사용자로부터 아이디, 패스워드, 전화번호를 입력받을 수 있는 안드로이드 앱을 만들어보자. 적절한 inputType을 사용한다.

inputType="text"
inputType="textPassword"
inputType="phone"

(1) 에디트 텍스트를 테스트하기 위하여 EditTextTest1을 생성한다.

(2) 다음과 같이 activity_main.xml 파일을 수정하여 실행한다. 자바 코드는 한 줄도 변경되지 않는다.

activity_main.xml

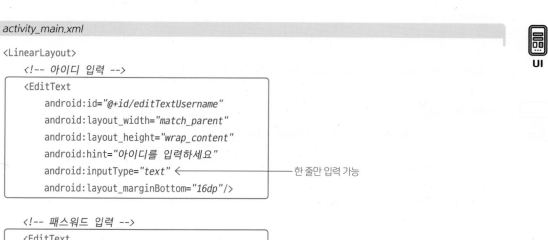

```xml
<LinearLayout>
    <!-- 아이디 입력 -->
    <EditText
        android:id="@+id/editTextUsername"
        android:layout_width="match_parent"
        android:layout_height="wrap_content"
        android:hint="아이디를 입력하세요"
        android:inputType="text"                        ← ──── 한 줄만 입력 가능
        android:layout_marginBottom="16dp"/>

    <!-- 패스워드 입력 -->
    <EditText
        android:id="@+id/editTextPassword"
        android:layout_width="match_parent"
        android:layout_height="wrap_content"
        android:hint="패스워드를 입력하세요"
        android:inputType="textPassword"                ← ──── 입력한 내용이 보이지 않는다.
        android:layout_marginBottom="16dp"/>
```

```
<!-- 전화번호 입력 -->
<EditText
    android:id="@+id/editTextPhoneNumber"
    android:layout_width="match_parent"
    android:layout_height="wrap_content"
    android:hint="전화번호를 입력하세요"
    android:inputType="phone"            ──── 전화번호만 입력 가능
    android:layout_marginBottom="16dp"/>


<!-- 회원가입 버튼 -->
<Button
    android:id="@+id/buttonSignup"
    android:layout_width="wrap_content"
    android:layout_height="wrap_content"
    android:text="회원가입"
    android:onClick="onSignupButtonClick"/>


<!-- 회원 정보 출력 텍스트 뷰 -->
<TextView
    android:id="@+id/textViewUserInfo"
    android:layout_width="match_parent"
    android:layout_height="wrap_content"
    android:text=""
    android:textSize="18sp"
    android:layout_marginTop="16dp"/>


</LinearLayout>
```

(3) 다음과 같이 **MainActivity.java** 파일을 수정하여 실행하여 보라.

**코드
작성**

MainActivity.java

```java
public class MainActivity extends AppCompatActivity {

    private EditText editTextUsername;
    private EditText editTextPassword;
    private EditText editTextPhoneNumber;
    private TextView textViewUserInfo;

    @Override
    protected void onCreate(Bundle savedInstanceState) {
        super.onCreate(savedInstanceState);
        setContentView(R.layout.activity_main);

        editTextUsername = findViewById(R.id.editTextUsername);
        editTextPassword = findViewById(R.id.editTextPassword);
```

```
        editTextPhoneNumber = findViewById(R.id.editTextPhoneNumber);
        textViewUserInfo = findViewById(R.id.textViewUserInfo);
    }

    public void onSignupButtonClick(View view) {
        String username = editTextUsername.getText().toString();
        String password = editTextPassword.getText().toString();
        String phoneNumber = editTextPhoneNumber.getText().toString();

        // 입력된 정보를 화면 하단에 출력
        String userInfo = "아이디: " + username + "\n패스워드: " + password + "\n전화번호: " +
        phoneNumber;
        textViewUserInfo.setText(userInfo);
    }
}
```

 예제   계산기 앱 #1

이번 실습에서는 다음과 같이 간단한 계산기 화면을 가지는 애플리케이션을 작성하여 보자.

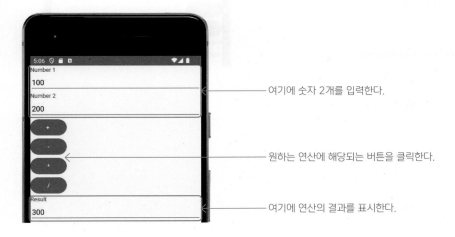

— 여기에 숫자 2개를 입력한다.

— 원하는 연산에 해당되는 버튼을 클릭한다.

— 여기에 연산의 결과를 표시한다.

(1) "Calculator"라는 이름의 프로젝트를 생성한다.

(2) activity_main.xml을 텍스트 에디터로 편집하여서 위의 그림과 같이 위젯들을 배치하여 본
    다. 일부 코드는 생략하였다.

UI

activity_main.xml

```xml
<?xml version="1.0" encoding="utf-8"?>
<LinearLayout android:orientation="vertical" >

    <TextView
        android:id="@+id/textView"
        android:text="Number 1"            />

    <EditText
        android:id="@+id/edit1"
        android:layout_width="match_parent"
        android:layout_height="wrap_content"/>

    <TextView
        android:id="@+id/textView2"
        android:text="Number 2" />

    <EditText
        android:id="@+id/edit2"
        android:layout_height="wrap_content"
    />
    <Button
        android:id="@+id/button1"
        android:onClick="cal_plus"
        android:text="+ "
    />
    <Button
        android:id="@+id/button2"
        android:text="-" />
    <Button
        android:id="@+id/button3"
        android:text="*" />
    <Button
        android:id="@+id/button4"
        android:text="/" />
    <TextView
        android:id="@+id/textView3"
        android:text="Result" />
    <EditText
        android:id="@+id/edit3"
        android:layout_height="wrap_content"/>
</LinearLayout>
```

(3) **MainActivity.java**를 다음과 같이 변경한다. + 연산만 구현하였다.

MainActivity.java

```java
...
public class MainActivity extends AppCompatActivity {

    EditText eText1;
    EditText eText2;
    EditText eText3;
    @Override
    protected void onCreate(Bundle savedInstanceState) {
        super.onCreate(savedInstanceState);
        setContentView(R.layout.activity_main);
        Button bPlus = (Button) findViewById(R.id.button1);
        eText1 = (EditText) findViewById(R.id.edit1);
        eText2 = (EditText) findViewById(R.id.edit2);
        eText3 = (EditText) findViewById(R.id.edit3);
    }

    public void cal_plus(View e) {
        String s1 = eText1.getText().toString();
        String s2 = eText2.getText().toString();
        int result = Integer.parseInt(s1) + Integer.parseInt(s2);
        eText3.setText("" + result);
    }
}
```

(4) 애플리케이션을 실행하여서 올바른 실행화면이 나오는지를 체크한다.

도전문제

-, *, / 연산도 구현해보자.

---

7 SECTION 이미지 뷰와 이미지 버튼

이미지 뷰(ImageView)는 아이콘과 같은 이미지들을 간단히 표시하는 데 사용된다. 이미지 뷰는 **TextView** 클래스를 확장한 것으로 이미지를 표시할 수 있는 **TextView**라고 생각하면 된다.

앱을 만들 때 화면에 이미지를 표시하는 경우는 상당히 많다.

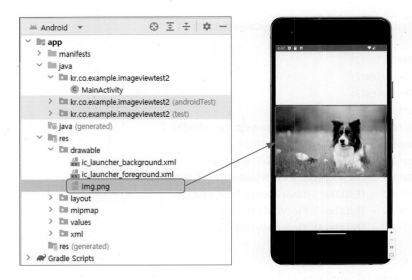

(1) 이미지를 표시하려면 앱의 리소스로 이미지 파일을 추가해야 한다. 일반적으로 `res/drawable` 디렉터리에 이미지 파일을 추가하거나 이미지 리소스를 사용할 수 있다. 이미지를 복사하여 `res/drawable` 디렉터리에 붙여넣기(Ctrl+V)하면 된다. 이미지 파일을 추가한 후에는 이미지 파일의 이름을 기억해야 한다.

(2) `ImageView`를 XML 레이아웃 파일에 추가해야 한다. 예를 들어, 이미지 `img.png`를 `ImageView`로 표시하려면 다음과 같이 사용할 수 있다. `android:src` 속성에 이미지 리소스의 이름을 지정한다.

```
<ImageView
    android:id="@+id/imageView"
    android:layout_width="wrap_content"
    android:layout_height="wrap_content"
    android:src="@drawable/img"/>
```

이미지 뷰의 속성

속성	설정 메소드	설명
android:adjustViewBounds	setAdjustViewBounds(boolean)	drawable의 종횡비를 유지하기 위하여 이미지 뷰의 가로, 세로를 조정
android:cropToPadding		true이면 패딩 안에 맞추어서 이미지를 자른다.

android:maxHeight	setMaxHeight(int)	이미지 뷰의 최대 높이
android:maxWidth	setMaxWidth(int)	이미지 뷰의 최대 너비
android:scaleType	setScaleType(ImageView.ScaleType)	이미지 뷰의 크기에 맞추어 어떻게 확대나 축소할 것인지 방법 선택
android:src	setImageResource(int)	이미지 소스
android:tint	setColorFilter(int, PorterDuff.Mode)	이미지 배경 색상

 **예제** **이미지 뷰**

(1) 이미지 뷰를 테스트하기 ImageViewTest를 생성한다.

(2) 예제를 작성하려면 먼저 이미지가 있어야 한다. 안드로이드 홈페이지에 가보면 귀여운 안드로이드 이미지들이 몇 가지 있다. androids.gif 이미지를 다운로드받는다. 안드로이드가 지원하는 이미지 형식은 gif, png, jpg 등이다. androids.gif 파일을 Ctrl+C로 복사하여서 프로젝트의 app/src/main/res/Drawable 폴더에 Ctrl+V로 붙여넣기한다. 이미지 파일을 폴더에 복사만 하면 안드로이드 스튜디오가 자동적으로 리소스 ID를 생성한다(조금 기다려야 한다).

이미지 뷰에서 가장 중요한 속성은 src이다. src는 이미지가 표시할 이미지 파일을 지정하는 곳으로 "@[+][package:]type:name"과 같은 형식의 리소스에 대한 참조일 수 있고 "#rgb", "#argb", "#rrggbb", "#aarrggbb"와 같은 색상일 수도 있다.

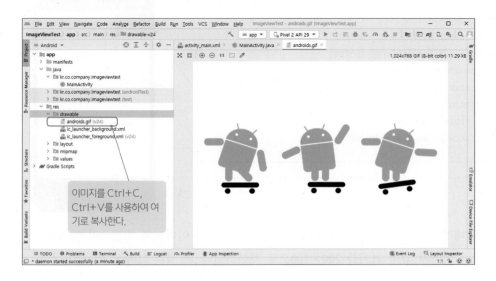

(3) 레이아웃 파일에서는 ImageView 위젯을 지정하였고 위젯의 src 속성을 @drawable/ androids와 같이 지정하였다. 즉 이것은 drawable 리소스에서 androids라는 이미지 파일 이름을 의미한다.

activity_main.xml

```xml
<?xml version="1.0" encoding="utf-8"?>
<ImageView
    xmlns:android="http://schemas.android.com/apk/res/android"
    android:id="@+id/icon"
    android:layout_width="match_parent"
    android:layout_height="match_parent"
    android:adjustViewBounds="true"
    android:src="@drawable/androids"
/>
```

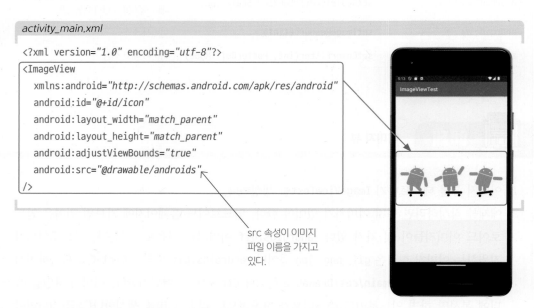

src 속성이 이미지 파일 이름을 가지고 있다.

(4) 이미지를 확대하여 표시하거나 축소하여서 표시할 수도 있다. 이번에는 속성을 다르게 하여서 이미지를 표시하여 보자.

activity_main.xml

```xml
<?xml version="1.0" encoding="utf-8"?>
<ImageView
    xmlns:android="http://schemas.android.com/apk/res/android"
    android:id="@+id/icon"
    android:layout_width="wrap_content"
    android:layout_height="wrap_content"
    android:maxHeight="100dp"
    android:maxWidth="200dp"
    android:adjustViewBounds="true"
    android:tint="#80ff0000"
    android:src="@drawable/androids"
/>
```

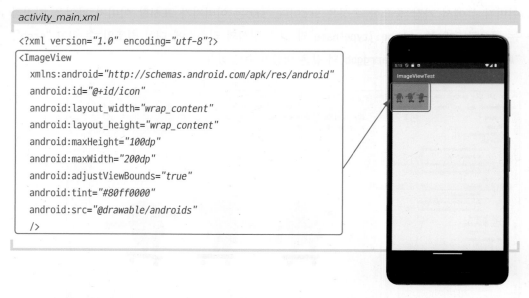

이미지의 배경에 빨간색을 넣고 투명도를 50% 정도 주어서 이미지에 빨간색이 들어가도록 하였다. 또한 이미지 뷰의 크기를 200×100으로 제한하였다. 형식은 "100dp"와 같이 부동소수점형의 숫자 뒤에 단위를 붙인다. 단위는 px(pixels), dp(density-independent pixels), sp(scaled pixels), in(inches), mm(millimeters) 등을 사용한다.

이미지 속성 변경

이미지뷰를 사용하여 이미지를 표시할 때 다양한 속성들을 변경할 수 있다. 이미지의 크기, 배치, 스케일링, 이미지 리소스 등을 조절하여 원하는 디자인을 만들 수 있다. 다음은 일반적으로 변경할 수 있는 ImageView 속성 몇 가지이다.

- android:layout_width와 android:layout_height: 이미지 뷰의 크기를 조절한다. wrap_content, match_parent, 고정 크기(dp, px 등)로 설정할 수 있다.
- android:scaleType: 이미지의 스케일링 및 크롭 방식을 지정한다. 일반적으로 centerCrop, fitCenter, centerInside 등을 사용하여 이미지를 화면에 맞게 조절한다.
- android:background: ImageView의 배경색을 설정한다.
- android:visibility: ImageView의 가시성을 조절한다. visible, invisible, gone 중 하나를 선택하여 화면에 보이거나 숨길 수 있다.
- android:rotation: 이미지를 회전시킨다. 각도를 설정하여 이미지를 원하는 방향으로 회전할 수 있다.
- android:alpha: 이미지의 투명도를 조절한다. 0.0(투명)에서 1.0(불투명) 사이의 값을 설정할 수 있다.
- android:onClick: 이미지를 클릭할 때 호출할 메서드를 지정한다.

코드로 이미지를 동적으로 변경하는 방법

setImageResource() 메서드를 사용하여 자바 코드에서도 이미지를 변경할 수 있다. 특히 자바 소스 코드에서 이미지를 변경하면 동적인 이미지 교체가 가능하다.

```java
// ImageView를 찾는다.
ImageView imageView = findViewById(R.id.imageView);

// 이미지 리소스를 설정한다. 여기서 "your_image_name"은 이미지 리소스의 이름이다.
imageView.setImageResource(R.drawable.your_image_name);
```

 **예제** 이미지 속성 변경

각 버튼을 누르면 이미지를 회전시킨다거나 투명도를 변경하고 `ScaleType`을 변경하여서 이미지의 크기나 비율을 변경하는 앱을 작성해보자.

— 이미지의 크기 비율 변경
— 이미지 회전
— 투명도 변경

(1) `ImageViewTest5` 프로젝트를 생성한다.

(2) 레이아웃 파일에서는 `ImageView` 위젯과 몇개의 버튼을 배치하였다.

activity_main.xml

```xml
<LinearLayout>
    <ImageView
        android:id="@+id/imageView"
        android:layout_width="match_parent"
        android:layout_height="wrap_content"
        android:src="@drawable/img"
        android:layout_marginBottom="16dp"/>
    <LinearLayout   android:orientation="horizontal">
        <Button
            android:text="Scale Type 변경"
            android:onClick="changeScaleType"/>
        <Button
            android:text="회전 변경"
            android:onClick="changeRotation"/>
        <Button
            android:text="Alpha 변경"
            android:onClick="changeAlpha"/>
    </LinearLayout>
</LinearLayout>
```

(3) 자바 소스 파일에서는 버튼의 이벤트를 처리한다.

(4) `MainActivity.java`를 다음과 같이 변경한다.

MainActivity.java

```java
public class MainActivity extends AppCompatActivity {

    private ImageView imageView;
    private int scaleTypeIndex = 0;

    @Override
    protected void onCreate(Bundle savedInstanceState) {
        super.onCreate(savedInstanceState);
        setContentView(R.layout.activity_main);

        imageView = findViewById(R.id.imageView);
    }

    // 버튼 클릭 이벤트 처리: Scale Type 변경
    public void changeScaleType(View view) {
        ImageView.ScaleType[] scaleTypes = {
                ImageView.ScaleType.CENTER,
                ImageView.ScaleType.CENTER_CROP,
                ImageView.ScaleType.CENTER_INSIDE,
                ImageView.ScaleType.FIT_CENTER,
                ImageView.ScaleType.FIT_XY
        };

        imageView.setScaleType(scaleTypes[scaleTypeIndex]);
        scaleTypeIndex = (scaleTypeIndex + 1) % scaleTypes.length;
    }

    // 버튼 클릭 이벤트 처리: 회전 변경
    public void changeRotation(View view) {
        imageView.setRotation(imageView.getRotation() + 45);
    }

    // 버튼 클릭 이벤트 처리: Alpha 변경
    public void changeAlpha(View view) {
        float alpha = imageView.getAlpha();
        alpha = (alpha == 1.0f) ? 0.5f : 1.0f;
        imageView.setAlpha(alpha);
    }
}
```

 **이미지 버튼 이벤트 처리**

안드로이드에서 이미지로 버튼을 만드는 경우는 상당히 많다. 가장 쉬운 방법은 레이아웃 파일에서 <ImageButton> 태그를 사용하는 방법이다.

(1) ImageButton이라는 프로젝트를 생성한다. 이미지 파일을 외부에서 가져올 수도 있지만, 안드로이드가 제공하는 이미지 버튼도 꽤 많다. 이중 2개만 가져와 보자.

(2) 레이아웃 파일인 activity_main.xml을 다음과 같이 변경한다.

activity_main.xml

```
<LinearLayout>
    <ImageButton
        android:id="@+id/imageButton"
        app:srcCompat="@android:drawable/btn_minus" />

    <ImageButton
        android:id="@+id/imageButton2"
        app:srcCompat="@android:drawable/btn_plus" />
</LinearLayout>
```

이 코드는 안드로이드 앱의 레이아웃 파일에서 ImageButton 위젯을 정의한다. android:id="@+id/imageButton"은 ImageButton 위젯에 고유한 식별자(ID)를 할당하는 부분이다. 이 식별자를 사용하여 자바 코드에서 ImageButton을 찾고 상호작용할 수 있다. app:srcCompat="@android:drawable/btn_minus"는 ImageButton에 표시될 이미지를 설정하는 부분이다. app:srcCompat 속성을 사용하여 이미지를 지정한다. @android:drawable/btn_minus는 안드로이드 시스템 리소스 중 하나인 "btn_minus" 이미지를 나타낸다. 이 경우, ImageButton에는 "마이너스" 기호나 아이콘이 표시될 것이다.

src와 srcCompat는 안드로이드 앱에서 이미지를 표시하는 데 사용되는 두 가지 다른 속성이다. src 속성은 Android 2.2(API 레벨 8) 이상에서 사용 가능한 오래된 속성이다. src 속성을 사용하면 이미지를 설정할 때 기본적으로 앱의 테마에 따라 이미지가 렌더링된다. 이 속성은 벡터 이미지를 지원하지 않는다. 따라서 높은 해상도의 화면에서 이미지가 흐릿하게 보일 수 있다. srcCompat 속성은 AppCompat 라이브러리와 호환되는 AndroidX 라이브러리를 사용하는 경우, 사용할 수 있는 상대적으로 최신의 속성이다. srcCompat를 사용하면 벡터 이미지를 비롯한 다양한 형식의 이미지를 렌더링할 수 있으며, 자동으로 화면 DPI에 맞게 이미지를 크기 조절하여 화면에 더 높은 해상도로 표시할 수 있다.

(3) `MainActivity.java` 파일은 변경하지 않는다.

 **이미지 뷰어 만들기**

버튼을 누르면 앱 안의 이미지들을 차례대로 보여주는 앱을 작성해보자. 이미지 뷰의 `setImageResource()` 메소드를 호출한다.

(1) ImageButton2라는 프로젝트를 생성한다.
(2) `activity_main.xml` 파일을 열어서 다음과 같이 수정한다.

activity_main.xml

```xml
<LinearLayout>

    <ImageButton
        android:id="@+id/imageButton"
        android:onClick="setImage1"
        app:srcCompat="@android:drawable/ic_media_ff" />

    <ImageButton
        android:id="@+id/imageButton2"
        android:onClick="setImage2"
        app:srcCompat="@android:drawable/ic_media_rew" />
```

```
    <ImageView
        android:id="@+id/imageView"
        android:src="@drawable/pic" />
</LinearLayout>
```

XML 파일에서 정의한 레이아웃이나 뷰를 코드에서 참조하려면 반드시 ID를 부여하여야 한다. 코드에서 참조하지 않는 뷰들은 물론 ID를 부여할 필요가 없다.

(3) MainActivity.java 파일을 다음과 같이 변경한다.

MainActivity.java

```
public class MainActivity extends AppCompatActivity {
    ImageView imageview;
    ImageButton button1, button2;

    @Override
    protected void onCreate(Bundle savedInstanceState) {
        super.onCreate(savedInstanceState);
        setContentView(R.layout.activity_main);

        imageview = (ImageView) findViewById(R.id.imageView);
        button1 = (ImageButton) findViewById(R.id.imageButton);
        button2 = (ImageButton) findViewById(R.id.imageButton2);
    }
    public void setImage1(View v) {
        imageview.setImageResource(R.drawable.pic);
    }
    public void setImage2(View v) {
        imageview.setImageResource(R.drawable.pic2);
    }
}
```

(4) 애플리케이션을 실행한다.

소스에서 ID를 사용할 때는 R.id.imageButton과 같은 형식을 사용한다. findViewById() 메소드는 ID에 해당하는 뷰를 찾아서 반환한다. 반환된 뷰의 setImageResource()를 호출하면 표시되는 이미지를 실행 시간에 변경할 수 있다.

코드로 위젯의 속성 변경하기

앞에서는 레이아웃 파일을 통하여 위젯의 속성을 지정하였다. 하지만 레이아웃 속성은 코드를 통해서도 얼마든지 변경이 가능하다. 대부분의 레이아웃 속성을 변경하는 메소드가 존재한다. 예를 들어서 텍스트 뷰에 대한 문서를 보면 다음과 같은 내용이 있다.

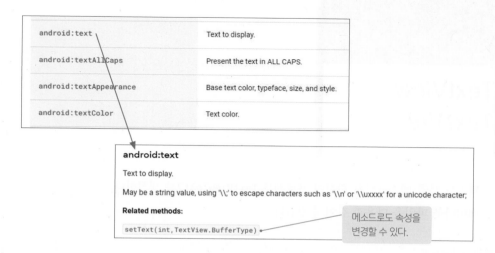

위의 그림은 텍스트 뷰가 XML 속성과 대응되는 메소드를 함께 보여준다. 즉 text라는 XML 속성은 setText() 메소드로도 변경할 수 있다. 앞에 set이 붙은 것을 보면 설정자 메소드임을 알 수 있다. 또 TextView 클래스는 View 클래스를 상속받고 있으므로 이들이 가지고 있는 속성과 메소드도 사용이 가능하다. 예를 들어 뷰가 가지고 있는 background라는 속성은 setBackgroundResource(int)로 변경 가능하다.

▼From class android.view.View

Attribute Name	Related Method	Description
android:background	setBackgroundResource(int)	A drawable to use as the background.
android:clickable	setClickable(boolean)	Defines whether this view reacts to click events.
android:contentDescription	setContentDescription (CharSequence)	Defines text that briefly describes content of the view.
android:drawingCacheQuality	setDrawingCacheQuality(int)	Defines the quality of translucent drawing caches.
android:duplicateParentState		When this attribute is set to true, the view gets its drawable state (focused, pressed, etc.) from its direct parent rather than from itself.

메소드로도 속성을 변경할 수 있다.

●그림 3-2
View 클래스

하지만 모든 XML 속성이 항상 메소드와 1:1로 대응되는 것은 아니다. 예를 들어 앞의 표에서 duplaicateParentState라는 속성은 XML로만 설정이 가능하다.

 **코드로 텍스트 뷰 속성 변경하기 #1**

(1) 텍스트 뷰를 테스트하기 위하여 프로젝트 TextViewTest2를 생성한다.
(2) 레이아웃 파일을 다음과 같이 수정한다.

UI

activity_main.xml

```xml
<LinearLayout>
    <TextView
        android:id="@+id/textView"
        android:text="TextView" />
    <TextView
        android:id="@+id/textView2"
        android:text="TextView" />
    <TextView
        android:id="@+id/textView3"
        android:text="TextView" />
</LinearLayout>
```

(3) 자바 소스 파일을 다음과 같이 수정한다.

**코드
작성**

MainActivity.java

```java
package kr.co.company.textviewtest2;
public class MainActivity extends AppCompatActivity {
    TextView tv1, tv2, tv3;
```

```java
@Override
protected void onCreate(Bundle savedInstanceState) {
    super.onCreate(savedInstanceState);
    setContentView(R.layout.activity_main);
    tv1 = (TextView) findViewById(R.id.textView);
    tv2 = (TextView) findViewById(R.id.textView2);
    tv3 = (TextView) findViewById(R.id.textView3);

    tv1.setText("자바 코드로 변경하였습니다.");
    tv2.setTextColor(Color.BLUE);
    tv2.setTextSize(60);
    tv3.setTextSize(60);
    tv3.setTypeface(Typeface.SERIF, Typeface.ITALIC);
}
}
```

Coding Challenge

 # 카운터 만들어보기

다음과 같은 간단한 카운터 앱을 작성해보자. "카운터 증가" 버튼을 누르면 카운터가 증가한다.
"카운터 감소" 버튼을 누르면 카운터가 감소한다.

화면의 디자인은 어떤 방법으로 해도 좋다. 버튼의 이벤트는 어떤 방법으로 처리하여도 좋다.

 ## 도전문제

1. "초기화" 버튼도 넣어보자.
2. 폰트나 색상을 변경하여 본다.

주사위 게임 작성하기

다음과 같이 버튼을 누르면 주사위가 굴려지고 화면에 주사위를 이미지로 표시하는 앱을 작성해 보자.

화면의 "ROLL" 버튼을 누르면 주사위가 굴려진다. 화면의 디자인은 어떤 방법으로 해도 좋다. 버튼의 이벤트는 어떤 방법으로 처리하여도 좋다.

 도전문제

1. 주사위 값의 통계를 계산하여서 화면에 표시해보라. 즉 주사위의 각 숫자가 몇 번이나 나왔는지를 화면에 표시한다.
2. 주사위 2개를 동시에 굴리는 앱으로 변경해보자.

연습문제

01 사용자 인터페이스 요소를 크게 분류하면 뷰(View)와 _____으로 나눌 수 있다.

① 버튼   ② 텍스트 뷰

③ 뷰그룹   ④ 위젯

02 안드로이드의 모든 위젯은 _____클래스를 상속하여 만들어진다.

① `ViewGroup`   ② `TextView`

③ `View`   ④ `Button`

03 액티비티의 화면을 설정하는 메소드는 _____이다.

① `findViewById()`   ② `onCreate()`

③ `setText()`   ④ `setContentView()`

04 액티비티에서 아이디로 뷰를 찾는 메소드는 _____이다.

① `findViewById()`   ② `onCreate()`

③ `setText()`   ④ `setContentView()`

05 자식 뷰가 부모 뷰의 공간을 전부 차지하게 하려면 뷰의 크기를 어떻게 지정하여야 하는가?

① `100dp`   ② `wrap_content`

③ `match_parent`   ④ `match_father`

06 크기를 나타내는 단위 중에서 장치 독립적인 단위가 아닌 것은?

① `dp`   ② `px`

③ `pt`   ④ `mm`

07 레이아웃 파일에서 색상을 올바르게 나타낸 것은?

① 0xFFFFFF   ② FFFFFF

③ #FFFFFF   ④ #FF

08 텍스트 뷰에서 텍스트를 변경할 때 사용하는 메소드 이름은?

① getText()   ② setText()

③ set()   ④ setTypeface()

09 각도를 입력하고 "회전" 버튼을 누르면 이미지가 회전하는 앱을 작성해보자. 이미지는 이미지 뷰로 표시한다. 이미지의 회전은 rotation 속성을 사용한다.

(주제: 이미지 뷰 사용, 난이도: 중)

10 컴퓨터가 난수로 생성한 정수를 사용자가 알아 맞추는 게임을 안드로이드 앱으로 작성해보자. 컴퓨터는 1에서 100 사이의 정수를 하나 선택한다. 사용자가 정수를 예측하면 정답과 비교하여 높은지 낮은지를 사용자에게 힌트로 알려준다.

(주제: 에디트 텍스트 사용하기, 버튼 이벤트 처리, 난이도: 상)

레이아웃

레이아웃에는 여러 가지 종류가 있지만, 우리가 사용할 수 있는 것은 선형 레이아웃과 상대적 레이아웃 등이 있단다.

안드로이드의 레이아웃에는 어떤 것이 있나요?

CHAPTER 04 레이아웃

SECTION 1 레이아웃

앞에서 기본적인 위젯들을 살펴보았다. 이제부터는 이 위젯을 어떻게 화면에 배치할 것인지를 생각하여 보자. 안드로이드는 다양한 화면 크기를 가지는 장치들을 지원한다. 따라서 화면의 크기가 통일되어 있지 않기 때문에 (300, 200)과 같이 절대 위치를 사용하여 위젯을 배치하는 것은 좋은 생각이 아니다. 상대적으로 위젯을 배치하는 것이 바람직하다. 예를 들어서 현재 위젯을 다른 위젯의 아래에 배치하는 식이다.

● 그림 4-1
레이아웃의 개념

> 아무래도 이 위젯은 중앙에 배치해야겠어.

> 레이아웃은 앱의 화면을 구성하고 화면에 표시되는 위젯(버튼, 텍스트, 이미지 등) 및 다른 UI 요소의 위치 및 배치를 결정합니다.

안드로이드에는 다양한 배치 방법을 제공하는 레이아웃 객체들이 준비되어 있다. 표 4-1은 안드로이드에서 지원하는 레이아웃 클래스들을 보여준다. 최근에 새로운 레이아웃 클래스들이 약간 추가되었다. 하지만 표 4-2의 레이아웃 클래스들은 거의 모든 버전에서 공통적으로 지원된다. 레이아웃 클래스들은 모두 ViewGroup 클래스로부터 상속을 받는다. 따라서 View 클래스와 ViewGroup 클래스의 메소드와 필드들을 모두 사용할 수 있다.

●표 4-1
레이아웃 클래스의
종류

레이아웃 클래스	설명
LinearLayout	선형 레이아웃으로 수평 또는 수직 방향으로 위젯을 배치할 수 있다. 주로 단순한 레이아웃을 만들 때 사용되며, 단순한 배치 구조를 가지고 있다.
TableLayout	그리드 또는 테이블 형식의 레이아웃을 만들 때 사용된다. 행과 열로 구성된 테이블 레이아웃을 사용하여 데이터를 정렬할 수 있다.
GridLayout	그리드 형식의 레이아웃을 만들 때 사용되며, TableLayout과 유사하지만 보다 유연하게 그리드를 설정할 수 있다.
RelativeLayout	위젯을 상대적인 위치에 배치하는 레이아웃이다. 다른 위젯과의 상대적인 위치를 설정하여 유연한 UI 디자인을 가능하게 한다.
ConstraintLayout	복잡한 UI 디자인을 만들 때 사용되며, 위젯 간의 제약 조건을 사용하여 배치한다. 유연하고 복잡한 레이아웃을 만들 수 있으며, Android Studio의 디자인 에디터에서 시각적으로 편집할 수 있다.
TabLayout	탭 형식의 인터페이스를 생성할 때 사용된다. 여러 화면을 탭으로 전환할 수 있다.
AbsoluteLayout	위젯을 화면의 절대적인 좌표 (x, y)를 사용하여 배치한다. 이는 다양한 화면 크기 및 해상도에 대응하기 어렵게 만든다. 현재의 안드로이드 버전에서는 공식적으로 더 이상 권장되지 않고, 사용하지 않는 것이 좋다.
ScrollView	화면이 스크롤이 가능하도록 하는 컨테이너 레이아웃이다. 넘치는 컨텐츠를 스크롤하여 볼 수 있게 한다.
FrameLayout	하나의 위젯 또는 뷰만을 표시할 수 있는 가장 간단한 레이아웃이다. 주로 한 번에 하나의 위젯 또는 뷰를 표시하는 데 사용되며, 레이아웃이 중첩될 때 유용하다.

LinearLayout

TableLayout

GridLayout

많은 레이아웃이 있지만 어떤 레이아웃은 인간보다는 컴퓨터가 사용하기 편리한 것도 있다. 예를 들어서 ConstraintLayout은 비주얼 도구가 사용하는 레이아웃이다. 인간은 너무 복잡하여서 사용할 수 없다. 인간이 사용할 수 있는 레이아웃은 안드로이드 홈페이지에도 있듯이 선형 레이아웃, 상대적 레이아웃, 리스트 뷰, 그리드 뷰이다. 이중에서 리스트 뷰와 그리드 뷰는 차후에 학습하기로 하자.

선형 레이아웃

SECTION 2

선형 레이아웃(linear layout)은 가장 기본적인 배치 관리자이다. 선형 레이아웃은 자식 뷰들을 수직 또는 수평으로 배치한다. 선형 레이아웃은 간단하고 직관적으로 이해하기가 쉬워서 많이 사용된다. 예를 들어서 3개의 버튼을 선형 레이아웃으로 배치해보면 **그림 4-2**와 같다. (a)는 수평으로 배치한 경우이고 (b)는 수직으로 배치한 경우이다.

● 그림 4-2
선형 레이아웃

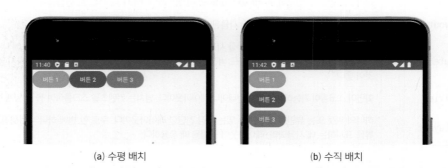

(a) 수평 배치　　　　　　　　　　　(b) 수직 배치

선형 레이아웃 클래스가 제공하는 속성과 메소드는 다음과 같다.

● 표 4-2
선형 레이아웃 클래스

속성	관련 메소드	설명
orientation	setOrientation(int)	"horizontal"은 수평으로, "vertical"은 수직으로 배치한다.
gravity	setGravity(int)	x축과 y축 상에 자식을 어떻게 배치할 것인지를 지정한다.
baselineAligned	setBaselineAligned (boolean)	false로 설정하면 자식뷰들의 기준선을 정렬하지 않는다.

예제　　**수평으로 자식뷰를 배치하는 예제**

뷰들을 수직으로 배치하는 예제는 앞장에서 충분히 다루어 보았으므로 이번에는 수평으로 뷰들을 배치하는 예제를 살펴보자.

(1) LinearLayout1이라는 프로젝트를 생성한다.
(2) activity_main.xml 파일을 열어서 다음과 같이 수정한다.

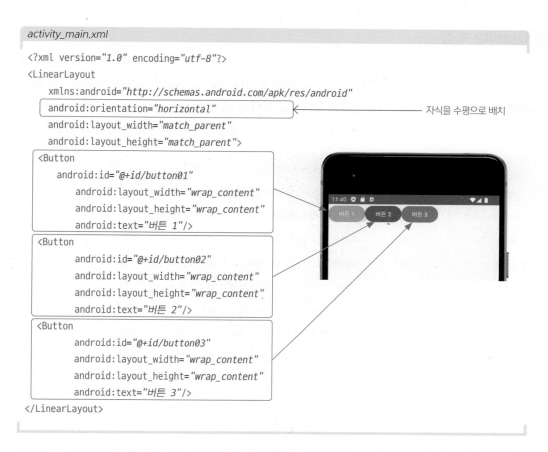

activity_main.xml

```xml
<?xml version="1.0" encoding="utf-8"?>
<LinearLayout
    xmlns:android="http://schemas.android.com/apk/res/android"
    android:orientation="horizontal"                          ← 자식을 수평으로 배치
    android:layout_width="match_parent"
    android:layout_height="match_parent">
    <Button
        android:id="@+id/button01"
        android:layout_width="wrap_content"
        android:layout_height="wrap_content"
        android:text="버튼 1"/>
    <Button
        android:id="@+id/button02"
        android:layout_width="wrap_content"
        android:layout_height="wrap_content"
        android:text="버튼 2"/>
    <Button
        android:id="@+id/button03"
        android:layout_width="wrap_content"
        android:layout_height="wrap_content"
        android:text="버튼 3"/>
</LinearLayout>
```

(3) 자동으로 생성된 자바 소스 파일은 변경하지 않는다.

(4) 애플리케이션을 실행한다.

수평이나 수직이냐는 선형 레이아웃의 `orientation` 속성을 어떻게 정의하느냐에 따라 결정된다. 위의 파일에서는 `orientation` 속성이 "horizontal"로 되어 있어서 자식 뷰들이 가로 방향으로 배치된다. 버튼의 경우에는 가로 방향은 `wrap_content`로 되어 있어서 버튼의 폭만큼만 가로 길이를 차지한다. 세로 방향도 `wrap_content`로 되어 있어서 버튼의 높이만큼만 세로 길이를 차지한다.

 도전문제

위의 실습에서 수직 방향으로 버튼들을 배치해보자. 어떤 속성만 변경하면 되는가?

Gravity 속성

선형 레이아웃 안에 채워지는 자식 뷰들의 배치는 선형 레이아웃의 gravity 속성에 의하여 영향을 받는다. gravity는 중력처럼 자식 뷰들을 끌어당긴다. gravity 속성을 이용하여서 자식 뷰를 화면의 중앙에 배치할 수도 있고 상단이나 하단에 배치할 수도 있다. 표 4-3에 gravity 속성이 가질 수 있는 값들을 표시하였다. 표 4-3에 있는 상수들은 대부분 그 의미가 자명하다.

● 표 4-3
gravity 속성값

상수	값	설명
top	0x30	객체를 컨테이너의 상단에 배치, 크기를 변경하지 않음
bottom	0x50	객체를 컨테이너의 하단에 배치, 크기를 변경하지 않음
left	0x03	객체를 컨테이너의 좌측에 배치, 크기를 변경하지 않음
right	0x05	객체를 컨테이너의 우측에 배치, 크기를 변경하지 않음
center_vertical	0x10	객체를 컨테이너의 수직의 중앙에 배치, 크기를 변경하지 않음
fill_vertical	0x70	객체를 컨테이너의 수직을 채우도록 배치
center_horizontal	0x01	객체를 컨테이너의 수평의 중앙에 배치, 크기를 변경하지 않음
fill_horizontal	0x07	객체를 컨테이너의 수평을 채우도록 배치
center	0x11	객체를 컨테이너의 수평, 수직의 중앙에 배치
fill	0x77	객체가 컨테이너를 가득 채우도록 배치

예를 들어 자식 뷰를 컨테이너의 중앙에 배치하려면 선형 레이아웃의 gravity 속성값을 "center"로 설정하면 된다.

 **예제** Gravity 속성을 이용한 배치 예제

선형 레이아웃의 gravity 값을 "center"로 하는 애플리케이션을 작성하여 결과를 살펴보자.

(1) LinearLayout2라는 프로젝트를 생성한다.
(2) activity_main.xml 파일을 열어서 다음과 같이 수정한다.

activity_main.xml

```xml
<?xml version="1.0" encoding="utf-8"?>
<LinearLayout
    xmlns:android="http://schemas.android.com/apk/res/android"
    android:orientation="vertical"
    android:layout_width="match_parent"
```

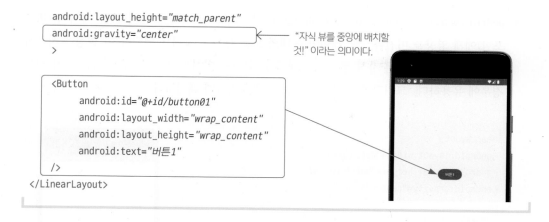

```
    android:layout_height="match_parent"
    android:gravity="center"
    >

    <Button
        android:id="@+id/button01"
        android:layout_width="wrap_content"
        android:layout_height="wrap_content"
        android:text="버튼1"
    />
</LinearLayout>
```

"자식 뷰를 중앙에 배치할 것!" 이라는 의미이다.

(3) 자동으로 생성된 자바 소스 파일은 변경하지 않는다.

(4) 애플리케이션을 실행한다.

 도전문제

gravity 속성을 "right¦ bottom"으로 변경해보자. 결과가 어떻게 달라지는가?

gravity 속성 vs layout_gravity 속성

gravity 속성이 현재의 레이아웃에 포함된 자식 위젯들을 어떻게 배치하느냐를 나타낸다면, layout_gravity는 자신의 위치를 부모 레이아웃의 어디에 위치시킬 것인지를 지정한다. 하지만 레이아웃의 gravity를 설정하는 경우와 약간의 차이가 있다. android:layout_gravity= "center"와 레이아웃의 android:gravity="center"를 설정하는 것을 비교해보자.

- android:layout_gravity="center"(버튼에 설정): 이 설정은 해당 버튼이 속한 레이아웃 내에서 자신의 위치를 조정하는 것이다. 즉, 버튼 자체가 레이아웃 내에서 가운데로 정렬된다. 이 설정을 사용하면 해당 버튼만 중앙에 정렬되고, 다른 뷰나 위젯은 영향을 받지 않는다. 그리고 화면의 중앙이 아니라 현재 행의 중앙에 배치된다.

```
<Button
    android:layout_width="wrap_content"
    android:layout_height="wrap_content"
    android:layout_gravity="center"
    android:text="버튼1" />
```

- android:gravity="center"(레이아웃에 설정): 이 설정은 레이아웃 안의 모든 자식 뷰(버튼 포함)에게 영향을 미친다. 즉, 레이아웃 내의 모든 뷰가 중앙에 정렬된다. 이 설정을 사용하면 레이아웃 내의 모든 자식 뷰가 중앙에 정렬되므로, 여러 개의 버튼 또는 다른 뷰가 있는 경우에 유용하다. 그리고 화면의 수평, 수직 중앙 위치에 배치된다.

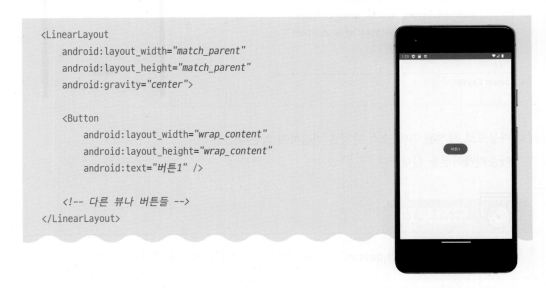

가중치

선형 레이아웃의 자식 뷰에는 가중치를 부여할 수 있다. 가중치는 layout_weight로 표현되며, 가중치는 정수로 표현되며, 자식 뷰의 중요도를 나타낸다. 가중치가 높으면 자식 뷰가 부모 뷰 안의 비어있는 공간으로 확장할 수 있다. 부모 뷰 안의 남아있는 공간은 가중치의 비

율에 따라서 자식 뷰에 할당된다. <u>예를 들어서 선형 레이아웃의 자식 뷰들의 가중치가 각각 1, 2, 3이면, 남아있는 공간의 1/6, 2/6, 3/6을 각각 할당받는다.</u>

자식 뷰의 가중치를 지정하지 않으면 0 값을 가진 것으로 가정하고 확장되지 않는다. 구체적인 예를 가지고 살펴보자. 예를 들어서 3개의 텍스트 뷰가 있고 그중에서 2개의 텍스트 뷰가 가중치를 1로 선언하였고 하나의 텍스트 뷰가 가중치를 0으로 선언하였다고 가정하자. 가중치를 0으로 선언한 텍스트 뷰는 더 이상 확대되지 않는다. <u>가중치를 1로 선언한 2개의 텍스트 뷰들은 남아있는 공간을 동일하게 차지할 것이다.</u>

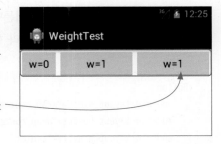

 **예제** 가중치 예제

다음의 애플리케이션은 버튼, 에디트 텍스트 등의 뷰들을 가중치를 다르게 하여 배치한 예를 보여준다. 모든 뷰들의 너비는 `match_parent`로 설정하였다. 메시지를 나타내는 뷰를 제외한 나머지 뷰들의 가중치는 디폴트로 0이 된다. 메시지를 나타내는 뷰는 가중치가 1로 설정되었다. 따라서 선형 레이아웃에 남는 공간이 있는 경우에 메시지를 나타내는 뷰가 공간을 전부 차지하게 된다.

(1) LinearLayout3이라는 프로젝트를 생성한다.
(2) `activity_main.xml` 파일을 열어서 다음과 같이 수정한다.

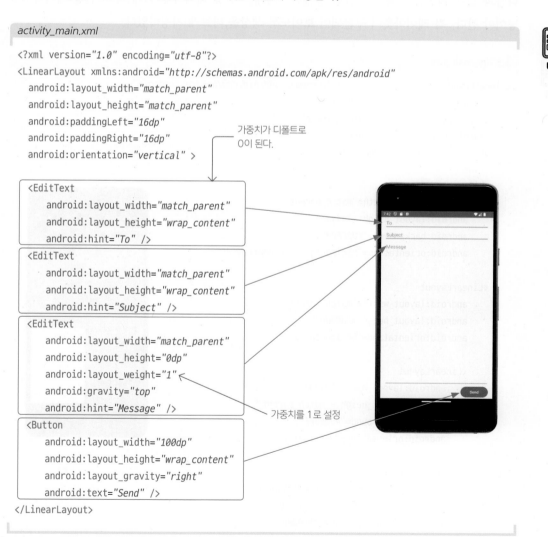

activity_main.xml

```xml
<?xml version="1.0" encoding="utf-8"?>
<LinearLayout xmlns:android="http://schemas.android.com/apk/res/android"
  android:layout_width="match_parent"
  android:layout_height="match_parent"
  android:paddingLeft="16dp"
  android:paddingRight="16dp"
  android:orientation="vertical" >
```
가중치가 디폴트로 0이 된다.

```xml
  <EditText
      android:layout_width="match_parent"
      android:layout_height="wrap_content"
      android:hint="To" />
  <EditText
      android:layout_width="match_parent"
      android:layout_height="wrap_content"
      android:hint="Subject" />
  <EditText
      android:layout_width="match_parent"
      android:layout_height="0dp"
      android:layout_weight="1"
      android:gravity="top"
      android:hint="Message" />
```
가중치를 1로 설정

```xml
  <Button
      android:layout_width="100dp"
      android:layout_height="wrap_content"
      android:layout_gravity="right"
      android:text="Send" />
</LinearLayout>
```

(3) 자동으로 생성된 자바 소스 파일은 변경하지 않는다.

(4) 애플리케이션을 실행한다.

화면의 크기에 비례하는 레이아웃을 생성하기 위해서는 컨테이너 객체의 layout_width와 layout_height 속성을 match_parent로 설정한다. 그리고 자식 뷰들의 높이와 너비를 0으로 설정한다. 그런 후에 각 자식 뷰들의 가중치를 상대적으로 주면 화면의 크기에 비례하여 자식의 크기를 결정할 수 있다.

중첩 선형 레이아웃

복잡한 레이아웃이 필요한 경우에는 선형 레이아웃을 중첩하여 사용해야 한다. 예를 들어서 다음과 같은 화면은 어떻게 만들면 좋을까? 이때는 선형 레이아웃 안에 다른 선형 레이아웃을 넣어야 한다. 각 레이아웃이 구분되어 보이도록 색상을 다르게 지정하였다.

activity_main.xml

```xml
<LinearLayout xmlns:android="http://schemas.android.com/apk/res/android"
    android:layout_width="match_parent"
    android:layout_height="match_parent"
    android:background="#FFFFFF"
    android:orientation="vertical"

    <LinearLayout
        android:layout_width="match_parent"
        android:layout_height="344dp"
        android:background="#00FF00"
        android:orientation="horizontal"></LinearLayout>

    <LinearLayout
        android:layout_width="match_parent"
        android:layout_height="385dp"
        android:orientation="horizontal">

        <LinearLayout
            android:layout_width="214dp"
            android:layout_height="match_parent"
            android:background="#0000FF"
            android:orientation="vertical">

            <LinearLayout
                android:layout_width="match_parent"
                android:layout_height="195dp"
                android:background="#FF0000"
```

```
                   android:orientation="horizontal"></LinearLayout>
         </LinearLayout>
      </LinearLayout>
</LinearLayout>
```

이것이 선형 레이아웃의 문제점이기도 하다. 중첩 레이아웃이 발생하면 안드로이드가 화면을 그리는 데 시간이 더 소요된다. 비주얼 도구가 사용하는 `ContraintLayout`을 사용하면 중첩 레이아웃이 발생하지 않아서 속도가 빨라진다.

3
테이블 레이아웃(TableLayout)

테이블 레이아웃은 자식 뷰들을 테이블 형태로 배치한다. 테이블 레이아웃은 HTML에서 테이블을 표시하는 방법과 비슷하다. 하나의 테이블은 여러 개의 TableRow 객체로 이루어지고 하나의 TableRow 안에는 여러 개의 셀(cell)들이 들어간다. 하나의 셀 안에는 하나의 뷰 객체가 들어간다. 예를 들면 텍스트 뷰 또는 이미지 뷰가 하나의 셀이 될 수 있다. 하나의 셀 안에 또 다른 테이블 레이아웃이 내장될 수도 있다. 테이블 레이아웃은 셀들의 경계선을 그리지 않는다.

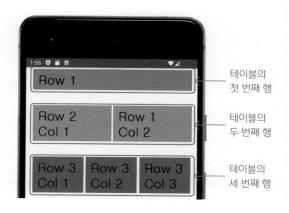

테이블의 첫 번째 행

테이블의 두 번째 행

테이블의 세 번째 행

 예제　테이블 레이아웃 예제

예를 들어서 3행×2열의 테이블을 작성하여 보자. 먼저 테이블 레이아웃 객체를 만들고 그 안에 TableRow 객체를 넣어주면 된다. 같은 행에 속하는 뷰들을 차례대로 TableRow 안에 기술한다.

(1) TableLayoutTest라는 프로젝트를 생성한다.
(2) activity_main.xml 파일을 열어서 다음과 같이 수정한다.

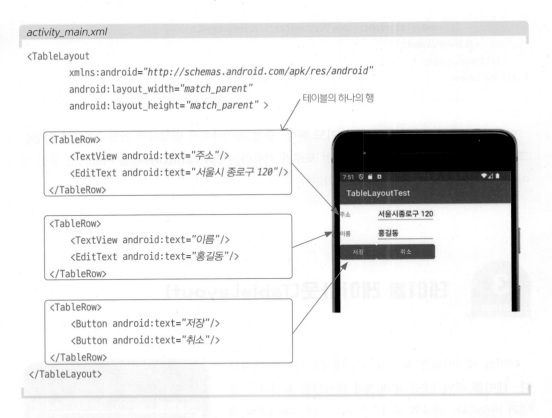

activity_main.xml

```
<TableLayout
        xmlns:android="http://schemas.android.com/apk/res/android"
        android:layout_width="match_parent"
        android:layout_height="match_parent" >
```

테이블의 하나의 행

```
    <TableRow>
        <TextView android:text="주소"/>
        <EditText android:text="서울시 종로구 120"/>
    </TableRow>

    <TableRow>
        <TextView android:text="이름"/>
        <EditText android:text="홍길동"/>
    </TableRow>

    <TableRow>
        <Button android:text="저장"/>
        <Button android:text="취소"/>
    </TableRow>

</TableLayout>
```

(3) 자동으로 생성된 자바 소스 파일은 변경하지 않는다.

(4) 애플리케이션을 실행한다.

만약 각 행마다 길이가 다르다면 가장 긴 행의 길이가 테이블의 폭이 된다.

4 SECTION 상대적 레이아웃(RelativeLayout)

> 상대적 레이아웃은
> 말 그대로 뷰들의
> 위치가 상대적으로
> 정해지는 거예요.

상대적 레이아웃은 자식 뷰의 위치를 부모 뷰나 다른 자식 뷰들에 상대적으로 지정하는 방법이다. 예를 들어서 하나의 뷰를 다른 뷰 아래에 둘 수도 있다. 뷰들은 기본적으로 주어진 순서대로 그려진다. 이러한 순서 때문에 XML을 이용해 레이아웃을 지정한다면 기준이 되는 뷰는 XML 파일에서 먼저 등장하여야 한다.

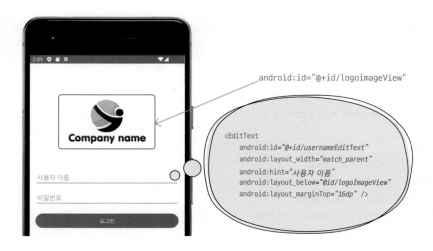

상대적 레이아웃은 중첩된 레이아웃을 사용하지 않아도 되므로 레이아웃 계층 구조를 평평하게 유지하여 성능을 향상시킬 수 있으므로 사용자 인터페이스를 설계하는 데 매우 유용한 레이아웃이다(선형 레이아웃만을 사용하여 복잡한 레이아웃을 설계하려면 중첩을 필요로 한다). 다음 표는 상대적 레이아웃에서 사용할 수 있는 속성을 나타낸다.

속성	설명
layout_above	만약 true이면 현재 뷰의 하단을 기준 뷰의 위에 일치시킨다.
layout_below	현재 뷰의 상단을 기준 뷰의 하단에 위치시킨다.
layout_centerHorizontal	수평으로 현재 뷰의 중심을 부모와 일치시킨다.
layout_centerInParent	부모의 중심점에 현재 뷰를 위치시킨다.
layout_centerVertical	수직으로 현재 뷰의 중심을 부모와 일치시킨다.
layout_toLeftOf	현재 뷰의 우측단을 기준 뷰의 좌측단에 위치시킨다.
layout_toRightOf	현재 뷰의 좌측단을 기준 뷰의 우측단에 위치시킨다.

● 표 4-4
상대적 레이아웃
속성

 예제 　**상대적 레이아웃 예제**

다음의 예는 XML 파일과 실행 결과 화면을 보여준다. 기준이 되는 뷰는 **@id/address**와 같은 형식을 이용해 참조하는 것에 유의하라.

(1) RelativeLayoutTest라는 프로젝트를 생성한다.
(2) activity_main.xml 파일을 열어서 다음과 같이 수정한다.

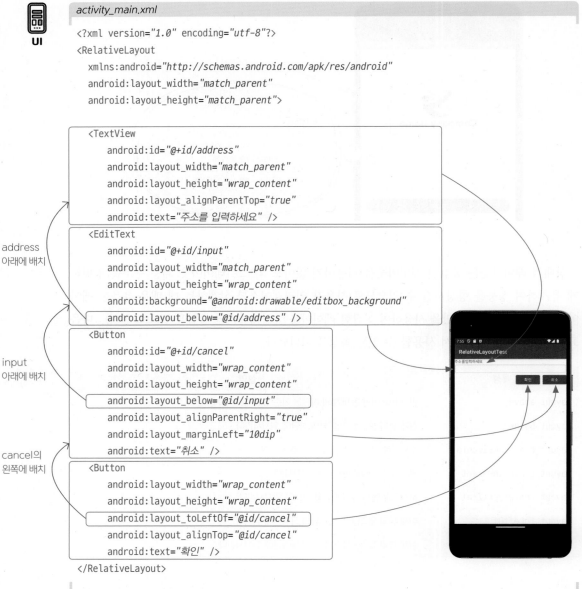

activity_main.xml

```xml
<?xml version="1.0" encoding="utf-8"?>
<RelativeLayout
    xmlns:android="http://schemas.android.com/apk/res/android"
    android:layout_width="match_parent"
    android:layout_height="match_parent">

    <TextView
        android:id="@+id/address"
        android:layout_width="match_parent"
        android:layout_height="wrap_content"
        android:layout_alignParentTop="true"
        android:text="주소를 입력하세요" />
    <EditText
        android:id="@+id/input"
        android:layout_width="match_parent"
        android:layout_height="wrap_content"
        android:background="@android:drawable/editbox_background"
        android:layout_below="@id/address" />
    <Button
        android:id="@+id/cancel"
        android:layout_width="wrap_content"
        android:layout_height="wrap_content"
        android:layout_below="@id/input"
        android:layout_alignParentRight="true"
        android:layout_marginLeft="10dip"
        android:text="취소" />
    <Button
        android:layout_width="wrap_content"
        android:layout_height="wrap_content"
        android:layout_toLeftOf="@id/cancel"
        android:layout_alignTop="@id/cancel"
        android:text="확인" />
</RelativeLayout>
```

address
아래에 배치

input
아래에 배치

cancel의
왼쪽에 배치

(3) 자동으로 생성된 자바 소스 파일은 변경하지 않는다.

(4) 애플리케이션을 실행한다.

"주소를 입력하세요"라는 텍스트 뷰는 layout_alignParentTop 속성을 true로 지정하였으므로 화면의 상단에 배치된다. id가 input인 에디터 뷰는 layout_below가 "@id/address"로 되어 있으므로 텍스트 뷰 하단에 붙어서 배치된다.

"취소" 버튼은 layout_below가 "@id/input"으로 되어 있으므로 input 에디터 뷰 하단에 위치하고 layout_alignParentRight가 true이므로 컨테이너의 우측에 붙어서 배치된다. "확인" 버튼은 layout_toLeftOf가 "@id/cancel"로 되어 있으므로 "취소" 버튼의 왼쪽에 붙게 되고 layout_alignTop이 "@id/cancel"이므로 "취소" 버튼의 상단에 맞추어 정렬된다. 상대적 레이아웃도 비교적 사용하기가 편리해서 실전에서 많이 사용된다.

그리드 레이아웃(GridLayout)

그리드 레이아웃(Grid Layout)은 안드로이드에서 사용되는 레이아웃 유형 중 하나로, 그리드 형식의 행과 열로 위젯을 정렬하고 배치하는 데 사용된다. 이 레이아웃은 복잡한 UI 디자인을 구성할 때 특히 유용하며, 여러 가지 크기의 뷰나 위젯을 조율하여 화면을 균일하게 구성할 수 있다. 그리드 레이아웃의 주요 특징과 사용법은 다음과 같다.

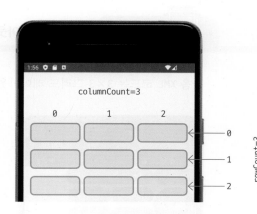

- 그리드 레이아웃은 행(row)과 열(column)을 사용하여 레이아웃을 정의한다. 각 셀(cell)은 뷰나 위젯을 배치할 수 있는 위치를 나타낸다.
- 그리드 레이아웃에서는 각 행과 열의 크기를 조절할 수 있으며, 다양한 크기와 비율의 뷰를 배치할 수 있다.

layout_row 속성과 layout_column 속성을 이용하여 각 위젯의 행과 열을 지정할 수도 있다. 예를 들어서 3행, 2열을 지정하려면 layout_row 속성은 2로, layout_column 속성은 1로 지정하면 된다. 0부터 시작하는 것에 유의해야 한다.

그리드 레이아웃의 속성

그리드 레이아웃(Grid Layout)에서 중요한 몇 가지 속성을 살펴보자.

- android:rowCount 및 android:columnCount: android:rowCount는 그리드 레이아웃의 행 수를 설정하며, android:columnCount는 열 수를 설정한다. 이 두 속성을 사용하여 그리드의

크기를 결정하고 셀(cell)의 배치를 정의한다.

- android:layout_row 및 android:layout_column: 각 위젯의 android:layout_row 속성은 해당 뷰가 그리드 레이아웃의 몇 번째 행에 위치할지를 지정한다. android:layout_column 속성은 열 위치를 지정한다. 예를 들어, android:layout_row="1"과 android:layout_column="0"으로 설정하면 해당 뷰는 그리드의 두 번째 행과 첫 번째 열에 배치된다.

- android:layout_rowSpan 및 android:layout_columnSpan: android:layout_rowSpan 속성은 뷰가 여러 행을 차지할 때 사용된다. 예를 들어, android:layout_rowSpan="2"로 설정하면 뷰가 현재 행과 다음 행을 차지한다. android:layout_columnSpan 속성은 뷰가 여러 열을 차지할 때 사용된다.

 **예제** 그리드 레이아웃 예제

다음 XML 코드는 3×3 그리드 레이아웃을 생성하고 그 안에 8개의 버튼을 배치한다.

activity_main.xml

```
<GridLayout xmlns:android="http://schemas.android.com/apk/res/android"
xmlns:tools="http://schemas.android.com/tools"
android:layout_width="wrap_content"
android:layout_height="wrap_content"
android:columnCount="3"
android:rowCount="3"
tools:context=".MainActivity">

<Button
android:text="Button 1" />

<Buttonandroid:layout_columnSpan="2"
android:text="Button 2 (Column Span 2)" />
```

```
<Button
android:layout_rowSpan="2"
android:layout_gravity="fill_vertical"
android:text="Button 3" />

<Button  android:text="Button 4" />
<Button  android:text="Button 5" />
<Button  android:text="Button 7" />
<Button  android:text="Button 8" />
</GridLayout>
```

이렇게 하면 3×3 그리드 레이아웃이 생성되고 버튼이 해당 셀에 배치된다. 각 버튼은 `android:layout_columnSpan` 속성을 사용하여 여러 열에 걸쳐 배치될 수 있다.

프레임 레이아웃(FrameLayout)

프레임 레이아웃은 레이아웃 객체 중에서도 가장 간단한 형태이다. 프레임 레이아웃 안에서 자식 뷰들은 등장하는 순서대로 화면에 표시된다. 기준점은 좌측 상단에 된다. 만약 자식 뷰가 여러 개이면 이전에 추가된 자식 위에 새로운 자식이 중첩되어 그려진다. 주로 여러 자식 뷰들을 겹쳐서 배치한 후에 뷰의 가시성(visibility) 속성을 코드로 변경하여 어떤 순간에 하나의 뷰만을 표시하게 할 때 사용한다.

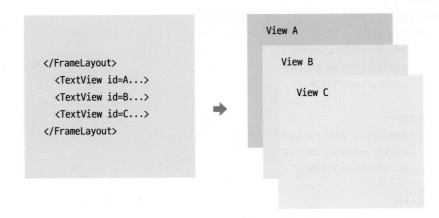

 **예제** 프레임 레이아웃 예제

프레임 레이아웃을 사용하여 텍스트 뷰 3개를 중첩하여 배치한 후에 버튼을 눌러서 원하는 뷰가 보이게 하는 앱을 작성해보자. 뷰(View) 속성 중 **visibility** 속성을 이용한다. **visibility =** **"visible"**은 뷰(View)가 보이는 상태이며, **visiblity = "invisible"**은 뷰(View)가 보이지 않는 상태이다. 이것을 이용하여 프레임 레이아웃의 전면에 보이는 뷰(View)를 선택한다.

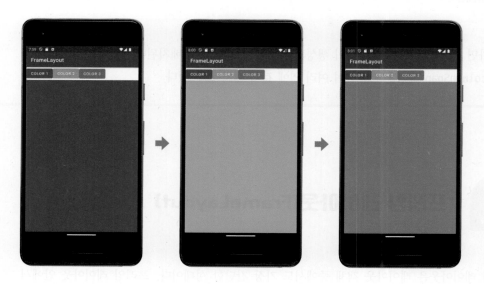

(1) FrameLayout라는 프로젝트를 생성한다.

(2) activity_main.xml 파일을 열어서 다음과 같이 수정한다.

UI

activity_main.xml

```xml
<LinearLayout >
    <LinearLayout    android:orientation="horizontal">
        <Button
            android:id="@+id/button1"
            android:onClick="onClick"
            android:text="COLOR 1" />

        <Button
            android:id="@+id/button2"
            android:onClick="onClick"
            android:text="COLOR 2" />

        <Button
            android:id="@+id/button3"
            android:onClick="onClick"
```

```
            android:text="COLOR 3" />
    </LinearLayout>

    <FrameLayout
        android:layout_width="match_parent"
        android:layout_height="match_parent">

        <TextView
            android:id="@+id/view1"
            android:layout_width="match_parent"
            android:layout_height="match_parent"
            android:background="#3F51B5"></TextView>
        <TextView
            android:id="@+id/view2"> </TextView>
        <TextView
            android:id="@+id/view3"></TextView>
    </FrameLayout>
</LinearLayout>
```

프레임 레이아웃은 자식 뷰들을 중첩하여 배치한다.

(3) `MainActivity.java` 파일을 다음과 같이 변경한다.

MainActivity.java

```java
public class MainActivity extends AppCompatActivity {
    TextView tv1, tv2, tv3;

    @Override
    protected void onCreate(Bundle savedInstanceState) {
        super.onCreate(savedInstanceState);
        setContentView(R.layout.activity_main);
        tv1 = (TextView) findViewById(R.id.view1);
        tv2 = (TextView) findViewById(R.id.view2);
        tv3 = (TextView) findViewById(R.id.view3);
    }

    public void onClick(View view) {
        tv1.setVisibility(View.INVISIBLE);
        tv2.setVisibility(View.INVISIBLE);
        tv3.setVisibility(View.INVISIBLE);
        switch (view.getId()) {
            case R.id.button1:
                tv1.setVisibility(View.VISIBLE);
                break;
            case R.id.button2:
                tv2.setVisibility(View.VISIBLE);
                break;
```

```
            case R.id.button3:
                tv3.setVisibility(View.VISIBLE);
                break;
        }
    }
}
```

(4) 애플리케이션을 실행한다.

참고
사항

프레임 레이아웃에서는 자식 뷰들이 추가된 순서대로 쌓이게 된다. 뷰의 가시성을 제어하려면 다음과 같은 속성 이름을 사용한다.

android:visibility="visible"

또는

android:visibility="invisible"

만약 코드로 가시성을 제어하려면 다음과 같은 코드를 이용하면 된다.

tv1.setVisibility(View.VISIBLE);
tv1.setVisibility(View.INVISIBLE);

계산기 앱 #2 작성

이번 실습에서는 다음과 같은 화면을 가지는 계산기 앱을 작성하여 보자. 전체적으로는 선형 레이아웃을 사용하고 버튼 부분은 테이블 레이아웃을 사용한다.

전체는 선형 레이아웃

텍스트 뷰를 생성한다.

TableLayout으로 버튼들을 정렬한다..

(1) "Calculator2"라는 이름의 프로젝트를 생성한다. 레이아웃 파일의 이름은 "activity_main.xml"로 한다.

(2) 맨 위에 배치되는 텍스트 뷰는 다음과 같은 코드로 생성한다.

---

activity_main.xml

```xml
<?xml version="1.0" encoding="utf-8"?>
<LinearLayout xmlns:android="http://schemas.android.com/apk/res/android"
    android:orientation="vertical"
    android:layout_width="match_parent"
    android:layout_height="match_parent">
    <TextView android:layout_width="match_parent"
        android:layout_height="match_parent" android:textSize="45dip"
        android:gravity="right|bottom" android:text="12345678"
        android:layout_weight="1"/>
```

UI

---

(3) 테이블 레이아웃을 이용하여서 버튼들을 배치하여 보자. 테이블 레이아웃과 텍스트 뷰는 가중치를 모두 1로 하여 화면을 동일하게 분할하는 것으로 하였다.

activity_main.xml

```xml
<TableLayout android:layout_width="match_parent" android:layout_weight="1"
    android:layout_height="match_parent" android:stretchColumns="0,1,2,3"
    >
    <TableRow>
        <Button android:text="/"  />
        <Button android:text="x"  />
        <Button android:text="-"  />
        <Button android:text="+"  />
    </TableRow>
    <TableRow>
        <Button android:text="7"  />
        <Button android:text="8"  />
        <Button android:text="9"  />
        <Button android:text="&lt;"  />
    </TableRow>
    <TableRow>
        <Button android:text="4"  />
        <Button android:text="5"  />
        <Button android:text="6"  />
        <Button android:text="AC"  />
    </TableRow>
    <TableRow>
        <Button android:text="1"  />
        <Button android:text="2"  />
        <Button android:text="3"  />

    </TableRow>
    <TableRow>
        <Button android:text="0" android:layout_span="2" />
        <Button android:text="."  />
        <Button android:text="="  />
    </TableRow>
</TableLayout>
</LinearLayout>
```

(4) 프로젝트의 `MainActivity.java`는 변경하지 않는다.

(5) 애플리케이션을 실행하여서 올바른 실행화면이 나오는지를 체크한다.

 도전문제

위의 계산기 앱에 이벤트 처리를 추가하여서 계산기처럼 동작하도록 하여 보자.

제약 레이아웃

SECTION 7

레이아웃 편집기

최근에 안드로이드 스튜디오의 레이아웃 편집기는 거의 완벽하게 진화하였다. 레이아웃 편집기에서는 모든 레이아웃과 위젯을 시각적으로 보면서 화면에 배치할 수 있다. XML 레이아웃 파일을 열면 레이아웃 편집기가 기본적으로 열린다. 레이아웃 편집기의 화면 구성은 다음과 같다.

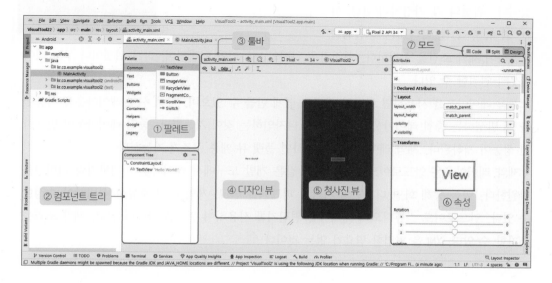

① 팔레트(Palette): 화면으로 드래그할 수 있는 다양한 위젯들을 보여준다.

② 컴포넌트 트리(Component Tree): 위젯들의 계층 구조를 표시한다.

③ 툴바: 레이아웃 속성을 변경하려면 이 버튼을 클릭한다.

④ 디자인 뷰: 레이아웃의 렌더링된 미리보기를 표시한다.

⑤ 청사진 뷰: 각 뷰의 윤곽선만 표시한다. 청사진은 미리보기와 비슷하지만 각 위젯의 여러 가지 수치값을 보여준다. 이는 보이는 것뿐만 아니라 각 위젯의 크기를 구체적으로 확인해야 할 때 유용할 수 있다.

⑥ 속성(Attributes): 선택한 위젯의 속성을 제어할 수 있는 영역이다.

⑦ 모드: 레이아웃을 [Code], [Split], [Design] 중의 하나로 표시한다. [Code] 모드는 XML 코드를 볼 수 있는 모드이다. [Split] 모드는 코드 창과 디자인 창을 동시에 표시한다. [Design] 모드는 코드 창을 표시하지 않고 디자인 창만 표시한다.

제약 레이아웃

제약 레이아웃(ConstraintLayout)은 안드로이드 앱의 사용자 인터페이스(UI)를 디자인하기 위한 레이아웃 매니저 중 하나이다. 제약 레이아웃은 위젯 사이의 제약 조건(constraint)을 사용하여 위젯을 배치하고 정렬한다. 제약 조건이란 하나의 위젯을 다른 위젯이나 컨테이너의 경계선에 붙이는 것이다. 위젯의 각 가장자리(상단, 하단, 좌측, 우측)를 나타내는 연결점을

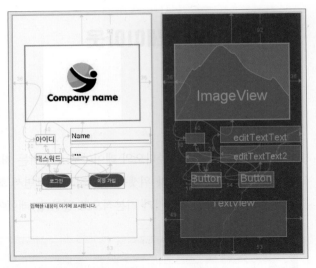

사용하여 제약 조건을 설정한다. 연결점은 위젯의 테두리와 연결되며, 다른 위젯이나 부모 레이아웃과 연결할 수 있다.

제약 레이아웃을 사용하면 복잡한 화면을 쉽게 만들 수 있으며, 특히 선형 레이아웃을 사용했을 때 발생하는 중첩 레이아웃 없이 화면을 디자인하는 것이 가능하다. 중첩 레이아웃이 발생하면 성능이 저하된다. 제약 레이아웃을 사용하면 플랫 뷰 계층 구조가 가능하다.

제약 레이아웃은 안드로이드 스튜디오와 같은 개발 도구에서 레이아웃 미리보기와 디버깅을 지원한다. 이를 통해 화면 디자인의 시각적 피드백을 받고, 제약 조건 오류를 식별하여 수정할 수 있다. 안드로이드 스튜디오의 레이아웃 편집기를 사용하여 위젯을 끌어다 놓고, 제약 조건을 추가할 수 있다. XML을 편집할 필요가 없는 것이다.

제약 조건이란?

간단히 그 개념을 설명해보자. 제약(contraint)이란 두 위젯 사이의 연결이나 정렬을 의미한다. 즉 하나의 위젯을 다른 위젯에 연결하거나 정렬한다. 제약 레이아웃에서는 최소한 하나의 수평 및 하나의 수직 제약 조건을 정의하여 위젯을 배치한다. 간단한 예로 살펴보자.

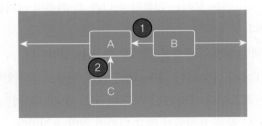

위의 그림에서 B는 A의 오른쪽에 유지하도록 제약된다. 하지만 B는 이 수평 제약 조건 외에 수직 제약 조건이 하나 이상 필요하다. 수직 제약 조건이 없다면 B는 화면의 맨 위에 보여진다. 위

젯 C를 보자. C는 A 아래에 유지되도록 구속된다. 하지만 C도 하나 이상의 수평 제약 조건이 필요하다. 이 수평 제약이 없다면 C는 화면의 맨 왼쪽에 보여지게 될 것이다.

위젯의 핸들 설명

레이아웃 편집기에서 레이아웃 안의 위젯을 클릭하면 위젯 테두리에 나타나는 작은 점(핸들)이 있다. 이것의 의미는 다음과 같다.

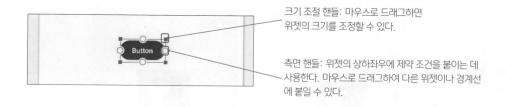

크기 조절 핸들: 마우스로 드래그하면 위젯의 크기를 조정할 수 있다.

측면 핸들: 위젯의 상하좌우에 제약 조건을 붙이는 데 사용한다. 마우스로 드래그하여 다른 위젯이나 경계선에 붙일 수 있다.

위젯의 위치 설정하기

위젯의 위치를 설정하기 위해서는 레이아웃 편집기에서 측면 핸들을 마우스로 드래그하여서 원하는 곳에 붙이면 된다. 제약 조건은 고무 밴드와 같다. 제약 조건을 만들면 서로를 향해 당긴다. 예를 들어 레이아웃 편집기로 화면에서 버튼을 하나 생성하고 버튼의 오른쪽 모서리에서 부모 컨테이너의 오른쪽 모서리로 제약 조건을 부착할 수 있다. 마우스로 측면 핸들을 끌어서 부모의 오른쪽에 부착해보자.

버튼의 네 모서리에서 제약 조건을 만들 수 있다. 즉 버튼의 상하좌우에 제약 조건을 둘 수 있다. 이것이 기본 개념이다. 제약 조건을 만든 후에 버튼을 원하는 곳에 배치하려면 마우스로 버튼을 끌어서 원하는 위치에 놓으면 된다.

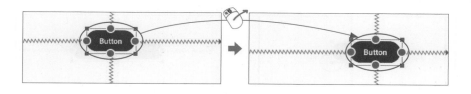

[Infer Contraints] 아이콘 사용하기

앞에서 위젯에 제약 조건을 준 후에 위젯을 마우스로 끌어서 이동하라고 했었다. 하지만 각 위젯의 앵커를 끌어서 제약 조건을 준다는 것은 말처럼 쉬운 일이 아니다. 안드로이드 스튜디오에서는 [Infer Contraints] 기능을 준비해놓고 있다. 이 버튼을 클릭하면 사용자가 화면에서 위젯을 배치한 상태로 제약 조건을 만들어준다. 하나의 연습으로 다양한 위젯을 다음과 같이 화면에 배치한 후에 [Infer Contraints] 버튼을 눌러보자. 모든 제약 조건이 자동으로 생성되는 것을 알 수 있다.

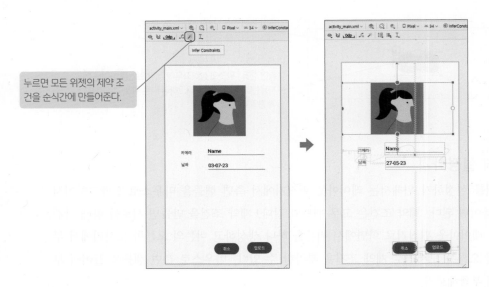

[Infer Contraints] 아이콘으로 제약 조건을 신속하게 만든 후에 마우스로 위젯을 잡아서 원하는 위치로 이동시키는 것이 가장 기본이다. 반대로 모든 위젯의 제약 조건을 제거하려면 [Clear All Constraints] 버튼을 누른다.

위젯의 크기 설정하기

위젯의 크기는 기본적으로 위젯의 사각형 핸들을 마우스로 잡아서 늘리면 위젯의 크기는 고정된 크기로 설정된다. 즉 우리가 마우스로 드래그한 만큼의 크기로 설정된다.

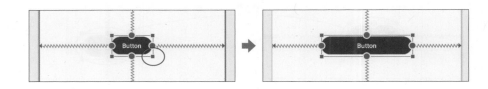

하지만 다른 방법도 있다. 우리가 이미 알고 있듯이, 부모 위젯의 공간을 전부 차지하던지, 아

니면 콘텐츠의 크기만큼만 차지하는 방법도 있다. 이것은 레이아웃 편집기의 [Layout] 창에서
설정이 가능하다.

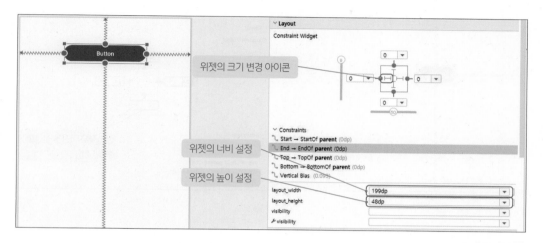

위젯의 너비와 높이는 3가지 중의 하나로 설정될 수 있다. 즉 고정된 크기, 콘텐츠 크기
(`wrap_content`), 부모 위젯의 크기(`match_parent`) 중의 하나로 설정할 수 있다. 이것이
`layout_width`, `layout_height` 속성 값이다. [Layout] 창에서 위젯의 크기를 나타내는 아이콘
을 클릭하면 속성이 순차적으로 변경된다.

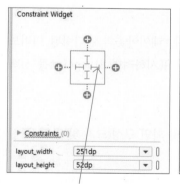

위젯의 크기를 고정된 크기로 조정한다.

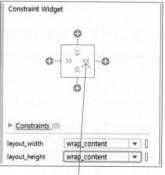

위젯의 크기를 콘텐츠에 맞추어 지정한다
(wrap_content).

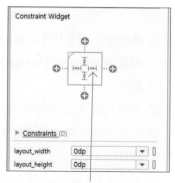

위젯의 크기를 부모 위젯의 크기로 설정한다
(match_parent).

아이콘의 의미는 다음과 같다.

기호	설명
⊢—⊣	위젯의 크기는 고정된 크기가 된다. (fixed)
>>>	위젯의 크기는 콘텐츠의 크기에 맞게 조정된다. (wrap_content)
⌇⌇⌇⌇	위젯은 부모 위젯의 크기를 전부 차지한다(최대 크기). (match_parent)

마진 조정

레이아웃 편집기에서는 마진도 조정이 가능하다. 다음과 같이 마진을 설정할 수 있다.

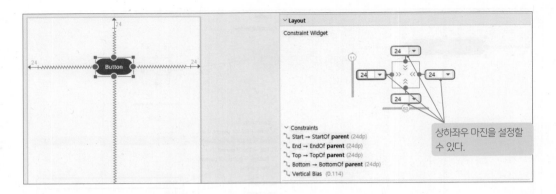

툴바 #1

레이아웃 편집기에는 툴바가 있다. 각 아이콘의 간단한 의미는 다음과 같다.

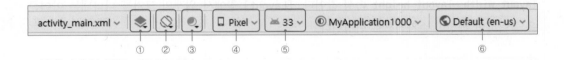

① 레이아웃 편집기에서 레이아웃을 표시할 방법을 선택한다. 레이아웃의 렌더링된 미리보기를 표시하려면 [Design]을 선택한다. 각 뷰의 윤곽선만 표시하려면 Blueprint를 선택한다.

② 화면 가로 모드 방향과 세로 모드 방향 중에서 선택한다.

③ 기기 유형(스마트폰/태블릿, Android TV 또는 Wear OS) 및 화면 구성(크기 및 밀도)을 선택한다.

④ 레이아웃으로 미리 볼 Android의 버전을 선택한다.

⑤ 미리보기에 적용할 UI 테마를 선택한다.

⑥ 미리보기에 사용할 언어와 로케일을 선택한다. 이 목록에는 문자열 리소스에서 사용할 수 있는 언어만 표시된다.

툴바 #2

레이아웃 편집기에는 툴바가 있다. 각 아이콘의 간단한 의미는 다음과 같다.

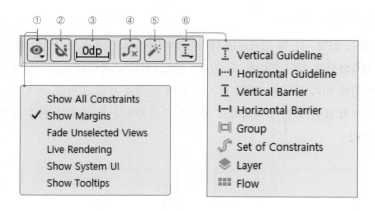

① 제약 조건 표시 및 마진 표시를 선택하여 미리 보기에 표시하거나 표시를 중지한다.

② 자동 연결을 활성화하거나 비활성화한다. 자동 연결이 활성화되면 모든 위젯(예를 들어서 버튼)을 레이아웃의 원하는 부분으로 드래그하여 상위 레이아웃에 대한 제약 조건을 생성할 수 있다.

③ 기본 마진을 설정한다.

④ 전체 레이아웃의 모든 제약 조건을 지운다.

⑤ [Infer Contraints] 아이콘으로 모든 위젯에 대하여 추론을 통해 제약조건을 생성한다.

⑥ 수직 또는 수평 안내선을 추가한다.

다른 위젯에 붙이기

만약 위젯이 다른 위젯에 맞추어 정렬되어야 한다면 위젯의 테두리를 마우스로 끌어서 다른 위젯에 붙이면 된다.

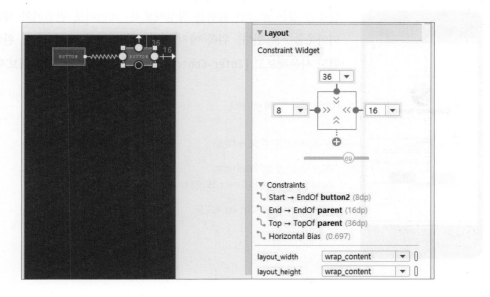

위젯에 샘플 데이터 추가

　많은 레이아웃은 실행 시간에 입력되는 데이터에 의존하므로 앱을 디자인할 때 레이아웃의 모양과 느낌을 시각화하는 것이 어려울 수 있다. 안드로이드 스튜디오 3.2 이상에서는 레이아웃 에디터 내에서 샘플 미리보기 데이터를 텍스트 뷰나 이미지 뷰에 추가할 수 있다. 예를 들어서 다음과 같이 이미지 뷰를 화면에 배치하고 마우스 오른쪽 버튼을 눌러서 샘플 데이터를 선택하여 설정할 수 있다.

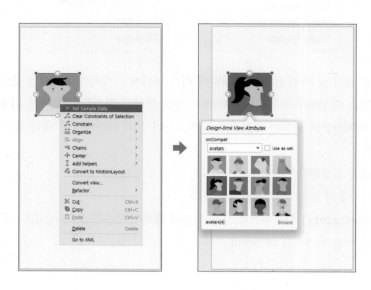

 **예제**　　**로그인 화면 만들기**

　다음과 같은 로그인 화면을 작성해보자. 레이아웃 편집기와 제약 레이아웃을 사용한다. 위쪽 에지 정렬이나 아래쪽 에지 정렬, 왼쪽 정렬도 사용해보고 [Infer Contraints] 기능도 반드시 사용해보자.

텍스트 뷰를 여기에 배치한다.

버튼을 배치한다.

이미지 뷰를 여기에 배치한다.

에디트 텍스트를 여기에 배치한다.

에디트 텍스트를 여기에 배치한다.
inputType을 textPassword로 한다.

사용자가 입력한 아이디와 패스워드를 여기에 출력한다.

이 실습은 레이아웃 편집기를 사용하는 실습이라서 레이아웃 편집기가 생성하는 XML 파일의 내용을 텍스트로 보는 것은 전혀 의미가 없다. 여기서 특히 2개의 위젯을 [SHIFT] 키를 이용하여 동시에 선택해 놓고, 왼쪽 정렬, 오른쪽 정렬, 수평 방향으로 균등하게 배치, 수직 방향으로 균등하게 배치 등을 실습해보자.

도전문제

각 위젯의 속성을 변경하여 보자. 예를 들어서 배경 색상이나 글자의 크기, 위젯의 폭 등을 변경하여 본다.

---

8 SECTION 코드로 레이아웃 만들기

안드로이드 앱에서 화면을 만들려면 일반적으로 XML 레이아웃 파일을 사용하는 것이 표준이다. XML 레이아웃 파일은 사용자 인터페이스를 선언하고 디자인하기에 편리하며 가독성이 좋다. 그러나 자바 코드를 사용하여 안드로이드 화면을 만들 수도 있다. 이때는 View 및 ViewGroup 클래스를 사용하여 프로그래밍 방식으로 뷰와 레이아웃을 만들고 구성한다. 예를 들어서 2개의 버튼을 만들고 버튼에 표시되는 텍스트를 설정하는 실습을 진행해보자.

```
LinearLayout container = new LinearLayout(this);
container.setOrientation(LinearLayout.VERTICAL);
```

```
LinearLayout container = new LinearLayout(this);
container.setOrientation(LinearLayout.VERTICAL);
```

```
Button b2 = new Button(this);
b2.setText("두번째 버튼");
container.addView(b2);
```

 **코드로 사용자 인터페이스 만들기**

(1) 프로젝트 UserInterface2를 생성한다.

(2) MainActivity.java 파일을 다음과 같이 수정한다.

MainActivity.java

```java
package.kr.co.company.userinterface2;

public class MainActivity extends AppCompatActivity {
  @Override
  public void onCreate(Bundle savedInstanceState) {
    super.onCreate(savedInstanceState);
    LinearLayout container = new LinearLayout(this);
    container.setOrientation(LinearLayout.VERTICAL);

    Button b1 = new Button(this);
    b1.setText("첫번째 버튼");
    container.addView(b1);

    Button b2 = new Button(this);
    b2.setText("두번째 버튼");
    container.addView(b2);

    setContentView(container);
  }
}
```

선형 레이아웃을
생성한다.

버튼을 선형 레이아웃에
추가한다.

(3) 실행 결과는 다음과 동일하다.

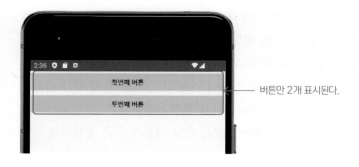

— 버튼만 2개 표시된다.

이 방법은 자바의 그래픽 사용자 인터페이스에서도 학습한 방법이다. 먼저 뷰그룹을 생성하고 여기에 필요한 컴포넌트를 추가하는 방법이다. 레이아웃에 뷰를 추가할 때는 `addView()`라는 메소드를 사용하면 된다. 뷰들의 트리 구조가 만들어졌으면 최종적으로 `setContentView(container)`를 호출하여서 만들어진 뷰 트리를 액티비티의 화면으로 설정한다. 이러한 방법은 프로그래머한테는 친근한 방법이지만 약간의 문제가 있다. 이 방법에서는 코드와 디자인이 분리되어 있지 않다. 따라서 코드는 프로그래머가 담당하고 화면의 디자인은 디자이너가 담당할 수가 없다. XML 레이아웃을 사용하는 것에 비해 코드가 길고 복잡하며 가독성이 떨어질 수 있으므로, 뷰와 레이아웃을 프로그래밍 방식으로 만들 때는 신중하게 고려해야 한다. 일반적으로 XML 레이아웃을 사용하여 사용자 인터페이스를 디자인하는 것이 더 효율적이다.

코드로 레이아웃 속성 변경하기

레이아웃 속성은 코드를 통해서도 얼마든지 변경이 가능하다. 대부분의 레이아웃 속성을 변경하는 메소드가 존재한다. 예를 들어서 선형 레이아웃의 레퍼런스를 보면 다음과 같은 내용이 있다.

일반적인 경우, XML의 속성과 메소드는 대응된다.

메소드로도 속성을 변경할 수 있다.

●그림 4-3
선형 레이아웃
클래스

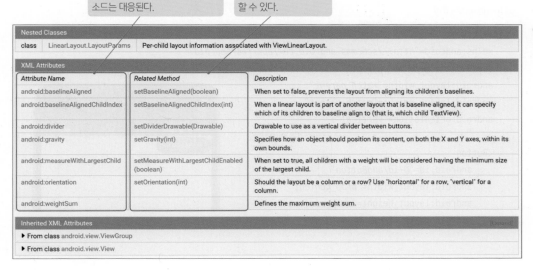

Nested Classes

| class | LinearLayout.LayoutParams | Per-child layout information associated with ViewLinearLayout. |

XML Attributes

Attribute Name	Related Method	Description
android:baselineAligned	setBaselineAligned(boolean)	When set to false, prevents the layout from aligning its children's baselines.
android:baselineAlignedChildIndex	setBaselineAlignedChildIndex(int)	When a linear layout is part of another layout that is baseline aligned, it can specify which of its children to baseline align to (that is, which child TextView).
android:divider	setDividerDrawable(Drawable)	Drawable to use as a vertical divider between buttons.
android:gravity	setGravity(int)	Specifies how an object should position its content, on both the X and Y axes, within its own bounds.
android:measureWithLargestChild	setMeasureWithLargestChildEnabled(boolean)	When set to true, all children with a weight will be considered having the minimum size of the largest child.
android:orientation	setOrientation(int)	Should the layout be a column or a row? Use "horizontal" for a row, "vertical" for a column.
android:weightSum		Defines the maximum weight sum.

Inherited XML Attributes

▶ **From class** android.view.ViewGroup

▶ **From class** android.view.View

위의 그림은 선형 레이아웃이 가지고 있는 XML 속성과 대응되는 메소드를 함께 보여준다. 즉 gravity라는 속성은 setGravity(int) 메소드로도 변경할 수 있다. 앞에 set이 붙은 것을 보면 설정자 메소드임을 알 수 있다. 또 레이아웃 클래스는 View 클래스와 ViewGroup 클래스를 상속 받고 있으므로 이들이 가지고 있는 속성과 메소드도 사용이 가능하다. 예를 들어 뷰가 가지고 있는 background라는 속성은 setBackgroundResource(int)로 변경 가능하다.

레이아웃을 XML로 정의한 후에 자바 코드로 변경하는 것은 주로 다음과 같은 상황에서 사용된다.

- 동적 UI: 앱 실행 중에 화면의 구성 요소를 변경해야 할 때. 예를 들어, 특정 조건이 충족될 때 뷰를 추가하거나 제거해야 할 경우
- 다국어 지원: 앱의 다국어 지원을 위해 런타임 중에 텍스트나 이미지를 동적으로 바꿔야 할 때
- 테마 변경: 사용자가 앱 내에서 테마를 선택할 수 있도록 할 때
- 다양한 화면 크기 지원: 다양한 디바이스 및 화면 크기에 대응하고자 할 때

 **예제** 코드로 레이아웃 속성 변경 예제

여기에서는 동적 UI를 구현하는 예제를 작성해보자. 예를 들어, 버튼을 클릭하면 동적으로 텍스트 뷰를 추가하는 경우이다.

(1) LayoutByCode라는 프로젝트를 생성한다.
(2) activity_main.xml 파일을 열어서 다음과 같이 수정한다.

activity_main.xml

```
<LinearLayout
    xmlns:android="http://schemas.android.com/apk/res/android"
    android:id="@+id/mainLayout"
    android:layout_width="match_parent"
    android:layout_height="match_parent"
    android:orientation="vertical">
```

id를 부여한다.

```
    <Button
        android:id="@+id/addButton"
        android:layout_width="wrap_content"
        android:layout_height="wrap_content"
        android:text="텍스트 뷰 추가" />
```

```
</LinearLayout>
```

XML 파일에서 정의한 레이아웃이나 뷰를 코드에서 참조하려면 반드시 ID를 부여하여야 한다. 코드에서 참조하지 않는 뷰들은 물론 ID를 부여할 필요가 없다.

(3) `MainActivity.java` 파일을 다음과 같이 변경한다.

MainActivity.java

```java
...
public class MainActivity extends AppCompatActivity {

    private LinearLayout mainLayout;
    private Button addButton;

    @Override
    protected void onCreate(Bundle savedInstanceState) {
        super.onCreate(savedInstanceState);
        setContentView(R.layout.activity_main);

        mainLayout = findViewById(R.id.mainLayout);
        addButton = findViewById(R.id.addButton);

        addButton.setOnClickListener(new View.OnClickListener() {
            @Override
            public void onClick(View v) {
                // 텍스트 뷰를 동적으로 생성하고 설정
                TextView textView = new TextView(MainActivity.this);
                textView.setText("동적으로 추가된 텍스트 뷰");

                // 레이아웃 파라미터를 설정하여 레이아웃에 추가
                LinearLayout.LayoutParams layoutParams =
                    new LinearLayout.LayoutParams(
                        LinearLayout.LayoutParams.WRAP_CONTENT,
                        LinearLayout.LayoutParams.WRAP_CONTENT );
                textView.setLayoutParams(layoutParams);

                mainLayout.addView(textView);
            }
        });
    }
}
```

이 예제에서는 Button을 클릭하면 동적으로 TextView를 생성하고 레이아웃에 추가한다. 이것은 XML로 정의한 레이아웃과 결합하여 동적 UI를 만드는 데 사용할 수 있는 방법 중 하나이다.

(4) 애플리케이션을 실행한다.

레이아웃 편집기 사용하기

레이아웃 편집기를 사용하여 다음과 같은 화면을 생성하고 버튼을 클릭하면, 화면의 배경색이 랜덤하게 변경되도록 이벤트 처리를 하여보자. 레이아웃 편집기의 연습을 위하여 오직 레이아웃 편집기만을 사용해보자.

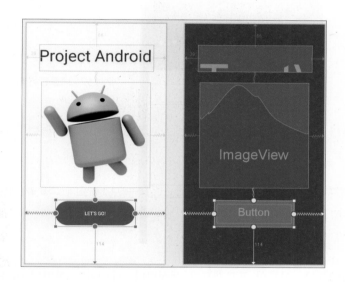

[Infer Constraints] 버튼을 사용하면 원하지 않은 연결이 만들어질 수도 있다. 일단은 수동으로 각 버튼을 연결해보자. 수직 연결 1개와 수평 연결 1개만 만들면 된다. 몇 번만 해보면 그리 어려운 일이 아니라는 것을 알게 될 것이다.

계산기 앱 #3 작성

우리는 앞장에서 간단한 계산기 #1을 만들어보았다. 이번 실습에서는 약간 화면 구성이 다른 계산기 앱을 작성하여 보자.

- 여기에 숫자 2개를 입력한다.
- 원하는 연산에 해당되는 버튼을 클릭한다.
- 여기에 연산의 결과를 표시한다.

(1) "Calculator3"라는 이름의 프로젝트를 생성한다. 레이아웃 파일의 이름은 "activity_main.xml"로 한다.

(2) 비주얼 도구를 이용하든지 아니면 activity_main.xml을 텍스트 에디터로 편집하여서 위의 그림과 같이 위젯들을 배치하여 본다.

(3) 위젯들의 배치가 끝나면 위젯들의 속성을 변경하여 본다.

(4) 프로젝트의 MainActivity.java는 변경하지 않는다.

(5) 애플리케이션을 실행하여서 올바른 실행화면이 나오는지를 체크한다.

 도전문제

각 위젯의 속성을 변경하여 보자. 예를 들어서 배경 색상이나 글자의 크기, 위젯의 폭 등을 변경하여 본다.

Exercises

연습문제

01 레이아웃 클래스는 어떤 클래스를 상속받는가?

① Layout   ② ViewGroup

③ Button   ④ LayoutGroup

02 자식 뷰들을 선형으로 배치하는 레이아웃은?

① LinearLayout   ② LineLayout

③ FrameLayout   ④ GridLayout

03 자식 뷰들을 겹치게 배치하는 레이아웃은?

① LinearLayout   ② LineLayout

③ FrameLayout   ④ GridLayout

04 비주얼 도구가 사용하는 레이아웃은?

① LinearLayout   ② ContraintLayout

③ FrameLayout   ④ GridLayout

05 선형 레이아웃에서 방향을 결정하는 XML 속성 이름은?

① line   ② gravity

③ orientation   ④ baseline

06 뷰의 속성 중에서 android:layout_width와 android:layout_height를 match_parent로 지정하면 어떻게 뷰가 표시되는가?

07 FrameLayout을 사용하여 이미지 뷰와 텍스트 뷰가 겹치는 레이아웃을 만들어보자. 이미지 뷰는 전체 화면을 차지하고 화면 중앙에 위치해야 한다. 텍스트 뷰는 이미지 뷰 위에 겹쳐져야 한다.

(주제: 프레임 레이아웃, 난이도: 중)

08 GridLayout을 사용하여 3×3 그리드로 구성된 버튼 레이아웃을 만들어보자. 버튼은 9개이며, 각 버튼에는 1부터 9까지의 숫자가 표시되어야 한다. 각 버튼은 균일한 크기여야 한다. android:layout_columnWeight와 android:layout_rowWeight를 사용해보자.

(주제: 그리드 레이아웃, 난이도: 중)

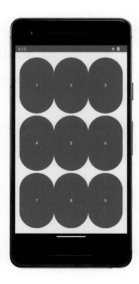

CHAPTER 05

고급 위젯과 이벤트 처리하기

고급 위젯에는 어떤 것이 있나요? 또 터치 이벤트는 어떤 방식으로 처리되나요?

체크 박스, 버튼, 레이팅 바 등이 있지. 터치 이벤트 방식에는 콜백 메소드 재정의와 리스너 등록이 있단다.

CHAPTER 05 고급 위젯과 이벤트 처리하기

1 SECTION 안드로이드에서 이벤트 처리

일반적으로 그래픽 사용자 인터페이스에서 사용자의 입력을 받으려면 반드시 이벤트 구동 방식으로 처리하여야 한다. 애플리케이션이 무한 루프를 돌면서 사용자의 입력을 기다리는 폴링(polling) 방식은 최악의 방법으로 CPU의 파워를 엄청나게 낭비한다. 이벤트 구동(event-driven) 방식에서는 애플리케이션이 다른 작업을 하고 있다가 사용자의 입력으로 인하여 이벤트가 발생하면, 이 이벤트를 처리하면 된다. 안드로이드도 물론 이벤트 구동 방식을 지원한다.

폴링(polling) 방식   이벤트 구동 방식

안드로이드 앱 안에서 위젯에서 발생하는 이벤트를 처리하는 방법에는 여러 가지가 있다. 이 중에서 가장 많이 사용되는 3가지의 방법을 살펴보기로 하자.

● XML 파일에 이벤트 처리 메소드를 등록하는 방법

위젯의 onClick 속성에 자바 메소드를 등록하는 방법이다. 클릭 이벤트만 처리할 수 있는 방법이다. 일반적인 방법은 아니지만 버튼과 같은 위젯의 경우, 가장 간단하게 이벤트를 처리할 수 있다. → 이 방식은 이미 3장에서 살펴보았다.

● 이벤트를 처리하는 객체를 생성하여 이벤트를 처리하는 방법

이벤트를 처리하는 객체를 별도로 생성하여 위젯에 등록한다. 이벤트를 처리하는 가장 일반적인 방법이다. → 익명 클래스와 람다식으로 처리하는 방법을 이번 장에서 살펴보자.

● 뷰 클래스의 이벤트 처리 메소드를 재정의하는 방법

뷰 클래스의 이벤트 처리 메소드를 재정의한다. 커스텀 뷰(Custom View)를 작성하는 경우에만 사용할 수 있는 방법이다. → 이것은 9장에서 자세히 살펴본다.

2 SECTION 이벤트 처리하기(이벤트 처리 객체 사용)

이 방법에서는 이벤트를 처리하는 객체를 생성하여서 위젯에 등록한다. 이벤트를 처리하는 콜백 메소드가 정의된 인터페이스를 이벤트 리스너(event listener)라고 부른다. 이 방법에서는 이벤트 리스너 객체를 생성하여 위젯에 등록한다. 만약 위젯에 이벤트가 발생하면 등록된 이벤트 리스너 안의 콜백 메소드가 자동적으로 호출된다. 예를 들어서 버튼 클릭 이벤트는 다음과 같이 처리가 가능하다.

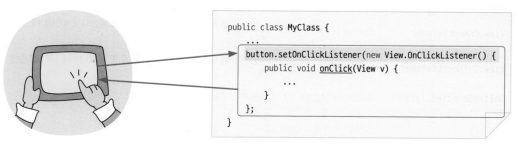

```java
public class MyClass {
    ...
    button.setOnClickListener(new View.OnClickListener() {
        public void onClick(View v) {
            ...
        }
    };
}
```

● 그림 5-1
이벤트 처리 객체
사용

이벤트 리스너란?

이벤트 리스너는 특정 이벤트(예: 버튼 클릭, 터치 제스처, 키 입력 등)를 감지하고 해당 이벤트가 발생했을 때 실행되어야 하는 코드를 정의하는 인터페이스이다. 일반적으로 이벤트 리스너를 구현하여 해당 이벤트가 발생했을 때 호출되는 콜백 메서드(예: onClick, onTouch)를 정의하고, 해당 콜백 메서드 내에서 원하는 동작을 수행한다. 예를 들어, 버튼 클릭 이벤트를 처리하기 위해 View.OnClickListener 인터페이스를 구현하고, 클릭 이벤트가 발생했을 때 onClick 메서드가 호출되도록 설정할 수 있다.

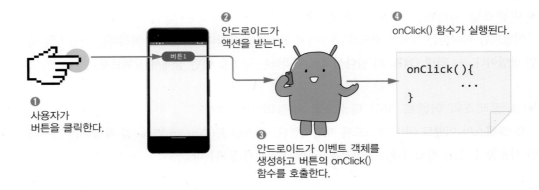

❷ 안드로이드가
액션을 받는다.

❹ onClick() 함수가 실행된다.

```
onClick(){
    ...
}
```

❶ 사용자가
버튼을 클릭한다.

❸ 안드로이드가 이벤트 객체를
생성하고 버튼의 onClick()
함수를 호출한다.

어떤 이벤트 리스너들이 있는가?

안드로이드에서 많이 사용되는 이벤트 리스너와 해당되는 콜백 함수는 다음과 같다. 이벤트 리스너 안에는 오직 하나의 메소드 만이 정의되어 있다. 다음은 가장 많이 사용되는 리스너 인터페이스들이다. 물론 이외에도 아주 많은 리스너 인터페이스가 있다.

리스너	콜백 메소드	설명
View.OnClickListener	onClick()	사용자가 어떤 항목을 터치하거나 내비게이션 키나 트랙볼로 항목으로 이동한 후에 엔터 키를 눌러서 선택하면 호출된다.
View.OnLongClickListener	onLongClick()	사용자가 항목을 터치하여서 일정 시간 동안 그대로 누르고 있으면 발생한다.
View.OnFocusChangeListener	onFocusChange()	사용자가 하나의 항목에서 다른 항목으로 포커스를 이동할 때 호출된다.
View.OnKeyListener	onKey()	포커스를 가지고 있는 항목 위에서 키를 눌렀다가 놓았을 때 호출된다.
View.OnTouchListener	onTouch()	사용자의 터치 동작(예: 터치 다운, 이동, 터치 업)에 따라 호출된다.
OnItemSelectedListener	onItemSelected ()	사용자가 항목을 선택할 때 호출된다.

리스너 객체를 생성하는 방법

리스너 인터페이스를 구현하는 클래스를 어떻게 작성하느냐에 따라서 다음과 같은 방법이 있을 수 있다. 무엇을 선택하느냐는 전적으로 프로그래머의 몫이다. 우리는 가장 많이 사용되는 익명 클래스 방법과 람다식만 살펴보자.

- 리스너 클래스를 내부 클래스로 정의한다. → 생략
- 리스너 인터페이스를 액티비티 클래스에 구현한다. → 생략

- 리스너 클래스를 익명 클래스로 정의한다. → 이것이 가장 많이 사용되는 방법이다.
- 람다식을 이용한다. → 이것도 좋은 방법이다.

익명 클래스로 처리하는 방법

자바에는 익명 클래스(anonymous class)라는 개념이 있다. 익명 클래스(anonymous class)는 클래스 몸체는 정의되지만 이름이 없는 클래스이다. 익명 클래스는 클래스를 정의하면서 동시에 객체를 생성하게 된다. 익명 클래스는 이름이 없으므로 한 번만 사용이 가능하다. 익명 클래스는 코드의 양을 줄일 수 있는 장점도 있지만, 반면에 표기법이 상당히 난해하다는 단점도 있다. 이름이 있는 클래스와 익명 클래스를 비교하여 보자. `OnClickListener` 인터페이스를 구현한다고 가정하자.

정상 클래스	익명 클래스

`class MyClass implements`
`    OnClickListener { ... }`
`obj = new MyClass();`
	`obj = new OnClickListener() { .... };`

익명 클래스는 부모 클래스에서 상속을 받아서 작성하거나 인터페이스를 구현하여서 작성할 수 있다. new 키워드 다음에 부모 클래스 이름이나 인터페이스 이름을 적어주면 된다. 부모 클래스 이름을 적으면 그 부모 클래스에서 상속을 받는다는 의미이고, 인터페이스 이름인 경우에는 그 인터페이스를 구현하는 클래스라는 의미이다. 익명 클래스는 자신이 속해 있는 클래스의 멤버에 자유롭게 접근할 수 있다는 큰 장점이 있다.

예를 들어서 버튼이 클릭되는 경우에 발생하는 클릭 이벤트를 처리하려면 `OnClickListener` 인터페이스를 구현하는 객체를 생성하고 `setOnClickListener()`를 호출하여서 이것을 버튼에 설정하면 된다. 익명 클래스를 사용하여서 이벤트를 처리하는 클래스를 정의하고 동시에 객체를 생성하는 방법은 다음과 같다.

```java
final Button button = (Button) findViewById(R.id.button_send);
button.setOnClickListener(new View.OnClickListener() {
    public void onClick(View v) {
        // 버튼이 클릭되면 여기서 어떤 작업을 한다.
    }
});
```

다음과 같은 3단계를 기억하자.

버튼 참조 변수 선언	`Button b1;`
버튼 위젯 찾기	`b1 = (Button) findViewById(R.id.button1)`

익명 클래스를
버튼에 붙이기
	`b1.setOnClickListener(new View.OnClickListener() {`
	`        public void onClick(View v) {`
	`                // 여기에 작업을 기술한다.`
	`        }`
	`});`

 예제 **익명 클래스로 버튼 이벤트 처리**

화면에 이미지가 있고 하단에 버튼이 4개 있다. 각 버튼을 누르면 이미지의 배경색이 변경되는 앱을 작성해보자.

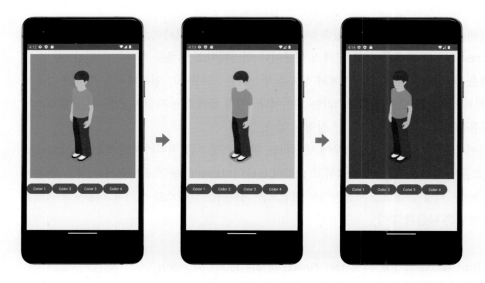

(1) **ButtonEvent2** 프로젝트를 생성한다.

(2) **activity_main.xml**은 다음과 같이 변경한다. 간략화된 버전이다.

activity_main.xml

```xml
<RelativeLayout xmlns:android="http://schemas.android.com/apk/res/android">
    <ImageView
        android:id="@+id/clothingImageView"
        app:srcCompat="@drawable/img" />
```

```
<!-- 4개의 색상 버튼 -->
<Button
    android:id="@+id/colorButton1"
    android:text="Color 1" />
<Button
    android:id="@+id/colorButton2"
    android:text="Color 2" />
<Button
    android:id="@+id/colorButton3"
    android:text="Color 3" />
<Button
    android:id="@+id/colorButton4"
    android:text="Color 4" />


</RelativeLayout>
```

(3) MainActivity.java를 다음과 같이 변경한다.

MainActivity.java

```
public class MainActivity extends AppCompatActivity {
    private ImageView clothingImageView;

    @Override
    protected void onCreate(Bundle savedInstanceState) {
        super.onCreate(savedInstanceState);
        setContentView(R.layout.activity_main);

        clothingImageView = findViewById(R.id.clothingImageView);

        Button colorButton1 = findViewById(R.id.colorButton1);
        Button colorButton2 = findViewById(R.id.colorButton2);
        Button colorButton3 = findViewById(R.id.colorButton3);
        Button colorButton4 = findViewById(R.id.colorButton4);

        colorButton1.setOnClickListener(new View.OnClickListener() {
            @Override
            public void onClick(View v) {
                changeClothingColor(Color.RED);
            }
        });

        colorButton2.setOnClickListener(new View.OnClickListener() {
            @Override
            public void onClick(View v) {
```

클릭 리스너를 구현하는 익명 클래스를 정의하고, 객체를 생성하여 버튼에 등록한다.
한 곳에서 이벤트 처리와 관련된 모든 코드가 작성되는 장점이 있다.

코드
작성

```
                changeClothingColor(Color.BLUE);
            }
        });

        colorButton3.setOnClickListener(new View.OnClickListener() {
            @Override
            public void onClick(View v) {
                changeClothingColor(Color.GREEN);
            }
        });

        colorButton4.setOnClickListener(new View.OnClickListener() {
            @Override
            public void onClick(View v) {
                changeClothingColor(Color.YELLOW);
            }
        });
    }

    private void changeClothingColor(int color) {
        clothingImageView.setBackgroundColor(color);
    }
}
```

여기서 잠깐 토스트 메시지에 대하여 살펴보고 지나가자. 토스트(toast)도 뷰의 일종으로 화면에 잠깐 나타나는 메시지를 표시할 때 사용된다. 토스트는 다른 애플리케이션 위에 떠 있는 뷰로 포커스를 차지하지 않는다. 토스트는 사용자에게 방해가 되지 않으면서 어떤 정보를 표시할 목적으로 작성되었다. 일반적으로 정적 메소드인 makeText()를 호출하여 토스트 객체를 생성하고 show() 메소드를 호출하여서 메시지를 표시한다.

· makeText(Context context, CharSequence text, int duration)

텍스트를 포함하는 표준 토스트 객체를 생성한다. context는 현재 애플리케이션의 콘텍스트를 의미한다. text는 표시하고 싶은 텍스트이고 duration(지속 시간)은 LENGTH_SHORT와 LENGTH_LONG이 있다.

람다식을 이용하는 방법

Java 8부터는 함수를 객체로 만들 수 있는 람다식이 지원된다. 이제 안드로이드에서도 Java 8을 본격적으로 지원한다. 람다식을 이용하면 익명 클래스를 사용하지 않고서도 이벤트 처리기를 아주 간단하게 작성할 수 있다. 단 이것은 이벤트 리스너가 하나의 콜백 메소드만을 가지고 있는 경우에만 가능하다. 두 개 이상의 콜백 메소드가 정의되어 있으면 익명 클래스를 사용하여야 한다.

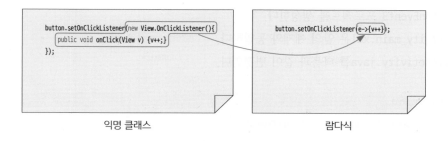

익명 클래스   람다식

람다식(lambda expression)은 나중에 실행될 목적으로 다른 곳에 전달될 수 있는 코드 블록이다. 람다식은 이름이 없는 함수라고 할 수 있다. 우리가 람다식을 사용하는 이유는 간결함 때문이다. 람다식을 이용하면 함수가 필요한 곳에 간단히 함수를 보낼 수 있다. 특히 함수가 딱 한 번만 사용되고 함수의 길이가 짧은 경우에 유용하다.

자바에서 람다식은 (argument) → (body) 구문을 사용하여 작성된다. 간단하게 매개 변수 a와 b를 전달받아서 a+b를 계산하여 반환하는 메소드를 람다식으로 정의하면 다음과 같다.

```
(int a, int b) → { return a+b; }
```

 **예제**   **람다식으로 버튼 이벤트 처리**

화면에 이미지가 있고 하단에 버튼이 4개 있다. 각 버튼을 누르면 이미지의 배경색이 변경되는 앱을 작성해보자. 이번에는 람다식을 사용해보자.

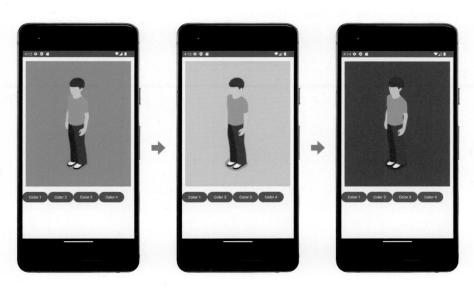

(1) ButtonEvent3 프로젝트를 생성한다.

(2) activity_main.xml은 앞의 예제와 동일하다.

(3) MainActivity.java를 다음과 같이 변경한다.

MainActivity.java

```java
public class MainActivity extends AppCompatActivity {

    private ImageView clothingImageView;

    @Override
    protected void onCreate(Bundle savedInstanceState) {
        super.onCreate(savedInstanceState);
        setContentView(R.layout.activity_main);

        clothingImageView = findViewById(R.id.clothingImageView);

        Button colorButton1 = findViewById(R.id.colorButton1);
        Button colorButton2 = findViewById(R.id.colorButton2);
        Button colorButton3 = findViewById(R.id.colorButton3);
        Button colorButton4 = findViewById(R.id.colorButton4);

        colorButton1.setOnClickListener(view -> changeClothingColor(Color.RED));
        colorButton2.setOnClickListener(view -> changeClothingColor(Color.BLUE));
        colorButton3.setOnClickListener(view -> changeClothingColor(Color.GREEN));
        colorButton4.setOnClickListener(view -> changeClothingColor(Color.YELLOW));
    }

    private void changeClothingColor(int color) {
        clothingImageView.setBackgroundColor(color);
    }
}
```

람다식으로 이벤트를 처리한다.

머티리얼 디자인

안드로이드에서 위젯들의 배경색을 변경하는 것은 굉장히 자주 일어난다. 최근 안드로이드 버전에서는 버튼의 **background** 색상을 설정해도 배경색이 변경되지 않는 경우가 자주 있다. 버튼의 배경 색상 설정은 **background** 대신 **backgroundTint** 속성을 사용하면 되는 경우가 많지만, 근본적인 이유를 무엇일까?

MDC(Material Design Components)는 무엇인가?

MaterialComponents 테마는 구글의 디자인 가이드 라인인 **"Material Design"**을 기반으로 한 안드로이드 앱의 사용자 인터페이스(UI)를 구현하기 위한 테마 스타일이다. 머티리얼 디자인은 사용자 경험을 향상시키고 일관성 있는 디자인을 제공하기 위한 원칙과 가이드 라인을 제시하는 디자인 철학이다.

● 출처
구글

MaterialComponents 테마는 안드로이드 앱에서 다양한 위젯(버튼, 텍스트 필드, 카드, 스낵바 등)과 레이아웃을 디자인하고 스타일링하는 데 사용된다. 이를 통해 개발자는 쉽고 아름다운, 사용자 친화적인 인터페이스를 생성할 수 있다. **MaterialComponents** 테마는 **AndroidX** 라이브러리와 함께 제공되며, 안드로이드 앱에서 사용자 인터페이스를 만들 때 유용하게 활용된다.

MDC에서 개별적인 스타일 변경

MaterialComponents 테마는 이처럼 장점이 많지만 단점도 있는데, 개별적인 스타일링이 무시되고 스타일에서 지정된 색상이나 모양을 따른다는 점이다. 예를 들어서 현재 버전에서 버튼을 생성하면 다음과 같이 **Widget.Material3** 스타일이 자동적으로 적용된다. 해당 스타일에서 버튼은 **MaterialButton**으로 생성된다. 따라서 버튼의 배경색이나 모양, 텍스트의 크기 등이 자동적으로 결정된다. **MaterialButton**은 자체적인 배경색을 가지기 때문에, **android:background**

속성에 설정된 값을 무시한다. 따라서 `backgroud` 속성을 변경하여도 버튼의 배경색은 변경되지 않는다. 못 바꾸게 하는 이유는 사용자가 테마를 바꿀 때 한 번에 일관된 색상으로 변경하기 위해서이다.

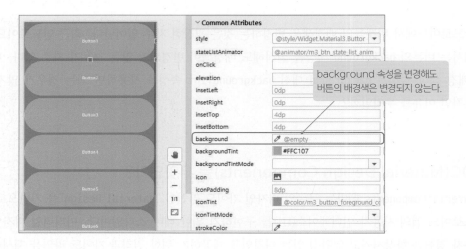

이것을 해결하려면 앱의 스타일을 변경하거나 기본 버튼을 사용하면 된다. 여러 방법 중에서 일단 한 가지만 알아두자. 스타일을 새로 정의하여도 되고, 아니면 머티리얼 디자인의 영향을 받지 않는 기본 버튼을 생성하면 되는 것이다. XML 파일에서 `<Button>`을 `<androidx.appcompat.widget.AppCompatButton>`이나 `<android.widget.Button>`으로 바꿔주면 된다.

 **예제**　머티리얼 버튼과 기본 버튼

화면에 머티리얼 디자인을 따르는 버튼과 기본 버튼을 동시에 만들어서 배경색을 변경해보자.

머티리얼 버튼으로 만들어진다.

`<android.widget.Button>` 버튼으로 만들어진다.

(1) `Material` 프로젝트를 생성한다.
(2) `activity_main.xml`은 다음과 같이 변경한다.

 UI　activity_main.xml

```
<?xml version="1.0" encoding="utf-8"?>
<androidx.constraintlayout.widget.ConstraintLayout>
```

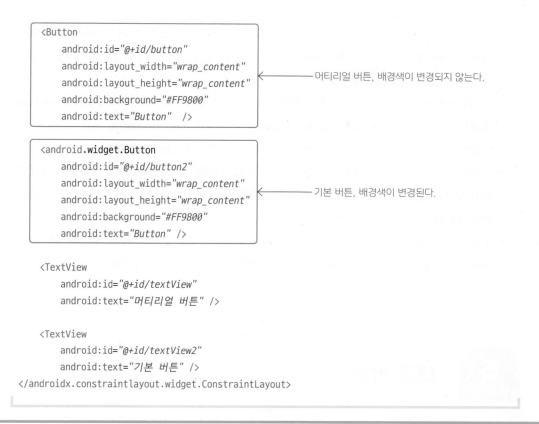

```
<Button
    android:id="@+id/button"
    android:layout_width="wrap_content"
    android:layout_height="wrap_content"         머티리얼 버튼, 배경색이 변경되지 않는다.
    android:background="#FF9800"
    android:text="Button"  />
```

```
<android.widget.Button
    android:id="@+id/button2"
    android:layout_width="wrap_content"
    android:layout_height="wrap_content"         기본 버튼, 배경색이 변경된다.
    android:background="#FF9800"
    android:text="Button" />
```

```
<TextView
    android:id="@+id/textView"
    android:text="머티리얼 버튼" />

<TextView
    android:id="@+id/textView2"
    android:text="기본 버튼" />
</androidx.constraintlayout.widget.ConstraintLayout>
```

컴파운드 버튼

SECTION 4

안드로이드에서 컴파운드 버튼(Compound Button)은 단일 선택 또는 다중 선택을 허용하는 위젯이다. 컴파운드 버튼은 사용자가 특정 옵션을 선택하거나 토글하는 데 사용된다. 대표적인 컴파운드 버튼으로는 체크 박스, 라디오 버튼, 스위치, 토글 버튼 등이 있다.

체크 박스　　　　　　라디오 버튼　　　　　　스위치　　　　　　토글 버튼

- 체크 박스(CheckBox)는 여러 옵션 중에서 하나 이상을 선택할 수 있는 위젯이다. 사용자가 옵션을 선택하거나 해제할 수 있으며, 다중 선택이 가능하다. 주로 "동의" 또는 "약관에 동의합니다"와 같이 다중 선택이 필요한 상황에 사용된다.
- 라디오 버튼(RadioButton)은 여러 옵션 중에서 하나만 선택할 수 있는 위젯이다. 여러 RadioButton 중에서 하나만 선택되도록 그룹으로 묶어 사용된다. 이 그룹은 RadioGroup으로 묶을 수 있다. 주로 "성별" 또는 "옵션 1, 옵션 2, 옵션 3"과 같이 단일 선택이 필요한 상황에 사용된다.
- 스위치(Switch)는 두 가지 상태(On 또는 Off) 중 하나를 선택할 수 있는 위젯이다. 대개 2가지 옵션 중에서 하나로 토글하는 데 사용됩니다. 예를 들어, "Wi-Fi 활성화" 또는 "음소거" 설정과 같이 이진 상태를 표시하는 데 사용된다.
- 토글 버튼(ToggleButton)은 여러 옵션 중에서 하나 이상을 선택할 수 있는 위젯으로, CheckBox와 유사하다. CheckBox와 달리 ToggleButton은 스타일과 디자인을 커스터마이즈하기가 더 용이하다.

5 SECTION 체크 박스

체크 박스(checkbox)는 사용자가 하나의 그룹 안에서 여러 개의 버튼을 동시에 선택할 때 사용하는 위젯이다. 체크 박스를 생성하려면 레이아웃에서 <CheckBox> 요소를 추가하면 된다. 각각의 체크 박스는 별도로 취급되므로 개발자들은 각 체크 박스에 대하여 클릭 리스너를 등록하여야 한다. 가장 쉬운 방법은 XML에 onClick 속성을 사용하는 것이다.

 **체크 박스 예제**

샌드위치를 선택하는 앱을 작성해보자. 사용자는 2개의 샌드위치를 모두 선택할 수도 있다.

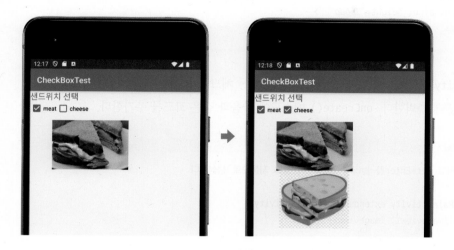

(1) **CheckBox5** 프로젝트를 생성한다.

(2) **activity_main.xml** 파일을 오픈하여서 선형 레이아웃 안에 체크 박스를 추가한다.

---

activity_main.xml

```
<LinearLayout     android:orientation="vertical">
    <TextView    android:text="샌드위치 선택">
    <LinearLayout     android:orientation="horizontal">

        <CheckBox
            android:id="@+id/checkBox"
            android:layout_width="wrap_content"
            android:layout_height="34dp"
            android:onClick="onCheckboxClicked"
            android:text="meat" />

        <CheckBox
            android:id="@+id/checkBox2"
            android:layout_width="wrap_content"
            android:layout_height="wrap_content"
            android:onClick="onCheckboxClicked"
            android:text="cheese" />
    </LinearLayout>

    <ImageView
        android:id="@+id/imageView"
```

UI

```
        android:layout_width="262dp"
        android:layout_height="141dp" />


    <ImageView
        android:id="@+id/imageView2"
        android:layout_width="259dp"
        android:layout_height="166dp" />
</LinearLayout>
```

(3) **MainActivity.java** 파일을 다음과 같이 변경한다. 체크 박스의 상태가 변경되면 토스트 메시지를 화면에 출력한다. **onCreate()** 메소드에 다음과 같은 코드를 추가한다.

MainActivity.java

```java
// 소스만 입력하고 Alt+Enter를 눌러서 import 문장을 자동으로 생성한다.

public class MainActivity extends AppCompatActivity {
    ImageView imageview1, imageview2;
    @Override
    protected void onCreate(Bundle savedInstanceState) {
        super.onCreate(savedInstanceState);
        setContentView(R.layout.activity_main);
        imageview1 = (ImageView)findViewById(R.id.imageView);
        imageview2 = (ImageView)findViewById(R.id.imageView2);
    }
    public void onCheckboxClicked(View view) {
        boolean checked = ((CheckBox) view).isChecked();

        switch(view.getId()) {
            case R.id.checkBox:
                if (checked) imageview1.setImageResource(R.drawable.sand1);
                else imageview1.setImageResource(0);
                break;
            case R.id.checkBox2:
                if (checked) imageview2.setImageResource(R.drawable.sand2);
                else imageview2.setImageResource(0);
                break;
        }
    }
}
```

만약 개발자가 체크 박스의 상태를 변경하고 한다면 setChecked(boolean)이나 toggle() 메소드를 사용하면 된다.

6 SECTION 라디오 버튼

라디오 버튼(radio button)은 체크 박스와 비슷하지만 하나의 그룹 안에서는 한 개의 버튼만 선택할 수 있다는 점이 다르다. 만약 하나의 라디오 버튼을 클릭하면 다른 버튼은 자동적으로 선택이 해제된다. 라디오 버튼이라는 이름은 자동차 라디오의 방송국 선택 버튼에서 유래한다. 하나의 버튼을 누르면 다른 버튼은 자동적으로 튀어나온다. 만약에 모든 선택 사항을 화면에 보여 줄 필요가 없다면 스피너 위젯을 사용하여도 된다.

라디오 버튼을 만들기 위해서는 두 개의 클래스를 이용한다. 하나는 RadioButton으로 라디오 버튼을 생성하는 데 사용된다. RadioButton 클래스도 TextView 클래스의 하위 클래스로 글꼴이나 색상, 스타일 같은 TextView의 속성도 가지고 있다. 체크 박스와 유사하게 isChecked() 메소드를 이용하여서 체크 여부를 검사할 수 있다.

두 번째 클래스는 RadioGroup으로 라디오 버튼들을 그룹핑하는 데 사용된다. 하나의 라디오 그룹에는 여러 개의 라디오 버튼이 들어갈 수 있고 이 중에서 하나만 선택될 수 있다.

메소드	설명
void toggle()	선택 상태를 현재의 반대로 변경한다.

 예제 라디오 버튼 만들기

Red와 Blue 버튼 중에서 하나만을 선택할 수 있는 라디오 버튼을 작성하고 테스트하여 보자. 라디오 박스가 선택되면 배경색을 변경한다.

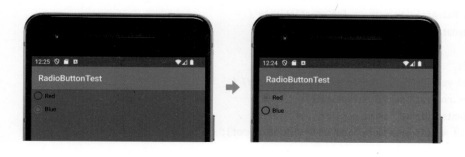

(1) RadioButtonTest라는 프로젝트를 생성한다.

(2) `activity_main.xml` 파일을 오픈하여서 선형 레이아웃 안에 라디오 버튼을 추가한다.

UI

activity_main.xml

```xml
<LinearLayout xmlns:android="http://schemas.android.com/apk/res/android"
    android:id="@+id/layout"
    android:orientation="vertical" >

    <RadioGroup     android:layout_width="match_parent"
    android:layout_height="wrap_content"
    android:orientation="vertical" >

        <RadioButton
            android:id="@+id/radio_red"
            android:layout_width="wrap_content"
            android:layout_height="wrap_content"
            android:onClick="onRadioButtonClicked"
            android:text="Red" />

        <RadioButton
            android:id="@+id/radio_blue"
            android:layout_width="wrap_content"
            android:layout_height="wrap_content"
            android:onClick="onRadioButtonClicked"
            android:text="Blue" />

    </RadioGroup>
</LinearLayout>
```

라디오 그룹 안에
라디오 버튼을 2개
정의한다.

(3) `MainActivity.java` 파일을 다음과 같이 변경한다.

**코드
작성**

MainActivity.java

```java
package kr.co.company.radiobutton;
// 소스만 입력하고 Alt+Enter를 눌러서 import 문장을 자동으로 생성한다.

public class MainActivity extends AppCompatActivity {
    LinearLayout layout;

    @Override
    protected void onCreate(Bundle savedInstanceState) {
        super.onCreate(savedInstanceState);
        setContentView(R.layout.activity_main);
        layout = (LinearLayout) findViewById(R.id.layout);
    }
```

```java
public void onRadioButtonClicked(View view) {
    boolean checked = ((RadioButton) view).isChecked();

    switch (view.getId()) {
        case R.id.radio_red:
            if (checked)
                layout.setBackgroundColor(Color.RED);
            break;
        case R.id.radio_blue:
            if (checked)
                layout.setBackgroundColor(Color.BLUE);
            break;
    }
}
```

 **예제** 온도 변환 앱 만들기

다음과 같이 섭씨 온도를 받아서 화씨 온도로 변환하는 앱을 작성해보자.

(1) "TempConverter"라는 이름의 프로젝트를 생성한다.

(2) 사용자 인터페이스를 작성한다.

(3) **MainActivity.java**에 다음과 같은 코드를 입력한다.

MainActivity.java
코드
작성

```java
package kr.co.company.tempconverter;
// 소스만 입력하고 Alt+Enter를 눌러서 import 문장을 자동으로 생성한다.

public class MainActivity extends AppCompatActivity {
```

```java
private EditText text;

@Override
public void onCreate(Bundle savedInstanceState) {
    super.onCreate(savedInstanceState);
    setContentView(R.layout.activity_main);
    text = (EditText) findViewById(R.id.edit_Input);

}
public void onClicked(View view) {
    switch (view.getId()) {
        case R.id.btn_change:
            RadioButton celsiusButton = (RadioButton) findViewById(R.id.celsius);
            RadioButton fahrenheitButton = (RadioButton) findViewById(R.id.fahrenheit);

            if (text.getText().length() == 0) {
                Toast.makeText(this, "정확한 값을 입력하시오.", Toast.LENGTH_LONG).show();
                return;
            }

            float inputValue = Float.parseFloat(text.getText().toString());
            if (celsiusButton.isChecked()) {
                text.setText(String.valueOf(convertFahrenheitToCelsius(inputValue)));
                celsiusButton.setChecked(false);
                fahrenheitButton.setChecked(true);
            } else {
                text.setText(String.valueOf(convertCelsiusToFahrenheit(inputValue)));
                fahrenheitButton.setChecked(false);
                celsiusButton.setChecked(true);
            }
            break;
    }
}

private float convertFahrenheitToCelsius(float fahrenheit) {
    return ((fahrenheit - 32) * 5 / 9.0);
}

private float convertCelsiusToFahrenheit(float celsius) {
    return ((celsius * 9) / 5) + 32.0;
}
}
```

스위치

SECTION 7

안드로이드 앱 개발에서 "스위치(Switch)"는 위젯 중 하나로, 주로 특정 설정이나 옵션을 켜고 끌 때 사용되는 위젯(Widget) 이다. 스위치는 주로 두 가지 상태를 가지며, 사용자가 터치하면 이 두 상태를 전환할 수 있다. 스위치의 두 가지 상태는 "켜짐"과 "꺼짐"이며, 사용자는 스위치를 터치하여 원하는 설정을 변경할 수 있다.

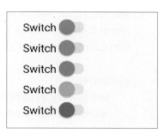

스위치는 사용자가 앱의 특정 기능을 활성화 또는 비활성화할 수 있는 설정 화면에서 많이 사용된다. 예를 들어, 알림 설정을 관리하는 앱에서는 "알림 허용"이라는 스위치를 제공하여 사용자가 알림을 받을지 여부를 선택할 수 있게 한다. 어떤 앱에서는 스위치를 사용하여 특정 기능을 켜고 끌 수 있다. 예를 들어, 카메라 앱에서 "플래시"를 제어하는 스위치를 제공할 수 있다.

 예제 **조명 제어 앱 만들기**

이번 실습에서는 스위치 위젯을 이용하여 전구를 켜거나 끄는 앱을 작성하여 보자.

(1) "**SwitchTest**"라는 이름의 프로젝트를 생성한다.
(2) 사용자 인터페이스를 작성한다.

activity_main.xml

```xml
<?xml version="1.0" encoding="utf-8"?>
<RelativeLayout xmlns:android="http://schemas.android.com/apk/res/android"
    xmlns:app="http://schemas.android.com/apk/res-auto"
    xmlns:tools="http://schemas.android.com/tools"
    android:layout_width="match_parent"
    android:layout_height="match_parent"
    tools:context=".MainActivity">

    <ImageView
        android:id="@+id/bulbImageView"
        android:layout_width="200dp"
        android:layout_height="200dp"
        android:layout_centerInParent="true"
        android:src="@drawable/off" />

    <Switch
        android:id="@+id/switchButton"
        android:layout_width="wrap_content"
        android:layout_height="wrap_content"
        android:layout_below="@id/bulbImageView"
        android:layout_centerHorizontal="true"
        android:layout_marginTop="16dp"
        android:text="전구 켜기/끄기" />

</RelativeLayout>
```

(3) 다음과 같이 java 소스를 작성한다.

MainActivity.java

```java
public class MainActivity extends AppCompatActivity {

    private ImageView bulbImageView;
    private Switch switchButton;

    @Override
    protected void onCreate(Bundle savedInstanceState) {
        super.onCreate(savedInstanceState);
        setContentView(R.layout.activity_main);

        bulbImageView = findViewById(R.id.bulbImageView);
        switchButton = findViewById(R.id.switchButton);

        // 스위치 상태 변경 리스너 추가
```

```java
switchButton.setOnCheckedChangeListener(new CompoundButton.OnCheckedChangeListener() {
    @Override
    public void onCheckedChanged(CompoundButton buttonView, boolean isChecked) {
        // 스위치 상태에 따라 전구 이미지 변경
        if (isChecked) {
            bulbImageView.setImageResource(R.drawable.on);
        } else {
            bulbImageView.setImageResource(R.drawable.off);
        }
    }
});
    }
}
```

8 SECTION 토글 버튼

두 가지의 상태 중의 하나로 토글되도록 만들어진 버튼이 토글 버튼(toggle button)이다. 이 위젯은 ON과 OFF처럼 서로 배타적인 두 가지 상태만을 가지는 경우에 라디오 버튼보다 쓰기가 편하다.

토글 버튼은 레이아웃에 <ToggleButton> 요소를 추가하여서 만들 수 있다. 토글 버튼도 역시 onClick 속성을 사용하여서 이벤트를 처리하는 것이 가장 쉽다.

 **토글 버튼 예제**

토글 버튼을 누르면 이미지가 나타나고, 다시 누르면 이미지가 사라지는 앱을 작성해보자.

(1) `ToggleButtonTest`라는 프로젝트를 생성한다.

(2) `activity_main.xml` 파일을 오픈하여서 선형 레이아웃 안에 `ToggleButton`을 추가한다.

activity_main.xml

```
<LinearLayout >
    <ToggleButton
        android:id="@+id/togglebutton"
        android:layout_width="wrap_content"
        android:layout_height="wrap_content"
        android:onClick="onToggleClicked"
        android:textOff="Picture Off"
        android:textOn="Picture On" />
    <ImageView
        android:id="@+id/imageView"
        android:layout_width="wrap_content"
        android:layout_height="wrap_content" />
</LinearLayout>
```

(3) `MainActivity.java` 파일을 오픈하여서 `onCreate()`의 끝에 다음의 코드를 추가한다. 토글
버튼에서의 이벤트를 처리하려면 `onToggleClicked()` 메소드를 추가한다.

MainActivity.java

```java
package kr.co.company.togglebutton;
// 소스만 입력하고 Alt+Enter를 눌러서 import 문장을 자동으로 생성한다.

public class MainActivity extends AppCompatActivity {
    private ImageView imageview;

    @Override
    protected void onCreate(Bundle savedInstanceState) {
        super.onCreate(savedInstanceState);
        setContentView(R.layout.activity_main);
        imageview = (ImageView) findViewById(R.id.imageView);
    }
    public void onToggleClicked(View view) {
        boolean on = ((ToggleButton) view).isChecked();
        if (on) {
            imageview.setImageResource(R.drawable.pic3);
        } else {
            imageview.setImageResource(0);
        }
    }
}
```

이 메소드는 버튼이 클릭되었을 때 수행되어야 하는 동작을 정의한다. 이 예제에서는 버튼의 현재의 상태를 나타내는 토스트 메시지를 출력한다. 토글 버튼은 상태 변경을 스스로 처리하기 때문에 프로그래머는 단지 현재 상태만을 조사하면 된다.

 **예제** 직렬 전기 회로 시뮬레이션

다음과 같은 전기 회로를 시뮬레이션하는 앱을 작성해보자.

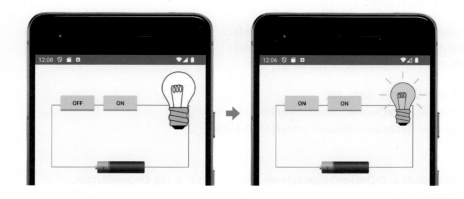

(1) ElectricCircuit이라는 프로젝트를 생성한다.

(2) activity_main.xml 파일을 오픈하여서 선형 레이아웃 안에 ToggleButton을 추가한다.

UI

```
activity_main.xml

<androidx.constraintlayout.widget.ConstraintLayout >

    <ToggleButton
        android:id="@+id/toggleButton1" />

    <ToggleButton
        android:id="@+id/toggleButton2" />

    <ImageView
        android:id="@+id/circuit"
        app:srcCompat="@drawable/img_1" />

    <ImageView
        android:id="@+id/lightBulb"
        app:srcCompat="@drawable/off" />
</androidx.constraintlayout.widget.ConstraintLayout>
```

(3) **MainActivity.java**를 다음과 같이 변경한다.

**코드
작성**

```java
MainActivity.java

public class MainActivity extends AppCompatActivity {

    private ToggleButton toggleButton1;
    private ToggleButton toggleButton2;
    private ImageView lightBulb;

    @Override
    protected void onCreate(Bundle savedInstanceState) {
        super.onCreate(savedInstanceState);
        setContentView(R.layout.activity_main);

        toggleButton1 = findViewById(R.id.toggleButton1);
        toggleButton2 = findViewById(R.id.toggleButton2);
        lightBulb = findViewById(R.id.lightBulb);

        // 토글 버튼 상태 변경 리스너 설정
        toggleButton1.setOnCheckedChangeListener(toggleListener);
        toggleButton2.setOnCheckedChangeListener(toggleListener);

    }
    private CompoundButton.OnCheckedChangeListener toggleListener = new CompoundButton.
    OnCheckedChangeListener() {
        @Override
        public void onCheckedChanged(CompoundButton buttonView, boolean isChecked) {
```

```
            // 두 토글 버튼의 상태를 확인하여 전구 상태 업데이트
            updateLightBulbState();
        }
    };

    private void updateLightBulbState() {
        boolean isToggle1On = toggleButton1.isChecked();
        boolean isToggle2On = toggleButton2.isChecked();

        if (isToggle1On && isToggle2On) {
            // 두 토글 버튼이 모두 On 상태일 때 전구를 켭니다.
            lightBulb.setImageResource(R.drawable.on);
        } else {
            // 그 외의 경우 전구를 끕니다.
            lightBulb.setImageResource(R.drawable.off);
        }
    }
}
```

9 스크롤 뷰
SECTION

스크롤 뷰(ScrollView)는 화면에 표시할 내용이 화면을 넘어가거나 화면의 크기를 벗어나는 경우에 사용되는 뷰 컨테이너이다. 스크롤 뷰를 사용하면 사용자가 화면을 스크롤하여 내용의 전체를 볼 수 있게 된다.

스크롤 뷰는 자식 뷰(내용)를 포함하는 컨테이너이다. 스크롤 뷰는 자식 뷰의 내용이 화면을 벗어나는 경우에 스크롤할 수 있는 영역을 제공한다. 스크롤 뷰는 기본적으로 수직 스크롤을 지원한다. 수평 스크롤이 필요한 경우 android:scrollbars 속성을 설정하고 horizontal 값을 지정하여 수평 스크롤을 활성화할 수 있다.

```
<!-- activity_main.xml -->
<ScrollView
    xmlns:android="http://schemas.android.com/apk/res/android"
    android:layout_width="match_parent"
    android:layout_height="match_parent">
```

```
    <LinearLayout
        android:layout_width="match_parent"
        android:layout_height="wrap_content"
        android:orientation="vertical">
        <!-- 긴 텍스트를 표시할 TextView -->
        <TextView
            android:layout_width="match_parent"
            android:layout_height="wrap_content"
            android:text="Lorem ipsum dolor ......"/>

        <!-- 추가적인 내용을 여기에 추가할 수 있음 -->
    </LinearLayout>
</ScrollView>
```

스크롤 뷰는 하나의 직계 자식 뷰만을 가질 수 있다. 따라서 스크롤 가능한 컨텐츠를 스크롤 뷰 내에 포함하려면 하나의 레이아웃 컨테이너(예: 선형 레이아웃, 상대 레이아웃 등)를 사용하여 내용을 그룹화해야 한다. 스크롤 뷰에는 스크롤 이벤트를 처리하는 리스너를 추가할 수 있다. 스크롤 뷰 내에서 사용자의 스크롤 동작을 감지하고 추가적인 동작을 수행할 수 있다.

 **예제**   스크롤 뷰

이번 실습에서는 버튼을 여러 개 만들어서 스크롤시켜보자.

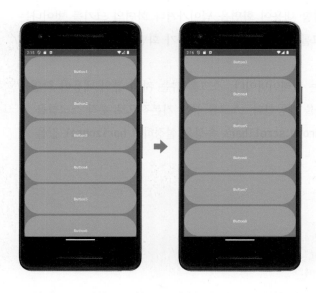

(1) "ScrollViewTest"라는 이름의 프로젝트를 생성한다.

(2) activity_main.xml을 텍스트 에디터로 편집하여서 앞의 그림과 같이 위젯들을 배치하여
본다.

---

activity_main.xml

```xml
<ScrollView
    xmlns:android="http://schemas.android.com/apk/res/android"
    android:layout_width="match_parent"
    android:layout_height="match_parent"
    android:scrollbars="vertical">

    <LinearLayout
        android:layout_width="match_parent"
        android:layout_height="wrap_content"
        android:orientation="vertical">

        <Button
            android:id="@+id/myButton"
            android:backgroundTint="#FFC107"
            android:text="Button1" />

        <Button
            android:id="@+id/button2"
            android:backgroundTint="#FFC107"
            android:text="Button2" />

        <Button
            android:id="@+id/button3"
            android:backgroundTint="#FFC107"
            android:text="Button3" />

        <Button
            android:id="@+id/button4"
            android:backgroundTint="#FFC107"
            android:text="Button4" />

        <Button
            android:id="@+id/button5"
            android:backgroundTint="#FFC107"
            android:text="Button5" />

        <Button
            android:id="@+id/button6"
            android:backgroundTint="#FFC107"
            android:text="Button6" />

        <Button
            android:id="@+id/button7"
```

```
            android:backgroundTint="#FFC107"
            android:text="Button7" />

        <Button
            android:id="@+id/button8"
            android:backgroundTint="#FFC107"
            android:text="Button8" />

    </LinearLayout>
</ScrollView>
```

레이팅 바

레이팅 바(RatingBar)는 시크 바와 프로그레스 바의 확장판이다. 레이팅 바는 별을 사용하여서 점수를 표시한다. 사용자는 마우스나 화살표 키를 이용하여서 점수를 설정할 수 있다. 몇 가지의 스타일이 존재하는데, 크기가 작은 `ratingBarStyleSmall`, 사용자 상호 작용을 지원하지 않는 `ratingBarStyleIndicator`가 있다.

사용자 상호 작용을 지원하는 레이팅 바를 사용할 때는 레이팅 바의 왼쪽이나 오른쪽에 위젯을 두지 말아야 한다. 별들의 개수는 `setNumStars(int)`나 XML 레이아웃으로 설정되는데 레이아웃 너비가 `wrap_content`로 되어 있어야만이 올바르게 보여진다.

 **예제** 레이팅바 예제

영화나 미술 작품을 평가하는 앱을 작성해보자.

(1) 프로젝트 RatingBarTest를 생성한다.

(2) activity_main.xml 파일을 오픈하여서 선형 레이아웃 안에 레이팅 바 요소를 추가한다.

---

activity_main.xml

```
<LinearLayout >
    <TextView
    android:id="@+id/textView2"
    android:textAlignment="center"
    android:textSize="24sp" />

    <ImageView
        android:id="@+id/imageView"
        android:layout_width="match_parent"
        android:layout_height="wrap_content"
        app:srcCompat="@drawable/pic3" />

    <RatingBar
        android:id="@+id/ratingBar"
        android:layout_width="wrap_content"
        android:layout_height="wrap_content"
        android:numStars="5"
        android:rating="2.0"
        android:stepSize="1.0" />
```

레이팅 바를 선형 레이아웃 안에 배치한다.

android:numStars 어트리뷰트는 레이팅 바에 등장하는 별의 최대 개수를 정의한다. android:stepSize 어트리뷰트는 각 별 간의 점수 차이를 정의한다. 즉 0.5라면 절반 크기의 별도 허용한다는 의미이다.

```
        <Button
            android:id="@+id/button"
            android:text="SUBMIT" />

        <TextView
            android:id="@+id/textView"
            android:text="SCORE=" />
    </LinearLayout>
```

(3) 새로운 레이팅이 설정될 때, 어떤 작업을 하기 위해서는 다음과 같이 이벤트를 처리하여야 한다. onCreate() 메소드 안에 다음과 같은 코드를 위치시킨다.

코드 작성

MainActivity.java

```java
package kr.co.company.ratingbartest;
// 소스만 입력하고 Alt+Enter를 눌러서 import 문장을 자동으로 생성한다.

public class MainActivity extends AppCompatActivity {

    private RatingBar ratingBar;
    private TextView value;
    private Button button;

    @Override
    public void onCreate(Bundle savedInstanceState) {

        super.onCreate(savedInstanceState);
        setContentView(R.layout.activity_main);
        ratingBar = (RatingBar) findViewById(R.id.ratingBar);
        value = (TextView) findViewById(R.id.textView);
        button = (Button) findViewById(R.id.button);
        button.setOnClickListener(new View.OnClickListener() {
            @Override
            public void onClick(View v) {
                float rating = ratingBar.getRating();    ←──── 필요할 때마다 레이팅바에서
                value.setText(String.valueOf("SCORE=" + rating));       읽어 오는 방법이 편리하다.
            }
        });

    }
}
```

여론 조사 앱 작성

이번 실습에서는 간단한 여론 조사를 할 수 있는 애플리케이션을 작성하여 보자. 라디오 버튼을 클릭하면 해당되는 화면에 이미지가 표시된다.

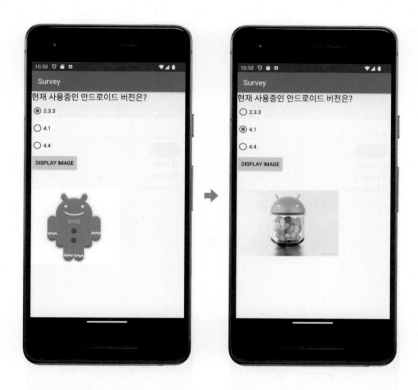

할 일 목록 앱

할 일 목록 앱을 만들고 사용자가 각 항목을 완료한 것을 나타내기 위해 체크 박스를 사용해보자. 사용자가 텍스트 필드에 할 일을 입력하고 "추가" 버튼을 클릭하면 해당 할 일이 목록에 추가된다(자바 코드로 추가한다). 추가된 할 일은 체크 박스와 함께 표시되며, 사용자가 체크 박스를 클릭하여 완료 상태를 전환할 수 있다.

Exercises

연습문제

01 체크 박스를 생성하는 XML 태그는?

① `<Check>`   ② `<CheckBox>`   ③ `<CheckEdit>`   ④ `<CheckButton>`

02 라디오 버튼을 생성하는 XML 태그는?

① `<Radio>`   ② `<RadioBox>`   ③ `<RadioEdit>`   ④ `<RadioButton>`

03 레이팅바에서 별의 개수를 지정하는 XML 속성은?

① `rating`   ② `stepSize`   ③ `numStarts`   ④ `stars`

04 터치 이벤트를 처리하려면 어떤 메소드를 오버라이딩해야 하는가?

① `onKeyDown()`   ② `onMouseDown()`

③ `onTouchEvent()`   ④ `onTouchAction()`

05 터치 이벤트에서 발생되는 액션이 아닌 것은?

① `ACTION_UP`   ② `ACTION_MOVE`   ③ `ACTION_PRESS`   ④ `ACTION_CANCEL`

06 애완동물의 이미지를 출력하는 앱을 작성해보자. 여러 동물 중에서 하나를 선택하고 "이미지 보기" 버튼을 누르면 해당 애완동물의 이미지가 나타난다.

(주제: 라디오 버튼, 난이도: 중)

07 다음과 같은 앱을 작성해보자. 체크 박스를 사용하여 사용자가 할 수 있는 프로그래밍 언어를 수집한다.

(주제: 체크 박스, 난이도: 중)

CHAPTER 06

액티비티와 인텐트

CHAPTER 06 · 액티비티와 인텐트

SECTION 1 · 애플리케이션, 액티비티, 액티비티 스택, 태스크

안드로이드와 같은 모바일 플랫폼은 낮은 성능의 CPU, 속도가 떨어지는 메모리, 작은 화면 크기, 배터리 용량 등의 여러 가지 제약 조건이 있는 환경에서 실행되기 때문에 일반적인 컴퓨터의 실행 환경과는 약간의 차이가 있다. 먼저 실행의 단위가 약간 다르다. 일반적인 컴퓨터에서는 애플리케이션 단위로 실행되지만, 안드로이드에서는 액티비티 단위로 실행된다. 또한 일반적인 컴퓨터에서는 멀티태스킹이 아무런 제약 없이 지원된다. 안드로이드도 멀티태스킹을 지원하지만 일반적인 컴퓨터와는 약간의 차이가 있다.

안드로이드 시스템에서 반드시 이해해야 하는 4가지의 기본적인 개념이 있다. 하나씩 간단하게 살펴보자.

- 애플리케이션(application)
- 액티비티(activities)
- 액티비티 스택(activity stack)
- 태스크(task)

애플리케이션

안드로이드 애플리케이션(application)은 여러 개의 액티비티들로 구성된다. 액티비티들은 애플리케이션 안에서 느슨하게 묶여 있다. 하나의 애플리케이션은 .apk를 확장자로 가지는 하나의 파일 안에 저장된다. 안드로이드 안에는 많은 애플리케이션들이 내장되어 있다. 이메일, 달력, 문자 메시지, 주소록, 카메라, 일정 등이 모두 하나의 애플리케이션이다. 안드로이드는 홈 화면에 애플리케이션 구동기(application launcher)를 가지고 있다. 사용자가 아이콘으로 표시된 애플리케이션을 선택하면 애플리케이션 구동기가 애플리케이션을 시작한다.

애플리케이션은 여러 개의 액티비티들로 이루어집니다!

액티비티 1   액티비티 2   액티비티 3

애플리케이션

액티비티

액티비티(activity)는 사용자가 어떤 작업(전화를 거는 작업, 사진을 찍는 작업, …)을 할 수 있는 화면을 가지고 있는 애플리케이션 구성 요소이다. 각 액티비티는 사용자 인터페이스가 그려지는 윈도우를 가지고 있다. 애플리케이션을 작성한다는 것은 결국 액티비티를 하나씩 작성한 후에 하나로 조립하는 것이라고 할 수 있다. 일단 조립되면 액티비티들은 사용자 인터페이스를 형성하며 작업을 함께 한다.

안드로이드에서는 실행의 단위가 애플리케이션이 아니고 액티비티이다. 우리가 애플리케이션을 실행시키면, 애플리케이션의 첫 번째 액티비티가 실행하게 되고 첫 번째 액티비티가 보여주는 화면에서 사용자의 선택에 따라서 두 번째 액티비티가 실행될 수 있다. 예를 들어서 아래 그림의 첫 번째 액티비티에서 사용자가 "로그인" 버튼을 터치하면 두 번째 액티비티가 시작된다. 하나의 액티비티에서 다른 액티비티를 시작하려면 startActivity()를 호출한다.

첫 번째 액티비티   두 번째 액티비티

안드로이드에서는 심지어 다른 애플리케이션의 액티비티도 시작할 수 있다. 예를 들어서 애플

리케이션에서 어떤 지역의 지도를 표시하고 싶다고 하자. 안드로이드에는 이미 이러한 기능을 수행하는 "지도 뷰어"라는 이름의 액티비티가 존재한다. 이 경우에는 startActivity()를 호출하면 된다. 그러면 "지도 뷰어"가 원하는 지역의 지도를 표시할 것이다. 만약 사용자가 BACK 키를 누르면 중단되었던 액티비티가 다시 화면에 나타난다.

●그림 6-1
다른 애플리케이션
의 액티비티도
실행이 가능하다.

사용자에게는 이러한 지도 뷰어와 같은 액티비티가 우리 애플리케이션의 일부인 것처럼 보일 것이다. 실제로는 지도 뷰어는 다른 애플리케이션에 정의되어 있고 그 애플리케이션 프로세스 안에서 실행되는데도 말이다. 안드로이드는 두 개의 액티비티를 같은 태스크(task) 안에서 유지한다. 태스크(task)는 어떤 작업을 수행하기 위하여 사용자가 상호작용하는 액티비티들의 그룹이다. 안드로이드는 다른 애플리케이션의 액티비티도 동일한 태스크 안에 유지시킴으로써 중간에 끊어짐이 없이 매끄러운 사용자 경험을 제공한다.

태스크와 백 스택

안드로이드에서 사용자가 BACK 버튼(🔙)을 터치하면 현재 액티비티가 종료되고 이전 액티비티로 되돌아간다. 따라서 사용자가 방문한 액티비티들은 어딘가에 기억되어 있어야 한다. 이런 용도로 사용되는 것이 백 스택(back stack) 또는 액티비티 스택(activity stack)이라고도 한다. 안드로이드는 새로운 액티비티가 시작될 때마다 액티비티를 스택에 추가한다. 만약 사용자가 BACK 키를 누르면 스택에 저장된 이전 액티비티로 되돌아간다.

장치의 홈 화면은 대부분의 태스크가 시작되는 곳이다. 사용자가 애플리케이션 구동기에서 아이콘(또는 홈 화면에서 단축 아이콘)을 터치하면 애플리케이션의 태스크를 찾는다. 만약 애플리케이션이 최근에 실행되지 않아서 애플리케이션을 위한 태스크가 없다면 새로운 태스크가 생성되고 애플리케이션의 메인 액티비티가 스택의 바닥에 추가된다(이것을 루트 액티비티라고 한다).

● 그림 6-2
액티비티 스택

현재 액티비티가 다른 액티비티를 시작하면 새로운 액티비티가 스택의 맨 위에 삽입된다 (push). 이전 액티비티는 스택에 머물러 있지만 정지된 상태가 된다. 스택의 맨 위에 있는 액티비티는 현재 실행되고 있는 액티비티이다. 이 액티비티가 사용자의 포커스를 가지고 있다. 즉 사용자가 터치하거나 키를 누르면 이것을 받을 수 있다는 의미이다. 사용자가 **BACK** 키를 누르면 현재 액티비티는 스택에서 제거되고(pop), 이전 액티비티가 실행 액티비티로 복귀한다. 아래의 그림을 참고하라. 만약 모든 액티비티들이 스택에서 제거되면 태스크는 더 이상 존재하지 않는다.

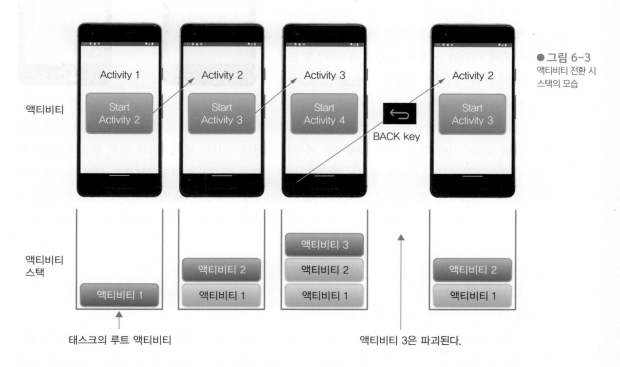

● 그림 6-3
액티비티 전환 시 스택의 모습

안드로이드에서 액티비티와 태스크의 기본적인 동작을 정리하여 보면 다음과 같다.

- 액티비티 A가 액티비티 B를 시작할 때, 액티비티 A는 실행이 중지된다. 하지만 액티비티의 상태는 보존된다. 즉 스크롤 위치나 입력된 텍스트는 유지된다. 사용자가 액티비티 B에서 BACK 버튼을 누르면 액티비티 A가 다시 실행된다.

- 사용자가 BACK 버튼을 누르면 현재의 액티비티는 스택에서 제거되면서 파괴된다. 스택에 있던 이전 액티비티가 다시 시작된다. 액티비티가 파괴되면 시스템은 액티비티의 상태를 보존하지 않는다.

- 액티비티들은 여러 번 객체화될 수 있다.

2 SECTION   인텐트

여러 화면으로 되어 있는 애플리케이션을 가정하여 보자. 각각의 화면은 별도의 액티비티로 구현된다. 그러면 하나의 액티비티(화면)에서 다른 액티비티(화면)로 전환하려면 어떻게 하여야 하는가? 예를 들어서 오른쪽 그림처럼 버튼을 클릭하여 두 번째 액티비티가 화면에 나오게 하려면 어떻게 하여야 하는가? 안드로이드에서는 이러한 경우에 인텐트(intent)라는 메커니즘을 사용한다.

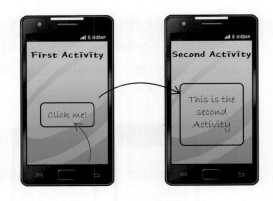

하나의 액티비티에서 다른 액티비티를 시작하려면 액티비티의 실행에 필요한 여러 가지 정보들을 보내주어야 한다. 이때 사용하는 메시지가 인텐트이다. 액티비티와 같은 컴포넌트들은 인텐트라고 불리는 메시지를 통해서 활성화된다. 인텐트 메시징은 컴포넌트들을 실행 시간에 바인딩하는 기법이다. 컴포넌트들은 같은 애플리케이션에 존재할 수도 있고 다른 애플리케이션에 있을 수도 있다. 인텐트 객체는 수행되어야 하는 작업에 대한 추상적인 기술을 가지고 있다.

인텐트의 종류

● 명시적 인텐트(explicit intent)

명시적 인텐트에서는 타깃 컴포넌트의 이름을 지정한다. 즉 "애플리케이션 A의 컴포넌트 B를 구동시켜라."와 같이 명확하게 지정하는 것이다. 일반적으로 컴포넌트의 다른 애플리케이션의 개발자에게는 알려져 있지 않기 때문에 명시적 인텐트는 주로 애플리케이션의 내부에서 사용된다. 예를 들어 동일한 애플리케이션 내에 있는 다른 액티비티를 실행하는 데 사용된다.

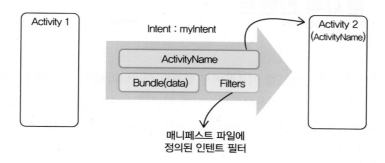

● 암시적 인텐트(implicit intent)

암시적 인텐트에서는 타깃 컴포넌트의 이름을 지정하지 않는다. 대신에 아주 암시적으로 컴포넌트를 지정하는 것이다. 예를 들어서 "지도를 보여줄 수 있는 컴포넌트이면 어떤 것이라도 좋다."와 같다. 암시적인 인텐트는 일반적으로 다른 애플리케이션의 컴포넌트를 구동하는 데 사용된다. 암시적인 인텐트의 경우, 특정한 타깃이 없으므로 안드로이드는 인텐트를 처리할 수 있는 가장 최적의 컴포넌트를 탐색하여야 한다. 안드로이드는 컴포넌트가 가지고 있는 인텐트 필터를 암시적인 인텐트와 비교하여 탐색을 수행한다.

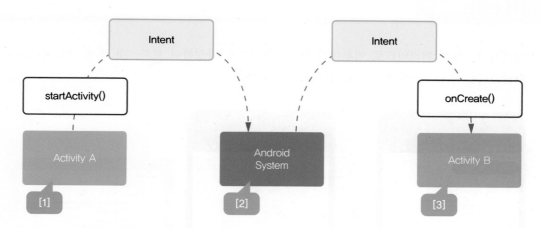

[1] Activity A가 원하는 액션을 기술한 인텐트를 생성하여서 startActivity()에 넘긴다.
[2] 안드로이드 시스템이 모든 애플리케이션을 대상으로 인텐트 필터를 검색한다. 일치하는 애플리케이션이 발견되면
[3] 시스템은 일치하는 액티비티(액티비티 B)를 시작한다. onCreate() 메소드를 호출하고 인텐트를 인수로 넘긴다.

명시적 인텐트

SECTION 3

이번 절에서는 명시적 인텐트를 이용하여서 현재의 액티비티에서 다른 액티비티를 시작하여 보자. 우리는 명시적 인텐트를 사용하여서 하나의 화면에서 다른 화면으로 넘어갈 수 있다. 예를 들어서 현재 액티비티에서 NextActivity라는 이름의 새로운 액티비티를 시작하려면 다음과 같은 문장을 사용한다.

**전체
구조**

```
Intent intent = new Intent(this, NextActivity.class);
startActivity(intent);
```

인텐트 객체에 실행하고 싶은 액티비티의
클래스 이름인 NextActivity를 지정한다.

intent 객체에 기술된 액티비티를 시작한다.

여기서 NextActivity.class는 NextActivity 클래스에 대한 정보를 가지고 있는 객체이다.

예제

여기서 두 개의 액티비티로 이루어진 애플리케이션을 작성하여 보자. 첫 번째 액티비티는 Activity1, 두 번째 액티비티는 Activity2라고 하자.

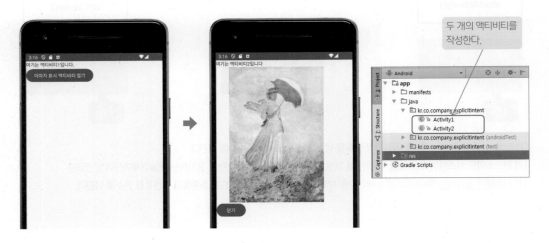

두 개의 액티비티를
작성한다.

(1) ExplicitIntent라는 프로젝트를 생성한다. 액티비티 이름을 Activity1으로 한다. 레이아웃 이름도 layout1으로 한다.

(2) pic.png 이미지 파일은 /res/drawable/에 복사한다.

(3) Activity1에서 사용할 레이아웃 파일 `layout1.xml`을 작성한다.

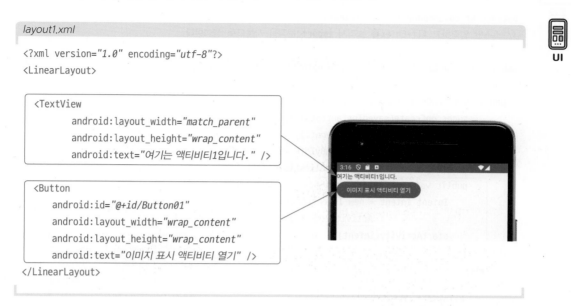

```xml
layout1.xml

<?xml version="1.0" encoding="utf-8"?>
<LinearLayout>

    <TextView
        android:layout_width="match_parent"
        android:layout_height="wrap_content"
        android:text="여기는 액티비티1입니다." />

    <Button
        android:id="@+id/Button01"
        android:layout_width="wrap_content"
        android:layout_height="wrap_content"
        android:text="이미지 표시 액티비티 열기" />

</LinearLayout>
```

(4) Activity2에서 사용할 레이아웃 파일 `res/layout/layout2.xml`을 작성한다.

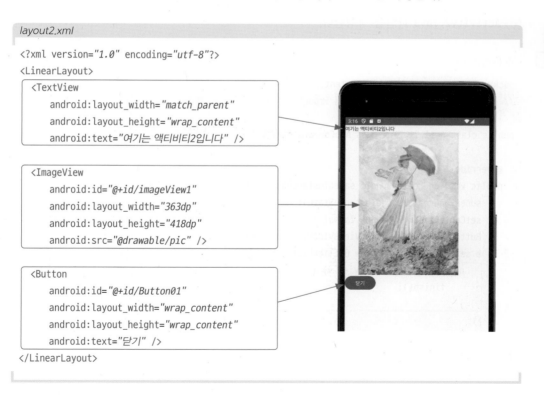

```xml
layout2.xml

<?xml version="1.0" encoding="utf-8"?>
<LinearLayout>
    <TextView
        android:layout_width="match_parent"
        android:layout_height="wrap_content"
        android:text="여기는 액티비티2입니다" />

    <ImageView
        android:id="@+id/imageView1"
        android:layout_width="363dp"
        android:layout_height="418dp"
        android:src="@drawable/pic" />

    <Button
        android:id="@+id/Button01"
        android:layout_width="wrap_content"
        android:layout_height="wrap_content"
        android:text="닫기" />

</LinearLayout>
```

(5) Activity1 클래스는 AppCompatActivity 클래스에서 상속을 받아서 작성한다.

Activity1.java

```java
package kr.co.company.explicitintent;
// 소스만 입력하고 Alt+Enter를 눌러서 import 문장을 자동으로 생성한다.

public class Activity1 extends AppCompatActivity {
    @Override
    public void onCreate(Bundle savedInstanceState) {
        super.onCreate(savedInstanceState);
        setContentView(R.layout.layout1);
        Button b = (Button)findViewById(R.id.Button01);
        b.setOnClickListener(new OnClickListener() {
            public void onClick(View v) {
                Intent intent = new Intent(Activity1.this,
                            Activity2.class);
                startActivity(intent);
            }
        });
    }
}
```

버튼이 클릭되면 Activity2를 시작한다.

두 번째 액티비티를 시작하려면 어떻게 하여야 하는가? 먼저 인텐트 객체를 생성한다. 우리는 두 번째 액티비티의 이름을 알고 있으므로 두 번째 액티비티의 클래스 이름을 인수로 주어서 인텐트 객체를 생성하면 된다. 즉 명시적인 인텐트를 사용하는 것이다.

(6) `Activity2.java` 파일을 작성한다.

Activity2.java

```java
package kr.co.company.explicitintent;
// 소스만 입력하고 Alt+Enter를 눌러서 import 문장을 자동으로 생성한다.

public class Activity2 extends AppCompatActivity {

    @Override
    public void onCreate(Bundle savedInstanceState) {
        super.onCreate(savedInstanceState);
        setContentView(R.layout.layout2);
        Button b = (Button)findViewById(R.id.Button01);
        b.setOnClickListener(new OnClickListener() {
            public void onClick(View v) {
                finish();
            }
        });
    }
}
```

이벤트 리스너에서는 버튼이 클릭되면 finish() 메소드를 호출하여서 현재의 액티비티를 종료한다.

(7) 매니페스트 파일 수정: 액티비티는 매니페스트 파일에 등록이 되어야 한다. 등록되지 않은

액티비티는 실행할 수 없다. 따라서 매니페스트 파일을 다음과 같이 변경하면 된다. 물론 직접 XML 파일을 편집할 수도 있고 비주얼 에디터를 사용하여서 액티비티를 추가할 수도 있다. `Activity2`를 추가해주면 된다.

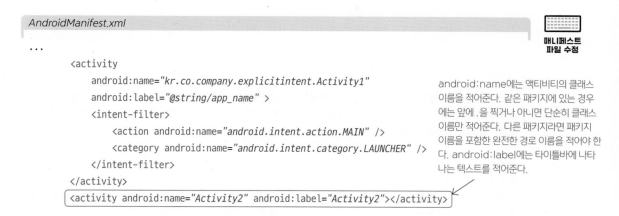

AndroidManifest.xml

```
...
        <activity
            android:name="kr.co.company.explicitintent.Activity1"
            android:label="@string/app_name" >
            <intent-filter>
                <action android:name="android.intent.action.MAIN" />
                <category android:name="android.intent.category.LAUNCHER" />
            </intent-filter>
        </activity>
        <activity android:name="Activity2" android:label="Activity2"></activity>

    ...
```

android:name에는 액티비티의 클래스 이름을 적어준다. 같은 패키지에 있는 경우에는 앞에 .을 찍거나 아니면 단순히 클래스 이름만 적어준다. 다른 패키지라면 패키지 이름을 포함한 완전한 경로 이름을 적어야 한다. android:label에는 타이틀바에 나타나는 텍스트를 적어준다.

(8) 애플리케이션을 실행하면 먼저 다음과 같은 화면이 등장한다. 이것은 `Activity1`의 화면이다.

여기서 "이미지 표시 액티비티 열기" 버튼을 누르면 액티비티2가 시작되어서 다음과 같은 화면이 나타난다. 액티비티1 이 잠시 중단되고 액티비티2가 새로 시작된 것이다. 액티비티 스택에서 액티비티1 위에 액티비티2가 있을 것이다.

여기서 "닫기" 버튼을 누르면 액티비티2가 종료된다. 따라서 액티비티 스택에 있는 액티비티1 이 다시 실행되어서 다음과 같은 화면이 다시 나타난다. 여기서 BACK 키를 눌러도 마찬가지의 결과를 얻는다.

만약 액티비티2에서 finish()를 호출하지 않고 인텐트 객체를 생성하여서 액티비티1을 실행하였으면 어떻게 되는가?

```
b.setOnClickListener(new OnClickListener() {
    public void onClick(View v) {
        Intent intent = new Intent(Activitiy2.this, Activity1.class);
        startActivity(intent);
    }
});
```
새로운 Activity1을 생성한다.
즉 기존의 Activity1으로 돌아
가지 않는다.

이런 경우에도 액티비티1을 실행할 수 있지만, 현재의 액티비티2가 종료되지 않은 상태에서 액티비티1을 실행하는 것이 된다. 따라서 액티비티 스택에 많은 액티비티들이 쌓이게 된다. 실제로 이런 상태에서 BACK 키를 눌러 보면 많은 액티비티들이 쌓여 있음을 알 수 있다.

Activity2.class는 무엇인가?

이것은 클래스 Activity2에 대한 정보를 모아놓은 객체이다. 이 객체는 Activity2 클래스와 관련된 정보(예를 들어서 클래스의 이름)를 추출할 때 시작점이 된다. 이러한 과정을 **리플렉션(reflection, 반영)**이라고 한다.

앱이 시작되면 2초 동안 스플래시 화면을 보여주고, 2초가 지나면 로그인 화면을 표시하는 앱을 작성해보자.

(1) Splash라는 프로젝트를 생성한다. 첫 번째 액티비티 이름을 MainActivity로 한다. 레이아웃 이름은 activity_main.xml로 한다.

(2) 스플래시 화면과 로그인 화면에서 사용할 이미지를 **/res/drawable/**에 복사, 붙여넣기 한다.

(3) **MainActivity**에서 사용할 레이아웃 파일 **activity_main.xml**을 작성한다.

---

activity_main.xml

```xml
<androidx.constraintlayout.widget.ConstraintLayout >
    <ImageView
        android:id="@+id/imageView "
        app:srcCompat="@drawable/img" />

    <TextView
        android:id="@+id/textView"
        android:text="Hello Android!"
        android:textSize="60sp"    />
</androidx.constraintlayout.widget.ConstraintLayout>
```

---

(4) **MainActivity** 클래스를 다음과 같이 작성한다.

MainActivity.java

```java
public  class MainActivity extends AppCompatActivity {

    private static final int SPLASH_TIMEOUT = 2000; // 스플래시 화면을 보여줄 시간 (2초)

    @Override
    protected void onCreate(Bundle savedInstanceState) {
        super.onCreate(savedInstanceState);
        setContentView(R.layout.activity_main);

        // 일정 시간 후에 로그인 화면으로 이동
        new Handler().postDelayed(new Runnable() {        // ①
            @Override
            public void run() {
                Intent intent = new Intent(MainActivity.this, LoginActivity.class); // ②
                startActivity(intent);                // ③
                finish(); // 스플래시 화면을 종료      ④
            }
        }, SPLASH_TIMEOUT);
    }
}
```

---

① **new Handler().postDelayed(...)**: **Handler**를 사용하여 일정 시간이 지난 후에 다른 액티비티로 이동하는 작업을 예약한다. 이것은 스레드에서 좀더 상세히 설명될 것이다.

② Intent intent = new Intent(MainActivity.this, LoginActivity.class);: LoginActivity 클래스로 이동할 Intent를 생성한다. MainActivity.this는 현재 액티비티를 나타낸다.

③ startActivity(intent);: 생성한 Intent를 사용하여 LoginActivity를 시작한다. 이로 인해 로그인 화면으로 전환된다.

④ finish();: 현재 액티비티, 즉 스플래시 화면인 MainActivity를 종료한다. 이로써 스플래시 화면은 메모리에서 제거되고 로그인 화면이 현재 화면이 된다.

(5) LoginActivity에서 사용할 레이아웃 파일 login.xml을 작성한다.

```
login.xml

<LinearLayout>

    <ImageView
        android:id="@+id/logoImageView"
        android:src="@drawable/companylogo" />

    <EditText
        android:id="@+id/emailEditText"
        android:hint="이메일"
        android:inputType="textEmailAddress"/>

    <EditText
        android:id="@+id/passwordEditText"
        android:hint="비밀번호"
        android:inputType="textPassword"/>

    <Button
        android:id="@+id/loginButton"
        android:text="로그인"/>

    <TextView
        android:id="@+id/forgotPasswordTextView"
        android:text="비밀번호를 잊으셨나요?" />

    <TextView
        android:id="@+id/registerTextView"
        android:text="계정이 없으신가요? 회원가입" />

</LinearLayout>
```

(6) LoginActivity 클래스는 다음과 같이 작성한다.

LoginActivity.java

```java
public class LoginActivity extends AppCompatActivity {

    @Override
    protected void onCreate(Bundle savedInstanceState) {
        super.onCreate(savedInstanceState);
        setContentView(R.layout.login);

        // 로그인 화면의 레이아웃을 정의하고 필요한 로직을 추가합니다.
    }
}
```

4 액티비티로부터 결과받기
SECTION

　가끔은 서브 액티비티로부터 결과를 받아야 하는 경우가 있다. 이런 경우에는 start
Activity()가 아닌 startActivityForResult()를 호출하여서 서브 액티비티를 시작하여야 한
다. 서브 액티비티가 결과를 보내면 메인 액티비티의 onActivityResult() 콜백 메소드가 호출
된다. 전체적인 구조는 다음과 같다.

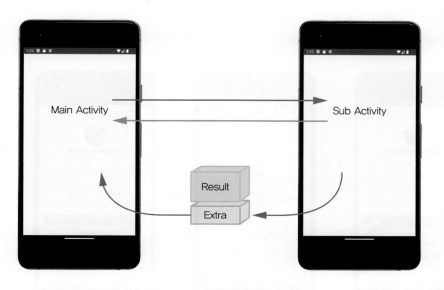

전체
구조

서브 액티비티가 보내는 결과값은 무엇을 통하여 전달될까? 인텐트 객체 안에는 있는 엑스트

라(extras) 필드가 이용된다. 엑스트라 필드는 `Bundle` 타입의 객체로서 데이터를 "이름과 값"의 쌍으로 저장한다. 엑스트라 필드에 값을 저장할 때는 `putExtra()`를 사용한다. 엑스트라 필드에서 값을 추출할 때는 `getIntExtra()`와 같은 메소드를 사용한다.

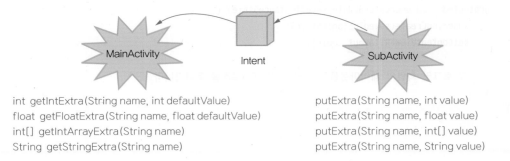

```
int   getIntExtra(String name, int defaultValue)        putExtra(String name, int value)
float getFloatExtra(String name, float defaultValue)    putExtra(String name, float value)
int[] getIntArrayExtra(String name)                     putExtra(String name, int[] value)
String getStringExtra(String name)                      putExtra(String name, String value)
```

이들 메소드들은 거의 모든 자료형에 대하여 중복 정의되어 있다. 매개변수 `name`은 데이터의 이름을 나타낸다. 여기서 `defaultValue`는 결과값이 없을 때 반환되는 디폴트 값이다.

 **예제**

로그인 액티비티에서 아이디와 비밀번호를 입력하면 이것을 서브 액티비티로 넘기고, 서브 액티비티에서 아이디와 비밀번호를 인증한 후에, 인증 결과를 메인 액티비티로 넘기는 앱을 작성하여 보자. 먼저 로그인 액티비티를 작성하고 이어서 서브 액티비티를 작성한다. 각 액티비티 별로 사용자 인터페이스를 별도로 작성하여야 하며, 매니페스트 파일도 변경하여야 한다. 로그인 액티비티에서 "로그인" 버튼을 누르면 서브 액티비티가 시작된다.

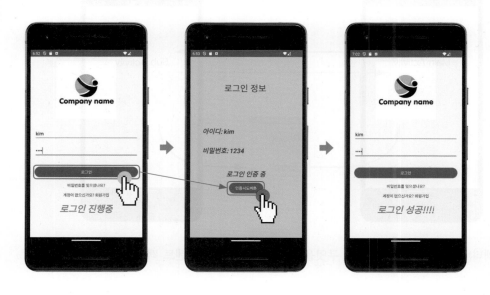

(1) **ActivityForResult**라는 프로젝트를 생성한다. 액티비티 이름을 **MainActivity**로 한다.
(2) 메인 액티비티의 사용자 인터페이스부터 디자인해 보자.

---

activity_main.xml

```
<LinearLayout>
    <ImageView
        android:id="@+id/logoImageView"
        android:src="@drawable/companylogo" />

    <EditText
        android:id="@+id/emailEditText"
        android:hint="이메일"
        android:inputType="textEmailAddress"/>

    <EditText
        android:id="@+id/passwordEditText"
        android:hint="비밀번호"
        android:inputType="textPassword" />

    <Button
        android:id="@+id/loginButton"
        android:text="로그인"/>

    <TextView
        android:id="@+id/forgotPasswordTextView"
        android:text="비밀번호를 잊으셨나요?" />

    <TextView
        android:id="@+id/registerTextView"
        android:text="계정이 없으신가요? 회원가입" />

    <TextView
        android:id="@+id/loginStatus"
        android:text="로그인 진행중" />
</LinearLayout>
```

---

(3) 서브 액티비티의 사용자 인터페이스도 디자인해 보자.

---

sub.xml

```
<androidx.constraintlayout.widget.ConstraintLayout >

    <TextView
        android:id="@+id/nnn"
        android:text="로그인 정보 " />
```

```
    <TextView
        android:id="@+id/displayIdTextView"
        android:text="아이디: " />

    <TextView
        android:id="@+id/displayPasswordTextView"
        android:text="비밀번호: " />

    <TextView
        android:id="@+id/loginSuccess"
        android:text="로그인 인증 중" />

    <Button
        android:id="@+id/button"
        android:text="인증시도버튼" />
</androidx.constraintlayout.widget.ConstraintLayout>
```

(4) 매니페스트 파일 수정: 하나의 애플리케이션 안에 2개의 액티비티가 존재하므로 반드시 두 번째 액티비티를 매니페스트 파일 안에서 선언하여 주어야 한다.

AndroidManifest.xml

```xml
<?xml version="1.0" encoding="utf-8"?>
<manifest xmlns:android="http://schemas.android.com/apk/res/android"
...
    <application
    ...
        <activity
            android:name="kr.co.company.activityforresult.MainActivity"
            android:label="@string/app_name" >
        ...
        </activity>
        <activity
            android:name=".SecondActivity"                      ←── 서브 액티비티 등록
        </activity>
    </application>

</manifest>
```

(5) **MainActvity**를 작성한다.

MainActivity.java

```java
...
public class MainActivity extends AppCompatActivity {
    private EditText emailEditText, passwordEditText;
    private TextView statusText;
    private Button loginButton;
    ActivityResultLauncher<Intent> launcher;       // ①

    @Override
    protected void onCreate(Bundle savedInstanceState) {
        super.onCreate(savedInstanceState);
        setContentView(R.layout.activity_login);

        emailEditText = findViewById(R.id.emailEditText);
        passwordEditText = findViewById(R.id.passwordEditText);
        loginButton = findViewById(R.id.loginButton);
        statusText = findViewById(R.id.loginStatus);
        loginButton.setOnClickListener(new View.OnClickListener() {
            @Override
            public void onClick(View v) {
                // 아이디와 비밀번호 입력값을 가져오기
                String email = emailEditText.getText().toString();
                String password = passwordEditText.getText().toString();

                // 두 번째 화면으로 전환하면서 아이디와 비밀번호 데이터 전달
                Intent intent = new Intent(MainActivity.this, SecondActivity.class);
                intent.putExtra("ID", email);
                intent.putExtra("Password", password);
                launcher.launch(intent);
            }
        });
        launcher = registerForActivityResult(new ActivityResultContracts.
        StartActivityForResult(),          // ②
                result -> {                // ③
                    if (result.getResultCode() == Activity.RESULT_OK) {
                        Intent data = result.getData();
                        statusText.setText(data.getStringExtra("status"));
                    }
                });
    }
}
```

이 코드는 **ActivityResultLauncher**를 사용하여 다른 액티비티로 이동하고 결과를 처리하는 방법을 보여주는 예제이다. 결과를 받기 위해 **StartActivityForResult()**를 사용하고, 결과 처리 코드를 람다식으로 정의하여 간편하게 구현하고 있다.

① ActivityResultLauncher 객체를 선언한다. 이 객체는 다른 액티비티를 시작하고 그 결과를 처리하는 데 사용된다.

② registerForActivityResult 메서드를 사용하여 ActivityResultLauncher를 초기화한다. 이 메소드는 다른 액티비티를 시작하고 그 결과를 처리할 수 있는 launcher 객체를 생성한다.

③ launcher 객체를 통해 다른 액티비티가 종료될 때 결과를 처리하는 코드를 정의한다. 만약 결과가 RESULT_OK인 경우(즉, 성공적으로 결과를 받았을 때), 다른 액티비티에서 전달된 status 문자열을 가져와서 statusText에 설정하여 화면에 표시한다.

(6) SubActvity를 작성한다.

SubActivity.java

```java
public class SecondActivity extends AppCompatActivity {

    private TextView displayIdTextView, displayPasswordTextView, statusTextView;
    String id, password;
    @Override
    protected void onCreate(Bundle savedInstanceState) {
        super.onCreate(savedInstanceState);
        setContentView(R.layout.activity_second);

        displayIdTextView = findViewById(R.id.displayIdTextView);
        displayPasswordTextView = findViewById(R.id.displayPasswordTextView);
        statusTextView = findViewById(R.id.loginSuccess);

        // 인텐트에서 아이디와 비밀번호 데이터 가져오기
        Intent intent = getIntent();
        if (intent != null) {
            id = intent.getStringExtra("ID");
            password = intent.getStringExtra("Password");

            // 화면에 아이디와 비밀번호 출력
            displayIdTextView.setText("아이디: " + id);
            displayPasswordTextView.setText("비밀번호: " + password);
        }
    }
    public void check(View e){
        // 로그인 로직 (더미 데이터 사용)
        Intent intent= new Intent();
        if (isUserValid(id, password)) {
            // 인증 성공 시 메인 액티비티로 이동
            intent.putExtra("status", "로그인 성공!!!!");
        } else {
```

```java
            // 인증 실패 시 메시지 표시
            // 실제로는 실패 처리 및 메시지를 표시하는 방식을 변경해야 한다.
            intent.putExtra("status", "로그인 실패!!!!");
        }
        setResult(RESULT_OK, intent);
        finish();
    }
    private boolean isUserValid(String username, String password) {
        // 실제로는 여기에서 서버 또는 로컬 데이터베이스를 통해 인증을 확인해야 한다.
        // 이 예제에서는 더미 데이터를 사용하여 단순하게 인증 성공 여부를 판단한다.
        return username.equals("kim") && password.equals("1234");
    }
}
```

<table>
<tr><td>5
SECTION</td><td># 암시적 인텐트</td></tr>
</table>

암시적 인텐트

만약 어떤 작업을 하기를 원하지만 그 작업을 담당하는 컴포넌트의 이름을 명확하게 모르는 경우에는 어떻게 할 것인가? 예를 들면 전화를 건다거나 웹 브라우저를 구동한다거나 할 때는 어떤 컴포넌트가 이런 작업을 담당하는지 명확하게 알 수 없다. 이런 경우에 사용할 수 있는 인텐트가 암시적 인텐트(implicit intent)이다.

암시적 인텐트에는 자신이 원하는 작업만을 기술한다. 명확한 컴포넌트의 이름은 적지 않는다. 안드로이드가 이 인텐트를 받으면 모든 애플리케이션의 컴포넌트를 뒤져서 가장 알맞은 컴포넌트를 찾아낸다. 이때에 참조하는 정보가 바로 애플리케이션의 매니페스트 파일이다. 매니페스트 파일의 인텐트 필터와 암시적 인텐트를 비교하여서 가장 일치하는 컴포넌트를 찾는다.

암시적 인텐트를 생성하려면 인텐트 안에 액션과 데이터를 지정하여야 한다. 예를 들어서 사용자가 이메일을 보낼 수 있는 화면을 표시하려면 다음과 같은 인텐트를 생성하고 해당 액티비티를 시작하면 된다.

전체
구조

```
Intent intent = new Intent(Intent.ACTION_SEND);    ← 이메일 전송을 의미하는 인텐트 생성
intent.putExtra(Intent.EXTRA_EMAIL, recipientArray);  ← 이메일의 송신자를 엑스트라 필드에 기술한다.
startActivity(intent);
```

인텐트의 엑스트라 필드에는 이메일 송신 주소가 저장된다. 이메일 액티비티가 이 인텐트를 받으면 일단 이메일 작성 화면을 표시하고 엑스트라 필드에 있는 문자열을 읽어서 이메일의 "to" 필드에 입력한다. 사용자가 이메일 작성을 완료하고 이메일을 송신하면 이메일 액티비티는 종료되고, 중단되었던 액티비티가 다시 시작된다.

인텐트 객체

인텐트 객체는 상당한 정보의 묶음이다. 인텐트 객체에 들어있는 중요한 정보들을 살펴보자.

● 컴포넌트 이름(component name): 인텐트를 처리하는 타깃 컴포넌트의 이름이다. 타깃 컴포넌트의 완전한 이름과 패키지 이름을 적어주면 된다. 만약 컴포넌트의 이름이 없으면 암시적 인텐트가 되어서 안드로이드가 최적의 타깃 컴포넌트를 찾아준다. setComponent(), setClass(), setClassName()으로 설정할 수 있고 getComponent()로 읽을 수 있다.

● 액션(action): 액션은 수행되어야 하는 작업을 나타낸다. ACTION_VIEW, ACTION_EDIT, ACTION_MAIN 등이 있다. 많은 액션들이 Intent 객체 안에 String 타입의 상수로 정의되어 있다. 이 중에서 가장 많이 사용되는 것은 다음과 같다.

●표 6-1
액션의 종류

상수	타깃 컴포넌트	액션
ACTION_VIEW	액티비티	데이터를 사용자에게 표시한다.
ACTION_EDIT	액티비티	사용자가 편집할 수 있는 데이터를 표시한다.
ACTION_MAIN	액티비티	태스크의 초기 액티비티로 설정한다.
ACTION_CALL	액티비티	전화 통화를 시작한다.
ACTION_SYNC	액티비티	모바일 장치의 데이터를 서버 상의 데이터와 일치시킨다.
ACTION_DIAL	액티비티	전화번호를 누르는 화면을 표시한다.

안드로이드에는 아주 많은 액션이 정의되어 있다. 안드로이드가 내장하고 있는 기능들은 대부분 인텐트를 통하여 사용할 수 있다. 전화걸기, 전화번호부 편집, 브라우저, 구글 맵스 등이 대표적이다. 이 액션들의 리스트는 안드로이드 개발자 페이지에서 Intent 클래스를 참조하면 아주 자세하게 나와 있다.

필요하다면 사용자가 나름대로의 액션 문자열을 정의할 수도 있다. 이 경우 애플리케이션 패

키지를 앞에 붙여야 한다. 예를 들면 **"kr.co.company.SHOW_COLOR"**와 같다. **setAction()**과 **getAction()** 메소드를 사용하여서 인텐트 객체에 액션을 설정하고 접근할 수 있다.

- 데이터(data): 데이터는 작업에 필요한 데이터를 나타낸다. 예를 들어서 액션이 **ACTION_VIEW**이면 무엇을 사용자에게 표시할 것인지를 주어야 한다. 데이터는 **URI** 형식을 사용한다. **setData()**와 **getData()** 메소드를 사용하여서 인텐트 객체에 데이터를 설정하고 접근할 수 있다. (액션, 데이터)의 예를 들어보자.

예를 들어서 전화를 거는 인텐트를 작성하여 발송하는 절차를 코드로 살펴보면 다음과 같다.

```
...
Intent intent = new Intent(Intent.ACTION_CALL);
intent.setData(Uri.parse("tel:01012341234"));
startActivity(intent);
...
```

액션이 ACTION_CALL인 인텐트를 생성한다.

0101234567번 전화번호를 데이터로 설정한다.

인텐트를 시작한다.

- 카테고리(Category): 액션에 대하여 추가적인 정보를 제공한다. 예를 들어서 **CATEGORY_LAUNCHER**는 액티비티가 최상위 애플리케이션으로 론처에 나타나야 한다는 것을 의미한다.

상수	설명
CATEGORY_BROWSABLE	타깃 액티비티가 브라우저에 의해 시작되어서 이미지와 같은 데이터를 표시할 수 있다.
CATEGORY_GADGET	액티비티가 다른 액티비티 안에 개짓으로 내장된다.
CATEGORY_HOME	홈 화면을 표시하는 액티비티이다.
CATEGORY_LAUNCHER	액티비티가 최상위 애플리케이션으로 론처에 나열된다.
CATEGORY_PREFERENCE	타깃 액티비티가 환경 설정 패널이다.

●표 6-2
카테고리 상수

addCategory() 메소드는 카테고리를 인텐트 객체 안에 위치시키고 remove Category()는 이전에 추가된 카테고리를 삭제한다. getCategories()는 현재 인텐트 객체 안에 있는 모든 카테고리를 반환한다.

- 엑스트라(extra): 엑스트라는 타깃 컴포넌트로 전달되어야 하는 추가적인 정보를 가지고 있다. "키-값(key-value)" 쌍으로 지정된다. 예를 들어 `ACTION_TIMEZONE_CHANGED` 인텐트는 새로운 시간대를 나타내는 "time-zone" 엑스트라를 가지고 있다. `put...()` 메소드를 이용하여서 다양한 유형의 엑스트라 데이터를 추가한다. 또 `get...()` 메소드를 이용하여서 엑스트라 데이터를 읽을 수 있다.

예제

암시적 인텐트를 이용하여서 전화를 걸고 지도를 보는 예제를 작성하여 보자.

(1) `ImplicitIntent`라는 프로젝트를 생성한다.
(2) 여러 개의 버튼을 가지고 있는 사용자 인터페이스를 디자인한다.

UI

activity_main.xml

```xml
<?xml version="1.0" encoding="utf-8"?>
<LinearLayout xmlns:android="http://schemas.android.com/apk/res/android"
    android:orientation="vertical"
    android:layout_width="match_parent"
    android:layout_height="match_parent" >

    <Button
        android:id="@+id/call"
        android:layout_width="match_parent"
        android:layout_height="wrap_content"
```

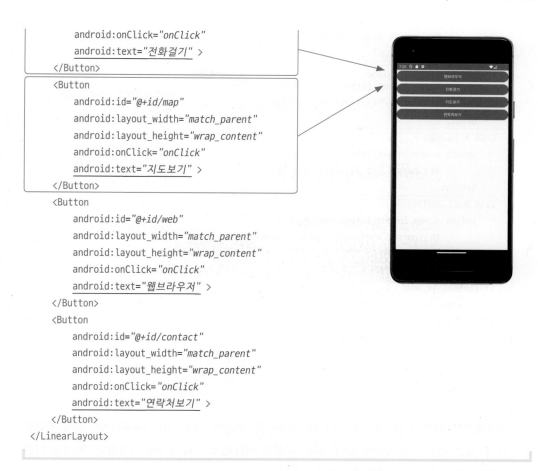

```xml
        android:onClick="onClick"
        android:text="전화걸기" >
    </Button>
    <Button
        android:id="@+id/map"
        android:layout_width="match_parent"
        android:layout_height="wrap_content"
        android:onClick="onClick"
        android:text="지도보기" >
    </Button>
    <Button
        android:id="@+id/web"
        android:layout_width="match_parent"
        android:layout_height="wrap_content"
        android:onClick="onClick"
        android:text="웹브라우저" >
    </Button>
    <Button
        android:id="@+id/contact"
        android:layout_width="match_parent"
        android:layout_height="wrap_content"
        android:onClick="onClick"
        android:text="연락처보기" >
    </Button>
</LinearLayout>
```

(3) 버튼을 눌렀을 때에 각종 작업을 수행하기 위하여, 버튼에 클릭 이벤트 리스너를 추가한다.

MainActivity.java

코드 작성

```java
package kr.co.company.implicitintent;
// 소스만 입력하고 Alt+Enter를 눌러서 import 문장을 자동으로 생성한다.

public class MainActivity extends AppCompatActivity {

    @Override
    public void onCreate(Bundle savedInstanceState) {
        super.onCreate(savedInstanceState);
        setContentView(R.layout.activity_main);
    }

    public void onClick(View view) {
        Intent intent = null;
        switch (view.getId()) {
        case R.id.web:
            intent = new Intent(Intent.ACTION_VIEW,
```

```
                    Uri.parse("http://www.google.com"));          ◀──── 암시적 인텐트로 웹페이지를 본다.
        break;
    case R.id.call:
        intent = new Intent(Intent.ACTION_DIAL,
                Uri.parse("tel:(+82)12345789"));                   ◀──── 암시적 인텐트로 전화를 건다.
        break;
    case R.id.map:
        intent = new Intent(Intent.ACTION_VIEW,
                Uri.parse("geo:37.30,127.2?z=10"));                ◀──── 암시적 인텐트로 지도를 본다.
        break;                                                           이것은 실제 장치에서만 가능
                                                                         하다.
    case R.id.contact:
        intent = new Intent(Intent.ACTION_VIEW,
                Uri.parse("content://contacts/people/"));          ◀──── 암시적 인텐트로 연락처를 본다.
        break;
    }
    if (intent != null) {
        startActivity(intent);
    }
  }

}
```

(4) 매니페스트 파일 수정: 한 가지 더 해주어야 할 작업이 있다. 바로 애플리케이션에 전화를 걸 수 있는 권한을 부여해야 한다. 모든 권한은 매니페스트 파일에서 지정한다. 따라서 다음과 같이 매니페스트 파일에 추가하여야 한다.

매니페스트 파일 수정

AndroidManifest.xml

```
...
    <uses-permission android:name="android.permission.CALL_PHONE" >
    </uses-permission>
    <uses-permission android:name="android.permission.CAMERA" >          ◀──── 각종 권한을 요청한다.
    </uses-permission>
    <uses-permission android:name="android.permission.READ_CONTACTS" >
    </uses-permission>
    <uses-permission android:name="android.permission.INTERNET" />
```

...

(5) 애플리케이션을 실행한다.

6
SECTION

멀티태스킹

안드로이드에서는 멀티태스킹(multi-tasking)이 지원된다. 데스크톱에서는 당연히 멀티태스킹이 지원되기 때문에 안드로이드에서도 물론 지원되겠지 하고 시큰둥하게 넘어갈 수도 있다. 하지만 스마트폰의 환경이 데스크톱에 비하여 매우 열악하다는 것을 생각하면 멀티태스킹을 지원한다는 것은 쉬운 문제가 아니다.

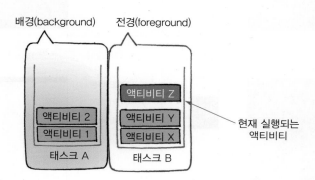

●그림 6-4
2개의 태스크를 보여준다. 태스크 A는 배경에 있으며, 다시 시작되기를 기다리고 있다. 태스크 B는 전경에 있고 사용자와 상호작용한다.

안드로이드에서는 동시에 여러 태스크를 실행할 수 있으며, 태스크 간에 스위칭이 가능하다. 안드로이드에서는 현재의 태스크를 배경(background)으로 보내고 다른 태스크를 전경(foreground)에서 시작할 수도 있다. 또 배경에서 실행되는 태스크를 전경으로 가져올 수도 있다. 태스크 안의 모든 액티비티는 하나의 단위로 이동한다. 즉 스택 전체가 전경으로 보내질 수 있고 반대로 배경으로 보내질 수도 있다.

안드로이드에서 멀티태스킹을 시작하는 가장 일반적인 방법은 HOME 키(⬠)를 누르는 것이다.

HOME 키를 누르면 현재의 태스크는 중단되지만, 종료되지는 않은 상태에서 배경으로 이동한다. 예를 들어서 사용자가 이메일 아이콘을 클릭하여서 이메일을 시작하고 메시지 리스트를 스크롤하면서 작업을 하다가 HOME 키를 누르면 현재의 태스크는 중단되면서 배경으로 가고 홈 화면이 나타난다. 다른 작업을 하다가 이메일을 다시 시작하면 이메일 작업이 배경에서 전경으로 변경되고 사용자가 마지막으로 작업한 상태에서 다시 시작한다.

예를 들어서 다음과 같이 작업이 진행된다고 가정했을 경우에 전경 태스크와 배경 태스크를 적어보면 다음과 같다.

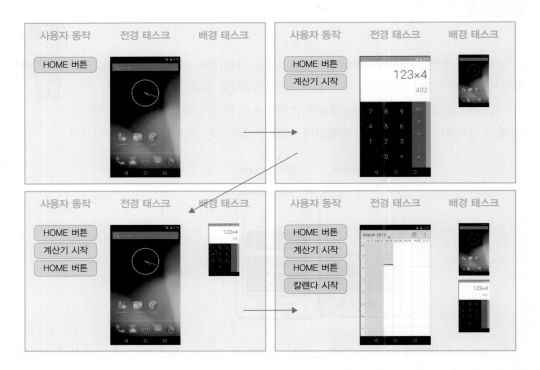

사용자가 홈 화면에서 시작한다고 가정하자. 이 상태에서 계산기 아이콘을 터치하여서 계산기 앱을 시작하면 홈 화면 앱은 배경으로 이동된다. 배경에서는 태스크 안의 모든 액티비티가 정지되지만 태스크의 스택은 그대로 유지된다. 즉 배경의 태스크는 포커스를 잃을 뿐이고 다른 태스크가 포커스를 얻는 것이다. 태스크는 언제든지 전경으로 되돌아올 수 있는데 따라서 사용자는 떠났던 상태에서 다시 시작할 수 있다. 사용자가 계산기 앱을 사용하다가 HOME 버튼을 누르면 (BACK 버튼이 아니다!) 계산기 앱은 배경으로 가고 홈 화면 앱이 전경으로 온다. 이 상태에서 캘린더 앱을 시작하면 계산기 앱과 홈 화면 앱은 배경으로 가고 캘린더 앱이 전경 태스크가 되는 것이다.

멀티태스킹에서 스택이 어떻게 변경되는지를 자세히 살펴보자. 예를 들어서 현재의 태스크가 3개의 액티비티를 스택에 가지고 있다고 하자. 사용자가 HOME 버튼을 눌러서 애플리케이션 구동기로 가서 새로운 애플리케이션을 시작한다. 홈 화면이 나타나면 태스크 A는 배경으로 간다.

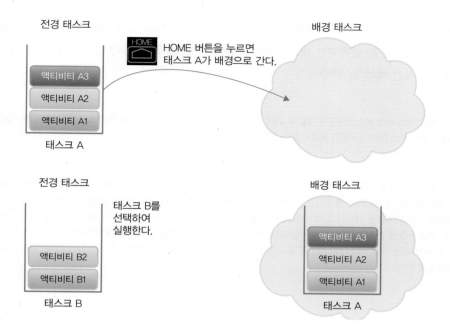

새로운 애플리케이션이 시작하면 시스템은 그 애플리케이션을 위한 태스크를 시작한다(태스크 B). 새로운 애플리케이션을 한참 실행하다가 다시 사용자가 HOME 버튼을 눌러서 홈 화면으로 돌아오고 원래 태스크 A를 시작하였던 애플리케이션 아이콘을 선택한다고 하자. 그러면 태스크 A가 다시 전경으로 온다. 즉 모든 3개의 액티비티는 손상받지 않았고 스택의 맨 위에 있는 액티비티가 다시 실행을 시작한다.

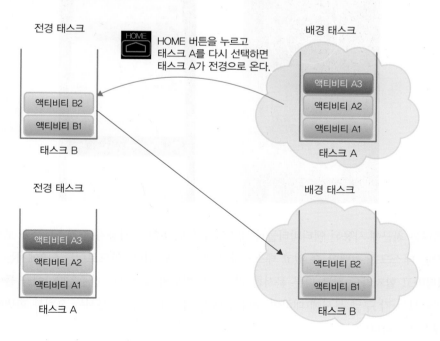

이 시점에서 사용자는 다시 HOME 버튼을 누르고 홈 화면으로 가서 태스크 B를 시작하였던 애플리케이션 아이콘을 선택하면 태스크 B로 전환할 수도 있다. 이것이 안드로이드에서의 멀티태스킹의 전형적인 예이다.

동시에 여러 개의 배경 태스크들이 존재할 수 있다. 하지만 만약 사용자가 너무 많은 배경 태스크를 실행한다면 메모리를 확보하기 위하여 배경 태스크들을 종료시킬 수 있다.

HOME 버튼과 BACK 버튼을 혼동하면 안 된다. 만약 사용자가 HOME 버튼이 아니고 BACK 버튼을 누르면 스택의 맨 위에 있는 현재의 액티비티는 종료되고 이전의 액티비티가 사용자에게 표시된다. 예를 들어서 사용자가 이메일 아이콘을 클릭하여서 이메일을 시작하고 메시지 리스트 액티비티를 실행하여서 리스트를 스크롤하면서 한참 작업을 하다가 BACK 키를 누르면 현재의 액티비티는 제거되고 이전 액티비티로 복귀한다. 사용자가 이메일을 다시 시작하면 메시지 리스트 액티비티는 처음부터 다시 화면에 표시한다. 이전에 스크롤했던 위치는 기억되지 않는다. HOME 키와 BACK 키의 차이점에 주의하자.

오버뷰 화면

안드로이드에서 멀티태스크 버튼을 누르면 다음과 같은 화면이 나타난다. 이 화면을 오버뷰 화면(overview screen)이라고 한다.

이 화면은 최근에 사용된 액티비티들과 태스크들을 보여준다. 사용자는 리스트들을 보면서 다시 시작할 태스크를 선택할 수 있고 태스크를 삭제할 수도 있다. 안드로이드 5.0에서는 동일한 액티비티라고 할지라도 서로 다른 문서를 취급하면 별도의 태스크로 간주된다. 예를 들어서 구글 드라이브는 각 구글 문서에 대하여 하나의 태스크를 가진다. 각 문서는 오버뷰 화면에서 별도의 태스크로 나타난다.

인텐트 필터

7
SECTION

컴포넌트는 자신들이 처리할 수 있는 인텐트의 종류를 안드로이드 시스템에 알리기 위하여 하나 이상의 인텐트 필터를 가진다. 이것은 구직자들이 자신들이 할 수 있는 작업들을 이력서에 적는 것과 같다.

인텐트 필터는 컴포넌트가 처리할 수 있는 인텐트를 적어놓은 것입니다.

인텐트 필터는 컴포넌트의 기능을 기술하고 컴포넌트가 수신할 수 있는 인텐트의 집합을 기술한다. 즉 원하는 타입의 인텐트는 받아들이고 원하지 않는 타입의 인텐트는 받아들이지 않는다. 물론 이것은 암시적 인텐트에 국한된다. 명시적 인텐트는 무엇을 포함하고 있든지 상관없이 항상 타깃 컴포넌트로 전달된다. 그러나 암시적 인텐트는 컴포넌트의 인텐트 필터를 통과해야만이 컴포넌트로 전달된다.

액션이 ACTION_MAIN인 인텐트만 처리합니다.

인텐트들　　　　　인텐트 필터　　　　　액티비티

우리가 이때까지 작성한 모든 애플리케이션은 매니페스트 파일 안에 다음과 유사한 인텐트 필터를 이미 가지고 있었다.

AndroidManifest.xml

매니페스트 파일 수정

```xml
<?xml version="1.0" encoding="utf-8"?>
<manifest xmlns:android="http://schemas.android.com/apk/res/android"
    package="kr.co.company.implicitintent"
    android:versionCode="1"
    android:versionName="1.0" >

    <uses-sdk android:minSdkVersion="14" android:targetSdkVersion="18" />
    <uses-permission android:name="android.permission.CALL_PHONE" />
    <uses-permission android:name="android.permission.CAMERA" />
```

```
<uses-permission android:name="android.permission.READ_CONTACTS" />
<uses-permission android:name="android.permission.INTERNET" />

<application
    android:allowBackup="true"
    android:icon="@drawable/ic_launcher"
    android:label="@string/app_name"
    android:theme="@style/AppTheme" >
    <activity
        android:name="kr.co.company.implicitintent.ImplicitIntentActivity"
        android:label="@string/app_name" >

        <intent-filter>
            <action android:name="android.intent.action.MAIN" />
            <category android:name="android.intent.category.LAUNCHER" />
        </intent-filter>

    </activity>
</application>
</manifest>
```

액티비티 ImplicitIntent Activity인텐트 필터

안드로이드 시스템이 컴포넌트를 구동하기 전에 컴포넌트의 능력을 알아야 하기 때문에 인텐트 필터는 일반적으로 자바 코드에서 설정되지 않는다. 주로 애플리케이션의 매니페스트 파일에서 <intent-filter> 요소로 정의된다. 위 파일에서 박스로 둘러싸인 부분이 인텐트 필터이다. 인텐트 필터는 인텐트 객체의 액션, 데이터, 카테고리에 대응되는 필드를 가진다. 위의 파일에 기술된 인텐트 필터를 해석하여 보면 액티비티는 ACTION_MAIN 액션에만 반응하고 카테고리는 CATEGORY_LAUNCHER임을 알 수 있다. 즉 이 액티비티는 태스크의 초기 액티비티로 사용됨을 알 수 있다. 위의 파일에서는 하나의 인텐트 필터만 정의되었지만, 일반적으로 하나의 컴포넌트는 여러 개의 인텐트 필터를 가질 수 있다.

인텐트와 인텐트 필터 비교

안드로이드 시스템이 어떻게 필터에 기술된 인텐트만을 통과시키는지를 살펴보자. 안드로이드 시스템은 인텐트의 (액션, 카테고리, 데이터)를 필터의 (액션, 카테고리, 데이터)와 비교한다. 만약 하나라도 일치하지 않으면 안드로이드 시스템은 해당 인텐트를 컴포넌트에 전달하지 않는다. 그러나 컴포넌트는 다수의 필터를 가질 수 있기 때문에 하나의 필터에서 실패하더라도 다른 필터에 대하여 다시 시도할 수 있다. 각 테스트에 대하여 자세히 알아보자.

① 액션 비교

매니페스트 파일의 `<intent-filter>`는 액션을 `<action>`을 이용하여 나열한다. 예를 들면 다음과 같다. 필터는 여러 개의 액션을 나열할 수 있다.

```
<intent-filter . . . >
    <action android:name="com.example.project.SHOW_CURRENT" />
    <action android:name="com.example.project.SHOW_RECENT" />
    <action android:name="com.example.project.SHOW_PENDING" />
    . . .
</intent-filter>
```

- 인텐트의 액션은 필터에 나열된 액션 중의 하나와 반드시 일치하여야 한다.
- 만약 필터가 어떤 액션도 나열하지 않았다면 어떤 인텐트도 필터를 통과할 수 없다.
- 만약 인텐트 객체가 어떤 액션도 지정하지 않았다면 자동적으로 필터를 통과한다.

② 카테고리 비교

매니페스트 파일의 `<intent-filter>`는 카테고리도 나열한다. 예를 들면 다음과 같다.

```
<intent-filter . . . >
    <category android:name="android.intent.category.DEFAULT" />
    <category android:name="android.intent.category.BROWSABLE" />
    . . .
</intent-filter>
```

카테고리를 나타내는 문자열은 완전한 문자열 형태가 사용된다. 예를 들어서 "android.intent.category.BROWSABLE" 문자열은 CATEGORY_BROWSABLE 상수에 해당된다.

- 인텐트 객체 안의 모든 카테고리가 필터의 카테고리와 일치하여야 한다.
- 카테고리를 가지지 않은 인텐트 객체는 항상 카테고리 테스트를 통과한다.

여기에 한 가지 예외가 있는데 안드로이드는 startActivity()로 전달되는 모든 암시적 인텐트는 "android.intent.category.DEFAULT" 카테고리에 속한다고 가정한다. 따라서 암시적 인텐트를 받고자 하는 액티비티들은 "android.intent.category.DEFAULT"를 인텐트 필터에 나열하여야 한다. "android.intent.action.MAIN"과 "android.intent.category.LAUNCHER"를 가

지고 있는 액티비티는 예외인데 이들 액티비티들은 "android.intent.category.DEFAULT"를 나열하지 않아도 암시적인 인텐트를 받을 수 있다.

③ 데이터 비교

컴포넌트가 처리할 수 있는 데이터의 형식은 필터 안의 <data>를 이용하여서 지정된다. 예를 들면 다음과 같다.

```
<intent-filter>
        <data
            android:mimeType="video/*"
            android:scheme="http" />
    . . .
</intent-filter>
```

위의 필터는 컴포넌트가 네트워크를 통하여 비디오 데이터를 받을 수 있음을 기술하고 있다. mimeType 속성은 데이터의 MIME 타입을 지정한다. "*"와 같은 와일드 카드 문자를 사용할 수 있다. 예를 들면 "text/*" 또는 "audio/*"와 같다. scheme, host, port, path 속성은 "scheme://host:port/path" 형식의 URI를 나타낸다. 속성은 생략할 수 있다. 인텐트와 필터를 비교할 때, 필터에 표기된 속성만이 비교된다. 예를 들어서 필터가 scheme만을 가지고 있다면 동일한 scheme를 가지고 있는 인텐트는 모두 필터를 통과한다.

- 데이터 타입이나 URI를 지정하지 않은 인텐트는 필터가 아무런 URI나 데이터 타입을 지정하지 않은 경우에만 테스트를 통과한다.
- 데이터 타입이나 URI 중에서 하나만 지정한 인텐트는 필터도 똑같이 하나만 지정한 경우에 테스트를 통과한다.
- 데이터 타입과 URI를 모두 지정한 인텐트는 데이터 타입과 URI가 모두 필터와 일치하여야 한다. 하나의 예외로 필터가 데이터 타입만을 지정하였다면 "file:"이나 "content:"가 붙은 URI를 가지는 인텐트는 테스트를 통과된다.

참고
사항

만약 인텐트가 여러 개의 필터를 통과하였다면 사용자에게 어떤 컴포넌트를 활성화할지 물어보게 된다. 만약 하나도 발견되지 않으면 예외가 발생한다.

인텐트는 장치에 설치된 컴포넌트에 대하여 정보를 얻고자 할 때도 사용된다. 예를 들어서 안드로이드가 론처에 액티비티들을 채울 때도 필터에 "android.intent.action.MAIN" 액션과 "ndroid.intent.category.LAUNCHER" 카테고리를 가지는 컴포넌트를 찾아서 이들 컴포넌트의 아이콘과 레이블을 표시한다.

참고
사항

애플리케이션의 설계자와 개발자들을 위하여 구글에서 발표한 몇 가지의 설계 팁을 알아보자.

· **만약 액티비티가 재사용되지 않는다면 인텐트 필터를 지정하지 말고 명시적인 인텐트(explicit intent)를 사용한다.**
만약 다른 액티비티가 사용할 필요가 없는 액티비티를 작성하고 있다면 구태여 액티비티에 인텐트 필터를 구현할 필요가 없다. 애플리케이션 구동기나 동일한 애플리케이션 안의 다른 액티비티에 의해서만 구동되는 액티비티가 여기에 해당한다. 이런 액티비티들은 단순히 액티비티의 이름을 인텐트에 적어서 구동하면 된다. 이런 경우에는 인텐트 필터를 사용할 필요가 전혀 없으며 오히려 보안상의 허점만 노출하게 된다.

· **다른 애플리케이션의 액티비티를 사용하는 경우에는 원하는 액티비티를 찾을 수 없는 경우도 처리하여야 한다.**
애플리케이션은 암시적 인텐트를 사용하여서 다른 애플리케이션의 액티비티를 사용할 수 있다. 이때 암시적 인텐트가 항상 외부의 액티비티를 찾을 것이라고 가정하면 안 된다. 못 찾는 경우도 있기 때문에 이것을 처리하여야 한다.
이것은 2가지의 방법으로 가능하다. 즉 액티비티를 시작하기 전에 테스트할 수도 있고 아니면 액티비티를 시작하고 예외가 발생하는지 보면 된다. 액티비티를 시작하기 전에 테스트하려면 패키지 관리자(package manager)에게 isIntentAvailable()을 사용하여서 질문하면 된다.

액티비티 수명주기
SECTION 8

액티비티 수명주기는
왜 관리해야 할까요?
보다 강인하고 유연한
애플리케이션을 개발할 수
있기 때문이에요.

액티비티의 수명주기(life cycle)를 관리하여서 보다 강인하고 유연한 애플리케이션을 개발할 수 있다. 액티비티는 기본적으로 다음과 같은 3가지의 상태를 가진다.

- **실행 상태(resumed, running)**: 액티비티가 전경에 위치하고 있으며, 사용자의 포커스를 가지고 있다.

- **일시멈춤 상태(paused)**: 다른 액티비티가 전경에 있으며 포커스를 가지고 있지만, 현재 액티비티의 일부가 아직도 화면에서 보이고 있는 상태이다. 일시멈춤 상태에 있는 액티비티도 살아있다고 할 수 있다. 즉 모든 상태를 유지하고 있으며, 정보를 기억하고 있고 윈도우 관리자에 연결되어 있다. 그러나 시스템이 낮은 메모리 상태가 되면 제거될 수도 있다.

- **정지 상태(stopped)**: 액티비티가 화면에서 전혀 보이지 않는 상태이다. 액티비티는 배경에 위치한다. 아직까지는 상태와 멤버 정보를 가지고 있다. 하지만 시스템이 메모리가 필요하면 언제든지 종료시킬 수 있다.

액티비티는 앞의 상태 중에서 하나를 번갈아 가지게 된다. 변경되는 액티비티 상태는 몇 개의 콜백 메소드를 통하여 우리에게 통지된다. 이들 콜백 메소드를 재정의하여서 액티비티의 상태가 변경되는 경우에 필요한 작업을 할 수 있다.

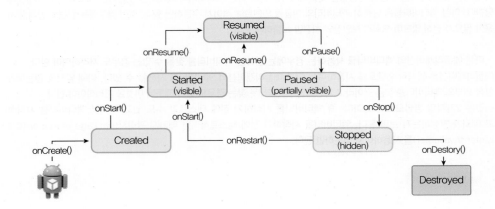

액티비티의 일생 동안, 안드로이드는 위의 피라미드와 유사한 순서로 생애주기 메소드를 호출한다. 피라미드에서 각각의 단계는 액티비티의 상태이다. 안드로이드가 새로운 액티비티를 생성하면 onCreate(), onStart(), onResume() 등이 호출되면서 액티비티의 상태를 한 단계씩 높인다. 피라미드의 정상은 액티비티가 전경에서 실행되고 사용자와 상호작용하는 상태이다. 만약 사용자가 BACK 키를 눌러서 액티비티를 종료하면 안드로이드는 onPause(), onStop(), onDestroy()를 호출하여서 상태를 변경한다.

모든 애플리케이션에서 이들 메소드들을 전부 구현할 필요는 없다. 하지만 각 메소드가 언제 호출되는지를 정확히 이해하고 있어야만 여러 가지 상황에서 애플리케이션이 중지되는 것을 막을 수 있다. 예를 들어서 애플리케이션을 실행하고 있는 도중에 전화가 와서 다른 애플리케이션으로 전환되어도 대처할 수 있어야 한다.

액티비티 객체 생성 단계

안드로이드 시스템은 액티비티의 onCreate()를 호출하여서 액티비티 객체를 생성한다. 따라서 onCreate()에는 딱 한 번만 실행되는 초기화 코드가 포함되어야 한다. 전형적으로 사용자 인터페이스 정의와 클래스 수준의 변수들이 생성되고 초기화된다. onCreate()가 실행을 완료하면 바로 이어서 onStart()와 onResume()이 호출된다. onResume()이 호출된 후에는 애플리케이션은 실행 상태에 머무르며, 전화가 오거나 사용자가 다른 액티비티로 이동하기 전까지 그 상태를 유지한다.

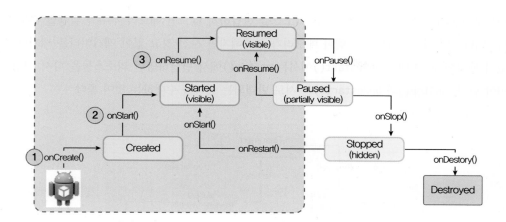

일시 멈춤 상태

만약 전경 액티비티가 대화 상자에 의하여 가려지면 액티비티는 일시 멈춤 상태에 들어간다. 액티비티가 일시 멈춤 상태에 진입하면 onPause()가 호출된다. 따라서 onPause()를 재정의하여서 일시 멈춤 상태에 해당되는 동작을 수행할 수 있다. 예를 들어서 비디오 재생 애플리케이션이라면 비디오를 중지시키는 동작을 수행할 수 있다. 또 사용자가 액티비티를 떠날 것을 대비하여서 어떤 정보를 저장하는 것도 onPause()에서 해야 하는 작업이다. 만약 사용자가 일시 멈춤 상태에서 실행 상태로 되돌아오면 onResume()이 호출된다.

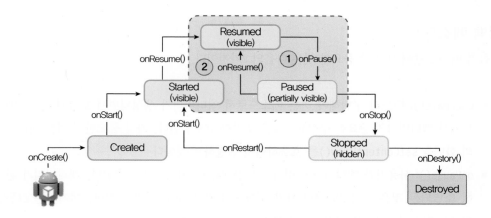

정지되었다가 다시 실행하는 경우

만약 사용자가 현재의 액티비티에서 새로운 액티비티를 실행하게 되면 현재의 액티비티는 정지된 상태가 된다. 이때 onStop()이 호출된다. 반대로 정지되었던 액티비티가 다시 실행되면 onRestart()가 호출된다. 정지된 상태에서는 사용자 인터페이스는 더 이상 사용자에게 보여지지 않으며, 사용자의 포커스는 다른 액티비티에 있다. 따라서 onStop()에서는 현재 사용 중인 대부분의 리소스를 반납하여야 한다. 리소스를 반납하지 않으면 메모리 누수가 발생할 수도 있다. 왜냐하면 안드로이드 시스템이 메모리가 부족해지면 사전 경고 없이 액티비티를 제거할 수 있기 때문이다. 반대로 onRestart()에서는 onStop()에서 반납하였던 리소스들을 다시 생성하여야 한다. onStop()과 onRestart()는 서로 반대되는 동작을 수행하는 것이 좋다.

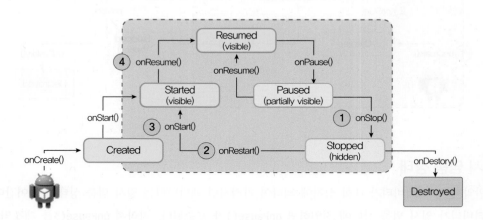

액티비티는 위의 상태 중의 하나를 번갈아 가지게 된다. 변경되는 액티비티 상태는 몇 개의 콜백 메소드를 통하여 우리에게 통지된다. 이들 콜백 메소드를 재정의하여서 액티비티의 상태가 변경되는 경우에 필요한 작업을 할 수 있다.

콜백 메소드

콜백 메소드 중에서 가장 중요한 것은 다음의 2가지이다.

- onCreate(): 반드시 구현해야 하는 메소드로서 액티비티가 생성되면서 호출된다. 이 메소드에서 액티비티의 중요한 구성요소들을 초기화하여야 한다. 가장 중요한 작업은 액티비티의 화면을 setContentView()를 호출하여서 설정하는 것이다.
- onPause(): 사용자가 액티비티를 떠나고 있을 때, 이 메소드가 호출된다. 액티비티가 완전히 소멸되는 것은 아니지만 사용자가 돌아오지 않을 수도 있기 때문에, 여기서는 그동안 이루어졌던 변경사항을 저장하여야 한다.

예제

지금까지는 액티비티의 생애주기를 추상적으로만 학습하였다. 간단한 애플리케이션을 만들어서 생애주기의 메소드를 재정의하고 여기에서 간단하게 출력을 하여 보자.

(1) **LifeCycle**이라는 프로젝트를 생성한다.
(2) **MainActivity.java** 파일을 다음과 같이 변경한다. 액티비티를 생성하고 생애주기와 관련된 모든 메소드에 출력문을 넣어서 애플리케이션을 작성하면 다음과 같다.

MainActivity.java

```
package kr.co.company.lifecycle;
// 소스만 입력하고 Alt+Enter를 눌러서 import 문장을 자동으로 생성한다.

public class MainActivity extends AppCompatActivity {
    @Override
    public void onCreate(Bundle savedInstanceState) {
        super.onCreate(savedInstanceState);
        setContentView(R.layout.activity_main);
    }
```

← onCreate()는 반드시 구현해야 하는 메소드이다. 안드로이드 시스템은 액티비티를 생성하면서 이 메소드를 호출한다. 이 메소드 안에서는 액티비티의 컴포넌트들을 초기화하여야 한다. 가장 중요한 작업은 setContentView()를 호출하여서 액티비티의 사용자 인터페이스 화면을 설정하여야 한다는 것이다.

```
    @Override
    public void onStart() {
        super.onStart();
        Log.i("LifeCycle", "onStart() 호출");
    }
```

← 액티비티가 화면에 보여질 예정이다.

```
    @Override
    public void onResume() {
        super.onResume();
        Log.i("LifeCycle", "onResume() 호출");
    }
```

← 액티비티가 화면에 보여진다.

```
    @Override
    public void onPause() {
        super.onPause();
        Log.i("LifeCycle", "onPause() 호출");
    }
```

← 액티비티가 포커스를 잃는다. onPause()는 사용자가 액티비티를 떠나려고 할 때 호출된다. 사용자가 액티비티를 떠난다고 해서 반드시 액티비티가 소멸되는 것은 아니다. 이 곳에서는 사용자가 돌아오지 않을 경우에 대비하여서 반드시 기록되어야 하는 변경 사항이 있으면 저장하여야 한다.

```
    @Override
    public void onStop() {
        super.onStop();
        Log.i("LifeCycle", "onStop() 호출");
    }
```

← 액티비티가 정지하기 직전에 호출된다.

```
@Override
public void onDestroy() {
    super.onDestroy();
    Log.i("LifeCycle", "onDestroy() 호출");
}
}
```

액티비티가 제거되기 직전에
호출된다.

액티비티 생애주기 관련 콜백 메소드에서는 반드시 부모 클래스의 메소드를 호출하여야 한다.

출력은 모두 로그캣(logcat)을 통하여 출력하였다. 안드로이드는 시스템 디버그 출력을 수집하고 보여주는 메커니즘을 가지고 있는데 바로 로그캣이다. 애플리케이션과 시스템에서 발생되는 로그 기록들은 모두 원형 버퍼에 저장되고 logcat 명령어를 통하여 필터링되어서 표시된다. 안드로이드 스튜디오에서는 로그캣 윈도우를 통하여 볼 수 있다. 실행 결과를 보면 우리가 출력한 메시지도 중간에 나온 것을 알 수 있다.

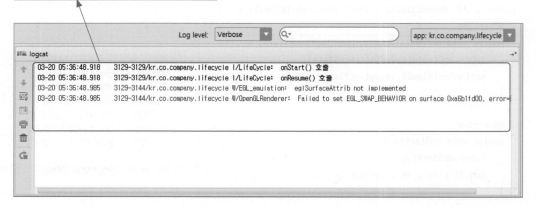

에뮬레이터가 실행되면 자동적으로 많은 정보들이 여기에 표시된다. 너무 많은 정보들이 표시되기 때문에 필터를 두어서 자신이 필요한 정보만을 추려서 볼 수 있는 기능을 제공한다.

로그캣에는 몇 가지의 레벨이 있다. "verbose", "debug", "info", "warn", "error", "assert" 중에서 선택한다.

만약 필터를 지정하면 더 깔끔하게 볼 수 있다. 필터를 생성하여 보자. "Edit Filter Configuration"을 클릭하면 필터를 정의할 수 있다. 다음과 같은 화면이 나오게 되고 여기에서 정보를 보고 싶은 by Log Tag에 "LifeCycle"을 입력한다.

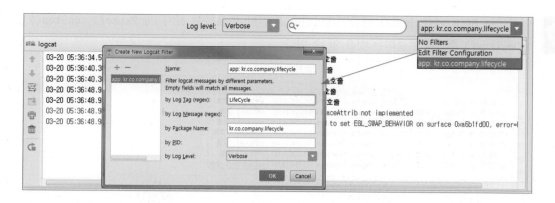

개발자는 다음과 같은 형식을 사용하여서 필요한 정보를 출력할 수 있다.

```
Log.i("LifeCycle", "onCreate()입니다.");
```

Log.i() 메소드는 info 레벨로 출력할 때에 사용한다. "LifeCycle"이 바로 태그 이름이다.

자 그러면 어떻게 실습을 할 것인가? HOME 키를 눌러서 멀티태스킹을 시도하여 보자. 어떤 메소
드가 호출될까?

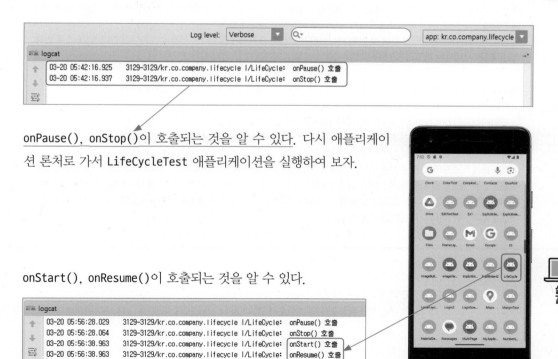

onPause(), onStop()이 호출되는 것을 알 수 있다. 다시 애플리케이
션 론처로 가서 LifeCycleTest 애플리케이션을 실행하여 보자.

onStart(), onResume()이 호출되는 것을 알 수 있다.

이번에는 BACK 키를 눌러서 애플리케이션을 완전히 종료하여 보자. onPause(), onStop(), onDestroy() 순으로 호출되는 것을 알 수 있다.

이 예제가 알려주는 의미는 무엇인가? 우리가 애플리케이션의 상태에 따라서 적절하게 자원을 할당받고 또 반납하여야 된다는 점이다. 예를 들어서 Camera 객체는 전체를 통틀어서 하나만이 존재한다. 따라서 하나의 애플리케이션이 Camera 객체를 독점하면 안 된다. 따라서 애플리케이션이 수면 상태에 들어가는 onPause()에서는 Camera 객체를 반납하는 것이 좋다.

 onPause()는 프로세스가 제거되기 전에 확실히 호출되는 유일한 메소드이다. onStop()과 onDestroy()는 호출되지 않을 수도 있다. 따라서 종료 전에 데이터를 저장할 필요가 있다면 onPause()에 저장 코드를 넣어야 한다.

액티비티 간에 데이터를 주고받을 때 주의 사항

첫 번째 액티비티가 두 번째 액티비티를 시작한다고 가정하자. 우리는 첫 번째 액티비티에서 두 번째 액티비티로 데이터를 전달하고자 한다. 어떤 콜백 메소드에서 데이터를 저장하고 읽어야 할까?
두 번째 액티비티가 생성되기 전에 첫 번째 액티비티가 완전히 중지되지 않는다는 것을 이해하여야 한다. 실제로 두 번째 액티비티를 시작하는 과정과 첫 번째 액티비티를 시작하는 과정은 약간 겹치게 된다.

하나의 액티비티가 다른 액티비티를 시작하는 경우에 콜백 메소드가 호출되는 순서는 다음과 같다.
① 액티비티 A의 onPause() 메소드가 호출된다.
② 액티비티 B의 onCreate(), onStart(), onResume()이 순서대로 호출된다.
③ 만약 액티비티 A가 더 이상 화면에서 보이지 않으면 액티비티 A의 onStop() 메소드가 호출된다.

이러한 콜백 메소드의 호출 순서는 예상이 가능하기 때문에 하나의 액티비티에서 다른 액티비티로 데이터를 전달하려면 적절한 콜백 메소드를 사용하여야 한다. 예를 들어서 첫 번째 액티비티에서 데이터베이스에 데이터를 기록하고 두 번째 액티비티가 이것을 읽는다면 반드시 첫 번째 액티비티의 onPause()에서 데이터를 기록해야 한다. onStop()에서 기록하면 두 번째 액티비티가 데이터를 읽을 수 없다.

액티비티 상태 저장

9
SECTION

액티비티가 일시적으로 멈추거나 정지될 때도 액티비티의 상태는 보존됩니다.

　액티비티가 일시적으로 멈추거나 정지될 때도 액티비티의 상태는 보존된다. 왜냐하면 액티비티 객체는 아직 메모리에 존재하고 있기 때문이다. 따라서 이들 액티비티 안에서 사용자가 변경한 내용들은 메모리에 보존되어 있다. 하지만 시스템이 메모리를 확보하기 위하여 강제로 액티비티를 종료하는 경우에는 액티비티 객체가 파괴되므로 사용자가 변경한 부분은 없어진다. 이런 경우에도 사용자는 아마 이전 상태가 그대로 보존되어 있다고 생각하고 되돌아올 수 있다. 따라서 이런 경우를 대비하여서 액티비티의 현재 상태를 저장하는 것이 필요하다.

　액티비티가 제거되기 전의 상태를 저장하려면 onSaveInstanceState() 메소드를 구현하면 된다. 시스템은 onPause()를 호출하기 전에 onSaveInstanceState()를 호출한다. 매개변수인 Bundle 객체에 "이름-값(name-value)"의 형식으로 액티비티의 동적인 상태를 기록할 수 있다. 액티비티가 다시 시작되면 Bundle 객체는 onCreate()와 onRestoreInstanceState()에 전달된다. onRestoreInstanceState()는 onStart()에 이어서 호출되는 메소드이다. 여기서 저장된 상태를 다시 복원할 수 있다.

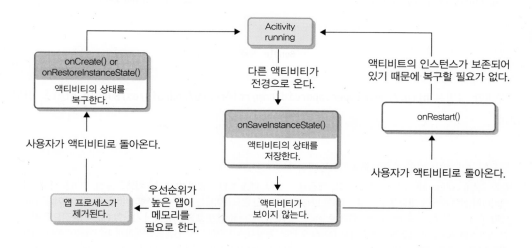

전체
구조

　그러나 만약 개발자가 onSaveInstanceState()를 전혀 구현하지 않는다고 하더라도 액티비티의 일부 정보는 Activity 클래스의 onSaveInstanceState()에 의하여 저장된다. 특히 Activity 클래스의 onSaveInstanceState()는 각 뷰에 대하여 onSaveInstanceState()를 호출하게 되는데 이때 각 뷰들은 자신의 정보를 저장한다. 안드로이드의 모든 위젯들은 이 메소드를 충실하게 구현하고 있다. 즉 사용자 인터페이스에 가해진 변경은 자동적으로 저장되고 복구된다. 예를 들어서 EditText 위젯은 사용자가 입력한 텍스트를 저장하고 CheckBox 위젯은 사용자가 체크한 상태를 저장한다. 개발자는 각 위젯에 대하여 유일한 ID(android:id 어트리뷰트)만 제공하면 된다. 만약 위젯이 ID를 가지고 있지 않으면 상태를 저장할 수 없다. onSaveInstanceState()의 디폴트 구현이 사용자 인터페이스의 상태를 저장하는 데 큰 도움을 주기 때문에 이 메소드를 재정의할 때는 반드시 부모 클래스의 onSaveInstanceState()를 먼저 호출하여야 한다.

Bundle 클래스

Bundle 클래스는 일종의 Map 자료구조를 구현한 클래스이다. 키(key)와 값(value)을 받아서 객체 안에 저장한다. 키는 문자열로 되어 있다. 안드로이드에서는 액티비티 간에 데이터를 주고받을 때, 바로 Bundle 객체를 사용한다. 또 액티비티의 상태를 저장하였다가 복원하는 데도 Bundle 객체가 사용된다. 안드로이드 레퍼런스 문서를 보면 getBoolean(String key), getInt(String key), getDouble(String key), … 등의 접근자 메소드와 putBoolean(String key, boolean value), putInt(String key, int value), putDouble(String key, double value) 등의 설정자 메소드를 제공한다.

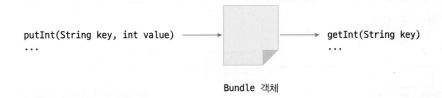

putInt(String key, int value)   →   getInt(String key)
...   ...

Bundle 객체

자세한 설명은 http://developer.android.com/reference/android/os/Bundle.html을 참고하라.

참고 사항

장치 구성(configuration) 변경을 처리하는 방법

장치 구성(configuration)은 실행 도중에도 변경될 수 있다. 예를 들면 화면의 방향이나 키보드 구성, 언어를 사용자가 액티비티 실행 도중에 변경할 수 있다. 이러한 변경이 일어나면 안드로이드는 실행 중인 액티비티들을 일단 강제 종료하였다가 다시 시작한다. 즉 onDestroy()가 호출되고 이어서 onCreate()가 호출된다. 다시 시작할 때는 자동적으로 적절한 리소스를 가지고 애플리케이션을 다시 적재하게 된다. 개발자는 이러한 구성 변경을 적절하게 처리하여야 한다. 가장 좋은 방법은 애플리케이션의 상태를 onSaveInstanceState()를 이용하여서 저장하였다가 onRestoreInstanceState()에서 복원하는 것이다.

피자와 스파게티를 주문받는 다음과 같은 사용자 인터페이스를 작성하고 액티비티의 상태가 올바르게 저장되는지를 살펴보자.

(1) SaveRestore라는 프로젝트를 생성한다.

(2) activity_main.xml 파일을 오픈하여서 텍스트 뷰와 체크 박스를 포함하는 사용자 인터페이스를 다음 화면과 같이 작성한다. 사용자는 피자와 스파게티를 선택할 수 있으며, 버튼을 눌러서 주문 개수를 변경할 수 있다. 자세한 코드는 소스를 참조한다.

(3) MainActivity.java 파일을 다음과 같이 변경한다. 강제로 액티비티가 종료되는 경우에도 텍스트 뷰와 체크 박스의 내용이 올바르게 저장되도록 onSaveInstanceState()를 재정의한다. 체크 박스나 에디트 박스와 같은 뷰들은 강제로 종료되더라도 자체적으로 사용자가 입력한 내용을 임시적으로 저장한다. 따라서 이러한 뷰들의 내용을 저장할 필요는 없다. 하지만 텍스트 뷰의 내용은 저장되지 않는다. 따라서 사용자가 실행 도중에 텍스트 뷰나 클래스 멤버의 값을 변경하였다면 이들은 번들 객체에 저장되어야 한다.

MainActivity.java

```java
package kr.co.company.saverestore;
// 소스만 입력하고 Alt+Enter를 눌러서 import 문장을 자동으로 생성한다.

public class MainActivity extends AppCompatActivity {
    Button button1, button2;
    TextView text;
    int count = 0;
```

```
@Override
public void onCreate(Bundle savedInstanceState) {
    super.onCreate(savedInstanceState);
    setContentView(R.layout.activity_main);
    text = (TextView) findViewById(R.id.text);
    button1 = (Button) findViewById(R.id.button1);
    button1.setOnClickListener(new OnClickListener() {
        public void onClick(View v) {
            count++;
            text.setText("현재 개수=" + count);
        }
    });
    button2 = (Button) findViewById(R.id.button2);
    button2.setOnClickListener(new OnClickListener() {
        public void onClick(View v) {
            count--;
            text.setText("현재 개수=" + count);
        }
    });
    if (savedInstanceState != null) {
        count = savedInstanceState.getInt("count");
        text.setText("현재 개수=" + count);
    }
}

@Override
public void onSaveInstanceState(Bundle outState) {
    super.onSaveInstanceState(outState);
    outState.putInt("count", count);
}
}
```

주문 개수를 변경하는 버튼에는 이벤트 처리기를 붙인다. 이벤트 처리기의 onClick() 안에서는 count 멤버 변수의 값을 증가시키거나 감소시킨다. 이러한 클래스 멤버의 값은 개발자가 저장하여야 한다.

savedInstanceState가 null이 아니면 getInt()를 사용하여서 저장된 값을 추출한 후에 텍스트 뷰의 내용을 이 값으로 변경한다.

번들 객체인 outState 안에 putInt()를 사용하여서 정수값인 count를 저장하였다.

(4) 자 이제 테스트하여 보자. 테스트를 하려면 메모리가 부족한 상태가 되고 액티비티가 강제로 종료되어야 한다. 하지만 그러한 조건을 만드는 것은 상당히 어려우므로 다른 방법을 찾아야 한다. 안드로이드는 화면 방향을 변경하면 기존의 액티비티를 강제로 종료하고 다시 시작한다. 따라서 에뮬레이터 오른쪽에 있는 화면 회전 버튼을 눌러서 화면의 방향을 세로에서 가로로 변경하여 보자.

만약 사용자가 BACK 버튼을 눌러서 종료시키면 이것은 강제 종료가 아니기 때문에 텍스트 뷰의 내용이 저장되지 않는다.

에뮬레이터 설정에서 화면이 회전될 수 있도록 허용하여야 한다.

(5) 체크 박스의 경우에는 자동적으로 저장이 되는 것을 확인할 수 있고 현재의 주문 개수는 onSaveInstanceState()에서 저장되어서 onCreate()에서 복원되는 것을 확인할 수 있다.

여기서 한 가지 주의할 점이 있다. 만약 사용자가 BACK 키를 눌러서 액티비티를 정상적으로 종료하는 경우에는 앞의 소스로 현재 상태가 저장되지 않는다. 앞의 소스는 비정상적으로 액티비티가 강제 종료된 경우만 현재 상태를 임시적으로 저장한다. 만약 정상적인 종료의 경우에도 현재 상태를 저장하고 싶으면 프레퍼런스나 파일을 사용하여서 저장하여야 한다. 좀 더 자세한 내용은 이 책의 15장과 안드로이드 SDK의 BackupRestoreActivity 샘플 예제를 참고한다.

참고
사항

여러 페이지로 구성된 애플리케이션 작성

이제부터 우리는 액티비티와 인텐트를 이용하여 여러 페이지로 구성된 애플리케이션을 작성할 수 있다. 하나의 예제로 다음과 같이 게임을 시작하는 시작 페이지를 작성하여 보자. 메인 페이지는 하나의 이미지와 3개의 버튼으로 구성되어 있다. 각각의 버튼을 누르면 해당되는 페이지로 이동한다. 이동한 페이지에서 BACK 키를 누르면 메인 페이지로 되돌아온다.

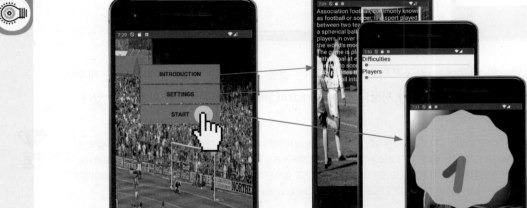

BACK 키

연습문제

01 안드로이드에서 실행의 단위는 무엇인가?

① 애플리케이션   ② 액티비티   ③ 레이아웃   ④ 스택

02 BACK 키를 누르면 _____에 저장된 이전 액티비티로 되돌아간다.

① 애플리케이션   ② 액티비티   ③ 액티비티 스택   ④ 태스크

03 하나의 액티비티에서 다른 액티비티를 시작하려면 액티비티의 실행에 필요한 여러 가지 정보들을 보내주어야 한다. 이때 사용하는 메시지가 _____이다.

① 애플리케이션   ② 액티비티   ③ 인텐트   ④ 태스크

04 타겟 컴포넌트의 이름을 지정하는 인텐트 방법은 _____이다.

① 암시적 인텐트   ② 명시적 인텐트   ③ 태스크   ④ 액티비티

05 다른 액티비티를 시작하는 함수 이름은 무엇인가?

① start()   ② startActivity()   ③ initActivity()   ④ runActivity()

06 서브 액티비티를 시작하고 결과를 받을 때, 사용하는 함수 이름은?

① startForResult()   ② startActivityForResult()

③ startTaskForResult()   ④ startApplicationForResult()

07 암시적인 인텐트를 사용하여 웹페이지를 나타나게 할 때 사용하는 액션은?

① ACTION_MAIN   ② ACTION_VIEW   ③ ACTION_CALL   ④ ACTION_EDIT

08 액티비티가 실행되기 직전에 호출되는 콜백 메소드는?

① onCreate()   ② onResume()   ③ onStart()   ④ onPause()

09 그동안 앱 안에서 이루어졌던 변경사항을 저장하기에 제일 적합한 콜백 메소드는?

① onCreate()   ② onResume()   ③ onStart()   ④ onPause()

10 메인 액티비티에서 "서브 액티비티로부터 문자열 반환받기" 버튼을 누르면 서브 액티비티가 시작된다. 서브 액티비티에서 사용자가 문자열을 입력하고 버튼을 누르면 서브 액티비티는 문자열을 메인 액티비티에 전달하는 앱을 작성하라.

(주제: 명시적인 인텐트, 난이도: 상)

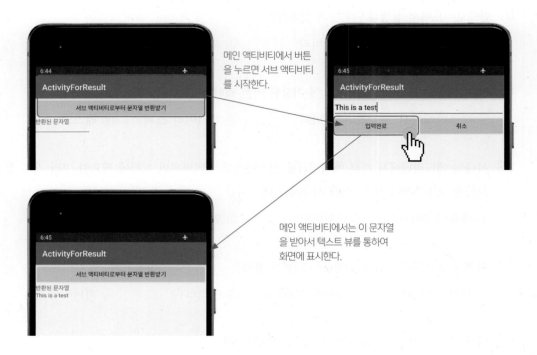

메인 액티비티에서 버튼을 누르면 서브 액티비티를 시작한다.

메인 액티비티에서는 이 문자열을 받아서 텍스트 뷰를 통하여 화면에 표시한다.

11 모바일 앱에서 많이 등장하는 로그인 윈도우를 만들어보자. "**Login**" 버튼을 누르면 사용자가 입력한 아이디와 패스워드를 두 번째 액티비티로 전달한다.

(주제: 명시적인 인텐트, 난이도: 중)

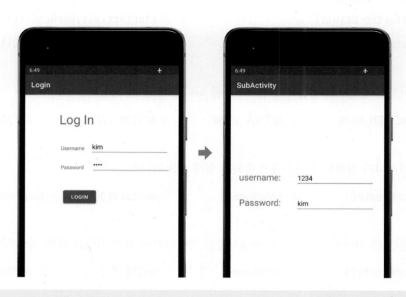

메뉴, 대화 상자, 알림

안드로이드에도 끌라 먹는 재미가 있다면서요?

아, 메뉴를 말하는거구나! 여기서 말하는 메뉴는 사용자에게 앱의 기능과 설정을 쉽게 제공하는 인터페이스를 가리키지. 이 녀석이 순발력이 있는데. 하하하

CHAPTER 07
메뉴, 대화 상자, 알림

SECTION 1 메뉴

메뉴(Menu)는 많은 애플리케이션에서 사용하는 친숙한 사용자 인터페이스 요소이다. 메뉴는 애플리케이션에서 제공하는 모든 기능을 계층적으로 표시할 수 있기 때문이다. 모바일 장치에서도 애플리케이션에 대한 추가 옵션을 표시하기 위하여 메뉴가 사용된다.

메뉴의 종류

- 옵션 메뉴: 옵션 메뉴는 액티비티의 주된 메뉴이다. 앱 전체에서 사용되는 메뉴들, 예를 들면 "탐색", "이메일 작성", "설정"과 같이 앱에 전체적인 영향을 미치는 작업을 배치한다. <u>옵션 메뉴들이 액션바에 표시된다.</u>

- 컨텍스트 메뉴: 컨텍스트 메뉴는 사용자가 화면의 요소를 길게 누르면 나타나는 메뉴이다. 화면 위의 특정한 문맥에 적절한 메뉴가 떠서 나타난다. 3.0 이상 버전에서는 컨텍스트 액션 모드를 사용하여야 한다. 이 모드에서는 선택된 콘텐츠와 관련된 액션 항목들이 화면 상단바에 표시된다. 사용자는 여러 개의 항목을 선택할 수 있다.

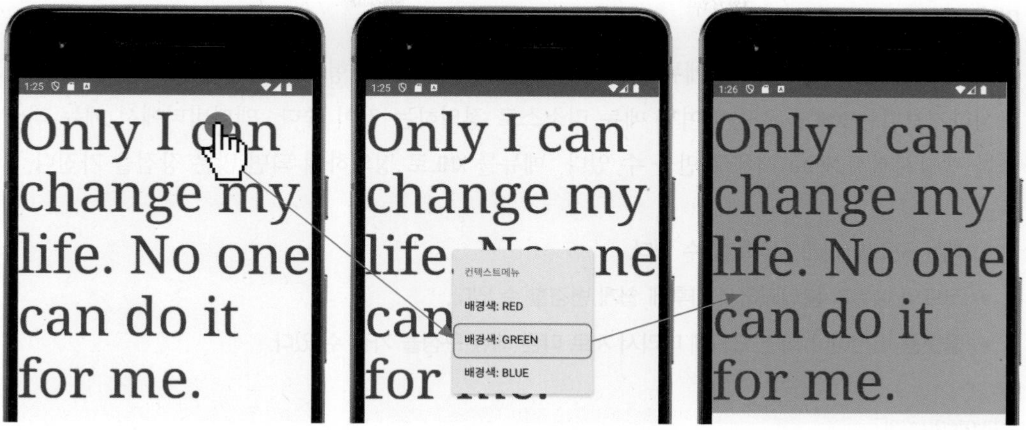
Only I can change my life. No one can do it for me.
컨텍스트메뉴
배경색: RED
배경색: GREEN
배경색: BLUE

- 팝업 메뉴: 팝업 메뉴는 특정한 뷰에 붙어서 나타나는 수직 방향의 리스트이다. 특정한 콘텐츠에 연관된 액션들의 리스트를 제공하는 데 적절하다.

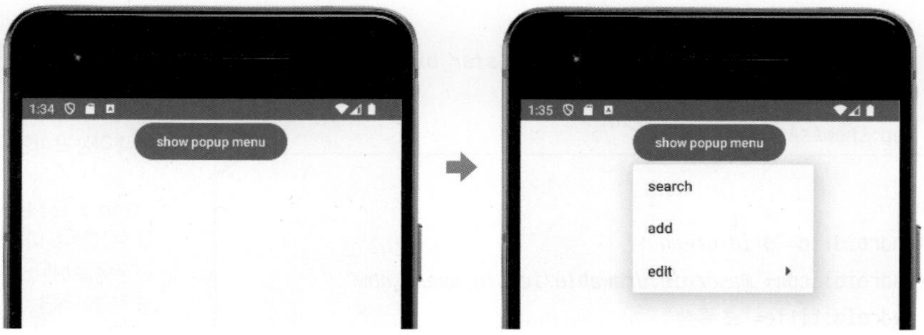
show popup menu
search
add
edit

SECTION 2 옵션 메뉴

옵션 메뉴를 생성하는 절차

옵션 메뉴를 생성하는 절차는 다음과 같다.

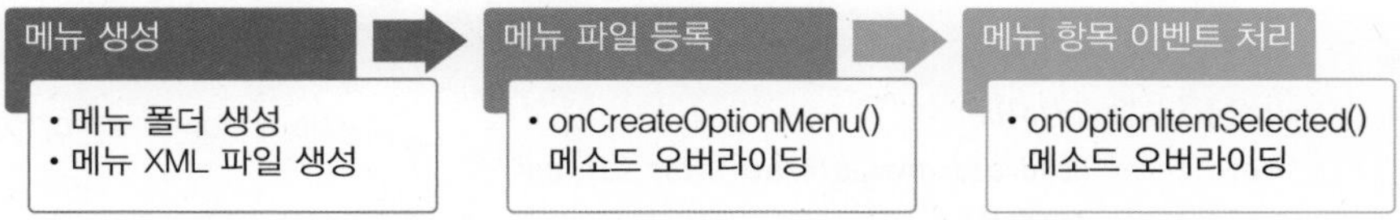
메뉴 생성
• 메뉴 폴더 생성
• 메뉴 XML 파일 생성
메뉴 파일 등록
• onCreateOptionMenu() 메소드 오버라이딩
메뉴 항목 이벤트 처리
• onOptionItemSelected() 메소드 오버라이딩

메뉴 XML 파일 생성

안드로이드는 모든 종류의 메뉴를 정의할 수 있는 표준 XML 형식을 제공한다. 메뉴도 코드로 작성하기보다는 XML을 사용하여서 메뉴 리소스로 정의하는 것이 좋다. 액티비티에서 메뉴 리소스를 팽창시켜서 Menu 객체로 만들 수 있다. 메뉴를 XML로 정의하게 되면 많은 장점을 가진다.

- 메뉴 구조를 쉽게 시각화할 수 있다.
- 코드와 메뉴가 분리되어서 차후에 쉽게 변경할 수 있다.
- 플랫폼 버전이나 화면 크기에 따라서 서로 다른 메뉴 구성을 가질 수 있다.

mymenu.xml

```xml
<?xml version="1.0" encoding="utf-8"?>
<menu xmlns:app="http://schemas.android.com/apk/res-auto"
    xmlns:android="http://schemas.android.com/apk/res/android">
    <item
        android:id="@+id/blue"
        android:icon="@android:drawable/btn_star_big_on"
        android:title="파랑색"
        app:showAsAction="always" />

    <item
        android:id="@+id/green"
        android:icon="@android:drawable/ic_btn_speak_now"
        android:title="초록색"
        app:showAsAction="ifRoom" />
</menu>
```

<menu> 요소는 Menu를 생성하고 이것은 메뉴 항목들을 담는 컨테이너가 된다. 반드시 루트 노드이어야 하며, <item>이나 <group>을 하나 이상 포함한다.

<item> 요소는 MenuItem을 생성한다. 이것은 하나의 메뉴 항목을 나타낸다. 서브 메뉴를 작성하려면 <menu>를 포함할 수 있다.

메뉴 XML 파일에서는 다음과 같은 요소들을 사용하여서 메뉴를 정의한다.

- <menu>: 메뉴를 나타내며 메뉴 항목을 저장하는 컨테이너이다. Menu 객체를 생성한다.
- <item>: 하나의 메뉴 항목을 나타낸다. MenuItem 객체를 생성한다. <menu>를 내부에 가질 수 있어서 서브 메뉴를 생성할 수 있다.

<item> 요소의 속성을 살펴보자.

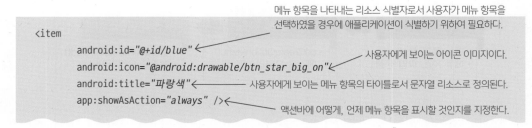

```
<item
    android:id="@+id/blue"
    android:icon="@android:drawable/btn_star_big_on"
    android:title="파랑색"
    app:showAsAction="always" />
```

메뉴 항목을 나타내는 리소스 식별자로서 사용자가 메뉴 항목을 선택하였을 경우에 애플리케이션이 식별하기 위하여 필요하다.

사용자에게 보이는 아이콘 이미지이다.

사용자에게 보이는 메뉴 항목의 타이틀로서 문자열 리소스로 정의된다.

액션바에 어떻게, 언제 메뉴 항목을 표시할 것인지를 지정한다.

showAsAction은 액션바에 메뉴 항목을 어떻게 나타내느냐를 지정한다.

- app:showAsAction="always": 메뉴 항목을 항상 보이게 표시한다.
- app:showAsAction="never": 메뉴 항목을 오버플로우 영역에 숨긴다.
- app:showAsAction="ifRoom": 액션바에 공간이 있는 경우에만 표시한다.

액티비티에 메뉴 등록하기

액티비티에서 옵션 메뉴를 등록하려면 onCreateOptionsMenu() 메소드를 재정의한다. 이 메소드에서 메뉴를 생성하여 menu 객체에 추가하면 된다.

전체구조

```java
@Override
public boolean onCreateOptionsMenu(Menu menu) {
    super.onCreateOptionsMenu(menu);
    MenuInflater inflater = getMenuInflater();
    inflater.inflate(R.menu.mymenu, menu);
    return true;
}
```
메뉴 리소스 팽창

이 메소드의 매개변수로 menu 객체가 전달되는데, 이것은 비어있는 메뉴이다. 여기에 XML로 정의된 메뉴를 팽창하여서 추가하면 된다. The getMenuInflater() 메소드는 MenuInflater 객체를 반환한다. 이 객체의 inflate()를 호출하게 되고 inflate()는 메뉴 리소스를 팽창시켜서 Menu 객체로 만든다. 위의 코드에서는 mymenu.xml에 의하여 정의된 메뉴 리소스가 Menu 객체로 팽창된다. XML로 작성된 메뉴를 팽창(inflate)하면 실제 메뉴가 생성된다. 팽창한다는 의미는 프로그래밍 객체로 변환한다는 뜻이다.

메뉴 항목 클릭 이벤트 처리

사용자가 옵션 메뉴에서 항목을 선택하면 액티비티의 onOptionsItemSelected()가 호출된다. 사용자가 선택한 메뉴 항목은 매개변수로 전달된다. 메뉴 항목은 getItemId()를 호출하여서 식별할 수 있다. getItemId()는 선택된 메뉴 항목의 ID를 반환한다. 이 ID는 메뉴 리소스에 id 속성에 의하여 정의된 것이다. 예를 들면 다음과 같다.

전체 구조

```java
@Override
public boolean onOptionsItemSelected(MenuItem item) {
  int id = item.getItemId();
  if( id == R.id.blue){
          view1.setBackgroundColor(Color.BLUE);       ← "파랑색" 메뉴 항목이 클릭되면 실행
          return true;
  } else if( id == R.id.green){
          view1.setBackgroundColor(Color.GREEN);       ← "초록색" 메뉴 항목이 클릭되면 실행
          return true;
  }
    return super.onOptionsItemSelected(item);
}
```

이 코드에서는 getItemId()를 호출하여서 선택된 항목의 ID를 얻는다. 그리고 if-else 문은 이 ID를 메뉴 항목의 ID와 비교한다. if 절이 성공적으로 항목을 처리하면 "true"를 반환한다. 만약 메뉴 항목을 처리하지 못했으면 부모 클래스의 onOptionsItemSelected()를 호출하여야 한다.

참고 사항

안드로이드 3.0 이상부터는 메뉴 리소스 XML 안에서 메뉴 항목에 android:onClick 속성을 설정할 수 있다. 따라서 onOptionsItemSelected()를 구현하지 않아도 된다. android:onClick 속성을 이용하여서 사용자가 메뉴 항목을 선택하였을 때 호출되는 메소드를 지정할 수 있기 때문이다. 액티비티에서 이 메소드를 구현하여 주면 된다.

애플리케이션이 여러 개의 액티비티로 구성되어 있고 모든 액티비티가 동일한 옵션 메뉴를 공유한다면 액티비티별로 옵션 메뉴를 구현하는 것보다 onCreateOptionsMenu()와 onOptionsItemSelected() 메소드만을 구현하는 액티비티를 생성하고 이 액티비티로부터 상속받아서 다른 모든 액티비티들을 생성하는 것이 좋다.

 **예제** 화면의 배경색을 변경하는 메뉴 생성하기

간단한 옵션 메뉴를 XML로 작성하여 보자.

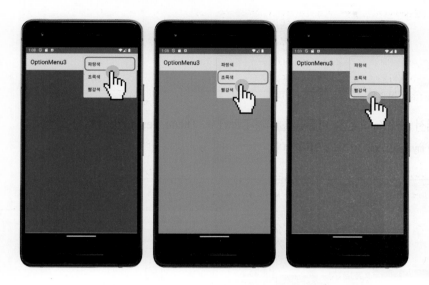

(1) OptionMenu1이라는 이름의 프로젝트를 생성한다.

(2) /res/layout/activity_main.xml 파일을 다음과 같이 변경한다.

---

activity_main.xml

```xml
<?xml version="1.0" encoding="utf-8"?>
<androidx.constraintlayout.widget.ConstraintLayout >

    <LinearLayout
        android:id="@+id/layout"
        android:layout_width="match_parent"
        android:layout_height="match_parent"
        android:orientation="horizontal"></LinearLayout>

</androidx.constraintlayout.widget.ConstraintLayout>
```

UI

(3) [res] 폴더 위에서 마우스 오른쪽 버튼을 눌러서 [New] → [Directory] 메뉴로 res 폴더
아래에 menu 폴더를 생성한다.

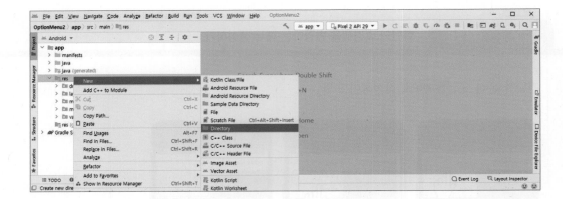

(4) menu 폴더 위에서 마우스 오른쪽 버튼을 눌러서 [New] → [Menu resource file]을 선택하고 파일 이름을 mymenu.xml이라고 입력한다.

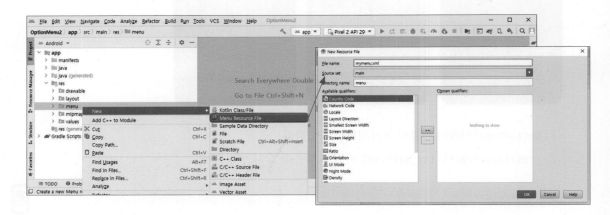

(5) /res/menu 아래에 mymenu.xml 파일을 다음과 같이 생성한다.

mymenu.xml

```xml
<?xml version="1.0" encoding="utf-8"?>
<menu xmlns:app="http://schemas.android.com/apk/res-auto"
    xmlns:android="http://schemas.android.com/apk/res/android">
    <item
        android:id="@+id/blue"
        android:icon="@android:drawable/btn_star_big_on"
        android:title="파랑색"
        app:showAsAction="never" />
    <item
        android:id="@+id/green"
        android:icon="@android:drawable/ic_btn_speak_now"
        android:title="초록색"
        app:showAsAction="never" />
```

```
    <item
        android:id="@+id/red"
        android:icon="@android:drawable/checkbox_on_background"
        android:title="빨강색"
        app:showAsAction="never" />
</menu>
```

메뉴 항목의 아이콘은 안드로이드에서 제공하는 아이콘을 사용하였다. 다음과 같이 변경할 수도 있다.

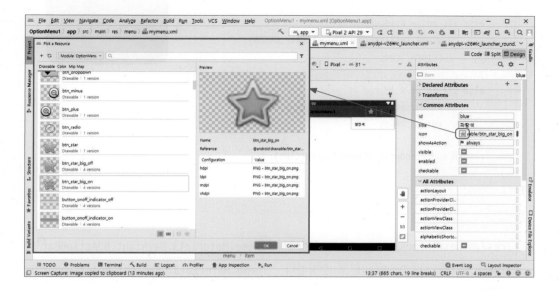

(6) `MainActivity.java` 파일을 다음과 같이 변경한다.

MainActivity.java

```
package kr.co.company.optionmenu1;

...
public class MainActivity extends AppCompatActivity {
    View view1;

    @Override
    protected void onCreate(Bundle savedInstanceState) {
        super.onCreate(savedInstanceState);
        setContentView(R.layout.activity_main);
        view1 = findViewById(R.id.layout);
    }
```

```java
@Override
public boolean onCreateOptionsMenu(Menu menu) {
    getMenuInflater().inflate(R.menu.mymenu, menu);
    return true;
}
@Override
public boolean onOptionsItemSelected(MenuItem item) {
    int id = item.getItemId();
    if( id == R.id.blue ){
            view1.setBackgroundColor(Color.BLUE);
            return true;
    }
    else if( id == R.id.green ){
            view1.setBackgroundColor(Color.GREEN);
            return true;
    }
    else if( id == R.id.red ){
            view1.setBackgroundColor(Color.RED);
            return true;
    }
    return super.onOptionsItemSelected(item);
}
}
```

(7) /res/values/themes/themes.xml 파일에서 "Theme.Material3.DayNight.NoActionBar"를 "Theme.Material3.DayNight"로 수정한다. "Theme.Material3.DayNight.NoActionBar"로 설정되면 액션바가 나타나지 않는다.

themes.xml

```xml
<resources xmlns:tools="http://schemas.android.com/tools">
<!-- Base application theme. -->
<style name="Base.Theme.OptionMenu3" parent="Theme.Material3.DayNight">
<!-- Customize your light theme here. -->
<!-- <item name="colorPrimary">@color/my_light_primary</item> -->
</style>

<style name="Theme.OptionMenu3" parent="Base.Theme.OptionMenu3" />
</resources>
```

여기를 수정한다.

(8) 실행해본다. "always"와 "ifRoom"으로 표시한 메뉴들은 아이콘으로 액션바에 표시된다. 하지만 "never"로 표시된 메뉴는 오버플로우 영역에 숨겨진다.

 **도전문제**

1. 위의 프로그램에서 메뉴 항목을 "always"나 "ifRoom"으로 설정해보자. 화면이 어떻게 변경되는가?
2. 각 메뉴 항목의 아이콘들을 변경해보자.

3 SECTION 컨텍스트 메뉴

컨텍스트 메뉴(context menu)는 어떤 특정한 항목에 적용되는 동작을 제공할 수 있다. 어떤 뷰에도 컨텍스트 메뉴를 제공할 수 있지만, 가장 많이 사용되는 곳은 리스트 뷰나 그리드 뷰의 항목에서이다.

컨텍스트 메뉴는 2가지의 형태로 제공된다.

- 플로팅 컨텍스트 메뉴: 사용자가 항목 위에서 오래 누르기(long click)를 하면 메뉴가 대화 상자처럼 떠서 표시된다.
- 컨텍스트 액션 모드: 항목을 선택하면, 관련된 메뉴가 액션바에 표시된다. 여러 항목을 선택하여 특정한 액션을 한꺼번에 적용할 수 있다.

컨텍스트 액션 모드는 안드로이드 3.0(API 레벨 11) 이상 버전에서만 가능하다. 하지만 권장되는 방법이다. 장치의 버전이 3.0 이하라면 플로팅 컨텍스트 메뉴를 사용하여야 한다.

참고 사항

옵션 메뉴와 컨텍스트 메뉴의 가장 큰 차이점은 누가 메뉴를 소유하고 있느냐이다. 옵션 메뉴의 경우에는 메뉴의 소유주가 액티비티가 된다. 하지만 컨텍스트 메뉴의 경우에는 소유주가 뷰이다. 따라서 하나의 액티비티는 옵션 메뉴를 하나만 가질 수 있지만, 컨텍스트 메뉴는 뷰의 개수만큼 가질 수 있다.

플로팅 컨텍스트 메뉴

플로팅 컨텍스트 메뉴를 사용하는 절차를 살펴보자.

1. 특정한 뷰에서 컨텍스트 메뉴를 사용하려면 먼저 등록을 하여야 한다. 특정한 뷰가 컨텍스트 메뉴를 제공하게 하려면 registerForContextMenu()를 호출하고 뷰 객체를 인수로 전달한다. 리스트 뷰나 그리드 뷰의 항목에 대하여 동일한 컨텍스트 메뉴를 전달하고 싶으면 registerForContextMenu()를 호출할 때 리스트 뷰나 그리드 뷰를 전달한다.

2. 액티비티 안에서 onCreateContextMenu()를 구현한다. 등록된 뷰가 오래 누르기 이벤트를 받으면 안드로이드는 onCreateContextMenu()를 호출한다. onCreateContextMenu() 안에서 메뉴 리소스를 팽창하여서 메뉴 항목을 정의하면 된다.

**전체
구조**

```
@Override
public void onCreateContextMenu(ContextMenu menu, View v,        ← 텍스트 뷰에 컨텍스트 메뉴를 등록한다.
    ContextMenuInfo menuInfo) {                                  ← 선택된 뷰

    super.onCreateContextMenu(menu, v, menuInfo);               ← 부모 클래스 메소드 호출
    MenuInflater inflater = getMenuInflater();
    inflater.inflate(R.menu.context_menu, menu);               ← 메뉴 리소스를 팽창한다.
}
```

MenuInflater를 이용하여서 메뉴 리소스에서 컨텍스트 메뉴를 생성할 수 있다. 매개변수 중에서 View v는 사용자가 선택한 뷰이다. 매개변수 중에서 ContextMenuInfo 객체는 선택된 항목에 대한 추가적인 정보를 제공한다. 만약 액티비티가 많은 뷰를 가지고 있고 각 뷰가 서로 다른 컨텍스트 메뉴를 제공한다면, 이들 매개변수를 이용하여서 어떤 컨텍스트 메뉴를 생성할지를 결정할 수 있다.

3. onContextItemSelected()를 구현한다. 사용자가 메뉴 항목을 선택하면 안드로이드는 이 메소드를 호출한다. 여기서 적절한 동작을 수행하면 된다.

```
@Override
public boolean onContextItemSelected(MenuItem item) {          ← 선택된 항목
    int id = item.getItemId();
    if( id ==R.id.edit ) {
            editNote(info.id);
```

```
            return true;
    else if( id == R.id.delete ){
            deleteNote(info.id);
            return true;
    }
    return super.onContextItemSelected(item);
}
```

앞의 옵션 메뉴와 아주 유사하게 처리하면 된다. **true**를 반환하는 것은 완전히 처리했다는 의미이고 **false**를 반환하면 부모 클래스의 메소드가 호출된다.

 **예제** **컨텍스트 메뉴 사용하기**

컨텍스트 메뉴를 이용하여서 텍스트 뷰의 배경색을 변경할 수 있는 애플리케이션을 작성한다.

상당히 오래 누르고 있어야 한다.

컨텍스트메뉴
배경색: RED
배경색: GREEN
배경색: BLUE

텍스트 뷰

(1) **ContextMenu**라는 프로젝트를 생성한다.

(2) **activity_main.xml** 파일을 오픈하여서 간단하게 다음과 같은 사용자 인터페이스를 XML로 작성한다. 텍스트 뷰를 가지고 있다.

activity_main.xml

UI

```
<?xml version="1.0" encoding="UTF-8"?>
<LinearLayout
```

```
    xmlns:android="http://schemas.android.com/apk/res/android"
    android:id="@+id/LinearLayout01"
    android:layout_width="match_parent"
    android:layout_height="match_parent"
    android:orientation="vertical" >
    <TextView
        android:id="@+id/TextView01"
        android:layout_width="wrap_content"
        android:layout_height="wrap_content"
        android:text="Only I can change my life. No one can do it for me."
        android:textSize="200px"
        android:typeface="serif" />
```

← 텍스트 뷰에 컨텍스트 메뉴를 등록한다.

```
</LinearLayout>
```

(3) **MainActivity.java** 파일을 다음과 같이 변경한다.

코드 작성

MainActivity.java

```java
package kr.co.company.contextmenu;
// 소스만 입력하고 Alt+Enter를 눌러서 import 문장을 자동으로 생성한다.

public class MainActivity extends AppCompatActivity {
    TextView text;

    @Override
    public void onCreate(Bundle savedInstanceState) {
        super.onCreate(savedInstanceState);
        setContentView(R.layout.activity_main);
        text = (TextView) findViewById(R.id.TextView01);
        registerForContextMenu(text);
    }
```

텍스트 뷰에 컨텍스트 메뉴를 등록한다.

```java
    @Override
    public void onCreateContextMenu(ContextMenu menu, View v,
            ContextMenuInfo menuInfo) {
        super.onCreateContextMenu(menu,v, menuInfo);
        menu.setHeaderTitle("컨텍스트메뉴");
        menu.add(0, 1, 0, "배경색: RED");
        menu.add(0, 2, 0, "배경색: GREEN");
        menu.add(0, 3, 0, "배경색: BLUE");
    }
```

← 코드로 메뉴를 생성할 수도 있다.

add(int groupId, int itemId, int order, CharSequence title)

```java
    @Override
    public boolean onContextItemSelected(MenuItem item) {
        int id = item.getItemId();
```

```
        if (id == 1) {
            text.setBackgroundColor(Color.RED);
            return true;
        } else if (id == 2) {
            text.setBackgroundColor(Color.GREEN);
            return true;
        } else if (id == 3) {
            text.setBackgroundColor(Color.BLUE);
            return true;
        }
        return super.onContextItemSelected(item);
    }
}
```

컨텍스트 메뉴가 클릭되
면 텍스트 뷰의 배경색이
변경된다.

(4) 애플리케이션을 실행한다. 텍스트 뷰에서 마우스를 오래 누르고 있으면 컨텍스트 메뉴가 나
타난다.

실행
결과

4 팝업 메뉴
SECTION

팝업 메뉴(popup menu)는 특정한 뷰에 붙어있는 메뉴
이다. 만일 공간이 있다면 뷰의 아래쪽에 나타난다. 만약
아래쪽에 공간이 없으면 뷰의 위쪽에 나타나기도 한다.

팝업 메뉴는 API 11부터 제공된다. 팝업 메뉴를 생성
하는 절차는 다음과 같다.

1. PopupMenu 클래스의 생성자로 팝업 메뉴 객체를 생성한다. 생성자는 현재 애플리케이션 컨텍
   스트와 메뉴가 연결되는 뷰를 인수로 받는다.
2. MenuInflater를 이용하여서 XML로 정의된 메뉴 리소스를 PopupMenu.getMenu()가 반환하는
   Menu 객체에 추가한다. API 14부터는 PopupMenu.inflate()를 사용할 수 있다.
3. PopupMenu.show()를 호출한다.

예제

간단한 팝업 메뉴를 가지고 있는 애플리케이션을 작성한다.

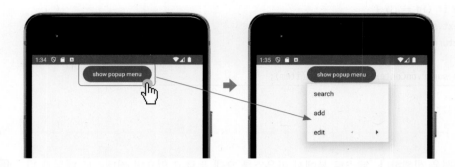

(1) **PopupMenu**라는 프로젝트를 생성한다. 프로젝트를 생성할 때 Minimum Required SDK를 API 11 이상으로 한다.

(2) **/res/layout/activity_main.xml** 파일을 오픈하여서 간단하게 다음과 같은 사용자 인터페이스를 XML로 작성한다.

activity_main.xml

```xml
<LinearLayout xmlns:android="http://schemas.android.com/apk/res/android"
              android:layout_width="match_parent"
              android:layout_height="match_parent"
              android:orientation="vertical" >
    <Button android:layout_width="wrap_content"
            android:layout_height="wrap_content"
            android:layout_gravity="center"
            android:onClick="onClick"          ← 버튼을 누르면 onClick()이 호출된다.
            android:text="show popup menu" />
</LinearLayout>
```

(3) **/res/menu** 아래에 **popup.xml** 파일을 생성한다. **menu** 폴더가 없으면 생성해야 한다. 다음과 같이 입력한다. 팝업 메뉴를 정의하는 리소스이다.

popup.xml

```xml
<?xml version="1.0" encoding="utf-8"?>
<menu xmlns:android="http://schemas.android.com/apk/res/android" >

    <item
        android:id="@+id/search"
```

```
        android:icon="@android:drawable/ic_menu_search"
        android:title="search" />
    <item
        android:id="@+id/add"
        android:icon="@android:drawable/ic_menu_add"
        android:title="add" />
    <item
        android:id="@+id/edit"
        android:icon="@android:drawable/ic_menu_edit"
        android:title="edit" >
        <menu>
            <item
                android:id="@+id/share"
                android:icon="@android:drawable/ic_menu_share"
                android:title="share" />
        </menu>
    </item>
</menu>
```

메뉴 안에 위치하는 서브
메뉴이다.

(4) **MainActivity.java** 파일을 다음과 같이 변경한다.

MainActivity.java

```java
package kr.co.company.popupmenu;
// 소스만 입력하고 Alt+Enter를 눌러서 import 문장을 자동으로 생성한다.


public class MainActivity extends AppCompatActivity {

    @Override
    protected void onCreate(Bundle savedInstanceState) {
        super.onCreate(savedInstanceState);
        setContentView(R.layout.activity_main);
    }
    public void onClick(View button) {
        PopupMenu popup = new PopupMenu(this, button);
        popup.getMenuInflater().inflate(R.menu.popup, popup.getMenu());
        popup.setOnMenuItemClickListener(
            new PopupMenu.OnMenuItemClickListener() {
                public boolean onMenuItemClick(MenuItem item) {
                    Toast.makeText(getApplicationContext(), "클릭된 팝업 메뉴: "
                        + item.getTitle(),
                            Toast.LENGTH_SHORT).show();
                    return true;
                }
        });
        popup.show();
```

팝업 메뉴 항목이
눌러지면 여기서
처리한다.

```
    }
  }
```

(5) 애플리케이션을 실행한다.

SECTION 5 대화 상자

대화 상자는 로그인 윈도우나 진행 상황을 보여주는 윈도우를 생성하는 데 사용한답니다.

대화 상자(dialog)는 사용자에게 메시지를 출력하고 사용자로부터 입력을 받아들이는 아주 보편적인 사용자 인터페이스이다. 안드로이드에서의 대화 상자는 현재 액티비티 앞에서 보여지는 작은 윈도우로 정의된다. 대화 상자가 등장하면 현재 액티비티는 포커스를 잃고 대화 상자가 모든 사용자 상호작용을 차지한다. 대화 상자는 로그인 윈도우나 진행 상황을 보여주는 윈도우를 생성하는 데 사용된다.

> Fire missiles?
>
> CANCEL   FIRE

참고 사항

안드로이드 대화 상자의 가장 큰 특징은 비동기적이라는 점이다. 즉 대화 상자가 나타났다고 해서 액티비티의 실행이 중지되는 것이 아니라는 점이다. 실제로는 대화 상자와는 무관하게 액티비티는 계속 실행된다. 이것 때문에 상당히 주의해야 할 점들이 존재한다. 안드로이드가 대화 상자를 비동기식으로 설계한 이유는 아마도 모바일 장치에서의 응답성을 향상시키기 위해서일 것이다.

`Dialog` 클래스가 대화 상자를 생성하는 기본 클래스이지만, 이 클래스를 직접 사용하는 것보다 다음과 같은 자식 클래스들을 사용하는 것이 편리하다.

● `AlertDialog`

0개부터 3개의 버튼을 가질 수 있고 또 체크박스나 라디오 버튼을 포함하는 선택 가능한 항목의 리스트를 가질 수 있는 대화 상자이다. `AlertDialog`만 이용하여도 대부분의 대화 상자를 구현할 수 있다.

> **Dialog on Android**
> Are you sure you want to delete this entry?
>
> CANCEL   DELETE

- DatePickerDialog 또는 TimePickerDialog
  사용자가 날짜와 시간을 선택할 수 있도록 하는
대화 상자이다.

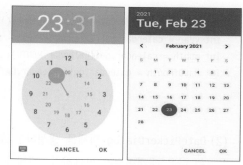

날짜/시간 선택 대화 상자

안드로이드 앱에서 날짜와 시간을 선택하는 대화 상자를 구현하려면 DatePickerDialog(날짜 선택)와 TimePickerDialog(시간 선택)를 사용할 수 있다. DatePickerDialog를 사용하는 절차를 살펴보자.

(1) 다음 코드를 사용하여 Calendar 객체를 초기화한다. 이 Calendar 객체는 DatePickerDialog에 초기 날짜를 제공하는 데 사용된다.

```
Calendar calendar = Calendar.getInstance();
int year = calendar.get(Calendar.YEAR);
int month = calendar.get(Calendar.MONTH);
int dayOfMonth = calendar.get(Calendar.DAY_OF_MONTH);
```

(2) DatePickerDialog 객체를 생성하고 초기 날짜를 설정한다. DatePickerDialog 생성자에는 다음 매개변수가 필요하다. 개체가 생성되면서 익명 클래스를 이용하여 콜백 메소드도 함께 작성한다.

- Context: 액티비티 또는 컨텍스트 객체이다.
- OnDateSetListener: 날짜 선택 후 호출될 콜백 리스너이다.
- year, month, dayOfMonth: 초기 날짜이다.

```
DatePickerDialog datePickerDialog = new DatePickerDialog(
        MainActivity.this,
        new DatePickerDialog.OnDateSetListener() {
            @Override
            public void onDateSet(DatePicker view, int selectedYear, int selectedMonth, int
selectedDayOfMonth) {
                    // 사용자가 선택한 날짜 처리
                    String selectedDate = selectedYear + "-" + (selectedMonth + 1) + "-" +
selectedDayOfMonth;
                    // 선택한 날짜를 사용하거나 표시할 곳에 적용한다.
            }
        },
        year, month, dayOfMonth
);
```

(3) DatePickerDialog를 표시한다. show() 메소드를 호출하여 대화 상자를 보여준다.

```
datePickerDialog.show();
```

시간을 선택할 때, 사용되는 TimePickerDialog도 아주 유사한 방법으로 사용할 수 있다. 우리는 다음 예제를 통하여 DatePickerDialog와 TimePickerDialog의 사용 방법을 동시에 살펴보자.

 **예제**

날짜와 시간 선택 버튼을 가지고 사용자가 버튼을 누르면 DatePickerDialog(날짜 선택 대화 상자)와 TimePickerDialog(시간 선택 대화 상자)를 표시하고 선택된 날짜와 시간을 화면에 표시하는 간단한 앱을 만들어보자.

(1) DateTimePicker라는 프로젝트를 생성한다.

(2) /res/layout/activity_main.xml 파일을 오픈하여서 간단하게 다음과 같은 사용자 인터페이스를 XML로 작성한다.

---

activity_main.xml

UI

```xml
<androidx.constraintlayout.widget.ConstraintLayout >
    <Button
        android:id="@+id/select_date_button"
        android:text="날짜 선택" />

    <EditText
        android:id="@+id/selected_date_text"
        android:text="선택된 날짜: " />

    <Button
        android:id="@+id/select_time_button"
        android:text="시간 선택" />

    <EditText
        android:id="@+id/selected_time_text"
        android:text="선택된 시간:" />
</androidx.constraintlayout.widget.ConstraintLayout>
```

(3) `MainActivity.java` 파일을 다음과 같이 변경한다.

MainActivity.java

```java
public class MainActivity extends AppCompatActivity {

    private TextView selectedDateText, selectedTimeText;

    @Override
    protected void onCreate(Bundle savedInstanceState) {
        super.onCreate(savedInstanceState);
        setContentView(R.layout.activity_main);

        selectedDateText = findViewById(R.id.selected_date_text);
        selectedTimeText = findViewById(R.id.selected_time_text);

        Button selectDateButton = findViewById(R.id.select_date_button);
        selectDateButton.setOnClickListener(new View.OnClickListener() {
            @Override
            public void onClick(View v) {
                showDatePickerDialog();
            }
        });

        Button selectTimeButton = findViewById(R.id.select_time_button);
        selectTimeButton.setOnClickListener(new View.OnClickListener() {
            @Override
            public void onClick(View v) {
                showTimePickerDialog();
            }
        });
    }

    private void showDatePickerDialog() {
        Calendar calendar = Calendar.getInstance();
        int year = calendar.get(Calendar.YEAR);
        int month = calendar.get(Calendar.MONTH);
        int dayOfMonth = calendar.get(Calendar.DAY_OF_MONTH);

        DatePickerDialog datePickerDialog = new DatePickerDialog(
                this,
                new DatePickerDialog.OnDateSetListener() {
                    @Override
                    public void onDateSet(DatePicker view, int selectedYear, int selectedMonth,
                    int selectedDayOfMonth) {
                        String selectedDate = selectedYear + "-" + (selectedMonth + 1) + "-" +
                        selectedDayOfMonth;
```

날짜 선택 버튼 생성

시간 선택 버튼 생성

DatePickerDialog
대화 상자 생성

```
                    selectedDateText.setText("선택한 날짜: " + selectedDate);
                }
            },
            year, month, dayOfMonth
        );

        datePickerDialog.show();
    }

    private void showTimePickerDialog() {
        Calendar calendar = Calendar.getInstance();
        int hour = calendar.get(Calendar.HOUR_OF_DAY);
        int minute = calendar.get(Calendar.MINUTE);

        TimePickerDialog timePickerDialog = new TimePickerDialog(
                this,
                new TimePickerDialog.OnTimeSetListener() {
                    @Override
                    public void onTimeSet(TimePicker view, int selectedHour, int selectedMinute) {
                        String selectedTime = selectedHour + ":" + selectedMinute;
                        selectedTimeText.setText("선택한 시간: " + selectedTime);
                    }
                }, hour, minute, true);

        timePickerDialog.show();
    }
}
```

(4) 애플리케이션을 실행한다.

AlertDialog

AlertDialog는 Dialog 클래스를 상속받은 클래스이다. AlertDialog만 사용하여도 사용자 인터페이스에서 사용되는 대부분의 대화 상자를 구현할 수 있다.

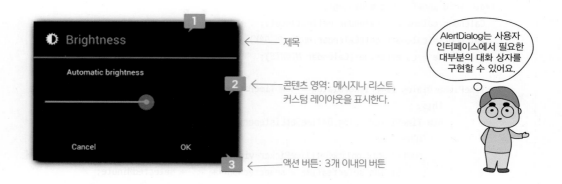

← 제목

← 콘텐츠 영역: 메시지나 리스트, 커스텀 레이아웃을 표시한다.

← 액션 버튼: 3개 이내의 버튼

> AlertDialog는 사용자 인터페이스에서 필요한 대부분의 대화 상자를 구현할 수 있어요.

AlertDialog를 생성하기 위하여 먼저 AlertDialog.Builder 객체를 생성하고 이 객체의 메소드들을 호출하여서 속성을 지정하고 생성한다. AlertDialog 대화 상자가 가장 많이 이용되는 경우가 어떤 버튼을 눌렀을 때 확인하는 부분이다. 이 경우를 예제로 살펴보자.

예제

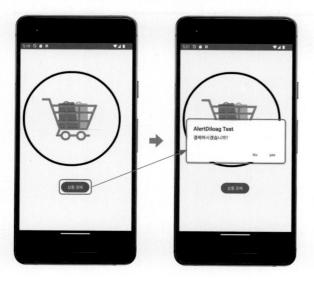

버튼이 눌러지면 AlertDialog 대화 상자를 화면에 표시하는 애플리케이션을 작성하여 보자.

(1) AlertDialogTest라는 프로젝트를 생성한다.
(2) activity_main.xml 파일을 다음과 같이 생성한다.

activity_main.xml

```
<androidx.constraintlayout.widget.ConstraintLayout >
    <Button
        android:id="@+id/button"
        android:onClick="open"
        android:text="상품 결제"    />

    <ImageView
        android:id="@+id/imageView"
        app:srcCompat="@drawable/img" />
</androidx.constraintlayout.widget.ConstraintLayout>
```

(3) `MainActivity.java` 파일을 다음과 같이 변경한다.

MainActivity.java

```
package kr.co.company.alertdialogtest;
// 소스만 입력하고 Alt+Enter를 눌러서 import 문장을 자동으로 생성한다.

public class MainActivity extends AppCompatActivity {
  @Override
  protected void onCreate(Bundle savedInstanceState) {
      super.onCreate(savedInstanceState);
      setContentView(R.layout.activity_main);
  }

  public void open(View view){
```
빌더 객체를 생성한다.
```
      AlertDialog.Builder alertDialogBuilder = new AlertDialog.Builder(this);
      alertDialogBuilder.setTitle("AlertDiloag Test");
      alertDialogBuilder.setMessage("결제하시겠습니까?");
```
대화 상자의 메시지 부분 설정
```
      alertDialogBuilder.setPositiveButton("yes",
          new DialogInterface.OnClickListener() {
          @Override
          public void onClick(DialogInterface arg0, int arg1) {
              Toast.makeText(MainActivity.this,"결제가 완료되었습니다.",
                      Toast.LENGTH_LONG).show();
          }
      });
```
대화 상자의 "yes" 버튼 부분 설정
```
      alertDialogBuilder.setNegativeButton("No",
          new DialogInterface.OnClickListener() {
          @Override
          public void onClick(DialogInterface dialog, int which) {
              Toast.makeText(MainActivity.this,"결제가 취소되었습니다.",
                      Toast.LENGTH_LONG).show();
```
대화 상자의 "no" 버튼 부분 설정

```
                finish();
            }
        });

    AlertDialog alertDialog = alertDialogBuilder.create();
    alertDialog.show();
    }
}
```

먼저 `AlertDialog.Builder()`를 호출하여서 빌더 객체를 생성한다. 빌더 객체의 `setMessage()`를 호출하여서 대화 상자에 표시되는 텍스트 메시지를 설정한다. `setMessage()`는 빌더 객체를 반환하므로 이것을 이용하여서 연속적으로 빌더의 메소드를 호출할 수도 있다. `setPositiveButton()`과 `setNegativeButton()`을 호출하여서 버튼의 이름과 버튼에서 발생하는 이벤트를 처리하는 클릭 리스너 객체를 생성하여서 등록한다. `OnClickListener` 인터페이스는 버튼이 눌려졌을 경우에 실행되는 동작을 정의한다. 클릭 리스너 객체는 무명 객체로 생성된다.

참고사항

AlertDialog에는 동일한 버튼 타입이면 오직 한 개의 버튼만을 추가할 수 있다. 즉 positive 버튼을 2개 추가할 수는 없다. 따라서 가능한 버튼은 positive, neutral, negative와 같이 최대 3개가 된다. 이들 버튼의 이름은 실제 하는 일과는 무관하다.

목록을 사용하는 AlertDialog

선택 가능한 목록을 가지는 `AlertDialog`를 생성하기 위해서는 `setItems()` 메소드를 사용한다. 앞의 소스와 아주 유사하고 `onCreateDialog()`만 다음과 같이 변경하면 된다.

색상을 선택하시오
Red
Green
Blue

```
final CharSequence[] items ={ "Red", "Green", "Blue" };

AlertDialog.Builder builder = new AlertDialog.Builder(this);
builder.setTitle("색상을 선택하시오");
builder.setItems(items, new DialogInterface.OnClickListener(){
   public void onClick(DialogInterface dialog, int item) {
      Toast.makeText(getApplicationContext(), items[item],
          Toast.LENGTH_SHORT).show();}}
);
AlertDialog alert = builder.create();
```

먼저 setTitle(CharSequence)를 호출하여서 대화 상자에 제목을 설정한다. 이어서 선택 가능한 목록을 setItems()로 추가한다. setItems()는 표시할 항목의 배열과 OnClickListener를 매개변수로 받는다. OnClickListener는 사용자가 항목을 선택하는 경우에 실행되는 동작을 정의한다.

체크 박스와 라디오 버튼이 추가된 AlertDialog

여러 개를 동시에 선택할 수 있는 체크 박스를 부착한 대화 상자를 작성하려면 setMultiChoiceItems()를 사용한다. 하나만 선택할 수 있는 라디오 버튼을 부착한 대화 상자를 만들려면 setSingleChoiceItems()를 사용한다.

```java
final CharSequence[] items ={ "Red", "Green", "Blue" };   ← 빌더 객체를 생성한다.

AlertDialog.Builder builder = new AlertDialog.Builder(this);   ← 대화 상자의 메시지 부분
builder.setTitle("색상을 선택하시오");                              설정
builder.setSingleChoiceItems(items, -1, new
  DialogInterface.OnClickListener() {
    public void onClick(DialogInterface dialog, int item) {
      Toast.makeText(getApplicationContext(), items[item],
          Toast.LENGTH_SHORT).show();
    }
});
AlertDialog alert = builder.create();
```

setSingleChoiceItems()의 두 번째 매개변수는 초기에 선택된 항목을 나타내는 정수로, −1은 아직 선택된 항목이 없음을 나타낸다.

예제

라디오 버튼이 있는 AlertDialog 대화 상자를 이용하여 음료를 선택하는 앱을 작성해보자.

(1) AlertDialogTest라는 프로젝트를 생성한다.
(2) activity_main.xml 파일을 다음과 같이 생성한다.

activity_main.xml

```
<androidx.constraintlayout.widget.ConstraintLayout>
    <ImageView
        android:id="@+id/imageView"
        app:srcCompat="@drawable/coffee" />
    <Button
        android:id="@+id/show_dialog_button"
        android:text="음료 선택" />
</androidx.constraintlayout.widget.ConstraintLayout>
```

(3) **MainActivity.java** 파일을 다음과 같이 변경한다.

MainActivity.java

```
public class MainActivity extends AppCompatActivity {

    private String selectedDrink = "커피"; // 기본 선택값
    ImageView imageview;

    @Override
    protected void onCreate(Bundle savedInstanceState) {
        super.onCreate(savedInstanceState);
        setContentView(R.layout.activity_main);

        imageview = findViewById(R.id.imageView);
        Button showDialogButton = findViewById(R.id.show_dialog_button);
        showDialogButton.setOnClickListener(new View.OnClickListener() {
            @Override
            public void onClick(View v) {
                showDrinkSelectionDialog();
            }
        });
    }

    private void showDrinkSelectionDialog() {
        final String[] drinks = {"커피", "티", "밀크"};

        AlertDialog.Builder builder = new AlertDialog.Builder(this);
        builder.setTitle("음료 선택")
                .setSingleChoiceItems(drinks, -1, new DialogInterface.OnClickListener() {

                    @Override
                    public void onClick(DialogInterface dialog, int which) {
                        selectedDrink = drinks[which];
                        if( which==0)  imageview.setImageResource(R.drawable.tea);
                        else if(which==1)  imageview.setImageResource(R.drawable.tea);
```

버튼이 눌리면 라디오 버튼이 있는 대화 상자를 생성한다.

빌더 객체를 먼저 생성하여 여러 가지 속성을 설정한다.

```
                else imageview.setImageResource(R.drawable.milk);
            }
        })
        .setPositiveButton("확인", new DialogInterface.OnClickListener() {
            @Override
            public void onClick(DialogInterface dialog, int which) {
                // 선택한 음료에 대한 추가 작업 수행
                // 실제 액션을 수행하거나 화면에 표시하는 방식으로 변경 가능
                dialog.dismiss();
            }
        })
        .setNegativeButton("취소", new DialogInterface.OnClickListener() {
            @Override
            public void onClick(DialogInterface dialog, int which) {
                dialog.dismiss();
            }
        });

        builder.create().show();
    }
}
```

8 커스텀 대화 상자

SECTION

> 커스텀 대화 상자란 사용자가 마음대로 대화 상자의 내용을 디자인할 수 있는 대화 상자예요.

커스텀 대화 상자(custom dialog)란 사용자가 마음대로 대화 상자의 내용을 디자인할 수 있는 대화 상자이다. 예를 들어서 로그인 윈도우를 대화 상자로 생성할 수 있다.

옆의 그림과 같은 커스텀 대화 상자를 원한다면 대화 상자를 위한 레이아웃 파일을 생성하여야 한다. 레이아웃을 정의한 후에, setContentView(id)를 호출하여서 대화 상자의 화면을, 앞에서 정의한 레이아웃으로 설정하면 된다.

앞의 그림과 유사한 커스텀 대화 상자를 작성하는 절차를 살펴보자.

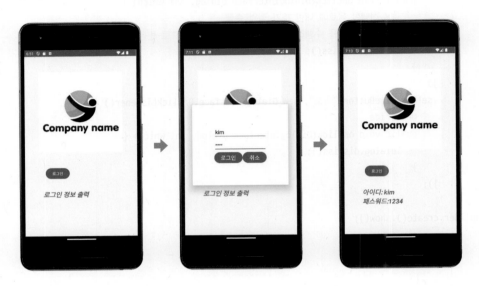

(1) `CustomDialog`라는 프로젝트를 생성한다.

(2) `activity_main.xml` 파일을 오픈하여서 선형 레이아웃 안에 아이디가 `button1`인 버튼을 추가한다. 제공되는 소스를 참고한다.

activity_main.xml

```xml
<androidx.constraintlayout.widget.ConstraintLayout >
    <ImageView
        android:id="@+id/imageView"
        app:srcCompat="@drawable/img" />


    <Button
        android:id="@+id/button"
        android:onClick="onClick"
        android:text="로그인" />


    <TextView
        android:id="@+id/textView"
        android:text="로그인 정보 출력" />
</androidx.constraintlayout.widget.ConstraintLayout>
```

(3) /res/layout 폴더에 XML 레이아웃 파일 custom_dialog.xml을 생성한다. 선형 레이아웃 안에 에디트 텍스트와 버튼을 정의한다.

custom_dialog.xml

```xml
<LinearLayout xmlns:android="http://schemas.android.com/apk/res/android"
    android:orientation="vertical"
    android:padding="80dp">

    <EditText
        android:id="@+id/username"
        android:hint="username"
        android:textSize="20sp">
        <requestFocus></requestFocus>
    </EditText>

    <EditText
        android:id="@+id/password"
        android:hint="password"
        android:inputType="textPassword"
        android:textSize="20sp"></EditText>

    <LinearLayout>
        <Button
            android:id="@+id/login"
            android:layout_weight="0.5"
            android:text="로그인"
            android:textSize="20sp"></Button>

        <Button
            android:id="@+id/cancel"
            android:layout_weight="0.5"
            android:text="취소"
            android:textSize="20sp"></Button>
    </LinearLayout>
</LinearLayout>
```

(4) MainActivity.java 파일을 다음과 같이 변경한다.

MainActivity.java

```java
public class MainActivity extends AppCompatActivity implements
        View.OnClickListener {
    TextView text;
```

```
@Override
public void onCreate(Bundle savedInstanceState) {

    super.onCreate(savedInstanceState);
    setContentView(R.layout.activity_main);
    text = (TextView) findViewById(R.id.textView);
}

@Override
public void onClick(View v) {
    final Dialog loginDialog = new Dialog(this);
    loginDialog.setContentView(R.layout.custom_dialog);
    loginDialog.setTitle("로그인 화면");
```

커스텀 대화 상자를 생성한다.

```
    Button login = (Button) loginDialog.findViewById(R.id.login);
    Button cancel = (Button) loginDialog.findViewById(R.id.cancel);
    final EditText username = (EditText) loginDialog
            .findViewById(R.id.username);

    final EditText password = (EditText) loginDialog
            .findViewById(R.id.password);
```

커스텀 대화 상자의 로그인
버튼이 클릭되면

```
    login.setOnClickListener(new View.OnClickListener() {
        @Override
        public void onClick(View v) {
            if (username.getText().toString().trim().length() > 0
                    && password.getText().toString().trim().length() > 0) {
                Toast.makeText(getApplicationContext(), "로그인 성공",
                        Toast.LENGTH_LONG).show();
                text.setText("아이디: " + username.getText() + "\n패스워드:" + password.
                getText());
                loginDialog.dismiss();
            } else {
                Toast.makeText(getApplicationContext(), "다시 입력하시오",
                        Toast.LENGTH_LONG).show();

            }
        }
    });
    cancel.setOnClickListener(new View.OnClickListener() {
        @Override
        public void onClick(View v) {
            loginDialog.dismiss();
        }
    });

    loginDialog.show();
```

커스텀 대화 상자의 취소 버
튼이 클릭되면

```
        }
    }
```

> 부모 클래스로 Dialog를 가지고 작성된 대화상자는 제목을 가질 수 있다. 만약 대화 상자에 제목이 필요하지 않다면 부모 클래스로 AlertDialog 클래스를 사용하는 것이 좋다. 그러나 AlertDialog는 AlertDialog.Builder 클래스로 생성되므로 setContentView(int) 메소드에 접근할 수 없다. 대신에 setView(View)를 사용하면 된다. setView(View)는 뷰 객체를 받으므로 XML 파일로부터 레이아웃 객체를 받아서 팽창시킬 수 있다.

9 SECTION   알림 기능(notification)

알림(notification)은 어떤 이벤트가 발생하였을 때, 앱이 사용자에게 전달하는 메시지이다. 우리는 스마트폰에서 문자 메시지가 도착하면 소리와 함께 알림이 표시되는 것을 매일 경험한다. 사용자는 화면 위쪽의 상태 표시줄을 아래로 스와이프하여 알림 창을 열 수 있다. 여기에서 내용을 확인하고 알림에 대한 조치를 취할 수 있다. 알림은 최근 버전에서 아주 중요하게 다루어지고 새로운 기능이 많이 추가되고 있다.

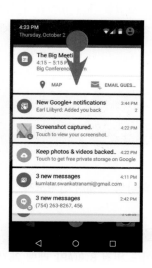

예를 들어서 알림을 받으면 그 위치에서 답장을 할 수도 있다. 또한 알림을 클릭하면 특정한 앱이 열리도록 설정하는 것도 가능하다. 안드로이드 버전 5.0부터는 알림을 임시 창에 잠시 표시할 수 있다. 이 동작은 사용자가 즉시 알아야 하는 중요한 알림에 사용하며, 기기의 잠금이 해제되었을 경우에만 표시된다.

기본적인 알림 구조

알림에는 다음과 같은 내용들이 포함된다.

① 작은 아이콘: 이것은 필수적으로 있어야 한다. setSmallIcon()으로 설정한다.

② 앱 이름: 안드로이드에서 제공한다.

③ 알림 발생 시간: 안드로이드에서 제공하지만, setWhen()으로 재정의할 수 있다.

④ 큰 아이콘: 선택 항목이며, setLargeIcon()으로 설정할 수 있다.

⑤ 제목: 선택 항목이며, setContentTitle()로 설정한다.

⑥ 텍스트: 선택 항목이며, setContentText()로 설정한다.

알림을 만드는 절차

여기서는 기본적인 알림을 생성하는 절차를 살펴보자. 여기에서는 Notification Compat API 를 사용한다. 이 API를 사용하면 최신 버전에서만 사용할 수 있는 기능을 추가하는 동시에 이전 버전과의 호환성을 계속 유지할 수 있다. 하지만 일부 새로운 기능(예: 인라인 답장 작업)은 이전 버전에서 작동하지 않는다. 알림은 제목, 텍스트, 아이콘만을 가진다. 기본적인 절차는 다음과 같다.

절차를 하나씩 자세히 살펴보자.

① 채널을 생성한다

안드로이드 버전 8.0(API 레벨 26)부터 모든 알림은 채널에 할당되어야 한다. 채널을 사용하지 않으면 알림이 나타나지 않는다. 알림을 채널로 분류하면 사용자가 앱의 특정 알림 채널을 비활성화할 수 있고 각 채널마다 여러 가지 옵션을 제어할 수 있다.

NotificationChannels는 안드로이드 버전 8.0에 도입되어 사용자가 보고 싶은 알림 유형을 정확하게 제어할 수 있도록 한다. 예를 들어 쇼핑 앱의 경우 '새 거래 및 프로모션'과 '주문 업데이트'와 같은 채널을 여러 개 사용할 수 있다. 사용자가 새로운 '새 거래 및 프로모션'에 대한 알림을 원하지 않는 경우 알림을 끌 수 있다.

안드로이드 버전 7.1(API 레벨 25) 이하를 실행하는 기기에서 사용자는 각각의 앱 단위로만 알림을 관리할 수 있다. 즉 안드로이드 버전 7.1 이하에서는 각 앱이 채널을 하나만 가진다고 생각할 수 있다.

앱에서 간단한 채널을 만드는 코드를 살펴보자.

```
String NOTIFICATION_CHANNEL_ID = "my_channel_id_01";

private void createNotificationChannel() {

  if (Build.VERSION.SDK_INT >= Build.VERSION_CODES.O) {
    NotificationChannel notificationChannel = new
NotificationChannel(NOTIFICATION_CHANNEL_ID, "My Notifications", NotificationManager.
IMPORTANCE_DEFAULT);
    notificationChannel.setDescription("Channel description");
    NotificationManager notificationManager = (NotificationManager)
getSystemService(Context.NOTIFICATION_SERVICE);
    notificationManager.createNotificationChannel(notificationChannel);
  }
}
```

앱을 시작할 때 이 코드를 호출하는 것이 안전하다.

② 알림 빌더를 생성한다

첫 번째 단계는 `NotificationCompat.Builder.build()`를 사용하여 알림 빌더를 만드는 것이다. Notification Builder를 사용하여 큰 아이콘, 작은 아이콘, 제목, 우선순위 등과 같은 다양한 Notification 속성을 설정한다.

```
NotificationCompat.Builder builder = new NotificationCompat.Builder(this);
```

③ 알림 속성을 설정한다

Builder 객체가 생성되면 필요에 따라 Builder 객체를 사용하여 Notification 속성을 설정할 수 있다. 다음의 3가지 속성은 반드시 설정하여야 한다.

- setSmallIcon(): 작은 아이콘
- setContentTitle(): 알림의 제목
- setContentText(): 알림의 상세 텍스트

```
builder.setSmallIcon(R.drawable.notification_icon);
builder.setContentTitle("알려드립니다.");
builder.setContentText("이것은 시험적인 알림입니다.");
```

④ 액션을 첨부한다

이것은 선택적 요소이며, 알림과 함께 어떤 조치를 첨부하려는 경우에 필요하다. 액션을 첨부하면 사용자가 알림에서 애플리케이션의 액티비티로 바로 갈 수 있게 한다.

액션은 애플리케이션에서 `PendingIntent`에 의해 정의된다. `PendingIntent`를 알림과 연결하려면 `NotificationCompat.Builder`의 적절한 메소드를 호출하면 된다. 예를 들어 사용자가 알림 창에서 알림을 클릭할 때 특정 액티비티를 시작하려면 `setContentIntent()`를 호출하여 `PendingIntent`를 추가한다.

```
Intent intent = new Intent(Intent.ACTION_VIEW, Uri.parse("http://www.google.com/"));
PendingIntent pendingIntent = PendingIntent.getActivity(this, 0, intent, 0);
builder.setContentIntent(pendingIntent);
```

⑤ 알림 객체 생성하여 보내기

알림을 생성하려면 `NotificationManager.notify()`를 호출하여 시스템에 `Notification` 객체를 전달한다.

```
NotificationManager notificationManager = (NotificationManager)
        getSystemService(NOTIFICATION_SERVICE);

notificationManager.notify(NOTIFICATION_ID, builder.build());
```

 **예제**

계란 삶는 것을 도와주는 앱을 만들어보자. 계란 삶기는 간단하지만, 시간을 추적하지 않으면 어려운 작업이 될 수 있다. 사용자는 앱에서 계란을 삶는 시간을 설정할 수 있다. 사용자가 다양한 계란 스타일에 대해 서로 다른 요리 시간 설정을 지정할 수 있는 작동하는 계란 타이머 앱을 만든다. 타이머는 선택한 시간 간격부터 카운트 다운하고 계란이 준비되면 알림을 보낸다. 계란 삶기가 완료 되었을 때, 토스트 메시지를 보내는 것은 완벽하지 않고 실제로 사용자 친화적이지 않다. 우선 토스트 메시지는 짧은 시간 동안만 표시되기 때문에 놓치기 쉽다. 또한 앱이 포그라운드에 있지 않거나 장치가 잠겨 있는 경우 사라진다. 우리는 알림을 보내보자. 앱의 옵션 메뉴를 이용해서 계란의 삶는 방법을 선택한다. 계란 삶기가 끝나면 알림을 보낸다.

(1) **Notification**이라는 프로젝트를 생성한다.
(2) **activity_main.xml** 파일을 다음과 같이 작성한다.

activity_main.xml

```
<androidx.constraintlayout.widget.ConstraintLayout >
    <ImageView
        android:id="@+id/imageView"
        app:srcCompat="@drawable/boiled_egg"
        tools:srcCompat="@drawable/boiled_egg" />

    <EditText
        android:id="@+id/edit"
        android:text="01:00" />
```

```xml
    <Button
        android:id="@+id/button"
        android:onClick="startTimer"
        android:text="계란 삶기 시작" />

    <TextView
        android:id="@+id/textView"
        android:text="Egg Timer"/>
</androidx.constraintlayout.widget.ConstraintLayout>
```

(3) `MainActivity.java` 파일을 다음과 같이 변경한다.

MainActivity.java

```java
public class MainActivity extends AppCompatActivity {

    private EditText mEditText;

    @Override
    protected void onCreate(Bundle savedInstanceState) {
        super.onCreate(savedInstanceState);
        setContentView(R.layout.activity_main);
        mEditText = (EditText) findViewById(R.id.edit);
        createNotificationChannel();
    }

    String NOTIFICATION_CHANNEL_ID = "my_channel_id_01";

    private void createNotificationChannel() {                          // 알림 채널을 생성한다.
        if (Build.VERSION.SDK_INT >= Build.VERSION_CODES.O) {
            NotificationChannel notificationChannel = new NotificationChannel(NOTIFICATION_
            CHANNEL_ID, "My Notifications", NotificationManager.IMPORTANCE_DEFAULT);
            notificationChannel.setDescription("Channel description");
            NotificationManager notificationManager = (NotificationManager)
            getSystemService(Context.NOTIFICATION_SERVICE);
            notificationManager.createNotificationChannel(notificationChannel);
        }
    }
    public void sendNotification() {
        NotificationCompat.Builder notificationBuilder = new NotificationCompat.Builder(this,
        NOTIFICATION_CHANNEL_ID);

        // 알림이 클릭되면 이 인텐트가 보내진다.
        Intent intent = new Intent(Intent.ACTION_VIEW,
                Uri.parse("http://www.google.com/"));
        PendingIntent pendingIntent = PendingIntent.getActivity(this, 0,
```

```
            intent, PendingIntent.FLAG_IMMUTABLE);
```

디자인 패턴 중에서 빌더 패턴을 사용하고 있다.

```
    notificationBuilder.setSmallIcon(R.drawable.ic_launcher_background)
            .setContentTitle("Egg Timer")
            .setContentText("계란 삶기가 완료되었습니다.")
            .setContentIntent(pendingIntent);

    NotificationManager notificationManager = (NotificationManager)
    getSystemService(Context.NOTIFICATION_SERVICE);
    notificationManager.notify(/*notification id*/1, notificationBuilder.build());
}

public void startTimer (View view){
    String s = mEditText.getText().toString();
    int min = Integer.parseInt(s.substring(0, 2));
    int sec = Integer.parseInt(s.substring(3, 5));
    new CountDownTimer(min * 60 * 1000 + sec * 1000, 1000) {
        public void onTick(long millisUntilFinished) {
            mEditText.setText("" + (int) (millisUntilFinished / (1000)) + "초");
        }
```

타이머가 끝나면 알림을 보낸다.

```
        public void onFinish() {
            mEditText.setText("done!");
            sendNotification();
        }
    }.start();
}
}
```

(4) AndroidManifest.xml 파일에 다음과 같은 권한을 추가한다.

AndroidManifest.xml

```
<uses-permission android:name="android.permission.POST_NOTIFICATIONS" />
```

매니페스트
파일 수정

연습문제

01 "Refresh", "Settings" 항목을 가지는 메뉴를 XML로 정의하여 보자.

```xml
<menu xmlns:android="http://schemas.android.com/apk/res/android" >
    <item
    _____
    _____
    </item>
    <item
    _____
    _____
    </item>
</menu>
```

02 액티비티가 생성되면 onCreateOptionsMenu()가 호출된다. 만약 /res/menu/mymenu.xml을 불러들여서 팽창한 후에 menu에 저장하려면 어떻게 하면 되는가? 빈칸을 채우시오.

```java
@Override
  public boolean onCreateOptionsMenu(Menu menu) {

    _____
    _____

    return true;
  }
```

03 다음과 같은 대화 상자를 AlertDialog 클래스를 이용하여서 생성하는 코드를 작성하시오.

(주제: 커스텀 대화 상자, 난이도: 상)

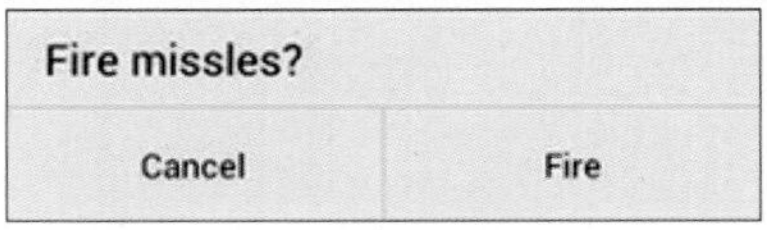

Fire missles?	
Cancel	Fire

CHAPTER 08

어댑터 뷰, 프래그먼트, 뷰 페이저

어댑터 뷰는 뭐야?

화면에 표시된 항목을 손으로 쓸어 넘기면서 볼 때 사용되는 위젯이야.

CHAPTER 08 어댑터 뷰, 프래그먼트, 뷰 페이저

SECTION 1 어댑터 뷰 클래스

우리는 이메일이나 트위터를 사용할 때 화면에 표시된 수많은 항목을 손으로 쓸어 넘기면서 본다. 이때 사용되는 위젯이 어댑터 뷰(AdapterView)이다. 어댑터 뷰는 배열, 파일, 데이터베이스에 저장된 데이터를 읽어서 화면에 표시할 때 유용한 뷰이다. 리스트 뷰(ListView), 갤러리(Gallery), 그리드 뷰(GridView)들이 고전적인 어댑터 뷰에 속하고, 최근에는 리사이클러 뷰(RecyclerView)가 권장되고 있다.

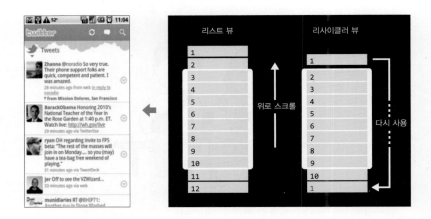

어댑터 뷰에 데이터를 공급하는 클래스가 어댑터(Adapter)이다. 어댑터는 개념적으로 데이터 소스와 어댑터 뷰 중간에 위치하여서 데이터 소스에서 데이터를 읽어서 어댑터 뷰에 공급한다. 어댑터에는 배열에서 데이터를 가져오는 `ArrayAdapter`, 데이터베이스에서 데이터를 가져오는 `SimpleCursorAdapter` 등이 있다.

리스트 뷰와 어댑터

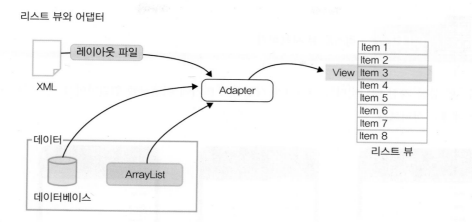

● 그림 8-1
어댑터는 데이터를
읽어서 어댑터 뷰
에 공급한다.

2
SECTION

리스트 뷰

리스트 뷰(ListView)는 항목들을 수직으로 보여주는 어댑터 뷰로 상하로 스크롤이 가능하다. 스마트폰처럼 손가락으로 스크롤하는 장치에서는 리스트 뷰가 직관적이고 사용하기 쉽기 때문에 아주 많이 사용된다.

항목들은 이 뷰에 설정된 어댑터에서 제공된다. 어댑터는 리스트 뷰와 데이터 사이의 브릿지라 할 수 있다. 일반적으로 데이터가 어댑터로 포장만 되면 어떤 데이터든지 표시할 수 있다. 리스트 뷰는 레이아웃 파일 안에 `<ListView>` 요소를 선언하여 생성한다.

 **예제**   리스트 뷰 사용하기

리스트 뷰를 가진 액티비티를 간단하게 작성하고 여기에 어댑터를 연결하여서 데이터를 표시하
는 예제를 살펴보자.

(1) ListView01 프로젝트를 생성한다.

(2) 레이아웃 파일 activity_main.xml 파일을 다음과 같이 변경한다.

UI

activity_main.xml

```
<RelativeLayout>
    <ListView
        android:id="@+id/listView"
        android:layout_width="match_parent"
        android:layout_height="match_parent" />
</RelativeLayout>
```

(3) MainActivity.java 파일을 다음과 같이 수정한다. 레이아웃에 정의된 리스트 뷰를 찾고 여
기에 ArrayAdapter를 연결한다.

**코드
작성**

MainActivity.java

```
public class MainActivity extends Activity {

    @Override
    protected void onCreate(Bundle savedInstanceState) {
```

```java
super.onCreate(savedInstanceState);
setContentView(R.layout.activity_main);
```
배열에 저장된
데이터

```java
// 데이터 배열 생성
String[] data = {"Apple", "Apricot", "Avocado", "Banana", "Blackberry",
        "Blueberry", "Cherry", "Coconut", "Cranberry",
        "Grape Raisin", "Honeydew", "Jackfruit", "Lemon", "Lime",
        "Mango", "Watermelon"};
```

어댑터 생성

```java
// ArrayAdapter를 사용하여 데이터를 ListView에 연결
ArrayAdapter<String> adapter = new ArrayAdapter<>(this, android.R.layout.simple_list_
item_1, data);
ListView listView = findViewById(R.id.listView);
listView.setAdapter(adapter);
```
← 리스트 뷰에 어댑터 설정

```java
// ListView에 항목 클릭 리스너 추가
listView.setOnItemClickListener(new AdapterView.OnItemClickListener() {
    @Override
    public void onItemClick(AdapterView<?> parent, View view, int position, long id) {

        // 클릭한 항목의 텍스트를 가져와서 토스트 메시지로 표시
        String selectedItem = data[position];
        Toast.makeText(getApplicationContext(), "선택한 항목: " + selectedItem, Toast.
        LENGTH_SHORT).show();
    }
});
}
}
```
사용자가 리스트 뷰의 항목을 클릭하게 되면
→ onListItemClick()이 호출되고 화면 하단에 토스트 메시지가 표시된다. ListActivity가 가지고 있는 메소드이다.

먼저 데이터가 필요하다. 데이터는 배열에 저장될 수도 있고 자바가 제공하는 컬렉션인 ArrayList나 LinkedList에 저장될 수도 있다. 일단 여기서는 간단하게 배열 values에 과일의 이름을 저장시켰다.

이제 어댑터를 생성하여 보자. 데이터가 배열에 있으므로 ArrayAdaptor 객체를 생성하였다. ArrayAdaptor의 생성자 중에서 다음과 같은 생성자를 사용하자.

ArrayAdapter(Context context, int textViewResourceId, T[] objects)

현재 애플리케이션 컨텍스트   레이아웃 아이디   배열

ArrayAdaptor 생성자의 두 번째 매개변수는 레이아웃 ID이다. 사용자가 직접 레이아웃을 만들어서 지정할 수도 있지만, 통상적으로 안드로이드가 제공하는 표준적인 레이아웃을 사용할 수도 있다. 표준 레이아웃은 R.layout 클래스 파일 안에 정의되어 있으며, simple_list_item_1, simple_list_item_2, two_line_list_item과 같은 이름을 가진다.

● 표 8-1
리스트 뷰의 표준
레이아웃

레이아웃 ID	설명
simple_list_item_1	하나의 텍스트 뷰 사용
simple_list_item_2	두 개의 텍스트 뷰 사용
simple_list_item_checked	항목당 체크 표시
simple_list_item_single_choice	한 개의 항목만 선택
simple_list_item_multiple_choice	여러 개의 항목 선택 가능

ArrayAdaptor 생성자의 세 번째 매개 변수는 바로 데이터가 들어있는 배열이다. 따라서 우리의 예제에서는 배열의 이름을 주면 된다. 배열 대신에 List 인터페이스를 구현하는 ArrayList나 LinkedList에 대해서도 생성자가 중복 정의되어 있다. 따라서 ArrayList에 데이터를 저장하고 연결할 수 있다. 화면에 스크롤이 가능한 수직 리스트가 나타난다. 상당히 많은 애플리케이션에서 사용하는 어댑터 뷰이다.

전체
구조

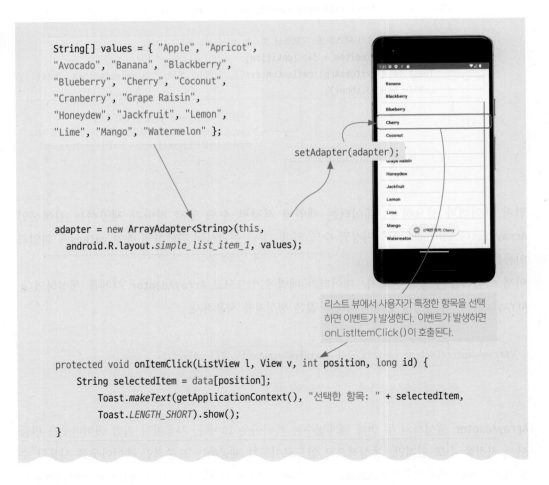

```
String[] values = { "Apple", "Apricot",
"Avocado", "Banana", "Blackberry",
"Blueberry", "Cherry", "Coconut",
"Cranberry", "Grape Raisin",
"Honeydew", "Jackfruit", "Lemon",
"Lime", "Mango", "Watermelon" };
```

setAdapter(adapter);

```
adapter = new ArrayAdapter<String>(this,
    android.R.layout.simple_list_item_1, values);
```

리스트 뷰에서 사용자가 특정한 항목을 선택하면 이벤트가 발생한다. 이벤트가 발생하면 onListItemClick()이 호출된다.

```
protected void onItemClick(ListView l, View v, int position, long id) {
    String selectedItem = data[position];
        Toast.makeText(getApplicationContext(), "선택한 항목: " + selectedItem,
        Toast.LENGTH_SHORT).show();
}
```

onItemClick()은 ListView 안에 선언된 메소드로 리스트의 항목이 클릭되면 호출된다. 따라서
이 메소드를 재정의하여서 우리가 원하는 작업을 추가하면 된다. 현재는 리스트의 항목을 클릭
하면 항목이 토스트 메시지로 화면의 하단에 표시된다.

🅠 ArrayAdaptor<String>은 무슨 의미인가?

🅐 ArrayAdaptor 클래스는 제네릭 클래스로 정의되어 있다. 제네릭 클래스(generic class)란 타입
매개변수(type parameter)를 사용하여서 클래스 안에서 사용되는 데이터의 타입을 마음대로 변
경할 수 있는 클래스이다. 제네릭 클래스에서 타입 매개변수는 객체 생성 시에 프로그래머에 의
하여 결정된다. 즉 다음과 같이 <...>를 사용하여서 사용하고 싶은 타입을 지정하면 된다. 즉 다
음과 같이 ArrayAdapter의 객체를 생성하는 데 타입 매개변수로 String을 지정하면 String
타입을 저장하는 ArrayAdapter 객체가 생성된다.

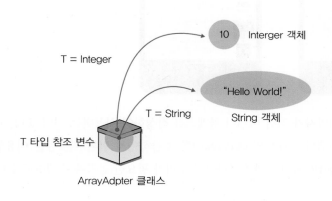

이번 예제에서는 리스트의 항목을 표시하는 레이아웃을 우리가 나름대로 설계하여 보자. 예를 들어서 다음과 같이 영화 리스트를 화면에 보여주는 앱을 작성해보자.

이런 경우에는 개발자가 직접 어댑터 클래스를 작성하여 사용하는 것이 좋다. 리스트 뷰는 항목을 표시할 때, 어댑터 클래스의 getView()를 호출하여서 반환되는 뷰를 이용하여서 항목을 표시한다. 따라서 getView()를 재정의하여서 우리가 필요한 동작을 수행하도록 하면 된다.

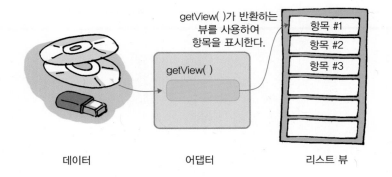

getView()가 반환하는 뷰의 레이아웃을 우리가 설계하여야 한다. 다음과 같이 상대적 레이아웃에 이미지 뷰와 텍스트 뷰를 배치하여서 이미지와 텍스트를 동시에 표시해본다.

영화 리스트를 평점과 함께 화면에 표시하는 예제를 작성하여 본다.

(1) `CustomListview` 프로젝트를 생성한다.

(2) 영화 이미지 파일 `movie1.png`, `movie2.png`, ⋯, `movie7.png` 파일을 다운로드하여서 `/res/drawable`에 저장한다.

(3) 레이아웃 파일 `activity_main.xml` 파일은 다음과 같이 변경한다.

activity_main.xml

```xml
<RelativeLayout xmlns:android="http://schemas.android.com/apk/res/android"
    xmlns:tools="http://schemas.android.com/tools"
    android:layout_width="match_parent"
    android:layout_height="match_parent"
    tools:context=".MainActivity" >
    <ListView
        android:id="@+id/list"
        android:layout_width="wrap_content"
        android:layout_height="wrap_content" >
    </ListView>

</RelativeLayout>
```

레이아웃에 리스트 뷰를 배치한다.

(4) `/res/layout` 폴더에 `listitem.xml` 파일을 생성한다. 다음과 같은 내용을 입력한다.

listitem.xml

```xml
<?xml version="1.0" encoding="utf-8"?>
<RelativeLayout xmlns:android="http://schemas.android.com/apk/res/android"
    android:layout_width="fill_parent"
    android:layout_height="wrap_content"
    android:background="#eeeeee"
    android:padding="8dp" >

    <ImageView
        android:id="@+id/image"
        android:layout_width="80dp"
        android:layout_height="80dp"
```

영화 포스터 이미지

```
        android:layout_alignParentLeft="true"
        android:layout_marginRight="8dp" />
```

```xml
<TextView
    android:id="@+id/title"
    android:layout_width="wrap_content"
    android:layout_height="wrap_content"
    android:layout_alignTop="@+id/image"
    android:layout_toRightOf="@+id/image"
    android:textSize="17dp"
    android:textStyle="bold" />

<TextView
    android:id="@+id/rating"
    android:layout_width="fill_parent"
    android:layout_height="wrap_content"
    android:layout_below="@id/title"
    android:layout_marginTop="1dip"
    android:layout_toRightOf="@+id/image"
    android:textSize="15dip" />

<TextView
    android:id="@+id/genre"
    android:layout_width="fill_parent"
    android:layout_height="wrap_content"
    android:layout_below="@id/rating"
    android:layout_marginTop="5dp"
    android:layout_toRightOf="@+id/image"
    android:textColor="#666666"
    android:textSize="13dip" />

<TextView
    android:id="@+id/releaseYear"
    android:layout_width="wrap_content"
    android:layout_height="wrap_content"
    android:layout_alignParentBottom="true"
    android:layout_alignParentRight="true"
    android:textColor="#888888"
    android:textSize="12dip" />

</RelativeLayout>
```

<ImageView>

The Wizard of Oz (1939)
9.00
DRAMA
1930

<RelativeLayout>   <TextView>

(5) 각 뷰에는 다음과 같은 **id**를 부여한다.

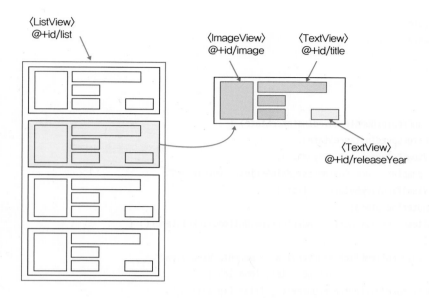

(6) `MainActivity.java` 파일을 다음과 같이 수정한다.

MainActivity.java

```java
package kr.co.company.customlistview;
// 소스만 입력하고 Alt+Enter를 눌러서 import 문장을 자동으로 생성한다.

public class MainActivity extends AppCompatActivity {
    ListView list;
    String[] titles = {
            "The Wizard of Oz (1939)",
            "Citizen Kane (1941)",
            "All About Eve (1950)",
            "The Third Man (1949)",
            "A Hard Day's Night (1964)",
            "Modern Times (1936)",
            "Metropolis (1927)",
            "Metropolis (1927)",
            "Metropolis (1927)",
            "Metropolis (1927)"
    } ;

    Integer[] images = {
            R.drawable.movie1,
            R.drawable.movie2,
            R.drawable.movie3,
            R.drawable.movie4,
            R.drawable.movie5,
            R.drawable.movie6,
            R.drawable.movie7,
```

```
                    R.drawable.movie7,
                    R.drawable.movie7,
                    R.drawable.movie7
        };

    @Override
    protected void onCreate(Bundle savedInstanceState) {
        super.onCreate(savedInstanceState);
        setContentView(R.layout.activity_main);
        CustomList adapter = new CustomList(MainActivity.this);   ← 우리가 만든 커스텀 어댑터를 생성한다.
        list=(ListView)findViewById(R.id.list);
        list.setAdapter(adapter);
        list.setOnItemClickListener(new AdapterView.OnItemClickListener() {
            @Override
            public void onItemClick(AdapterView<?> parent, View view,
                                    int position, long id) {
                Toast.makeText(getBaseContext(), titles[+position],
                               Toast.LENGTH_SHORT).show();
            }
        });
    }
    public class CustomList extends ArrayAdapter<String> {   ←——— 내부 클래스로 정의한다.
        private final Activity context;
        public CustomList(Activity context ) {
            super(context, R.layout.listitem, titles);
            this.context = context;
        }

        @Override
        public View getView(int position, View view, ViewGroup parent) {
            LayoutInflater inflater = context.getLayoutInflater();     레이아웃을 팽창시켜서 뷰를 생성한다.
            View rowView= inflater.inflate(R.layout.listitem, null, true);  ←
            ImageView imageView = (ImageView) rowView.findViewById(R.id.image);
            TextView title = (TextView) rowView.findViewById(R.id.title);
            TextView rating = (TextView) rowView.findViewById(R.id.rating);
            TextView genre = (TextView) rowView.findViewById(R.id.genre);
            TextView year = (TextView) rowView.findViewById(R.id.releaseYear);

            title.setText(titles[position]);
            imageView.setImageResource(images[position]);
            rating.setText("9.0"+position);
            genre.setText("DRAMA");
            year.setText(1930+position+"");
            return rowView;
        }
    }
}
```

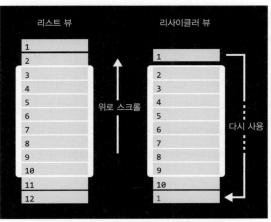

3 SECTION 리사이클러 뷰

리사이클러 뷰(RecyclerView)는 리스트 뷰와 아주 유사하지만, 뷰들을 재활용하기 때문에 빠르게 실행된다. 최근에 사용이 권장되고 있다. 리사이클러 뷰를 사용하면 대량의 데이터 세트를 효율적으로 표시할 수 있다. 개발자가 데이터를 제공하고 각 항목의 모양을 정의하면 리사이클러 뷰가 필요할 때 요소를 동적으로 생성한다.

이름에서 알 수 있듯이 리사이클러 뷰는 이러한 개별 요소를 재활용한다. 항목이 스크롤되어 화면에서 벗어나더라도 리사이클러 뷰는 뷰를 제거하지 않는다. 대신 리사이클러 뷰는 화면에서 사라져야 하는 뷰를 재사용한다. 이렇게 뷰를 재사용하면 앱의 응답성을 개선하고 전력 소모를 줄이기 때문에 성능이 개선된다.

주요 클래스

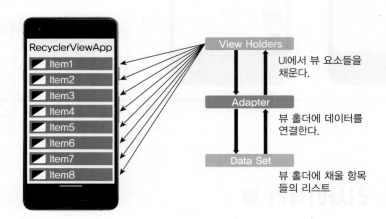

동적 목록을 만드는 데는 다양한 클래스가 사용된다. RecyclerView 클래스는 데이터를 표시하는 뷰를 감싸고 있는 ViewGroup이다. RecyclerView도 뷰의 일종이므로, 다른 UI 요소를 추가할 때처럼 레이아웃에 RecyclerView를 추가하면 된다.

리스트의 각 개별 요소는 ViewHolder 객체로 정의된다. ViewHolder가 처음 생성되었을 때는 ViewHolder에 연결된 데이터가 당연히 없을 것이다. ViewHolder가 생성된 후 RecyclerView가 ViewHolder를 뷰의 데이터에 바인딩한다. RecyclerView.ViewHolder를 확장하여 ViewHolder 클래스를 정의할 수 있다.

RecyclerView는 뷰를 요청한 다음, 어댑터에서 onBindViewHolder()를 호출하여 뷰를 뷰의 데이터에 바인딩한다. RecyclerView.Adapter를 확장하여 어댑터를 정의할 수 있다.

레이아웃 관리자는 리스트의 개별 요소를 정렬한다. RecyclerView 라이브러리에서 제공하는 레이아웃 관리자 중 하나를 사용하거나 레이아웃 관리자를 직접 정의할 수도 있다. 레이아웃 관리자는 모두 LayoutManager 추상 클래스를 기반으로 한다. 기본으로 제공되는 레이아웃 관리자는 ListLayoutManager와 GridLayoutManager이다.

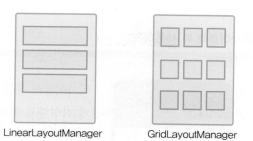

LinearLayoutManager　　GridLayoutManager

리사이클러 뷰는 배치 매니저인 `GridLayoutManager`와 `LinearLayoutManager`를 가지고 있어서 예전에 사용하던 그리드 뷰와 리스트 뷰를 대체할 수 있다.

리사이클러 뷰 구현 단계

① 먼저 목록 또는 그리드의 모양을 결정한다. 리사이클러 뷰 라이브러리의 표준 레이아웃 관리자 중 하나를 사용할 수 있다.

② 목록에 있는 각 항목의 모양과 동작 방식을 설계한다. 이 설계에 따라 `ViewHolder` 클래스를 확장한다. `ViewHolder` 기본 버전도 목록 항목에 필요한 모든 기능을 제공한다. `ViewHolder` 클래스는 `View`의 래퍼이고 그 뷰는 리사이클러 뷰로 관리된다.

③ 데이터를 `ViewHolder` 뷰와 연결하는 `Adapter`를 정의한다.

ViewHolder 클래스

- 리스트 항목의 레이아웃을 포함하는 `View`의 래퍼 클래스
- `RecyclerView.ViewHolder`를 상속받아서 정의한다.

Adaptor 클래스

- `RecyclerView.Adapter`을 상속받으며, 다음과 같은 3개의 메소드를 재정의해야 한다.
- `getItemCount()`: 아이템의 개수를 반환한다.
- `onBindViewHolder()`: 뷰에 데이터를 연결한다(바인딩).
- `onCreateViewHolder()`: 항목을 보여주는 뷰가 들어 있는 `ViewHolder`를 반환한다.

 **예제** 리사이클러 뷰 사용하기

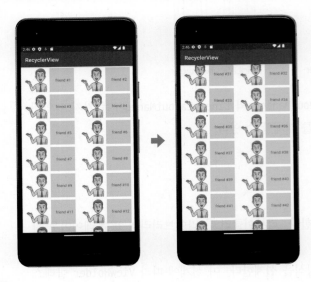

리사이클러 뷰를 가진 액티비티를 간단하게 작성하고 여기에 어댑터를 연결하여서 친구들의 데이터를 그리드(격자) 형태로 표시하는 예제를 살펴보자.

(1) `RecyclerView` 프로젝트를 생성한다.
(2) 레이아웃 파일 `activity_main.xml` 파일을 다음과 같이 변경한다.

 UI

activity_main.xml

```xml
<?xml version="1.0" encoding="utf-8"?>
LinearLayout
    xmlns:android="http://schemas.android.com/apk/res/android"
    android:layout_width="match_parent"
    android:layout_height="match_parent">

        <androidx.recyclerview.widget.RecyclerView          ⟵ 리사이클러 뷰
            android:id="@+id/rview"
            android:layout_width="match_parent"
            android:layout_height="match_parent" />
</LinearLayout>
```

(3) 하나의 항목을 나타내는 레이아웃 파일 `item.xml` 파일을 다음과 같이 변경한다.

 UI

item.xml

```xml
<?xml version="1.0" encoding="utf-8"?>
LinearLayout xmlns:android="http://schemas.android.com/apk/res/android"
    xmlns:app="http://schemas.android.com/apk/res-auto"
    android:layout_width="200dp"
    android:layout_height="50dp"
    android:orientation="horizontal"
    android:padding="5dp">
```

```
    <ImageView
        android:id="@+id/imageView"
        android:layout_width="50dp"
        android:layout_height="match_parent"
        app:srcCompat="@drawable/friend" />

    <TextView
        android:id="@+id/info_text"
        android:layout_width="80dp"
        android:layout_height="match_parent"
        android:background="#FFFF00"
        android:gravity="center" />
```

← 하나의 항목은 이미지와 텍스트 뷰로 표시된다.

```
</LinearLayout>
```

(4) **MainActivity.java** 파일을 다음과 같이 수정한다.

MainActivity.java

```java
package kr.co.company.recyclerview;

public class MainActivity extends AppCompatActivity implements MyRecyclerViewAdapter.
ItemClickListener {

    MyRecyclerViewAdapter adapter;

    @Override
    protected void onCreate(Bundle savedInstanceState) {
        super.onCreate(savedInstanceState);
        setContentView(R.layout.activity_main);

        String[] data = new String[100];
        for (int i = 1; i <= 100; i++) {
            data[i - 1] = "friend #"+i;
        }
        RecyclerView recyclerView = findViewById(R.id.rview);
        int columns = 3;
        recyclerView.setLayoutManager(new GridLayoutManager(this, columns));
        adapter = new MyAdapter(this, data);
        adapter.setClickListener(this);
        recyclerView.setAdapter(adapter);
    }

    @Override
    public void onItemClick(View view, int position) {
        Log.i("TAG", "item: " + adapter.getItem(position) + "number: " + position);
```

← 문자열 데이터를 생성한다.

← 배치 관리자를 격자 배치 관리자로 한다.

← 리사이클러 뷰와 어댑터를 연결한다.

```
        }
    }
```

(5) `MyAdapter.java` 파일을 다음과 같이 수정한다.

MyAdapter.java

```java
package kr.co.company.recyclerview;

public class MyAdapter extends RecyclerView.Adapter<MyAdapter.ViewHolder> {

    private String[] mData;
    private LayoutInflater mInflater;
    private ItemClickListener mClickListener;

    MyAdapter(Context context, String[] data) {
        this.mInflater = LayoutInflater.from(context);
        this.mData = data;
    }

    @Override
    @NonNull
    public ViewHolder onCreateViewHolder(@NonNull ViewGroup parent, int viewType) {
        View view = mInflater.inflate(R.layout.item, parent, false);
        return new ViewHolder(view);
    }

    @Override
    public void onBindViewHolder(@NonNull ViewHolder holder, int position) {
        holder.myTextView.setText(mData[position]);
    }

    @Override
    public int getItemCount() {
        return mData.length;
    }

    public class ViewHolder extends RecyclerView.ViewHolder implements View.OnClickListener {
        TextView myTextView;

        ViewHolder(View itemView) {
            super(itemView);
            myTextView = itemView.findViewById(R.id.info_text);
            itemView.setOnClickListener(this);
        }
```

3개의 메소드를 오버라이드하면 된다.

뷰를 감싸는 컨테이너(뷰홀더)를 생성한다.

목록의 뷰에 해당하는 데이터를 바인딩한다.

항목의 개수를 반환한다.

```
        @Override
        public void onClick(View view) {
            if (mClickListener != null) mClickListener.onItemClick(view, getAdapterPosition());
        }
    }

    String getItem(int id) {
        return mData[id];
    }

    void setClickListener(ItemClickListener itemClickListener) {
        this.mClickListener = itemClickListener;
    }

    public interface ItemClickListener {
        void onItemClick(View view, int position);
    }
}
```

(6) 실행해본다.

4 스피너
SECTION

스피너(Spinner)는 항목을 선택하기 위한 드롭 다운 리스트
와 유사하다. 기본적인 상태에서는 현재 선택된 값을 보여준
다. 사용자가 스피너를 터치하면 모든 가능한 값을 보여주는
드롭 다운 메뉴가 나타난다. 여기서 사용자는 새로운 값을 선
택할 수 있다.

스피너를 앱에 추가하려면 레이아웃에 <Spinner> 요소를
추가하면 된다. 예를 들어서 다음과 같이 요소를 추가하면
된다.

```
<Spinner
    android:id="@+id/planets_spinner"
    android:layout_width="fill_parent"
    android:layout_height="wrap_content" />
```

 **예제**   행성들을 스피너로 표시하기

예제로 태양계 행성들을 표시하는 간단한 스피너 위젯을 생성하여 보자. 항목이 선택되면 토스트 메시지가 선택된 항목을 화면에 표시한다. 전반적인 절차는 이전의 리스트 뷰와 비슷하다.

(1) SpinnerTest라는 프로젝트를 생성한다.
(2) activity_main.xml 파일을 오픈하여서 다음과 같이 입력한다.

activity_main.xml

```xml
<?xml version="1.0" encoding="utf-8"?>
<LinearLayout xmlns:android="http://schemas.android.com/apk/res/android"
    android:orientation="vertical"
    android:padding="10dip"
    android:layout_width="match_parent"
    android:layout_height="wrap_content" >

    <TextView
        android:layout_width="match_parent"
        android:layout_height="wrap_content"
        android:layout_marginTop="10dip"
        android:text="@string/planet_prompt"
    />

    <Spinner
        android:id="@+id/spinner"
        android:layout_width="match_parent"
        android:layout_height="wrap_content"
        android:prompt="@string/planet_prompt"
    />

</LinearLayout>
```

텍스트 뷰의 속성 중에서 android:text와 스피너의 속성 android:prompt가 같은 문자열 리소스를 참조하고 있음에 주의하라. 이 텍스트는 위젯의 타이틀로서의 역할을 한다. 스피너에서는 타이틀 텍스트가 선택 다이얼로그에 나타난다.

스피너를 정의한다.

(3) 행성들의 리스트를 문자열 리소스로 정의하자. res/values/strings.xml 파일을 다음과 같
이 편집한다.

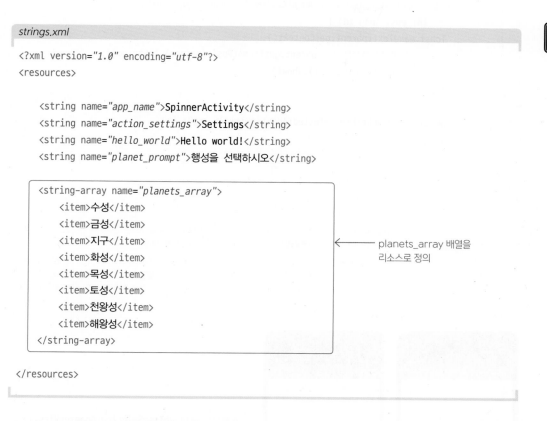

strings.xml

```xml
<?xml version="1.0" encoding="utf-8"?>
<resources>

    <string name="app_name">SpinnerActivity</string>
    <string name="action_settings">Settings</string>
    <string name="hello_world">Hello world!</string>
    <string name="planet_prompt">행성을 선택하시오</string>

    <string-array name="planets_array">
        <item>수성</item>
        <item>금성</item>
        <item>지구</item>
        <item>화성</item>
        <item>목성</item>
        <item>토성</item>
        <item>천왕성</item>
        <item>해왕성</item>
    </string-array>

</resources>
```

← planets_array 배열을 리소스로 정의

(4) MainActivity.java 파일을 오픈하여서 onCreate() 메소드에 다음과 같은 코드를 입력
한다.

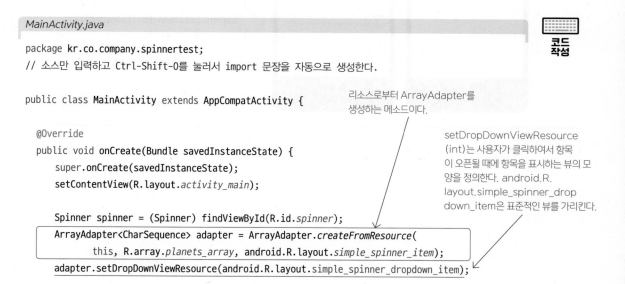

MainActivity.java

```java
package kr.co.company.spinnertest;
// 소스만 입력하고 Ctrl-Shift-O를 눌러서 import 문장을 자동으로 생성한다.

public class MainActivity extends AppCompatActivity {

    @Override
    public void onCreate(Bundle savedInstanceState) {
        super.onCreate(savedInstanceState);
        setContentView(R.layout.activity_main);

        Spinner spinner = (Spinner) findViewById(R.id.spinner);
        ArrayAdapter<CharSequence> adapter = ArrayAdapter.createFromResource(
                this, R.array.planets_array, android.R.layout.simple_spinner_item);
        adapter.setDropDownViewResource(android.R.layout.simple_spinner_dropdown_item);
```

리소스로부터 ArrayAdapter를 생성하는 메소드이다.

setDropDownViewResource (int)는 사용자가 클릭하여서 항목이 오픈될 때에 항목을 표시하는 뷰의 모양을 정의한다. android.R. layout.simple_spinner_drop down_item은 표준적인 뷰를 가리킨다.

```
        spinner.setAdapter(adapter); // 스피너와 어댑터를 연결한다.
    spinner.setOnItemSelectedListener(new OnItemSelectedListener() {
        public void onItemSelected(AdapterView<?> parent, View view,
            int pos, long id) {
            Toast.makeText(parent.getContext(),
                "선택된 행성은 " + parent.getItemAtPosition(pos).toString(),
                Toast.LENGTH_SHORT).show();
        }

        public void onNothingSelected(AdapterView<?> arg0) {
        }
    });
    }
}
```

AdapterView.OnItemSelectedListener를 구현하는 무명 클래스를 생성한다. 이것은 스피너에서 항목이 선택되었을 때 애플리케이션에 알려주는 콜백 메소드를 제공한다.

AdapterView.OnItemSelectedListener는 onItemSelected()와 onNothingSelected() 메소드를 필요로 한다. 전자는 어댑터 뷰의 항목이 선택되는 경우에 호출된다. 이 경우 토스트 메시지가 선택된 텍스트를 표시한다. 후자는 어댑터 뷰에서 선택이 사라지는 경우에 호출된다. 이 경우에는 아무것도 표시되지 않는다.

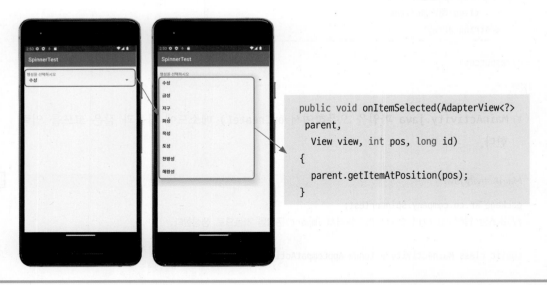

5 SECTION 프래그먼트

프래그먼트(fragment)는 안드로이드 버전 3.0부터 추가된 기능이다. 프래그먼트는 액티비티 안에 위치할 수 있는 사용자 인터페이스의 하나의 조각이라 할 수 있다. 즉 액티비티의 사용자 인터페이스를 여러 개의 조각으로 나눌 수 있고 이 조각을 프래그먼트라고 한다. 프래그먼트를 서브 액티비티(sub-activity)라고 생각하여도 좋다.

프래그먼트는 태블릿과 같은 넓은 화면을 가지는 모바일 장치를 위한 메커니즘이다. 태블릿이 등장하면서 큰 화면을 액티비티 혼자서 전부 사용하기는 힘들어졌다. 액티비티는 일반적으로 하나의 레이아웃만을 가지기 때문에 동적으로 레이아웃을 변경하기는 상당히 힘들다.

따라서 구글에서는 모바일 장치의 화면이 큰 경우, 하나의 액티비티 안에 여러 개의 프래그먼트를 둘 수 있도록 하였다. 예를 들어, 스마트폰과 같은 화면이 작은 장치에서는, 화면에서 하나의 프래그먼트만 보여주는 것이 적절하다. 반대로 큰 화면을 가지는 태블릿에서는, 보다 많은 정보를 사용자에게 보여주기 위해서 화면 안에 프래그먼트들을 여러 개 배치할 수 있다.

● 출처
developer.
android.com

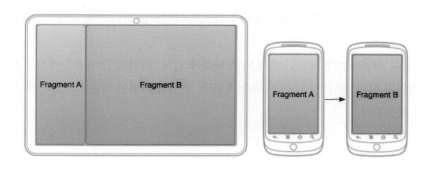

구체적으로 실행되는 예를 보자. 구글에서 제공하는 샘플 중에서 APIDemos에는 프래그먼트에 대한 여러 가지 앱들이 나열되어 있다. 그 중에 하나가 바로 옆의 그림과 같은 앱이다. 화면에 넓은 태블릿에서 다음과 같이 왼쪽에는 리스트가 표시되고 오른쪽에는 선택된 항목에 대한 내용이 나타난다.

하지만 화면이 작은 스마트폰에서는 하나의 프래그먼트만 보여지고 사용자가 리스트의 항목을 클릭하면 다른 프래그먼트로 교체된다.

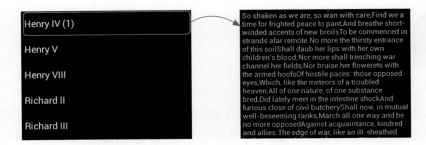

액티비티와 프래그먼트

안드로이드에서 여러 개의 패널을 사용하는 동적인 사용자 인터페이스를 만들려면, UI 컴포넌트를 하나의 모듈에 넣어서 이들 모듈을 자유롭게 넣거나 뺄 수 있어야 한다. 이러한 모듈은 Fragment 클래스를 이용하여 생성할 수 있다. 프래그먼트는 마치 자신의 레이아웃과 수명주기(life cycle)를 가진 내장 액티비티처럼 동작한다.

프래그먼트가 등장하기 전에는 화면에 하나의 액티비티만을 나타낼 수 있었다. 따라서 우리는 화면을 분할하여 따로 제어할 수 없었다. 그러나 프래그먼트를 사용하면 하나의 액티비티라는 제약을 벗어날 수 있다. 비록 액티비티는 하나이지만 액티비티는 여러 개의 프래그먼트로 이루어지고 각 프래그먼트는 독자적인 레이아웃을 가지고 이벤트를 처리하며, 완전한 라이프 사이클을 가진다.

프래그먼트를 사용하는 전형적인 예가 바로 다음과 같다. 화면이 큰 태블릿에서는 2개의 프래그먼트로 정의된 UI가 하나의 액티비티로 합쳐진다. 하지만 화면이 작은 스마트폰에서는 별도의 액티비티로 분할된다.

● 출처
developer.
android.com

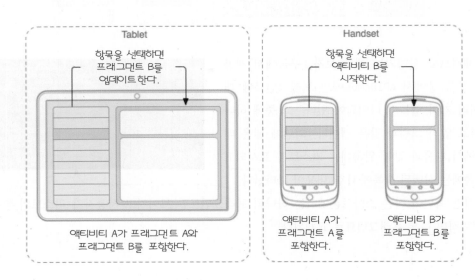

태블릿에서 실행될 때는 액티비티 A는 2개의 프래그먼트를 포함하고 있다. 하지만 스마트폰에서는 화면이 작기 때문에 2개의 프래그먼트를 동시에 표시할 수 없다. 따라서 액티비티 A는 기사의 목록만을 표시하고 사용자가 특정한 기사를 선택하면 액티비티 B가 시작되어서 기사의 내용을 화면에 표시한다.

프래그먼트의 특징

프래그먼트는 다음과 같은 특징을 가지고 있다.

- 프래그먼트는 자신만의 레이아웃을 가지고 있다.
- 프래그먼트는 자신만의 수명주기 콜백 메소드를 가질 수 있다.
- 액티비티가 실행될 때 프래그먼트를 액티비티에 추가하거나 삭제할 수 있다.
- 하나의 액티비티 안에 여러 개의 프래그먼트를 결합하여서 multi-pane UI를 구축할 수 있다.
- 하나의 프래그먼트를 여러 액티비티에서 사용할 수 있다.
- 프래그먼트의 수명주기는 호스트 액티비티의 수명주기와 연관되어 있다. 예를 들어서 액티비티가 정지되면 그 안의 모든 프래그먼트도 정지된다.

이번 장에서는 어떻게 프래그먼트를 사용하여서 동적 화면을 구성하는지를 살펴본다. 다양한 크기를 가지는 모바일 장치에서 프래그먼트를 사용하여 어떻게 사용자의 경험을 최적화하는지를 학습한다.

프래그먼트가 비록 3.0 버전부터 지원되었지만, Support Library를 사용하면 1.6 버전에서도 실행이 가능하다. 앱의 최소 API 레벨이 11 이상이라면, Support Library를 사용할 필요가 없이, 프레임워크에 내장된 Fragment 클래스를 사용할 수 있다. 만약 이전 버전에서도 동작하여야 한다면 Support Library를 사용하면 된다. 단 Support Library에서는 플랫폼에 내장된 버전과는 약간 다른 API 이름을 사용할 수도 있다.

 **예제** 프래그먼트 교체하기

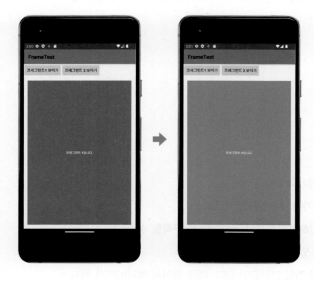

2개의 프래그먼트를 만들어서 버튼을 누를 때마다 Fragment1과 Fragment2가 교체되도록 하자.

(1) FragmentTest 프로젝트를 생성한다.
(2) 프래그먼트 클래스 정의: 애플리케이션 안에서 프래그먼트를 생성하려면, Activity 클래스에서와 마찬가지로, Fragment 클래스를 상속받은 후에 핵심적인 수명주기 메소드들을 재정의하면서 자신이 필요한 코드를 추가하면 된다. src 폴더 아래에 Fragment1.java를 생성한다. 프래그먼트는 onCreateView() 콜백 메소드를 이용하여 레이아웃을 설정한다.

**코드
작성**

Fragment1.java

```java
package kr.co.company.frametest;
// 소스만 입력하고 Alt+Enter를 눌러서 import 문장을 자동으로 생성한다.

public class Fragment1 extends Fragment {

    public Fragment1() {    }

    @Override
    public void onCreate(Bundle savedInstanceState) {
        super.onCreate(savedInstanceState);
    }

    @Override
    public View onCreateView(LayoutInflater inflater, ViewGroup container,
                          Bundle savedInstanceState) {
        return inflater.inflate(R.layout.fragment1, container, false);
    }
}
```

(3) 프래그먼트의 레이아웃 작성: 프래그먼트도 액티비티와 마찬가지로 자신만의 레이아웃 파일을 가질 수 있다. /res/layout/ 아래에 Fragment1을 위한 레이아웃 파일을 작성한다. 프레임 레이아웃 안에 텍스트 뷰만을 가지고 있다.

res/layout/fragment1.xml

```xml
<?xml version="1.0" encoding="utf-8"?>
<FrameLayout xmlns:android="http://schemas.android.com/apk/res/android"
    xmlns:tools="http://schemas.android.com/tools"
    android:layout_width="match_parent"
    android:layout_height="match_parent"
    tools:context=".Fragment1" >

    <TextView
        android:layout_width="match_parent"
        android:layout_height="match_parent"
        android:background="@color/colorAccent"
        android:gravity="center"
        android:text="프래그먼트 1입니다."
        android:textColor="#fff"
        android:textSize="30pt"
        android:textStyle="bold" />

</FrameLayout>
```

(4) **Fragment2 클래스 작성**: Fragment2 클래스를 작성하여야 한다. Fragment1와 유사한 클래스를 하나 더 만든다. 이번에는 Fragment2라는 이름을 붙이자.

Fragment2.java

```java
package kr.co.company.fragmentest;
// 소스만 입력하고 Alt+Enter를 눌러서 import 문장을 자동으로 생성한다.

public class Fragment2 extends Fragment {

    public Fragment2() {    }

    @Override
    public void onCreate(Bundle savedInstanceState) {
        super.onCreate(savedInstanceState);
    }

    @Override
    public View onCreateView(LayoutInflater inflater, ViewGroup container,
                             Bundle savedInstanceState) {
        return inflater.inflate(R.layout.fragment2, container, false);
    }
}
```

(5) **Fragment2** 레이아웃 작성: 이어서 **Fragment2**를 위한 다음과 같은 레이아웃 파일을 작성한다. 역시 단순히 프레임 레이아웃 안에 텍스트 뷰만을 가지고 있다.

res/layout/Fragment2.xml

```xml
<?xml version="1.0" encoding="utf-8"?>
<FrameLayout xmlns:android="http://schemas.android.com/apk/res/android"
    xmlns:tools="http://schemas.android.com/tools"
    android:layout_width="match_parent"
    android:layout_height="match_parent"
    tools:context=".Fragment2" >

    <TextView
        android:layout_width="match_parent"
        android:layout_height="match_parent"
        android:background="#2196F3"
        android:gravity="center"
        android:text="프래그먼트 2입니다."
        android:textColor="#fff"
        android:textSize="30pt"
        android:textStyle="bold"/>

</FrameLayout>
```

(6) 액티비티 레이아웃 작성: 이 레이아웃에서는 두 개의 버튼과 하나의 프레임 레이아웃을 액티비티 화면에 추가한다.

res/layout-large/activity_main.xml

```xml
<?xml version="1.0" encoding="utf-8"?>
<LinearLayout xmlns:android="http://schemas.android.com/apk/res/android"
    android:layout_width="match_parent"
    android:layout_height="match_parent"
    android:orientation="vertical">

    <LinearLayout
        android:layout_width="match_parent"
        android:layout_height="wrap_content"
        android:orientation="horizontal">

        <Button
            android:id="@+id/button1"
            android:onClick="setFrag1"
            android:text="프래그먼트1 보이기" />

        <Button
```

```
        android:id="@+id/button2"
        android:onClick="setFrag2"
        android:text="프래그먼트 2 보이기" />

    </LinearLayout>
    <FrameLayout
        android:id="@+id/frame_container"
        android:layout_width="match_parent"
        android:layout_height="match_parent"
        android:layout_margin="15dp">


    </FrameLayout>
</LinearLayout>
```

프레임 레이아웃, 여기에 프래그먼트가 표시된다.

(7) 버튼이 눌리면 프래그먼트를 생성하여 프레임 레이아웃에 설정한다.

MainActivity.java

```java
public class MainActivity extends AppCompatActivity {
    @Override
    protected void onCreate(Bundle savedInstanceState) {
        super.onCreate(savedInstanceState);
        setContentView(R.layout.activity_main);
    }
    public void setFrag1(View v) {
        FragmentManager manager = getSupportFragmentManager();
        FragmentTransaction ft = manager.beginTransaction();

        ft.replace(R.id.frame_container, new Fragment1(), "one");
        ft.commitAllowingStateLoss();
    }
    public void setFrag2(View v) {
        FragmentManager manager = getSupportFragmentManager();
        FragmentTransaction ft = manager.beginTransaction();

        ft.replace(R.id.frame_container, new Fragment2(), "two");
        ft.commitAllowingStateLoss();
    }
}
```

코드 작성

프래그먼트 매니저를 불러 프래그먼트를 교체한다.

(8) 실행 결과: 액티비티 레이아웃 파일에 프래그먼트를 정의하게 되면 액티비티 실행 중에 프래그먼트를 제거할 수 없다. 만약 사용자와 상호작용 중에 동적으로 액티비티를 추가하거나 제거하려면 액티비티가 시작할 때, 코드로 프래그먼트를 액티비티에 추가해야 한다.

실행 결과

뷰 페이저

뷰 페이저(ViewPager)는 손가락으로 화면을 왼쪽이나 오른쪽으로 밀어서(이것을 스와이프라고 한다) 다른 페이지로 이동할 수 있는 기능이다. 뷰 페이저는 내부적으로 프래그먼트 기능을 사용한다.

뷰 페이저는 비교적 최근에 추가된 사용자 인터페이스 기능이지만, 이미 많은 앱에서 사용하고 있다. 화면에서 이미지 슬라이드를 보여줄 때 사용할 수 있다. 우리는 이미지를 스와이프로 교체하면서 볼 수 있는 앱을 작성해보자.

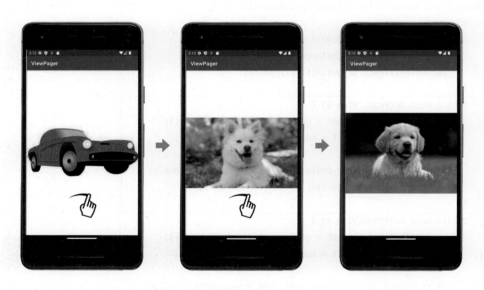

 **예제**　**이미지 슬라이드 만들기**

손가락으로 화면을 스와이프할 때마다 이미지가 교체되는 앱을 작성해본다.

(1) ViewPager 프로젝트를 생성한다.

(2) 이미지 3개를 준비하여 /res/drawable 폴더로 복사 붙여넣기 한다. 이름은 image1, image2, image3로 한다.

(3) 어댑터 클래스를 정의한다. 어댑터 클래스는 뷰 페이저에 이미지를 공급하는 역할을 한다.

MyViewPager.java

```java
public class MyPagerAdapter extends PagerAdapter {

    Context context;
    int[] images;

    LayoutInflater layoutInflater;

    public MyPagerAdapter(Context context, int[] images) {
        this.context = context;
        this.images = images;
        layoutInflater = (LayoutInflater) context.getSystemService(Context.LAYOUT_INFLATER_
SERVICE);
    }


    @Override
    public int getCount() {
        return images.length;
    }

    @Override
    public boolean isViewFromObject(@NonNull View view, @NonNull Object object) {
        return view == ((LinearLayout) object);
    }

    // 현재 선택된 항목을 표시하는 이미지 뷰를 생성하여 반환한다.
    @Override
    public Object instantiateItem(@NonNull ViewGroup container, final int position) {
        View itemView = layoutInflater.inflate(R.layout.item, container, false);
        ImageView imageView = (ImageView) itemView.findViewById(R.id.imageView);
        imageView.setImageResource(images[position]);
        Objects.requireNonNull(container).addView(itemView);
        return itemView;
```

메소드의 매개변수에 @NonNull 어노테이션을 붙이면, 해당 매개변수에는 반드시 null 값이 전달되어야 한다.

```java
        }

        @Override
        public void destroyItem(ViewGroup container, int position, Object object) {
            container.removeView((LinearLayout) object);
        }
    }
```

(4) 사용자 인터페이스 화면을 정의한다.

res/layout/activity_main.xml

```xml
<RelativeLayout>

    <androidx.viewpager.widget.ViewPager
        android:id="@+id/viewPager"
        android:layout_width="match_parent"
        android:layout_height="match_parent"/>

</RelativeLayout>
```

(5) 항목을 표시할 때 사용되는 화면을 정의한다.

res/layout/item.xml

```xml
<LinearLayout>

    <ImageView
        android:id="@+id/imageView"
        android:layout_width="match_parent"
        android:layout_height="match_parent"/>

</LinearLayout>
```

(6) 메인 액티비티 클래스를 정의한다.

MainActivity.java

```java
public class MainActivity extends AppCompatActivity {

    ViewPager viewPager;

    int[] images = {R.drawable.image1, R.drawable.image2, R.drawable.image3};
```

```java
MyPagerAdapter myPagerAdapter;

@Override
protected void onCreate(Bundle savedInstanceState) {
    super.onCreate(savedInstanceState);
    setContentView(R.layout.activity_main);

    viewPager = (ViewPager)findViewById(R.id.viewPager);
    myPagerAdapter = new MyPagerAdapter(MainActivity.this, images);
    viewPager.setAdapter(myPagerAdapter);
    }
}
```

(7) 실행 결과는 앞의 그림을 참고한다.

Coding Challenge

 # 프래그먼트를 이용한 퀴즈 앱 제작

프래그먼트를 이용하여 다음과 같은 퀴즈 앱을 작성해보자.

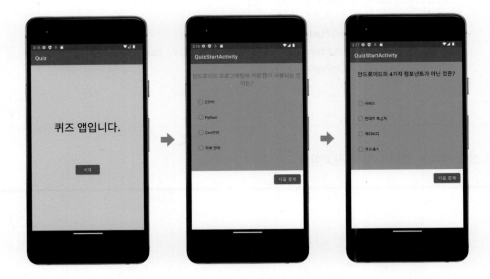

"시작" 버튼을 누르면 퀴즈가 시작된다. "시작" 버튼을 누르면 액티비티가 변경된다. 하지만 "다음 문제" 버튼을 누를 때는 액티비티 안의 프래그먼트를 변경한다. 즉 전체의 틀은 변하지 않고 안의 프래그먼트만 변경되는 것이다. 문제는 약 5문제 정도로 해보자.

Exercises

연습문제

01 레이아웃 파일 안에 리스트 뷰를 정의하여 보자. 어떻게 하면 되는가?

```xml
<?xml version="1.0" encoding="utf-8"?>
<LinearLayout xmlns:android="http://schemas.android.com/apk/res/android"
    android:layout_width="match_parent"
    android:layout_height="match_parent"
    android:orientation="vertical" >

    <? 리스트 뷰를 여기에 정의한다 ?>
    ...

</LinearLayout>
```

02 리스트 뷰에 데이터를 공급하는 역할을 맡은 클래스의 이름은 무엇인가?

03 어댑터 중에서 가장 중요한 어댑터는 ArrayAdaptor와 CursorAdaptor이다. 이들 어댑터는 각각 어디에서 데이터를 읽어오는가?

04 다음 코드에 주석을 붙여보자.

```java
ListView listView = (ListView) findViewById(R.id.mylist);
String[] values = new String[] { "Android", "iPhone", "WindowsMobile",
  "Blackberry", "WebOS", "Ubuntu", "Windows7", "Max OS X",
  "Linux", "OS/2" };

ArrayAdapter<String> adapter = new ArrayAdapter<String>(this,
  android.R.layout.simple_list_item_1, android.R.id.text1, values);

listView.setAdapter(adapter);
```

05 이번 실습에서는 스크롤이 가능한 리스트를 화면에 표시하는 애플리케이션을 작성하여 보자. 텍스트 앞에 이미지를 표시해 본다.

(주제: 리스트 뷰, 난이도: 중)

06 본문의 리사이클러 뷰 예제에서 오른쪽과 같이 선형으로 뷰들을 나타나게 하려면 코드의 어떤 부분을 변경해야 하는가?

(주제: 리사이클러 뷰, 난이도: 중)

07 리사이클러 뷰를 사용하여서 오른쪽과 같이 영화 포스터들이 격자 모양으로 화면에 표시되는 앱을 작성해보자.

(주제: 리사이클러 뷰, 난이도: 상)

그래픽과
터치 이벤트 처리

우리 귀영이가 안드로이드에 푹
빠졌구나. 그건 바로 안드로이드가
그래픽 기능과 애니메이션을 지원
하기 때문이지.

와! 신기하다. 막 움직여요!
영화면 영화, 게임이면 게
임, 안 되는 것이 없네요.

CHAPTER 09 그래픽과 터치 이벤트 처리

SECTION 1 커스텀 뷰

우리는 이제까지 안드로이드가 제공하는 여러 종류의 뷰(View)를 사용하였다. 예를 들어서 TextView는 View 클래스를 상속받아서 텍스트를 표시하는 위젯을 만든 것이다. 만약 기본적으로 제공되는 뷰에 만족하지 못한다면 어떤 방법이 있을까? 우리가 직접 View 클래스를 상속받아서 새로운 위젯을 만들 수 있을까? 가능하다. 안드로이드에서는 이것을 커스텀 뷰(Custom View)라고 부른다.

커스텀 뷰는 기본적으로 View 클래스를 확장하여 사용자 정의 레이아웃 및 그래픽을 구현할 수 있는 방법이다. 커스텀 뷰를 만들려면 View 클래스를 확장해야 한다. 이 클래스를 확장하면 뷰의 동작과 모양을 사용자가 정의할 수 있다. 커스텀 뷰에서 그림을 그리려면 View 클래스의 onDraw() 메소드를 오버라이드하면 된다. 커스텀 뷰 안에서 터치 이벤트를 처리하려면 View 클래스의 onTouchEvent() 메소드를 오버라이드한다.

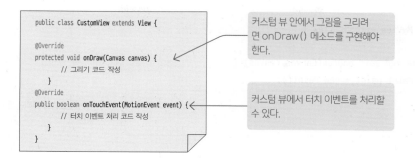

```
public class CustomView extends View {

@Override
protected void onDraw(Canvas canvas) {
        // 그리기 코드 작성
    }
@Override
public boolean onTouchEvent(MotionEvent event) {
        // 터치 이벤트 처리 코드 작성
    }
}
```

커스텀 뷰 안에서 그림을 그리려면 onDraw() 메소드를 구현해야 한다.

커스텀 뷰에서 터치 이벤트를 처리할 수 있다.

2 SECTION 그리기

안드로이드에서는 풍부한 그래픽 기능과 애니메이션을 지원한다. 2차원 그래픽과 3차원 그래픽을 제공하는데, 여기서는 2차원 그래픽만을 살펴본다. 안드로이드에서 2차원 그래픽을 구현하는 많은 방법이 있다. 여기서는 onDraw() 메소드 안에 draw...()와 같은 메소드를 호출하는 방법만을 살펴본다. 우리는 커스텀 뷰 클래스를 작성하여서 각종 도형, 텍스트, 이미지들을 화면에 그리는 방법을 살펴본다.

커스텀 뷰를 사용하여 그리기

우리는 커스텀 뷰 클래스를 작성하고 onDraw() 메소드를 재정의하여 화면에 그림을 그리는 방법부터 살펴보자. 먼저 View 클래스를 상속받은 MyView 클래스를 작성하고 onDraw() 콜백 메소드를 재정의하여야 한다. 이 onDraw()는 화면을 그리는 작업이 필요할 때마다 안드로이드 프레임워크가 자동으로 호출할 것이다. onDraw()의 매개 변수는 Canvas로 이 Canvas 클래스는 drawRect()나 drawText()와 같은 모든 그리기 메소드를 가지고 있다. 애플리케이션을 다시 그려야 한다면 invalidate()를 호출한다. invalidate()가 호출되면 안드로이드는 적절한 시간에 onDraw()를 호출하게 된다.

**전체
구조**

```
class MyView extends View {
    ...
    protected void onDraw(Canvas canvas) {
        Paint paint = new Paint();

        ...

    }
}
public class MainActivity extends AppCompatActivity {
    public void onCreate(Bundle is) {
        ...
        MyView w = new MyView(this);
        setContentView(w);
    }
}
```

← 여기에 그림을 그리는 코드를
넣는다.

← MyView를 생성하고 이것을
Activity의 콘텐트 뷰로 설정
한다.

Canvas 클래스와 Paint 클래스

안드로이드에서 그림을 그리려면 다음과 같은 2개의 클래스가 필요하다.

Canvas 클래스 	Canvas 클래스는 그림을 그리는 캔버스(화포)에 해당되는 것이다. Canvas 클래스는 도형, 이미지, 텍스트 들을 그리는 다양한 메소드들을 가지고 있다. Canvas 클래스는 그림이 캔버스의 경계를 벗어나지 않도록 잘라주는 클리핑(clipping) 기능도 제공한다. 캔버스의 크기는 getHeight()와 getWidth() 메소드를 통하여 얻을 수 있다.
Paint 클래스 	Paint 클래스는 그림을 그리는 물감과 붓에 해당된다고 할 수 있다. Paint 클래스는 색상이나 선의 스타일, 채우기 스타일, 폰트, 앤티에일리어싱 여부 등과 같은 그리기 속성을 가지고 있는 클래스이다. Canvas의 메소드는 항상 Paint 객체를 마지막 매개 변수로 하여 호출되어야 한다.

기본 도형을 그리는 메소드

점, 직선, 사각형, 타원, 텍스트 들을 그릴 수 있는 메소드들을 Canvas 클래스가 제공한다. 각 메소드와 매개변수의 이름을 보면 사용하는 방법을 알 수 있다. 예를 들어서 drawRect()의 매개 변수는 사각형의 왼쪽 상단의 좌표와 오른쪽 하단의 좌표이다.

메소드	설명
drawPoint(float x, foat y, Paint paint) (x, y) 위치에 점을 그린다.	점
drawLine(float startX, float startY, float stopX, float stopY, Paint paint) (startX, startY)부터 (stopX, stopY)까지의 직선을 그린다.	직선
drawRect(float left, float top, float right, float bottom, Paint paint) 좌측 상단이 (left, top)이고 우측 하단이 (right, bottom)인 사각형을 그린다.	사각형
drawCircle(float cx, float cy, float radius, Paint paint) 중심이 (cx, cy)이고 반지름이 radius인 원을 그린다.	원
drawText(String text, float x, float y, Paint paint) (x, y) 위치에 텍스트를 그린다.	텍스트

예제

(1) Graphic이라는 프로젝트를 생성한다.

(2) GraphicActivity.java 파일을 다음과 같이 변경한다. 아래의 코드만 입력하고 Alt+Enter 를 누른다.

GraphicActivity.java

```
package kr.co.company.graphic;
// 소스만 입력하고 Alt+Enter를 눌러서 import 문장을 자동으로 생성한다.

class MyView extends View {
    public MyView(Context context) {
        super(context);
        setBackgroundColor(Color.BLUE);
    }

    @Override
    protected void onDraw(Canvas canvas) {
        Paint paint = new Paint();
        paint.setColor(Color.YELLOW);
        paint.setStrokeWidth(20);
        canvas.drawLine(100, 100, 700, 100, paint);
        canvas.drawRect(100, 300, 700, 700, paint);
        canvas.drawCircle(300, 1200, 200, paint);
        paint.setTextSize(80);
        canvas.drawText("This is a test.", 100, 900, paint);
    }
}
```

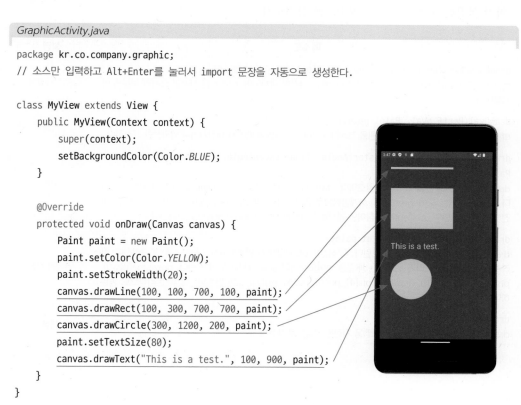

```
public class MainActivity extends AppCompatActivity {
    @Override
    public void onCreate(Bundle savedInstanceState) {
        super.onCreate(savedInstanceState);
        MyView w = new MyView(this);
        setContentView(w);
    }
}
```

먼저 View 클래스를 상속받아서 커스텀 뷰인 MyView를 정의하였다. MyView에서는 onDraw() 라고 하는 메소드를 재정의하였다. 이 메소드는 화면을 다시 그릴 필요가 있을 때 자동적으로 호출된다. 여기에다가 그림을 그리는 코드를 넣으면 된다. 우리가 그림을 그릴 때는 반드시 Canvas 클래스와 Paint 클래스가 필요하다. setContentView()를 호출하여 MyView를 액티비티의 화면으로 설정한다.

복잡한 도형 그리기

약간 복잡한 도형을 그리는 메소드를 살펴보자.

메소드	설명
drawRoundRect(RectF rect, float rx, float ry, Paint paint) 둥근 사각형을 그리는 메소드이다. 여기서 RectF는 사각형 객체이며, rx와 ry는 사각형 모서리 부분의 반지름이다.	둥근 사각형
drawOval(RectF oval, Paint paint) drawOval()은 oval에 내접하는 타원을 그린다. paint의 스타일에 따라서 채워지거나 외곽선만 그려진다.	타원
drawArc(RectF oval, float startAngle, float sweepAngle, boolean useCenter, Paint paint) drawArc()는 oval 안에 그려지는 원호이다. startAngle에서 시작하여서 sweepAngle까지 원호를 그린다. 각도의 단위는 도(degree)이며, 시계방향으로 증가한다. 만약 sweepAngle이 360보다 크면 타원이 전부 그려진다. 만약 useCenter가 참이면 원점을 포함하여 쐐기(wedge) 모양으로 그려진다.	원호
drawLines(float[] pts, Paint paint) drawLines()는 연속된 직선들을 그린다. 각 직선은 pts 배열에서 연속된 4개의 값을 취하여 그려진다. 따라서 1개의 직선을 그리기 위해서는 배열은 적어도 4개의 값을 가지고 있어야 한다. drawLine(pts[0], pts[1], pts[2], pts[3]), drawLine(pts[4], pts[5], pts[6], pts[7]), ...이 연속되는 것과 논리적으로 동일하다.	연속된 직선
drawColor(int color) drawColor()는 캔버스의 전체 비트맵을 지정된 색상으로 채운다.	색상

예제

복잡한 도형을 몇 개 그려보자.

(1) GraphicShape1이라는 프로젝트를 생성한다.
(2) 앞의 소스에서 onDraw() 메소드의 내용만 다음과 같이 변경한다. 앞으로는 onDraw() 메소드의 내용만 제시될 것이다.

GraphicShape1Activity.java

코드
작성

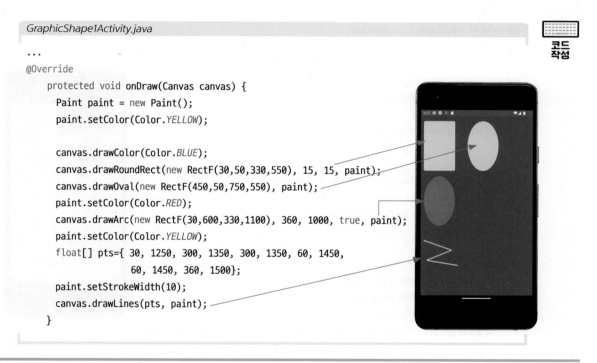

```java
...
@Override
    protected void onDraw(Canvas canvas) {
      Paint paint = new Paint();
      paint.setColor(Color.YELLOW);

      canvas.drawColor(Color.BLUE);
      canvas.drawRoundRect(new RectF(30,50,330,550), 15, 15, paint);
      canvas.drawOval(new RectF(450,50,750,550), paint);
      paint.setColor(Color.RED);
      canvas.drawArc(new RectF(30,600,330,1100), 360, 1000, true, paint);
      paint.setColor(Color.YELLOW);
      float[] pts={ 30, 1250, 300, 1350, 300, 1350, 60, 1450,
                    60, 1450, 360, 1500};
      paint.setStrokeWidth(10);
      canvas.drawLines(pts, paint);
    }
```

커스텀 뷰를 XML 파일에서 참조하는 방법

위의 예제와 같이 MyView와 같은 커스텀 뷰가 정의되었을 때, 이 커스텀 뷰를 레이아웃 파일에서 참조하고자 한다면 어떻게 해야 하는가? 예제로 살펴보자.

(1) CustomView라는 프로젝트를 생성한다.

(2) kr.co.company.customview 패키지 아래에 CustomView.java 파일을 다음과 같이 입력하여 추가한다. 패키지 이름 위에서 마우스 오른쪽 버튼을 눌러서 [New] → [Java Class] 메뉴를 이용한다.

CustomView.java

```
package kr.co.company.customview;
// 소스만 입력하고 Alt+Enter를 눌러서 import 문장을 자동으로 생성한다.
```

```java
public class CustomView extends View {
    public CustomView(Context context) {
        super(context);
        setBackgroundColor(Color.YELLOW);
    }

    public CustomView(Context context, AttributeSet attrs) {
        super(context);
        setBackgroundColor(Color.YELLOW);
    }

    @Override
    protected void onDraw(Canvas canvas) {
        Paint paint = new Paint();
        paint.setColor(Color.RED);
        canvas.drawArc(new ectF(10, 10, 600, 600), 45, 320, true, paint);
    }
}
```

XML에서 이 뷰를 참조하려면 반드시 이 생성자를 구현하여야 한다.

(3) activity_main.xml 파일을 다음과 같이 수정한다.

activity_main.xml

```xml
<?xml version="1.0" encoding="utf-8"?>
<LinearLayout xmlns:android="http://schemas.android.com/apk/res/android"
    android:layout_width="match_parent"
    android:layout_height="match_parent"
    android:orientation="vertical" >

    <kr.co.company.customview.CustomView
```

```
                android:layout_width="match_parent"
                android:layout_height="match_parent" />
```
⟵ ── 커스텀 뷰의 풀네임을 적어준다.

```
</LinearLayout>
```

(4) 자동 생성된 MainActivity 파일은 수정하지 않는다. 우리가 만든 커스텀 뷰는 XML 파일에서 참조할 수 있다. 커스텀 뷰를 XML 파일에서 참조할 때는 패키지 이름도 앞에 적어주어야한다.

3
SECTION

그리기 속성

어떻게 그리면 잘 그릴 수 있을까요? 그리기 속성에 대해 알아봅시다.

색상

색상은 색의 3원색인 Red, Green, Blue 성분을 8비트로 표시하여 나타낸다. 따라서 24비트면 하나의 색상을 표현할 수 있고, 24비트를 16진수로 표시하는 것이 일반적이다. 예를 들어서 빨간색으로 색상을 설정하려면 다음과 같이 하면 된다.

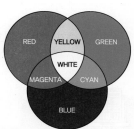

```
paint.setColor(0xFF0000);
```

많이 사용되는 색상은 미리 Color 클래스 안에 RED, BLUE, YELLOW, BLACK과 같이 상수로 정의되어 있다. 즉 빨간색은 다음과 같이도 설정할 수 있다.

```
paint.setColor(Color.RED);
```

투명도를 설정하려면 setAlpha()를 사용한다. setAlpha()는 색상의 알파값(투명도)을 설정한다. 색상의 RGB값은 변경되지 않는다. 선의 폭을 지정하려면 setStrokeWidth()를 사용한다.

메소드	설명
void setColor(int color) 전경색을 color로 설정한다.	전경색
int getColor() 현재 전경색으로 설정된 색상을 반환한다.	전경색
void setAlpha(int a) 0부터 255 사이의 값으로 투명도를 나타낸다.	투명도
void setStrokeWidth(float width) 선폭을 설정한다.	선폭
void setStyle(Paint.Style style) setStyle()은 각종 도형을 그리는 데 필요한 선의 스타일을 지정한다.	선 스타일

선의 스타일을 설정하려면 setStyle()을 사용한다. 선의 스타일에는 다음과 같은 종류가 있다.

선 스타일	설명
FILL	도형의 내부를 채운다.
FILL_AND_STROKE	도형의 내부를 채우면서 외곽선도 그린다.
STROKE	도형의 외곽선만 그린다.

각도를 증가하면서 원호를 연속적으로 그리는 예제를 작성하여 보자.

(1) MyArc라는 프로젝트를 생성한다.

(2) MainActivity.java 파일 중에서 onDraw()를 다음과 같이 변경한다.

MainActivity.java

```
package kr.co.company.myarc;
// 소스만 입력하고 Alt+Enter를 눌러서 import 문장을 자동으로 생성한다.

class MyView extends View {
    private Paint mPaints, mFramePaint;
    private RectF mBigOval;
    private float mStart, mSweep;

    private static final float SWEEP_INC = 2;
    private static final float START_INC = 15;
```

```java
public MyView(Contextcontext) {
    super(context);

    mPaints = new Paint();
    mPaints.setAntiAlias(true);
    mPaints.setStyle(Paint.Style.FILL);
    mPaints.setColor(0x88FF0000);

    mFramePaint = new Paint();
    mFramePaint.setAntiAlias(true);
    mFramePaint.setStyle(Paint.Style.STROKE);
    mFramePaint.setStrokeWidth(3);
    mFramePaint.setColor(0x8800FF00);
    mBigOval = new RectF(40, 10, 900, 1000);
}

@Override
protected void onDraw(Canvas canvas) {
    canvas.drawColor(Color.YELLOW);
    canvas.drawRect(mBigOval, mFramePaint);
    canvas.drawArc(mBigOval, mStart, mSweep, false, mPaints);
    mSweep += SWEEP_INC;
    if (mSweep >360) {
        mSweep -= 360;
        mStart + = START_INC;
        if (mStart >= 360) {
            mStart -= 360;
        }
    }
    invalidate();
}
}
```

시간이 많이 걸리는 작업은 생성자에서
미리 해둔다.

← FILL 스타일, 빨간색

STROKE 스타일, 녹색,
선폭은 3 픽셀

사각형을 그린다.

mStart 각도에서 mSweep만큼의
원호를 그린다.

그리는 각도를 증가시킨다.

← 다시 onDraw()가 호출되게 한다.

```java
public class MainActivity extends AppCompatActivity {
    protected void onCreate(BundlesavedInstanceState) {
        super.onCreate(savedInstanceState);
        setContentView(new MyView(this));
    }
}
```

앤티 에일리어싱

앤티 에일리어싱(AntiAliasing)은 도형의 경계부분을 더 매끄럽게 그려지도록 하는 기술이다. 앤티 에일리어싱을 사용하면 출력 속도는 느려질 수 있다. 앤티 에일리어싱을 설정하려면 setAntiAlias(true)를 사용한다. 앞의 예제에서 setAntiAlias(true)일 때와 setAntiAlias(false)일 때를 비교해보자.

폰트 변경

안드로이드에서 폰트는 Typeface 클래스의 객체로 표현된다. 폰트를 생성하려면 Typeface.create() 메소드를 호출한다. 현재 사용되는 폰트를 변경하려면 Paint 클래스의 setTypeface()를 사용한다. 설정된 폰트를 이용하여 문자열을 화면에 그리려면 Paint 클래스의 drawText()를 호출한다.

폰트를 변경하면서 화면에 텍스트를 그리는 간단한 예제를 작성하여 보자.

(1) GraphicText라는 프로젝트를 생성한다.
(2) MainActivity.java 파일 중에서 onDraw()를 다음과 같이 변경한다.

MainActivity.java

```
...

@Override
protected void onDraw(Canvas canvas) {
    Paint paint = new Paint();
    paint.setAntiAlias(true);←──────── 앤티 에일리어싱 설정
    paint.setTextSize(100);←────────── 폰트 설정

    Typeface t;
    t = Typeface.create(Typeface.DEFAULT, Typeface.NORMAL);
    paint.setTypeface(t);
    canvas.drawText("DEFAULT 폰트", 10, 200, paint);

    t = Typeface.create(Typeface.SERIF, Typeface.ITALIC);
    paint.setTypeface(t);
    canvas.drawText("SERIF 폰트", 10, 300, paint);

    t = Typeface.create(Typeface.SANS_SERIF, Typeface.BOLD_ITALIC);
```

```
    paint.setTypeface(t);
    canvas.drawText("SANS_SERIF 폰트", 10, 400, paint);
}
...
```

패스 그리기

패스(path)는 복잡한 기하학적인 경로를 표현한다. 패스는 직선과 타원, 곡선으로 이루어질 수 있다. 패스는 캔버스의 메소드 `drawPath()` 메소드를 이용하여 그려진다.

메소드
`void drawPath(Path path, Paint paint)` 주어진 paint를 이용하여서 주어진 패스를 그린다.

paint의 스타일에 따라서 채워서 그려질 수도 있고 아니면 외곽선만 그려질 수도 있다. 아니면 다른 도형을 그리는 데 클리핑 영역으로 사용될 수도 있고 아니면 패스 위에 텍스트를 그릴 수도 있다. 다음과 같은 메소드들이 제공된다.

메소드
`addArc(RectF oval, float startAngle, float sweepAngle)` 패스에 원호를 추가한다.
`addCircle(float x, float y, float radius, Path.Direction dir)` 패스에 원을 추가한다.
`addOval(RectF oval, Path.Direction dir)` 패스에 타원을 추가한다.
`addRect(float left, float top, float right, float bottom, Path.Direction dir)` 패스에 사각형을 추가한다.
`addRoundRect(RectF rect, float rx, float ry, Path.Direction dir)` 패스에 둥근 사각형을 추가한다.
`arcTo(RectF oval, float startAngle, float sweepAngle)` 패스에 원호를 추가한다.
`cubicTo(float x1, float y1, float x2, float y2, float x3, float y3)` 패스에 베지어 곡선을 추가한다.
`lineTo(float x, float y)` 패스에 직선을 추가한다.

메소드
moveTo(float x, float y) 패스의 시작점을 지정한다.
quadTo(float x1, float y1, float x2, float y2) 2차원 베지어 곡선을 추가한다.

터치 이벤트 처리하기

SECTION 5

안드로이드 장치에서 사용자와 상호작용하는 객체는 **View** 클래스이다. **View** 클래스는 이벤트가 발생했을 경우에 호출되는 몇 개의 콜백 메소드(callback method)를 가지고 있다. **View** 객체에 어떤 액션이 발생하면 이들 콜백 메소드는 안드로이드 프레임워크에 의하여 호출된다. 예를 들어서 사용자가 키패드를 누르면 **View** 클래스의 onKeyDown() 메소드가 호출된다. 따라서 키 이벤트를 처리하는 가장 명백한 방법은 **View** 클래스의 onKeyDown() 메소드를 재정의하는 것이다.

●그림 9-1
이벤트 처리 메소드 재정의

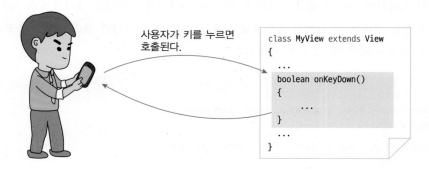

이 방법을 사용하려면 반드시 **View** 클래스를 상속받아서 자신의 뷰를 정의하여야 한다. 하지만 이벤트를 처리하기 위하여 **View** 클래스를 상속받는 것은 실용적이지 않다. 따라서 이 방법은 많이 사용되지 않는다. 하지만 반드시 이 방법이 필요한 경우도 있는 데, 바로 사용자가 나름대로의 커스텀 컴포넌트를 작성하려고 할 때이다. 예를 들어서 **Button** 클래스를 상속하여서 나만의 버튼을 만들고 싶은 경우가 있다. 이때에는 onKeyDown()와 같은 이벤트 처리기를 재정의하여서 이벤트를 처리하면 좋다.

우리가 재정의할 수 있는 **View** 클래스의 이벤트 처리 메소드에는 다음과 같은 것들이 있다.

- onKeyDown(int, KeyEvent): 사용자가 키보드를 눌렀을 때 호출된다.
- onKeyUp(int, KeyEvent): 사용자가 키에서 손을 뗐을 때 호출된다.
- onTrackballEvent(MotionEvent): 사용자가 트랙볼을 움직였을 때 호출된다.
- onTouchEvent(MotionEvent): 사용자가 화면을 터치했을 때 호출된다.
- onFocusChanged(boolean, int, Rect): 뷰가 포커스를 얻거나 잃었을 경우에 호출된다.

터치 이벤트

최근에 스마트폰이 광범위한 인기를 얻게 된 것도 손으로 터치하여서 모든 작업을 할 수 있기 때문이다. 특히 게임에서는 터치가 아주 중요하다. 터치 이벤트도 2가지의 방식으로 처리할 수 있다.

- 뷰의 콜백 메소드 재정의: onTouchEvent(MotionEvent e)를 재정의
- 이벤트를 처리하는 객체(리스너 객체)를 생성하여 뷰에 등록하는 방법

하지만 게임에서는 커스텀 뷰를 사용하는 경우가 많다. 따라서 여기서는 뷰의 메소드를 재정의하는 방법을 살펴보자. 즉 다음과 같은 구조를 가진다.

전체
구조

```
class MyView extends View {          ←── 커스텀 뷰 정의
    ...
        @Override
        public boolean onTouchEvent(MotionEvent event) {
            x = (int) event.getX();
            y = (int) event.getY();
            ...
        }
}
```

따라서 여기서는 뷰의 메소드를 재정의하는 방법을 살펴보자.

콜백 메소드 onTouchEvent()를 통하여 전달되는 MotionEvent 객체에는 액션 코드와 좌표가 들어 있다. 액션 코드(action code)란 터치가 올라가는지 내려오는지를 나타낸다. 좌표값은 터치가 발생한 좌표값이다.

예를 들어서 사용자가 화면을 터치하면 안드로이드는 뷰로 ACTION_DOWN이라는 액션 코드와 터치가 발생한 지점의 (x, y) 값을 전달한다. 추가로 터치의 압력이나 방향과 같은 정보도 받을 수 있다.

MotionEvent의 getAction() 메소드는 터치 동작에 대한 정보를 반환한다.

액션	설명
ACTION_DOWN	누르는 동작이 시작됨
ACTION_UP	누르고 있다가 뗄 때 발생함
ACTION_MOVE	누르는 도중에 움직임
ACTION_CANCEL	터치 동작이 취소됨
ACTION_OUTSIDE	터치가 현재의 위젯을 벗어남

ACTION_DOWN   ACTION_UP   ACTION_MOVE

 **예제**

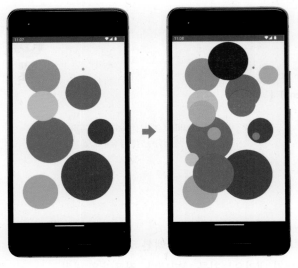

터치할 때마다 랜덤한 반지름과 색상을 가지는 원이 생성되는 앱을 작성해보자. 커스텀 뷰를 생성하고 터치 이벤트를 처리하여 화면을 터치할 때마다 랜덤한 반지름과 색상을 가지는 원을 그린다. 이미 그린 원을 유지하기 위해서는 그려진 원들의 정보를 유지하고, 새로운 원을 그릴 때 이전에 그려진 원들도 다시 그려야 한다. 이를 위해 커스텀 뷰에서 ArrayList에 그려진 원들의 정보를 저장하고, onDraw 메서드에서 저장된 정보를 기반으로 모든 원을 그리는 방식으로 구현할 수 있다.

(1) TouchEvent라는 프로젝트를 생성한다.

(2) CustomView.java 파일을 다음과 같이 변경한다.

CustomView.java

```java
public class CustomView extends View {
    private List<Circle> circles = new ArrayList<>();
    private Paint paint;
```

```
    public CustomView(Context context) {
        super(context);
        paint = new Paint();
    }


    @Override
    protected void onDraw(Canvas canvas) {
        super.onDraw(canvas);
        for (Circle circle : circles) {
            paint.setColor(circle.color);
            canvas.drawCircle(circle.x, circle.y, circle.radius, paint);
        }
    }
```

ArrayList에 저장된 원들을 꺼내서 다시 그린다.

```
    @Override
    public boolean onTouchEvent(MotionEvent event) {
        if (event.getAction() == MotionEvent.ACTION_DOWN) {
            Random random = new Random();
            float radius = random.nextInt(300);
            int color = Color.rgb(
                    random.nextInt(256),
                    random.nextInt(256),
                    random.nextInt(256)
            );
            float x = event.getX();
            float y = event.getY();

            circles.add(new Circle(x, y, radius, color));
            invalidate(); // 화면 다시 그리도록 요청
            return true;
        }
        return super.onTouchEvent(event);
    }
```

뷰의 터치 이벤트를 재정의한다.

원의 반지름과 색상은 난수로 결정된다.

```
    private class Circle {
        float x, y, radius;
        int color;

        Circle(float x, float y, float radius, int color) {
            this.x = x;
            this.y = y;
            this.radius = radius;
            this.color = color;
        }
    }
}
```

원을 클래스로 정의한다.

(3) `MainActivity.java` 파일을 다음과 같이 변경한다.

**코드
작성**

MainActivity.java

```java
public class MainActivity extends AppCompatActivity {
    @Override
    public void onCreate(Bundle savedInstanceState) {
        super.onCreate(savedInstanceState);
        CustomView w = new CustomView(this);
        setContentView(w);
    }
}
```

**참고
사항**

onTouchEvent()의 반환값

이벤트 처리 메소드의 반환값이 만약 true이면 자신의 이벤트를 완벽하게 처리하였다는 것을 의미한다. 만약 false를 반환하면 다른 메소드가 동일한 이벤트를 다시 처리하는 것을 허용한다. 하지만 onTouchEvent()에서는 약간 미묘한 문제가 있다. onTouchEvent()가 false를 반환하면 안드로이드는 현재의 이벤트가 완전히 처리되지 않은 것으로 판단하고 현재의 이벤트에 이어지는 ACTION_MOVE, ACTION_UP 이벤트는 없애버린다. ACTION_DOWN 이벤트는 삭제하지 않는다. 터치 이벤트는 상당히 많이 발생될 수 있기 때문에 불가피한 면이 있다. 따라서 onTouchEvent()에서 3가지의 터치 이벤트를 처리하고 싶다면 반드시 return true;하여야 한다.

이벤트 처리 메소드 재정의의 문제점

이 방법의 가장 큰 문제점은 반드시 View 클래스를 상속받아야 한다는 것이다. 즉 TextEdit와 같이 이미 정의된 위젯을 사용할 때도 반드시 MyTextEdit와 같이 TextEdit를 상속한 클래스를 작성하여야 한다. 이는 상당히 번거로운 작업이다. 하지만 반대로 자신만의 커스텀 컴포넌트를 작성할 때는 전혀 문제가 되지 않을 것이다.

메소드를 재정의할 때 편리한 기능

부모 클래스의 메소드를 재정의할 때 알아두면 편리한 기능이 있다. 코드를 일일이 전부 입력하여도 되지만, 메뉴 [Code] → [Override Methods...]를 선택하면 오른쪽과 같은 윈도우가 뜨고 여기서 재정의하고 싶은 메소드를 선택하는 것이 편리하다.

 **예제**

사용자로부터 터치를 입력받아서 화면에 곡선을 그리는 애플리케이션을 작성해보자. 이것은 터치를 응용하는 고전적인 예제로서 많이 등장한다. 많은 방법이 있으나 여기서는 가장 쉬운 방법을 사용한다. 즉 그래픽에서 제공하는 Path 객체를 이용하여 여기에 점의 좌표를 누적시키는 방법이다.

(1) SingleTouch 프로젝트를 생성한다.
(2) MainActivity.java 파일을 다음과 같이 변경한다.

MainActivity.java

```java
package kr.co.company.singletouch;
// 소스만 입력하고 Alt+Enter를 눌러서 import 문장을 자동으로 생성한다.

public class MainActivity extends AppCompatActivity {

    @Override
    protected void onCreate(Bundle savedInstanceState) {
        super.onCreate(savedInstanceState);
        setContentView(new SingleTouchView(this, null));
    }

}
```

(3) src 폴더에 SingleTouchView.java 파일을 추가한다.

SingleTouchView.java

```java
package kr.co.company.singletouch;
// 소스만 입력하고 Alt+Enter를 눌러서 import 문장을 자동으로 생성한다.
```

 코드 작성

```java
public class SingleTouchView extends View {
  private Paint paint = new Paint();
  private Path path = new Path();

  public SingleTouchView(Context context, AttributeSet attrs) {
      super(context, attrs);

      paint.setAntiAlias(true);
      paint.setStrokeWidth(10f);
      paint.setColor(Color.BLUE);
      paint.setStyle(Paint.Style.STROKE);
      paint.setStrokeJoin(Paint.Join.ROUND);
  }

  @Override
  protected void onDraw(Canvas canvas) {
      canvas.drawPath(path, paint);
  }

  @Override
  public boolean onTouchEvent(MotionEvent event) {
      float eventX = event.getX();
      float eventY = event.getY();

      switch (event.getAction()) {
      case MotionEvent.ACTION_DOWN:
          path.moveTo(eventX, eventY);
          return true;
      case MotionEvent.ACTION_MOVE:
          path.lineTo(eventX, eventY);
          break;
      case MotionEvent.ACTION_UP:
          break;
      default:
          return false;
      }

      invalidate();
      return true;
  }
}
```

선분을 매끄럽게 그리기 위하여 앤티 에일리어싱을 설정한다.

선분의 두께를 10으로 한다.

현재까지의 경로를 모두 그린다.

화면이 터치된 위치를 얻는다.

터치가 시작되면 경로에 시작점을 저장한다.

화면에서 손가락이 움직이면 경로에 직선을 저장한다.

(4) 손가락으로 그림을 그려보자.

6 멀티 터치 이벤트
SECTION

멀티 터치란 여러 개의 손가락을 이용하여 화면을 터치하는 것으로 이미지를 확대/축소할 때 많이 사용된다.

여러 개의 포인터(손가락 또는 스타일러스)가 화면을 동시에 터치하면 다음과 같은 터치 이벤트들이 발생된다.

● 출처
Wikimedia
Commons

- ACTION_DOWN: 화면을 터치하는 첫 번째 포인터에 대하여 발생한다. 제스처 인식이 시작된다. 첫 번째 터치는 항상 MotionEvent에서 인덱스 0번에 저장된다.
- ACTION_POINTER_DOWN: 첫 번째 포인터 이외의 포인터에 대하여 발생된다. 포인터 데이터는 getActionIndex()가 반환하는 인덱스에 저장된다.
- ACTION_MOVE: 화면을 누르면서 이동할 때 발생한다.
- ACTION_POINTER_UP: 마지막 포인터가 아닌 다른 포인터가 화면에서 없어지면 발생된다.
- ACTION_UP: 화면을 떠나는 마지막 포인터에 대하여 발생된다.

개발자는 MotionEvent에서 각각의 포인터를 인덱스와 아이디로 추적할 수 있다.

 예제

멀티 터치의 가장 대표적인 예제는 이미지를 두 개의 손가락으로 확대하거나 축소하는 예제일 것이다. 이것을 핀치줌(pinch zoom)이라고 한다.

(1) ImageScale 프로젝트를 생성한다.
(2) MainActivity.java 파일을 다음과 같이 변경한다.

MainActivity.java 코드 작성

```
package kr.co.company.imagescale;
// 소스만 입력하고 Alt+Enter를 눌러서 import 문장을 자동으로 생성한다.
```

```java
public class MainActivity extends AppCompatActivity {

    @Override
    protected void onCreate(Bundle savedInstanceState) {
        super.onCreate(savedInstanceState);
        setContentView(new MyImageView(this));
    }
}
```

(3) src 폴더에 MyImageView.java 파일을 추가한다.

MyImageView.java

```java
package kr.co.company.imagescale;
// 소스만 입력하고 Alt+Enter를 눌러서 import 문장을 자동으로 생성한다.

public class MyImageView extends View {
    private Drawable image;
    private ScaleGestureDetector gestureDetector;
    private float scale = 1.0f;

    public MyImageView(Context context) {
        super(context);
        image = context.getResources().getDrawable(R.drawable.lion);
        setFocusable(true);
        image.setBounds(0, 0, image.getIntrinsicWidth(), image.getIntrinsicHeight());
        gestureDetector = new ScaleGestureDetector(context, new ScaleListener());
    }
```
제스처 인식기 객체를 생성한다.

```java
    @Override
    protected void onDraw(Canvas canvas) {
        super.onDraw(canvas);
        canvas.save();
        canvas.scale(scale, scale);
        image.draw(canvas);
        canvas.restore();
    }
```
캔버스의 현재 상태를 저장한다.
캔버스에 신축 연산을 적용한다.
좀 더 자세한 내용은 다음 장을 참조한다.
캔버스의 상태를 복원한다.

```java
    @Override
    public boolean onTouchEvent(MotionEvent event) {
        gestureDetector.onTouchEvent(event);
        invalidate();
        return true;
    }
```
제스처 인식기로 터치 이벤트를
보내서 처리한다.

```
private class ScaleListener extends
        ScaleGestureDetector.SimpleOnScaleGestureListener {

    @Override
    public boolean onScale(ScaleGestureDetector detector) {
        scale *= detector.getScaleFactor();

        if (scale < 0.1f)
            scale = 0.1f;
        if (scale > 10.0f)
            scale = 10.0f;

        invalidate();
        return true;
    }
}
}
```

신축 연산이 감지되었으면 호출된다.

(4) lion.png 이미지를 **/res/drawable** 폴더로 복사한다.

(5) 두 개의 손가락을 이용하여 이미지의 크기를 변경하여 본다. 에뮬레이터에서 [Ctrl] 키를 누르면서 마우스를 움직여보자.

그림판 예제 작성

우리는 예제에서 터치 이벤트를 처리하여 간단한 그림판 프로그램을 만들어 본 적이 있다. 이것을 확장하여 좀 더 정교한 그림판 애플리케이션을 작성해보자.

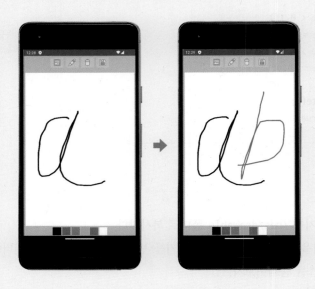

(1) 먼저 **MyDraw**라는 프로젝트를 생성한다. 레이아웃 파일은 **activity_main.xml**로 한다.

(2) **SingleTouchView**라는 클래스를 패키지에 추가한다. **SingleTouchView.java** 파일에 다음과 같이 입력한다.

SingleTouchView.java

```
package kr.co.company.mydraw;
// 소스만 입력하고 Alt+Enter를 눌러서 import 문장을 자동으로 생성한다.


public class SingleTouchView extends View {
    private Paint paint = new Paint();
    private Path path = new Path();
    private int paintColor = 0xFF000000;
    private Paint canvasPaint;
    private Canvas drawCanvas;
    private Bitmap canvasBitmap;

    public SingleTouchView(Context context, AttributeSet attrs) {
        super(context, attrs);
        paint.setAntiAlias(true);
        paint.setStrokeWidth(10f);
        paint.setColor(paintColor);
```

```
        paint.setStyle(Paint.Style.STROKE);
        paint.setStrokeJoin(Paint.Join.ROUND);
    }

    @Override
    protected void onSizeChanged(int w, int h, int oldw, int oldh) {
        super.onSizeChanged(w, h, oldw, oldh);
        canvasBitmap = Bitmap.createBitmap(w, h, Bitmap.Config.ARGB_8888);
        drawCanvas = new Canvas(canvasBitmap);
        canvasPaint = new Paint(Paint.DITHER_FLAG);
    }

    @Override
    protected void onDraw(Canvas canvas) {
        canvas.drawBitmap(canvasBitmap, 0, 0, canvasPaint);
        canvas.drawPath(path, paint);
    }

    @Override
    public boolean onTouchEvent(MotionEvent event) {
        float touchX = event.getX();
        float touchY = event.getY();
        switch (event.getAction()) {
        case MotionEvent.ACTION_DOWN:
            path.moveTo(touchX, touchY);
            break;
        case MotionEvent.ACTION_MOVE:
            path.lineTo(touchX, touchY);
            break;
        case MotionEvent.ACTION_UP:
            drawCanvas.drawPath(path, paint);
            path.reset();
            break;
        default:
            return false;
        }
        invalidate();
        return true;
    }

    public void setColor(String newColor) {
        invalidate();
        paintColor = Color.parseColor(newColor);
        paint.setColor(paintColor);
    }
}
```

비트맵을 생성하고, 이것을 캔버스와 연결한다. 캔버스에 무언가 그려지면 비트맵에도 그려진다.

비트맵을 그린 후에 현재의 경로를 그린다.

터치이벤트가 발생하면 현재의 경로에 직선으로 추가한다.

손가락을 화면에서 떼는 순간, 현재까지의 경로를 캔버스에 그리고, 경로는 리셋한다.

(3) `activity_main.xml` 파일을 다음과 같이 변경한다. 몇 개의 줄은 생략되었다. 첨부 소스를 참조한다.

activity_main.xml

```xml
<LinearLayout xmlns:android="http://schemas.android.com/apk/res/android"
    android:background="#FFCCCCCC"
    tools:context=".MainActivity" >

    <LinearLayout    android:orientation="horizontal" >
        <ImageButton    android:src="@android:drawable/ic_menu_gallery" />
        <ImageButton    android:src="@android:drawable/ic_menu_edit" />
        <ImageButton    android:src="@android:drawable/ic_menu_delete" />
        <ImageButton    android:src="@android:drawable/ic_menu_save" />
    </LinearLayout>

    <kr.co.company.singletouch.SingleTouchView
        android:id="@+id/drawing"
        android:layout_width="fill_parent"
        android:layout_height="0dp"
        android:layout_weight="1"
        android:background="#FFFFFFFF" />

    <LinearLayout    android:orientation="vertical" >
        <LinearLayout    android:orientation="horizontal" >
            <ImageButton
                android:background="#FF000000"
                android:onClick="clicked"
                android:tag="#FF000000" />
            <ImageButton
                android:background="#FFFF0000"
                android:onClick="clicked"
                android:tag="#FFFF0000" />
            <ImageButton
                android:background="#FFFF6600"
                android:onClick="clicked"
                android:tag="#FFFF6600" />
            <ImageButton
                android:background="#FFFFCC00"
                android:onClick="clicked"
                android:tag="#FFFFCC00" />
            <ImageButton
                android:background="#FF009900"
                android:onClick="clicked"
                android:tag="#FF009900" />
            <ImageButton
                android:background="#FFFFFFFF"
```

```
                    android:onClick="clicked"
                    android:tag="#FFFFFFFF" />
        </LinearLayout>
    </LinearLayout>
</LinearLayout>
```

(4) `MainActivity.java` 파일을 다음과 같이 변경한다.

MainActivity.java

```java
package kr.co.company.mydraw;
// 소스만 입력하고 Alt+Enter를 눌러서 import 문장을 자동으로 생성한다.


public class MainActivity extends AppCompatActivity {
    private SingleTouchView drawView;
    private ImageButton currPaint;

    @Override
    protected void onCreate(Bundle savedInstanceState) {
        super.onCreate(savedInstanceState);
        setContentView(R.layout.activity_main);
        drawView = (SingleTouchView) findViewById(R.id.drawing);
        LinearLayout paintLayout = (LinearLayout) findViewById(R.id.paint_colors);
        currPaint = (ImageButton) paintLayout.getChildAt(0);
    }

    public void clicked(View view) {
        if (view != currPaint) {
            String color = view.getTag().toString();
            drawView.setColor(color);
            currPaint = (ImageButton) view;
        }
    }
}
```

(5) 애플리케이션을 실행하여서 어떤 결과가 나오는지 살펴본다. 버튼을 클릭하여 본다.

 도전문제

그림판 앱에서 아직 구현이 안 된 기능들을 구현해보자.

이미지 표시하기

SECTION 7

애플리케이션에 이미지를 화면에 그리는 작업을 아주 많이 수행된다. 안드로이드에서 지원되는 파일 형식은 PNG(선호), JPG(가능), GIF(권장되지 않음) 등이 있다.

배경도 하나의 큰 이미지이다.

게임에서는 거의 모든 것이 이미지로 처리된다.

이미지를 불러오는 방법

이미지를 리소스로 추가하여 사용하는 방법과 앱에서 직접 이미지 파일을 읽어서 그리는 방법이 있다.

방법	설명
리소스로 표시하는 방법	먼저 이미지 파일을 프로젝트의 리소스로 추가하여야 한다. 예를 들어서 dog.jpg 파일을 프로젝트의 res/drawable 폴더에 추가한다. 이미지를 Ctrl+C로 복사하고 /res/drawable 폴더 위에서 Ctrl+V하면 된다. 이미지가 리소스로 추가되면 소스 코드나 XML에서 식별자를 통하여 참조될 수 있다. 안드로이드에서는 확장자를 제외한 파일의 이름을 식별자로 사용한다. 예를 들어서 dog.jpg 파일은 R.drawable.dog으로 참조된다.
이미지 파일을 직접 읽는 방법	이미지 파일 경로를 이용하여 비트맵으로 읽어오는 방법이다. Bitmap bitmap = BitmapFactory.decodeFile(filePath.getAbsolutePath()); cnavas.drawBitmap(bitmap, x, y, null);

이미지를 직접 그려주는 방법

게임과 같은 애플리케이션에서는 개발자가 이미지를 직접 그려주는 방법이 선호된다. 소스 코드에서 이미지를 불러올 때는 **BitmapFactory** 클래스의 **decode Resource()**를 사용하는 것이 가장 간편하다.

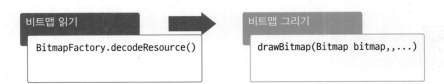

비트맵 읽기

```
BitmapFactory.decodeResource()
```

비트맵 그리기

```
drawBitmap(Bitmap bitmap,,...)
```

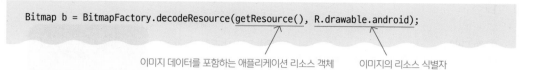

```
Bitmap b = BitmapFactory.decodeResource(getResource(), R.drawable.android);
```

이미지 데이터를 포함하는 애플리케이션 리소스 객체   이미지의 리소스 식별자

decodeResource()는 첫 번째 인수인 리소스 객체에서 두 번째 인수인 식별자에 해당하는 이미지 리소스를 찾고 디코딩하여서 비트맵으로 반환한다. 애플리케이션의 모든 리소스를 가지고 있는 리소스 객체는 Context 클래스의 getResource()로 얻을 수 있다.

이미지 파일에서 비트맵을 얻었으면 다음 단계는 비트맵을 화면에 그리는 것이다. 화면에 이미지를 그리는 메소드는 Canvas 클래스의 drawBitmap()이다.

```
void drawBitmap(Bitmap bitmap, float left, float top, Paint paint);
```

화면에 그릴 비트맵   이미지가 그려지는 위치   변환 행렬이 들어 있는 Paint 객체

여기서 이미지를 변환할 필요가 없으면 paint는 null로 주어도 된다.

res/drawable/ 안의 이미지 리소스는 빌드 과정에서 aapt 도구를 사용하여서 자동적으로 무손실 압축 방법으로 최적화된다. 예를 들어서 256 컬러 이하를 사용하는 트루 컬러 PNG 파일은 컬러 팔레트를 가지는 8-비트 PNG 형식으로 변환된다. 이렇게 하면 동일한 품질을 제공하면서 메모리를 적게 차지한다. 따라서 이 폴더에 있는 이미지들은 변경될 수 있다. 만약 변경되지 않는 이미지 파일을 원하면 res/raw/ 폴더에 이미지를 보관하여야 한다.

참고사항

예제   **화면에 이미지 그리기**

이미지 파일을 화면에 표시하는 간단한 예제를 작성하여 보자.

(1) ImageDisp라는 프로젝트를 생성한다.

(2) cat.jpg 파일을 복사하여 /res/drawable 폴더에 붙여넣기 한다.

(3) MainActivity.java 파일을 다음과 같이 변경한다.

코드 작성

MainActivity.java

```
package kr.co.company.imagedisp;
// 소스만 입력하고 Alt+Enter를 눌러서 import 문장을 자동으로 생성한다.

class MyView extends View {
  public MyView(Context context) {
    super(context);
    setBackgroundColor(Color.YELLOW);
```

```
    }

    @Override
    protected void onDraw(Canvas canvas) {
        Paint paint = new Paint();
        Bitmap b = BitmapFactory.decodeResource(getResources(),
                R.drawable.cat);
        canvas.drawBitmap(b, 0, 0, null);
    }
}

public class MainActivity extends AppCompatActivity {
    @Override
    public void onCreate(Bundle savedInstanceState) {
        super.onCreate(savedInstanceState);
        MyView w = new MyView(this);
        setContentView(w);
    }
}
```

이미지를 읽어서 비트맵으로 만든다.

이미지를 캔버스에 그린다.

비트맵의 확대 및 축소

비트맵은 확대 또는 축소될 수 있다. 확대 또는 축소된 비트맵을 생성하려면 createScaled
Bitmap() 메소드를 사용한다. 간단한 사용 예는 다음과 같다.

```
...
Bitmap b = BitmapFactory.decodeResource(getResource(), R.drawable.cat);
Bitmap sb= Bitmap.createScaledBitmap(b, 60, 80, false);
...
```

60×80 크기의 새로운
비트맵을 생성한다.

앞의 코드에서는 b라는 비트맵을 60×80 크기로 변환하여서 sb라는 새로운 비트맵으로 만드
는 것이다.

비트맵의 변환

단순하게 크기만 변경하는 것이 아니라 상하좌우를 바꾸고자 한다면 변환 행렬을 사용할 수
있다. 변환 행렬을 사용하면 다양한 각도로 회전하는 것도 가능하다. 컴퓨터 그래픽에서 등
장하는 변환 행렬의 개념과 동일하다. 변환 행렬은 3×3 크기이며, 행렬의 초깃값은 단위 행렬

(identity matrix)이다.

여기에 여러 가지 변환 메소드를 호출하게 되면 이 값들이 변환 행렬에 곱해지게 된다. 예를 들어서 상하가 뒤집힌 비트맵을 생성하려면 다음과 같은 절차를 따른다.

```
...                              ← 변환 행렬을 생성한다.
Matrix m = new Matrix();         ← x값에 1을 곱하고 y값에 -1을
m.preScale(1, -1);                 곱하는 변환 행렬을 만든다.
Bitmap b = BitmapFactory.decodeResource(getResource(), R.drawable.cat);
Bitmap mb=Bitmap.createBitmap(b, 0, 0, b.getWidth(), b.getHeight(), m, false);
...
                                 ── 변환 행렬 m이 적용된 새로운 비트맵을 생성한다.
```

여기서 `preScale()`은 도형의 크기를 변경시키는 행렬로서 다음과 같은 원형을 가진다.

메소드
boolean preScale (float sx, float sy) 도형의 크기를 x와 y 축 방향으로 sx, sy만큼 변경한다. M' = M * S(sx, sy)

house.png 파일을 읽어서 상하 반전시킨 이미지를 생성해서 화면에 출력한다. 이어서 원 파일을 200×200으로 확대한 비트맵을 화면 위치 (100, 100)에 출력한다.

(1) `GraphicBitmap`이라는 프로젝트를 생성한다.

(2) `house.png` 파일을 `/res/drawable`로 복사한다.

(3) `MainActivity.java` 파일을 다음과 같이 변경한다.

MainActivity.java

```
...
protected void onDraw(Canvas canvas) {
  Paint paint = new Paint();
  Matrix m= new Matrix();              ← 상하 반전 변환 행렬
  m.preScale(1, -1);

  Bitmap b = BitmapFactory.decodeResource(getResources(), R.drawable.house);
```

```
Bitmap mb = Bitmap.createBitmap(b, 0, 0, b.getWidth(), b.getHeight(), m, false);
Bitmap sb = Bitmap.createScaledBitmap(b, 600, 600, false);
canvas.drawBitmap(mb, 0, 0, null);
canvas.drawBitmap(sb, 100, 100, null);
}
...
```

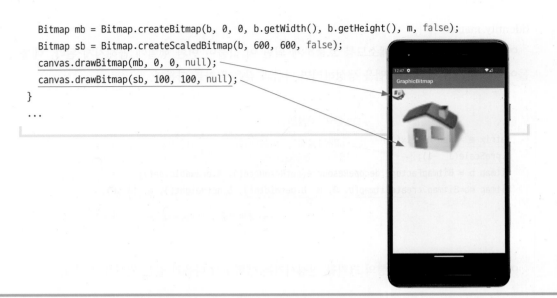

예제 · 미니 포토샵 만들기

안드로이드의 영상 처리 기능을 이용하여서 포토샵과 유사한 프로그램을 작성해보자.

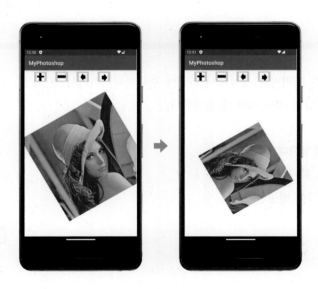

여기서는 비트맵을 회전시키거나 비트맵의 크기를 변경하는 것이 아니고 캔버스를 축소하거나 캔버스를 회전한 후에 거기에 비트맵을 그린다. 캔버스에 기하학적인 연산을 한 후에 그 캔버스 위에 비트맵을 그리면 비트맵이 회전되는 것처럼 느껴진다. 이것은 종이를 회전시킨 후에 거기에 그림을 그리는 것과 유사하다. 캔버스를 축소하거나 회전시키는 연산은 다음과 같은 문장이다.

```
canvas.scale(scaleX, scaleY, centerX, centerY);   // 캔버스 축척을 바꾼다.
canvas.rotate(rotateAngle, centerX, centerY);      // 캔버스를 회전시킨다.
```

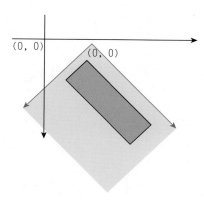

(1) 먼저 MyPhotoShop이라는 프로젝트를 생성한다. 레이아웃 파일은 activity_main.xml로 한다.

(2) lena.png 파일을 /res/drawable로 복사한다.

(3) activity_main.xml 파일을 다음과 같이 변경한다(생략된 부분은 소스에서 참고한다). 여기 서는 비주얼 도구를 이용해서 만들었지만, XML 코드를 직접 편집해도 된다.

---

activity_main.xml

```
<androidx.constraintlayout.widget.ConstraintLayout>

    <ImageButton
        android:id="@+id/imageButton"
        android:onClick="expand"
        app:srcCompat="@drawable/plus"    />

    <ImageButton
        android:id="@+id/imageButton2"
        android:onClick="shrink"
        app:srcCompat="@drawable/minus" />

    <ImageButton
        android:id="@+id/imageButton3"
        android:onClick="rotateLeft"
        app:srcCompat="@drawable/left" />

    <ImageButton
        android:id="@+id/imageButton4"
        android:onClick="rotateRight"
        app:srcCompat="@drawable/right" />
```

```
    <LinearLayout          android:id="@+id/imageDisplay"          >
    </LinearLayout>
</androidx.constraintlayout.widget.ConstraintLayout>
```

(4) **MainActivity.java** 파일을 다음과 같이 변경한다.

MainActivity.java

```java
package kr.co.company.myphotoshop;

public class MainActivity extends AppCompatActivity {
    float scaleX = 1.0f, scaleY = 1.0f, rotateAngle;
    MyView displayView;

    public class MyView extends View {
        public MyView(MainActivity context) {
            super(context);
        }

        @Override
        protected void onDraw(Canvas canvas) {
            super.onDraw(canvas);
            Paint paint = new Paint();

            int centerX = getWidth() / 2;
            int centerY = getHeight() / 2;
            canvas.scale(scaleX, scaleY, centerX, centerY);
            canvas.rotate(rotateAngle, centerX, centerY);

            Bitmap picture = BitmapFactory.decodeResource(getResources(),
                    R.drawable.lena);
            canvas.drawBitmap(picture, 0, 0, paint);
        }
    }

    @Override
    protected void onCreate(Bundle savedInstanceState) {
        super.onCreate(savedInstanceState);
        setContentView(R.layout.activity_main);
        LinearLayout layout = (LinearLayout) findViewById(R.id.imageDisplay);
        displayView = new MyView(this);
        layout.addView(displayView);
    }

    public void expand(View view) {
        scaleX += 0.3;
```

현재 설정된 축척과 회전각도로 비트맵을 화면에 그린다.

레이아웃에서 선형 레이아웃을 찾아서, 거기에 커스텀 뷰를 추가한다.

```
            scaleY += 0.3;
            displayView.invalidate();
        }

        public void shrink(View view) {            그림을 축소해서 그린다.
            scaleX -= 0.3;
            scaleY -= 0.3;
            displayView.invalidate();
        }

        public void rotateLeft(View view) {         그림을 왼쪽으로 회전시켜 그린다.
            rotateAngle -= 30;
            displayView.invalidate();
        }

        public void rotateRight(View view) {
            rotateAngle += 30;
            displayView.invalidate();
        }
    }
```

위의 코드에서는 레이아웃 파일에서 선형 레이아웃을 찾아서 여기에 커스텀 뷰를 추가하였다.

```
LinearLayout layout = (LinearLayout) findViewById(R.id.imageDisplay);
displayView = new MyView(this);
layout.addView(displayView);
```

이렇게 하여도 되고, 앞의 그림판 앱처럼 커스텀 뷰를 레이아웃에 직접 등록하여도 된다.

(5) 애플리케이션을 실행하여서 어떤 결과가 나오는지 살펴본다. 버튼을 클릭하여 본다.

 도전문제

포토샵 앱에서 아직 구현 안 된 기능들을 찾아서 한 개만 구현해보자. 예를 들어서 translate() 함수를 사용하여 영상을 평행이동시키거나 영상의 색조를 변화시킨다거나 그레이스케일 영상으로 변환할 수도 있다.

드로워블 애니메이션

8
SECTION

드로워블 애니메이션은 영화 필름처럼 여러 개의 이미지가 순서대로 재생되어서 생성되는 전통적인 애니메이션 입니다.

드로워블 애니메이션(drawable animation)은 영화 필름처럼 여러 개의 이미지가 순서대로 재생되어서 생성되는 전통적인 애니메이션이다. `AnimationDrawable` 클래스가 프레임 애니메이션의 기초 클래스가 된다.

`AnimationDrawable` 클래스 API를 사용하여서 코드 안에 애니메이션의 프레임들을 정의할 수도 있지만, 일반적으로는 애니메이션을 구성하는 프레임들을 나열하는 하나의 XML 파일을 생성한다. 드로워블 애니메이션을 정의하는 XML 파일은 res/drawable/ 디렉터리에 위치한다.

XML 파일은 `<animation-list>` 요소를 루트 노드로 가진다. 그 아래에 여러 개의 `<item>` 노드를 가진다. `<item>` 노드는 각 프레임을 정의한다. 여기서는 각 프레임을 위한 리소스와 프레임 지속 시간이 정의된다. 예를 들어 보자.

**전체
구조**

```xml
<?xml version="1.0" encoding="utf-8"?>
<animation-list xmlns:android="http://schemas.android.com/apk/res/android"
    android:oneshot="false" >

    <item
        android:drawable="@drawable/rocket1"          ⟵ 이미지 #1
        android:duration="100"/>

    <item
        android:drawable="@drawable/rocket2"          ⟵ 이미지 #2
        android:duration="100"/>

    <item
        android:drawable="@drawable/rocket3"          ⟵ 이미지 #3
        android:duration="100"/>

</animation-list>
```

이 애니메이션은 3개의 프레임으로 이루어져 있다. `android:oneshot` 속성을 `false`로 설정하였기 때문에 무한 반복될 것이다. 이 XML 파일이 rocket.xml로 res/drawable 디렉터리에 저장되면 뷰의 배경 이미지로 추가되어 재생될 수 있다. 예를 들어서 애니메이션이 이미지 뷰에 추가되고 화면이 터치되면 재생을 시작하는 액티비티를 작성하여 보자.

(1) DrawableAnimation이라는 프로젝트를 생성한다.

(2) activity_main.xml 파일을 오픈하여서 선형 레이아웃 안에 이미지 뷰를 추가한다(생략).

(3) 앞에서 설명된 rocket.xml을 작성하고 /res/drawable 디렉터리에 저장한다.

(4) MainActivity.java 파일을 다음과 같이 작성한다.

MainActivity.java

```
package kr.co.company.drawableanimation;
// 소스만 입력하고 Alt+Enter를 눌러서 import 문장을 자동으로 생성한다.

public class MainActivity extends AppCompatActivity {
  AnimationDrawable rocketAnimation;

  public void onCreate(Bundle savedInstanceState) {
    super.onCreate(savedInstanceState);
    setContentView(R.layout.activity_main);
    ImageView rocketImage = (ImageView) findViewById(R.id.rocket_image);
    rocketImage.setBackgroundResource(R.drawable.rocket);
    rocketAnimation = (AnimationDrawable) rocketImage.getBackground();
  }

  public boolean onTouchEvent(MotionEvent event) {
    if (event.getAction() == MotionEvent.ACTION_DOWN) {
      rocketAnimation.start();
      return true;
    }
    return super.onTouchEvent(event);
  }
}
```

애니메이션 리소스를 이미지 뷰의 배경으로 설정한다.

애니메이션 객체를 얻는다.

화면을 터치하면 애니메이션을 시작한다.

화면을 클릭하여야 애니메이션이 시작된다. AnimationDrawable의 start() 메소드는 액티비티의 onCreate() 메소드에서 호출될 수가 없다. 왜냐하면 onCreate() 안에서는 AnimationDrawable이 완전하게 윈도우에 부착되지 않았기 때문이다. 만약 사용자 상호작용이 없이 애니메이션을 즉시 재생하여야 한다면 액티비티의 onWindowFocusChanged() 메소드에서 호출하는 것이 좋다. onWindowFocusChanged() 메소드는 사용자 윈도우가 생성되어 포커스를 받을 때 호출된다.

서피스 뷰를 사용하는 애니메이션

애플리케이션에서 많이 복잡하지 않은 그래픽은 캔버스에 그리면 된다. 하지만 게임과 같이 복잡하고 빠른 그래픽이 요구되는 애플리케이션에서 캔버스에 그린다는 것은 무리가 있다. 왜냐하면 사용자 인터페이스를 처리하는 메인 스레드(main thread)의 시간을 너무 많이 빼앗기 때문이다. 메인 스레드가 그래픽에 너무 시간을 많이 소모하면 사용자의 인터페이스를 처리하지 못하게 되어서 사용자는 답답함을 느낄 것이다. 심하면 애플리케이션이 멈춘 것처럼 느낄 수도 있고 ANR(Application Not Responding) 오류가 발생할 수도 있다. 따라서 이런 경우에는 그리기를 전담하는 별도의 스레드를 만드는 것이 좋다.

이런 경우에 서피스 뷰를 사용하면 된다. 서피스 뷰는 그리기 전용의 화면을 제공하는 뷰이다. 서피스 뷰를 만든 이유는 사용자 인터페이스와는 별도로 애플리케이션에 그림을 그릴 수 있는 화면을 제공하자는 것이다. 서피스 뷰를 사용하면 사용자 인터페이스가 만들어질 때까지 기다리지 않아도 된다. 즉 화면에 직접 그리는 것이 아니라 먼저 SurfaceView에 그리고 이것을 안드로이드 시스템이 화면으로 복사하게 된다. 따라서 그리기를 담당하는 스레드는 자신 속도에 맞추어서 자신의 화면에 그릴 수 있다.

만약 스레드에 대하여 기억이 나지 않는 독자들은 13장을 먼저 읽기 바란다. 스레드는 자바에서 지원되는 기능으로 애플리케이션 안에서 동시에 실행되는 코드를 만들 수 있게 한다. 스레드를 의도적으로 생성하지 않으면 메인 스레드라고 불리는 하나의 스레드만이 기본적으로 제공된다.

서피스 뷰 사용 방법

그렇다면 어떻게 해야 서피스 뷰를 사용할 수 있을까? 먼저 **SurfaceView**를 상속받아서 새로운 클래스를 정의한다. 그리고 액티비티의 화면으로 서피스 뷰를 설정한 후에 새로운 스레드에서 이 서피스 뷰에 그림을 그리면 된다. 하지만 새로운 스레드가 실제로 서피스를 생성하기 전에 그림을 그리면 안 된다. 따라서 서피스가 생성되고 소멸되는 시점을 그림을 담당하는 스레드에 알려주어야 한다. 이러한 목적으로 우리의 서피스 뷰 클래스는 **SurfaceHolder.Callback**을 구현한다. 이 인터페이스는 서피스 뷰에 대한 정보를 통지해준다. 예를 들어서 서피스 뷰가 생성되거나 변경되거나 파괴될 때 우리에게 통지해준다. 이들 이벤트는 중요한데 왜냐하면 이들을 이용하여서 언제 그리기를 시작하고 언제 그리기를 종료해야 하는지를 알 수 있기 때문이다.

대략적인 형태는 다음과 같다. 일반적으로 **SurfaceView** 클래스 내부에서 그리기 전용 스레드를 정의하는 것이 좋다. 이 스레드는 서피스 뷰의 화면에 대한 모든 그리기를 담당한다. 다음과 같이 사용자의 **SurfaceView** 클래스 안에서 각 콜백 메소드들을 재정의하면 된다.

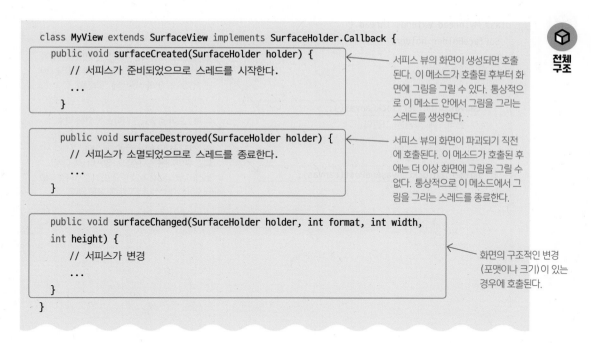

```
class MyView extends SurfaceView implements SurfaceHolder.Callback {
    public void surfaceCreated(SurfaceHolder holder) {
        // 서피스가 준비되었으므로 스레드를 시작한다.
        ...
    }

    public void surfaceDestroyed(SurfaceHolder holder) {
        // 서피스가 소멸되었으므로 스레드를 종료한다.
        ...
    }

    public void surfaceChanged(SurfaceHolder holder, int format, int width,
    int height) {
        // 서피스가 변경
        ...
    }
}
```

서피스 뷰의 화면이 생성되면 호출된다. 이 메소드가 호출된 후부터 화면에 그림을 그릴 수 있다. 통상적으로 이 메소드 안에서 그림을 그리는 스레드를 생성한다.

서피스 뷰의 화면이 파괴되기 직전에 호출된다. 이 메소드가 호출된 후에는 더 이상 화면에 그림을 그릴 수 없다. 통상적으로 이 메소드에서 그림을 그리는 스레드를 종료한다.

화면의 구조적인 변경 (포맷이나 크기)이 있는 경우에 호출된다.

전체 구조

서피스 뷰 객체는 우리가 직접 처리할 수는 없고 반드시 SurfaceHolder를 통하여 처리하여야 한다. 왜냐하면 안드로이드 시스템이 서피스 뷰를 실제 장치의 화면으로 부지런히 복사하여야 하기 때문이다. 서피스 뷰 객체가 초기화될 때 getHolder()를 호출하여서 SurfaceHolder를 얻으면 된다.

```
SurfaceHolder holder = getHolder();
```

만약 `SurfaceHolder`의 콜백 메소드를 받고 싶으면 `addCallback()`을 호출하여야 한다. 일반적으로 서피스 뷰 객체가 이들 콜백 메소드를 받기 때문에 다음과 같이 콜백 메소드를 등록한다.

```
holder.addCallback(this);
```

자 이제는 그리기를 담당하는 스레드에서 어떤 순서로 그림을 그려야 하는지를 살펴보자. 스레드도 지켜야 할 절차가 있다. 먼저 그림을 그리기 전에 `lockCanvas()`를 호출하여서 서피스 뷰의 캔버스를 독점적으로 확보하여야 한다. 그리고 캔버스에 그림을 그린다. 캔버스에 그리는 것을 완료하고 나면 `unlockCanvasAndPost()`를 호출한다. `unlockCanvasAndPost()`는 사용자가 그려놓은 상태 그대로 서피스 뷰를 실제 장치의 화면으로 복사한다.

일반적으로 스레드는 다음과 같은 형태를 가진다.

전체 구조

```
class MyThread extends Thread {
  SurfaceHolder holder;
  ...
  public void run()
  {
    canvas = holder.lockCanvas();
    // 캔버스에 그림을 그린다.
    ...
    ...
    holder.unlockCanvasAndPost(canvas);
  }
}
```

이 메소드가 호출되면 서피스 뷰 안의 픽셀들을 변경할 수 있다. 반환되는 캔버스에 그림을 그리면 서피스 뷰 안의 비트맵에 그려진다.

이 메소드가 호출되면 서피스 뷰 안의 픽셀의 변경이 종료되고 서피스 뷰의 현재 픽셀값이 실제 장치의 화면에 보이게 된다. 그러나 서피스 뷰의 내용은 보존되지 않는다. 즉 다시 `lockCanvas()`가 호출되었을 때 서피스 뷰의 내용이 그대로 보존된다는 보장은 없다.

 예제

랜덤하게 움직이는 공을 그리는 애플리케이션을 작성하여 보자. 이 애플리케이션은 저자의 《파워 자바》 책에 실린 애니메이션 예제를 안드로이드 버전으로 변경한 것이다. 코드는 2개의 자바 파일로 분리되어 있다.

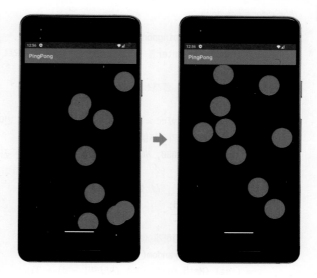

(1) PingPong이라는 프로젝트를 생성한다. 액티비티 파일 이름을 MainActivity.java라고 하자.
(2) MainActivity.java 파일에서 액티비티를 생성하고 액티비티의 화면으로 서피스 뷰를 설정한다.

MainActivity.java

코드 작성

```java
package kr.co.company.pingpong;
// 소스만 입력하고 Alt+Enter를 눌러서 import 문장을 자동으로 생성한다.

public class MainActivity extends AppCompatActivity {
  MySurfaceView view;

  @Override
  protected void onCreate(Bundle savedInstanceState) {
    super.onCreate(savedInstanceState);
    view = new MySurfaceView(this);   ←———서피스 뷰를 액티비티의 화면으로 설정한다.
    setContentView(view);
  }

  @Override
  protected void onPause() {
    super.onPause();
  }

  protected void onSaveInstanceState(Bundle outState) {
    super.onSaveInstanceState(outState);
  }
}
```

(3) **MySurfaceView.java** 파일은 서피스 뷰 클래스와 스레드 클래스, Ball 클래스 등을 포함하고 있다.

**코드
작성**

MySurfaceView.java

```java
package kr.co.company.pingpong;
// 소스만 입력하고 Alt+Enter를 눌러서 import 문장을 자동으로 생성한다.

// 움직이는 공을 나타내는 클래스
class Ball {
    int x, y, xInc = 1, yInc = 1;    // xInc와 yInc는 한 번에 움직이는 거리이다.
    int diameter;  // 공의 반지름
    static int WIDTH = 1080, HEIGHT = 1920;  // 움직이는 공간의 크기

    public Ball(int d) {    // 생성자
        this.diameter = d;

        // 볼의 위치를 랜덤하게 설정
        x = (int) (Math.random() * (WIDTH - d) + 3);
        y = (int) (Math.random() * (HEIGHT - d) + 3);

        // 한번에 움직이는 거리도 랜덤하게 설정
        xInc = (int) (Math.random() * 30 + 1);
        yInc = (int) (Math.random() * 30 + 1);
    }

    // 여기서 공을 그린다.
    public void paint(Canvas g) {
        Paint paint = new Paint();

        // 벽에 부딪히면 반사하게 한다.
        if (x < 0 || x > (WIDTH - diameter))
            xInc = -xInc;
        if (y < 0 || y > (HEIGHT - diameter))
            yInc = -yInc;

        // 볼의 좌표를 갱신한다.
        x += xInc;
        y += yInc;

        // 볼을 화면에 그린다.
        paint.setColor(Color.RED);
        g.drawCircle(x, y, diameter, paint);
    }
}
```

```java
// 서피스 뷰 정의
public class MySurfaceView extends SurfaceView implements
        SurfaceHolder.Callback {
  public Ball basket[] = new Ball[10];  // Ball의 배열 선언
  private MyThread thread;  // 스레드 참조 변수

  public MySurfaceView(Context context) {  // 생성자
    super(context);

    SurfaceHolder holder = getHolder();  // 서피스 뷰의 홀더를 얻는다.
    holder.addCallback(this);  // 콜백 메소드를 처리한다.

    thread = new MyThread(holder);  // 스레드를 생성한다.

    // Ball 객체를 생성하여서 배열에 넣는다.
    for (int i = 0; i < 10; i++)
      basket[i] = new Ball(20);
  }

  public MyThread getThread() {
    return thread;
  }

  public void surfaceCreated(SurfaceHolder holder) {
    // 스레드를 시작한다.
    thread.setRunning(true);
    thread.start();
  }

  public void surfaceDestroyed(SurfaceHolder holder) {
    boolean retry = true;

    // 스레드를 중지시킨다.
    thread.setRunning(false);
    while (retry) {
      try {
        thread.join();  // 메인 스레드와 합친다.
        retry = false;
      } catch (InterruptedException e) {
      }
    }
  }

  public void surfaceChanged(SurfaceHolder holder, int format, int width,
        int height) {
    // Ball.WIDTH = width;
    // Ball.HEIGHT = height;
```

```
        }

        // 스레드를 내부 클래스로 정의한다.
        public class MyThread extends Thread {

            private boolean mRun = false;
            private SurfaceHolder mSurfaceHolder;

            public MyThread(SurfaceHolder surfaceHolder) {
                mSurfaceHolder = surfaceHolder;
            }

            @Override
            public void run() {
                while (mRun) {
                    Canvas c = null;
                    try {
                        c = mSurfaceHolder.lockCanvas(null);  // 캔버스를 얻는다.
                        c.drawColor(Color.BLACK);  // 캔버스의 배경을 지운다.
                        synchronized (mSurfaceHolder) {
                            for (Ball b : basket) {  // basket의 모든 원소를 그린다.
                                b.paint(c);
                            }
                        }
                    } finally {
                        if (c != null) {
                            // 캔버스의 로킹을 푼다.
                            mSurfaceHolder.unlockCanvasAndPost(c);
                        }
                    }
                    // try { Thread.sleep(100); } catch (InterruptedException e) { }
                }
            }

            public void setRunning(boolean b) {
                mRun = b;
            }
        }
    }
```

먼저 Ball 클래스가 정의된다. Ball 클래스는 움직이는 공 하나를 클래스로 나타낸 것이다. Ball 클래스는 공의 반지름을 나타내는 diameter, 현재 위치를 나타내는 x와 y, 한번에 움직이는 거리는 나타내는 xInc, yInc를 필드로 가지고 있다. 공의 색상 같은 정보도 필드로 표현하면 좋을 것이다.

Ball 클래스의 중요한 메소드는 paint()이다. 이 메소드는 화면에 공을 그리는 메소드이다. 스레드에서 각각의 공에 대하여 paint()를 호출하게 된다. paint()에서는 공을 그리기 전에 공의 좌표를 업데이트하고 공이 벽에 부딪히면 xInc와 yInc의 부호를 반대로 만들어서 공이 반대로 움직이게 한다.

MySurfaceView 클래스는 SurfaceView 클래스를 상속받으며, 동시에 SurfaceHolder.Callback 인터페이스를 구현한다.

```
public class MySurfaceView extends SurfaceView implements
        SurfaceHolder.Callback
{
  ...
}
```

만약 서피스 뷰가 생성되어서 그림을 그릴 수 있는 상태가 되거나 서피스 뷰가 소멸되면 surfaceCreated()나 surfaceDestroyed() 메소드가 호출될 것이다. surfaceCreated()가 호출되면 그림 그리기가 가능하므로 그림을 그리는 스레드를 시작한다. surfaceDestroyed()가 호출되면 그림을 그리는 스레드를 중지한다.

MyThread 클래스가 내부 클래스로 정의된다. 실제로 서피스 뷰 위에 그림을 그리는 동작을 하게된다. MyThread 클래스의 메소드 중에서 run() 메소드가 제일 중요하다. run()에서는 반복 루프가 있는데 여기서 서피스 뷰로부터 캔버스를 얻어서 각각의 공을 그리게 된다. 그리기가 끝나면 unlockCanvasAndPost(c)를 호출하여서 캔버스의 잠금을 풀고 캔버스에 그려진 그림을 실제 장치의 화면으로 이동한다.

(4) 애플리케이션을 실행시키면 공들이 나타나서 벽이 부딪히면서 움직이는 것을 볼 수 있다.

눈 오는 풍경 만들기

본문의 PingPong 프로그램을 참조하여서 캔버스 위에 어떤 그림을 표시한 후에 그래픽으로 눈을 내리게 하는 앱을 작성해보자. 눈의 크기나 개수를 조절 가능하도록 한다.

연습문제

01 안드로이드에서 그림을 그릴 때, 캔버스의 역할을 하는 클래스는 _____이고 물감의 역할을 하는 클래스는 _____이다.

02 버튼이 눌려지면 화면을 다시 그리게 하고 싶다. View의 메소드 중에서 어떤 메소드를 호출하여야 하는가?

03 애플리케이션에서 View 클래스를 상속받아서 kr.co.company.MyView라는 클래스를 정의하였다고 가정하자. 이것을 XML에서 사용하려면 어떻게 적어주어야 하는가? 다음의 빈칸을 채워라.

```
<view

_____
android:id="…"
android:layout_width="…"
android:layout_height="…"
android:background="…" />
```

04 다음과 같은 도형을 그리는 애플리케이션을 작성하여 보자. View 클래스를 상속받아서 커스텀 뷰를 작성한 후에 onDraw()를 재정의하는 기법을 사용한다. 뷰는 화면 전체를 차지하도록 한다.

(주제: 캔버스 그래픽, 난이도: 상)

05 20여 개의 이미지를 인터넷으로부터 다운로드받는다. 화면이 클릭될 때마다, 이들 중에서 5개의 이미지를 랜덤하게 선택한 후에 화면의 랜덤한 위치에 그리는 애플리케이션을 작성한다.

(주제: 이미지 그리기, 난이도: 상)

06 onDraw()를 재정의하는 방법으로 다음과 같은 앱을 작성하여 보자. 이미지를 클릭하면 주
사위가 던져진다.

(주제: 이미지 그리기, 난이도: 중)

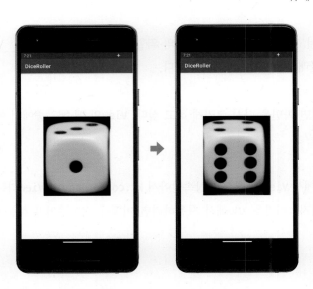

07 이미지 뷰를 터치하고 드래그하여 이미지를 이동하는 앱을 만들어보자. 화면에 이미지 뷰
가 있어야 한다. 이미지 뷰를 터치하고 드래그하면 이미지가 이동해야 한다.

(주제: 터치 이벤트 처리, 난이도: 상)

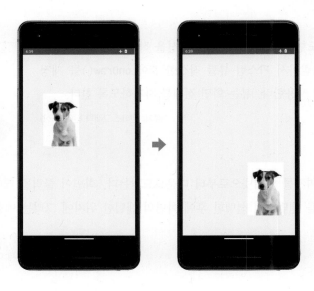

리소스, 스타일, 보안

스마트폰 작동 속도가 느려졌어요. 왜 그럴까요?

스마트폰이 느려지는 이유는 컴퓨터와 비슷한데 그 이유는 다양한 앱을 내려받게 되면 내장 메모리와 램의 여유 공간이 점차 줄어서 시스템 리소스가 부족해지기 때문이란다.

CHAPTER 10
리소스, 스타일, 보안

1 SECTION 리소스

리소스(resource)란 이미지, 문자열, 레이아웃, 동영상 파일 등을 의미한다. 리소스는 특별하게 이름 지어진 리소스 디렉토리에 모여 있고, 애플리케이션이 실행될 때에 현재 장치에 가장 적절한 리소스를 자동으로 찾아서 사용하게 된다. 예를 들어서 화면 크기에 가장 적절한 이미지를 읽어 들이거나 현재 설정된 언어에 가장 가까운 문자열을 사용하게 된다.

모든 리소스들은 프로젝트의 res 디렉토리에 저장된다. 간단한 프로젝트를 예로 들어서 살펴보자.

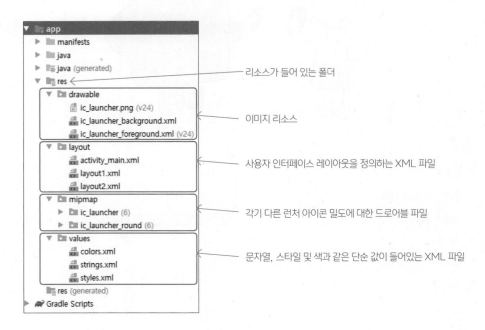

앞의 계층도에서 알 수 있듯이 res 디렉토리 안에는 서브 디렉토리들이 존재한다. 이미지들이 저장된 디렉토리도 있고 레이아웃이 저장된 디렉토리도 있다. 리소스 디렉토리의 이름은 아주 중요하다. 이 이름을 사용하여서 설정에 맞는 적절한 리소스를 읽어들인다. 리소스들은 다음 표와 같이 분류되어서 각각의 서브 디렉토리 안에 저장된다.

디렉토리	리소스 타입
animator/	속성 애니메이션을 정의하는 XML 파일
anim/	트윈 애니메이션을 정의하는 XML 파일
color/	컬러의 상태 리스트를 정의하는 XML 파일
drawable/	비트맵 파일(.png, .9.png, .jpg, .gif)이나 다음과 같은 리소스 타입으로 컴파일되는 XML 파일 · Bitmap 파일 · Nine-Patches(가변-크기 bitmaps) · State 리스트 · Shapes · Animation drawables
layout/	사용자 인터페이스 레이아웃을 정의하는 XML 파일
mipmap/	각기 다른 런처 아이콘 밀도에 대한 드로어블 파일
menu/	애플리케이션 메뉴를 정의하는 XML 파일
raw/	시스템에 의하여 압축되지 않는 원본 파일. 이들 리소스는 Resources.openRawResource()를 R.raw.filename의 형태의 아이디로 호출하여 사용한다. 하지만 만약 원본 파일 이름이나 파일 계층구조를 접근하려고 한다면 assets/ 디렉토리에 저장하는 것도 좋다. assets/에 있는 파일은 리소스 아이디가 없으므로 AssetManager를 통해서만이 읽을 수 있다.
values/	단순한 값을 정의하는 XML 파일, 문자열, 정수, 색상 등이 여기에 해당된다. <resources> 요소 안에 여러 가지 자식 요소를 둘 수 있다. 예를 들어서 <string> 요소는 R.string 리소스를 생성하고 <color> 요소는 R.color 리소스를 생성한다. 각 리소스는 각자의 XML 요소 안에 정의되므로 파일의 이름은 중요치 않다. 하지만 다음과 같이 서로 다른 리소스를 별도의 파일에 두는 것도 좋다. · arrays.xm(배열) · colors.xml(색상) · dimens.xml(크기) · strings.xm(문자열) · styles.xml(스타일)
xml/	실행 시간에 Resources.getXML()을 호출하여서 읽을 수 있는 XML 파일, XML 구성(configuration) 파일은 여기에 저장되어야 한다.

● 표 10-1
리소스 디렉토리

res 디렉토리 안에 리소스 파일을 직접 저장하면 컴파일 오류이다. 반드시 서브 디렉토리를 생성하고 여기에 리소스를 저장하여야 한다.

오류
주의

리소스를 외부에 저장하는 이유

안드로이드에서 리소스를 코드 안에 두지 않고 코드의 외부에 독립적으로 저장하는 이유는 무엇일까? 리소스가 코드와 분리되어 있어야 장치의 특성에 따라 리소스들을 쉽게 교체할 수 있기 때문이다. 리소스를 변경하려면, 코드를 변경할 필요 없이, 리소스 파일을 /res 디렉토리로 이동한 후에 다시 컴파일하면 된다.

참고
사항

기본 리소스와
대체 리소스의
차이는 뭘까요?
구분하면서 읽어봐요.

기본 리소스와 대체 리소스

2
SECTION

앞의 **표 10-1**과 같은 디렉터리를 사용하여서 리소스를 저장하면 이것이 바로 기본 리소스가 된다. 하지만 장치가 더 큰 화면을 가지고 있다면 이것의 장점을 살리기 위하여 다른 리소스를 제공하는 것이 바람직하다. 장치의 종류에 따라서 다른 리소스를 제공하기 위해서는 대체 리소스를 만들어 주어야 한다.

● 기본 리소스(default resource)

장치 구성과 상관없이 기본적으로 사용되는 리소스이다.

● 대체 리소스(alternative resource)

대체 리소스는 특정한 장치 구성을 위하여 설계된 리소스이다. 안드로이드는 자동적으로 장치의 현재 구성과 리소스 디렉터리 이름을 매치하여서 적절한 리소스를 적용한다.

● 그림 10-1
리소스
(출처: 안드로이드
개발자 페이지)

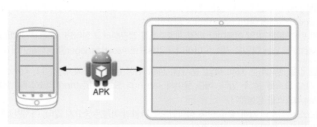

(a) 기본 리소스만 있는 경우, 2개의 장치에 동일한 레이아웃이 사용된다.

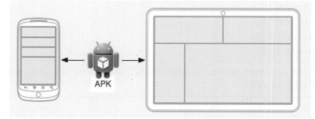

(b) 기본 리소스와 대체 리소스가 있는 경우, 장치의 크기에 따라 서로 다른 레이아웃이 사용된다.

그림 10-1의 (a)는 애플리케이션 안에 기본 리소스만 존재하는 경우로, 장치 A에서 실행되거나 장치 B에 실행되던지에 상관없이 모두 기본 리소스가 사용되고 있다. **그림 10-1**의 (b)는 대체 리소스가 존재하는 경우로 실행되는 장치에 따라서 서로 다른 리소스를 사용한다. 특별한 장치의 장점을 살리기 위해서는 애플리케이션에서 대체 리소스를 제공하는 것이 좋다. 예를 들어서 화면이 고해상도라든지, 스마트폰의 언어 설정이 다르다면 애플리케이션에서 여기에 맞는 적절한 대체 리소스를 제공하여야 한다.

대체 리소스의 제공 절차

그렇다면 대체 리소스들은 어디에 저장되어야 할까? 안드로이드에서는 기본 디렉토리 이름에 특정한 장치 구성의 이름을 붙인 디렉토리에 리소스들이 저장된다. 예를 들어 디폴트 레이아웃이 res/layout/ 디렉토리에 저장되었다면 화면이 가로(landscape) 방향인 장치에서 사용되는 레이아웃은 res/layout-land/ 디렉토리에 저장된다. 대체 리소스를 저장하는 절차를 살펴보자.

① 먼저 res/ 디렉토리 안에 <resources_name>-<qualifier> 형식의 새로운 디렉토리를 생성한다.

- <resources_name>은 기본 리소스의 디렉토리 이름이다.
- <qualifier>는 특정한 구성을 나타내는 수식자이다.

② 이 새로운 디렉토리 안에 대체 리소스를 저장한다. 리소스 파일의 이름은 기본 리소스와 같아야 한다.

예를 들어 보자. 아래와 같은 디렉토리에 기본 리소스와 대체 리소스가 제공되고 있다.

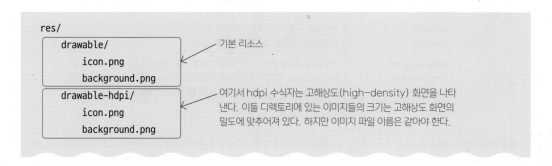

이런 식으로 안드로이드는 현재 장치에 가장 알맞은 리소스를 선택한다. 즉 현재 장치가 고해상도 화면을 가지고 있다면 자동적으로 res/drawable-hdpi 디렉토리에서 이미지를 읽어온다.

안드로이드는 여러 가지의 구성 수식자를 지원하고 사용자도 하나의 디렉토리 이름에 여러 개의 수식자를 추가할 수 있다. 이들은 모두 대쉬(dash)로 분리되어 있어야 한다. 다음 테이블이 유효한 구성 수식자를 보여 준다. 수식자의 순서는 우선순위를 나타낸다. 즉 디렉토리 이름 뒤에 수식자를 붙일 때 우선순위가 높은 수식자를 먼저 붙여야 한다.

● 표 10-2
유효한 대체
리소스

수식자	값	설명
MCC와 MNC	예: mcc310 mcc310-mnc004	mobile country code(MCC), mobile network code(MNC). 예를 들어서 mcc310은 U.S., mcc310-mnc004는 U.S.의 버라이존
언어 구분	예: en en-rUS	언어 뒤에 2글자로 된 ISO 639-1 언어 코드를 붙인다.
스크린 크기	small normal large xlarge	small: QVGA 스크린 normal: 전통적인 중밀도 HVGA 스크린 large: 중밀도 VGA 스크린
스크린 종횡비	long notlong	long: 세로로 긴 스크린 notlong: 가로로 긴 스크린
스크린 방향	port land	port: 세로(portrait) 방향 land: 가로(landscape) 방향
UI 모드	car desk television	car: 자동차에서 표시 desk: 책상 위에서 표시 television: 텔레비전에서 표시
밤 모드	night notnight	night: 밤 모드 notnight: 낮 모드
스크린 픽셀 밀도(dpi)	ldpi mdpi hdpi xhdpi xxhdpi xxxhdpi	ldpi: 저밀도 스크린; 약 120dpi mdpi: 중밀도 스크린; 약 160dpi hdpi: 고밀도 스크린; 약 240dpi xhdpi: 고밀도 스크린; 약 320dpi xxhdpi: 고밀도 스크린; 약 480dpi xxxhdpi: 고밀도 스크린; 약 640dpi
키보드 여부	keysexposed keyshidden keyssoft	keysexposed: 장치가 하드웨어 키보드를 가지고 있고 노출되어 있음 keyshidden: 장치가 하드웨어 키보드를 가지고 있으나 감추어져 있음 keyssoft: 장치가 소프트웨어 키보드를 가지고 있음

참고
사항

위의 표는 많이 사용되는 구성 수식자만을 선별하여 나타낸 것이다. 보다 완전한 구성 수식자를 보려면 안드로이드 개발자 페이지를 참고하기 바란다(http://developer.android.com/guide/topics/resources/providing-resources.html).

구성 수식어는 순서가 중요하다. 반드시 위의 표에 나타난 순서대로 나타나야 한다.
- drawable-hdpi-port/ --- 잘못되었음!
- drawable-port-hdpi/ --- 올바름!

리소스 탐색 과정

안드로이드가 적절한 리소스를 찾는 과정을 살펴보기 위하여 다음과 같이 동일한 이미지의 여러 가지 버전이 다음과 같은 디렉토리에 저장되어 있다고 가정하자.

```
drawable/
drawable-en/
drawable-fr-rCA/
drawable-en-port/
drawable-en-notouch-12key/
drawable-port-ldpi/
drawable-port-notouch-12key/
```

그리고 다음과 같은 장치 구성을 가정하자.

```
Locale = en-GB
Screen orientation = port
Screen pixel density = hdpi
Touchscreen type = notouch
Primary text input method = 12key
```

안드로이드가 장치 구성에 맞는 이미지 파일을 찾는 과정을 살펴보자.

① 장치 구성과 맞지 않는 리소스 디렉토리들은 제거한다. **drawable-fr-rCA/** 디렉토리가 제거된다. 왜냐하면 **en-GB**와 모순된다.

```
drawable/
drawable-en/
drawable-fr-rCA/
drawable-en-port/
drawable-en-notouch-12key/
drawable-port-ldpi/
drawable-port-notouch-12key/
```

장치는 hdpi이지만 drawable-port-ldpi/가 삭제되지 않는다. 스크린 밀도는 이 시점에서는 모두 일치되는 것으로 간주된다.

② **표 10-2**에서 가장 높은 우선순위를 가지는 구성 수식자를 선택한다. 즉 처음에는 **MCC**부터 시작하여서 아래로 내려간다.

③ 리소스 디렉토리가 이 구성 수식자를 가지고 있는가?

● 만약 없으면 다음 순위의 구성 수식자를 살펴본다. 이 예제에서는 언어 구분 수식자에 도달할 때까지 이 과정을 되풀이한다.

● 만약 있으면 ④번 단계로 간다.

④ 이 구성 수식자를 가지고 있지 않은 리소스 디렉토리는 제거한다. 이 예제에서는 언어 구분 수식자를 가지고 있지 않은 모든 디렉토리는 삭제된다.

```
drawable/
drawable-en/
drawable-en-port/
drawable-en-notouch-12key/
drawable-port-ldpi/
drawable-port-notouch-12key/
```

⑤ 하나의 디렉토리만 남을 때까지 다시 되돌아가서 2, 3, 4번 단계를 되풀이한다. 이 예제에서는 스크린 방향이 다음 수식자가 되고 스크린 방향 수식자를 표기하지 않은 디렉토리들은 삭제된다.

```
drawable-en/
drawable-en-port/
drawable-en-notouch-12key/
```

⑥ 남은 디렉토리는 drawable-en-port가 된다.

리소스 참조

앞에서는 애플리케이션에 리소스를 제공하는 방법을 학습하였다. 안드로이드에서는 어떻게 리소스를 참조할 수 있을까? 우리는 리소스 아이디(resource ID)를 통하여 리소스를 참조할 수 있다. 모든 리소스 아이디는 R.java 파일에서 정의된다. R.java 파일에는 R 클래스가 들어 있으며, aapt 도구가 자동적으로 R 클래스를 생성한다. R 클래스 안에는 res 디렉토리에 저장된 리소스에 대한 리소스 아이디가 정의되어 있다.

R.java

```
public final class R {
    ...
    public static final class drawable {
        public static final int button=0x7f020000;
    }
    ...
    public static final class layout {
        public static final int activity_main=0x7f030000;
    }
    public static final class string {
        public static final int app_name=0x7f040000;
        ...
    }
}
```

R.java 파일 안에는 R이라는 이름의 클래스가 정의되어 있고 다시 R 클래스 안에 여러 개의 내부 클래스들이 정의되어 있다. 자세히 살펴보면 각각의 리소스 타입에 대하여 별도의 내부 클래스가 정의되어 있는 것을 알 수 있다. 예를 들어서 모든 drawable 리소스에 대해서는 R.drawable 클래스가 정의된다. 내부 클래스 안에는 정적 상수들이 정의되어 있고 중복되지 않는 값으로 초기화되어 있다. 예를 들어서 R.drawable.button이라는 정적 상수가 정의되어 있다. 이 정적 상수가 바로 리소스를 참조할 때 사용하는 리소스 아이디이다. 리소스 아이디는 리소스 타입과 리소스 이름을 합쳐서 만든다. 리소스 타입(resource type)은 string, layout, drawable과 같이 리소스의 종류를 나타낸다. 리소스 이름(resource name)은 일반적으로 확장자를 제외한 파일 이름이다.

코드에서 리소스 참조

코드에서 리소스를 참조하려면 R 클래스 안에 정의된 정적 상수를 사용한다. 예를 들어서 다음과 같다.

여기서 string은 리소스 타입이고 hello는 리소스 이름이다.

예를 들어서 /res/drawable 폴더에 있는 image.png를 이미지 뷰에 나타내려면 다음과 같은 문장을 사용한다.

```
imageView.setImageResource(R.drawable.image);
```
/res/drawable-mdpi 폴더에 있는 image.png

XML에서 리소스를 참조하는 방법

XML에서는 리소스를 참조하려면 다음과 같은 문법을 사용한다.

여기서도 string이 리소스 타입을 나타내고 hello가 리소스 이름이 된다.

예를 들어서 버튼의 텍스트를 문자열 리소스로 설정하면 다음과 같다.

```
<Button
    android:layout_width="match_parent"
    android:layout_height="wrap_content"
    android:text="@string/submit" />
```
문자열 타입의 리소스 submit

버튼의 텍스트를 정의할 때 실제 문자열을 사용하는 것보다 문자열 리소스를 사용하는 것이 바람직하다.

좀 더 구체적인 예를 들어보자. 이번에는 별도의 XML 파일에서 색상 리소스와 문자열 리소스를 다음과 같이 정의하였다고 가정하자.

```
<?xml version="1.0" encoding="utf-8"?>
<resources>
    <color name="opaque_red">#f00</color>          이름이 opaque_red인 색상 리소스
    <string name="hello">Hello!</string>           이름이 hello인 문자열 리소스
</resources>
```

이들 리소스들은 다음과 같은 레이아웃 파일에서 텍스트 컬러와 텍스트 문자열을 설정하기 위하여 사용될 수 있다.

```
<?xml version="1.0" encoding="utf-8"?>
<EditText xmlns:android="http://schemas.android.com/apk/res/android"
    android:layout_width="match_parent"
    android:layout_height="match_parent"
    android:text="@string/hello"
    android:textColor="@color/opaque_red" />
```

여기서 @color/opaque_red와 @string/hello가 바로 앞에서 정의된 색상 리소스와 문자열 리소스를 나타낸다.

만약 리소스가 정의된 패키지가 다르면 다음과 같이 리소스 아이디 앞에 패키지를 적어준다. 코드에서는 다음과 같은 형식을 사용한다.

    [<package_name>.]R.<resource_type>.<resource_name>

XML에서는 다음과 같은 형식을 사용한다.

    @[<package_name>:]<resource_type>/<resource_name>

참고
사항

스타일 속성을 참조하는 방법

스타일 속성 리소스는 현재 설정된 테마(theme)의 리소스를 사용하는 것이다. 스타일 속성을 사용하면 사용자 인터페이스 요소들의 외관을 일관성 있게 변경할 수 있다. 스타일 속성을 사용하는 것은 "현재 테마에서 이 속성에 의하여 정의된 스타일을 사용하라."고 말하는 것과 같다. 스타일 속성을 참조하려면 다음과 같은 형식을 사용한다.

```
?[<package_name>:][<resource_type>/]<resource_name>
```

스타일 속성 리소스는 @ 대신에 ?을 붙이면 된다. 예를 들어서 텍스트 색상을 시스템 테마의 보조 텍스트 색상으로 변경하려면 다음과 같이 적어준다.

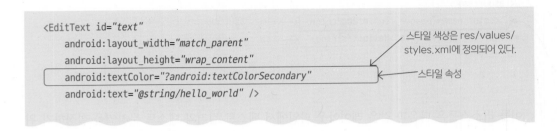

```
<EditText id="text"
    android:layout_width="match_parent"
    android:layout_height="wrap_content"
    android:textColor="?android:textColorSecondary"
    android:text="@string/hello_world" />
```

스타일 색상은 res/values/styles.xml에 정의되어 있다.

스타일 속성

여기서는 android:textColor 값으로 안드로이드 시스템 테마의 android:textColorSecondary 속성이 제공하는 값을 사용한다.

플랫폼 제공 리소스 사용

안드로이드는 스타일이나 테마, 레이아웃 같은 몇 개의 표준 리소스들을 가지고 있다. 이들 리소스를 사용하려면 리소스 참조자 앞에 패키지 이름 android를 붙여서 지정하면 된다. 예를 들어서, 안드로이드는 ListAdapter의 항목을 위해서 표준 레이아웃 리소스를 제공한다.

```
setListAdapter(new ArrayAdapter<String>(this,
    android.R.layout.simple_list_item_1, myarray));
```

표준 레이아웃 리소스

이 예제에서는 simple_list_item_1이 레이아웃 리소스로 플랫폼에 의하여 정의된다. 리스트 항목에 대하여 스스로 레이아웃을 작성하여도 되지만 간단히 이 표준 리소스를 사용하여도 된다.

참고 사항

실행 시간 리소스 변경

우리가 장치를 사용하다보면 실행 시간 중에 장치의 구성이 변경되는 경우가 있다. 예를 들어서 화면 방향이 변경된다든지, 키보드나 언어가 변경될 수 있다. 이러한 변경이 일어나는 경우, 안드로이드는 실행 중인 액티비티를 강제로 다시 시작한다. 즉 액티비티의 onDestroy()가 호출되고, 그 다음에 onCreate()가 다시 호출된다. 이러한 재시작 동작은 우리가 제공한 대체 리소스로 애플리케이션을 자동으로 다시 적재함으로써 새로운 장치의 구성에 애플리케이션이 적응하도록 한다. 예를 들어서 화면의 방향이 변경되면 다른 레이아웃을 적용한다.

이러한 액티비티 재시작을 올바르게 처리하려면 정상적인 액티비티 생명 주기를 통해 이전 상태를 복원하는 것이 중요하다. 안드로이드는 onSaveInstanceState()를 호출한 다음에 액티비티를 소멸시켜 애플리케이션 상태에 대한 데이터를 저장할 수 있다. 이후에 액티비티가 재시작하면 onCreate()나 onRestoreInstanceState() 메소드를 통하여 이전 상태를 복원할 수 있다.

스타일

안드로이드에서 "스타일"은 앱의 UI 요소에 적용되는 디자인 및 레이아웃 속성을 정의하는 방법이다. 스타일을 사용하면 일관된 디자인을 유지하고 코드를 더 간결하게 관리할 수 있으며, 앱의 모양과 느낌을 일관성 있게 유지하는 데 도움이 된다. 우리가 앱을 작성할 때, 스타일 및 테마를 사용하면 웹 페이지의 스타일 시트(CSS)와 유사하게 앱 디자인의 세부사항을 UI 구조 및 동작과 분리할 수 있다.

스타일은 XML 파일로 정의되며, 앱의 리소스 디렉토리에 저장된다. 스타일을 정의한 XML 파일을 "스타일 리소스"라고 한다. 스타일 리소스는 res/values/styles.xml 파일에 정의된다. 스타일은 다른 스타일을 상속할 수 있다. 이것은 일반적으로 일련의 스타일을 정의하고 일부를 다른 스타일에서 재사용하려는 경우에 유용하다. 스타일은 XML 레이아웃 파일에서 사용할 수 있으며, 스타일을 UI 요소에 적용하려면 android:style 속성을 사용한다.

예를 들어, 스타일을 하나 추가하고 버튼에 이 스타일을 적용하는 간단한 앱을 작성해보자.

(1) StyleTest 프로젝트를 생성한다.

(2) res/values 디렉토리에 styles.xml 파일을 추가하고 다음과 같은 스타일을 추가해보자. 이 스타일은 버튼의 텍스트 색상, 스타일, 크기를 정의한다. 그런 다음 이 스타일을 버튼에 적

용할 수 있다.

style.xml

```xml
<?xml version="1.0" encoding="utf-8"?>
<resources>
    <style name="MyButtonStyle">
        <item name="android:textSize"> 25sp</item>
        <item name="android:textStyle"> italic</item>
        <item name="android:textColor">#E4CF13</item>
    </style>
</resources>
```

보다시피 스타일의 각 키는 레이아웃에서 설정할 수 있는 항목이다. 여기서 안드로이드 스튜디오의 자동 완성 기능을 사용하면 무척 편리하다. 자동 완성(autocomplete)을 사용하여 가능한 값 목록을 보려면, XML 파일에서 작업하려는 속성에 커서를 두고 Ctrl + 스페이스 키 조합을 누르면 다음과 같이 후보들이 나타나게 된다.

(3) activity_main.xml 파일에 2개의 버튼을 만든다. 첫 번째 버튼에는 스타일을 적용하지 않고 두 번째 버튼에는 스타일을 적용한다.

activity_main.xml

```xml
<?xml version="1.0" encoding="utf-8"?>
<LinearLayout >
<Button
    android:id="@+id/button1"
    android:layout_width="wrap_content"
    android:layout_height="wrap_content"
    android:layout_marginTop="35dp"
    android:text="Button" />


<Button
    android:id="@+id/button2"
    style="@style/MyButtonStyle"
    android:layout_width="wrap_content"
    android:layout_height="wrap_content"
```

사용자가 만든 스타일을
사용하라는 의미이다.

```
        android:layout_marginTop="35dp"
        android:text="Button" />

    </LinearLayout>
```

뷰에 적용된 스타일은 해당 뷰에만 적용되며, 하위 뷰에는 적용되지 않는다. 예를 들어 앞의 코드에서 버튼이 2개를 가지고 있는 선형 레이아웃에서 스타일을 설정하더라도 해당 스타일은 버튼에 적용되지 않는다.

(4) 앱을 실행해본다.

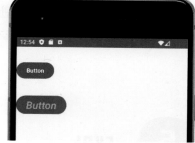

이제 "MyButtonStyle" 스타일이 두 번째 버튼에 적용되며, 정의된 스타일대로 버튼이 렌더링된다. 안드로이드 스타일은 앱의 디자인 일관성을 유지하고 코드를 보다 관리하기 쉽게 만들어주는 강력한 기능이다. 스타일을 사용하면 앱을 더 빠르게 개발하고 사용자 경험을 향상시킬 수 있다.

@style과 ?attr

@style과 ?attr은 안드로이드에서 리소스를 참조하는 데 사용되는 서로 다른 방식이다. @style은 직접 스타일 리소스를 참조하는 데 사용된다. 즉, 특정 스타일을 명시적으로 참조하고 해당 스타일이 정의한 모든 속성을 사용한다. 예를 들어, @style/MyButtonStyle과 같이 스타일을 참조하여 버튼의 모든 스타일 속성을 설정할 수 있다.

```
<Button
    android:id="@+id/myButton"
    android:layout_width="wrap_content"
    android:layout_height="wrap_content"
    style="@style/MyButtonStyle" />
```

?attr은 현재 앱의 테마나 스타일에 정의된 속성을 참조하는 데 사용된다. 예를 들어, ?attr/colorPrimary는 현재 앱 테마에서 정의한 colorPrimary 속성의 값으로 대체된다. 앱 테마는 사용자가 언제든지 동적으로 변경할 수 있다.

```
<Button
    android:id="@+id/myButton"
    android:layout_width="wrap_content"
    android:layout_height="wrap_content"
    android:background="?attr/colorPrimary"
    android:textColor="?attr/colorAccent" />
```

주요 차이점은 **@style**은 정적인 스타일을 사용하고 **?attr**은 동적으로 현재 테마의 속성을 사용한다는 것이다. **?attr**은 앱의 일관성을 유지하면서 테마에 따라 UI 스타일을 조정할 때 유용하며, 사용자가 테마를 변경할 때 UI가 일관성을 유지할 수 있도록 도와준다.

5 SECTION 테마

안드로이드에서 "테마"는 앱의 전체적인 디자인, 스타일 및 모양을 제어하는 데 사용되는 중요한 개념이다. 테마는 앱의 모양과 느낌을 일관성 있게 유지하고 사용자 경험을 향상시키는 데 중요한 역할을 한다. 예를 들어, "어두운 모드"와 "밝은 모드" 테마를 사용하여 앱이 낮과 밤에 더 적절한 디자인을 가질 수 있으며, 사용자는 선호하는 모드를 선택할 수 있다. 테마를 효과적으로 활용하면 사용자 경험을 향상시키는 데 도움이 된다.

● 그림 10-2
동일한 액티비티에 적용된 서로 다른 2가지의 테마
(출처: 안드로이드 개발자 페이지)

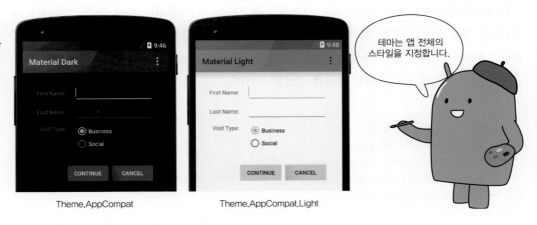

Theme.AppCompat   Theme.AppCompat.Light

테마는 앱 전체의 스타일을 지정합니다.

테마는 앱 전체의 디자인을 지정하며, 다음과 같은 것들을 포함한다.

● 색상(버튼, 텍스트, 배경 등)

- 글꼴 및 텍스트 스타일
- 레이아웃 및 스타일 속성
- 앱 아이콘 및 액션바 디자인
- 다이얼로그 스타일
- 리소스에 대한 참조(예: 이미지 및 XML 파일)

AndroidManifest.xml 파일에서 앱의 기본 테마를 설정할 수 있다. 이 테마는 앱 전체에 적용된다. 예를 들어 다음과 같이 지정할 수 있다.

```xml
<application
    android:theme="@style/AppTheme">
    <!-- ... -->
</application>
```

테마는 다른 테마를 상속할 수 있다. 이것은 일련의 스타일을 정의하고 일부를 다른 스타일에서 재사용할 때 유용하다. 스타일 상속은 스타일 파일에서 parent 속성을 사용하여 수행된다.

테마는 /res/values/themes.xml 파일에 정의된다. themes.xml 파일이 없다면 /res/values/themes.xml 파일을 추가하면 된다. themes.xml 파일을 열고 원하는 형태로 테마를 정의하면 된다. 간단한 예를 들면 다음과 같다.

```xml
<resources xmlns:tools="http://schemas.android.com/tools">
    <style name="BaseAppTheme" parent="Theme.AppCompat.Light.DarkActionBar">
        <item name="colorPrimary">@color/colorPrimary</item>
        <item name="colorPrimaryDark">@color/colorPrimaryDark</item>
        <item name="colorAccent">@color/colorAccent</item>
    </style>

</resources>
```

(1) <style name="BaseAppTheme" parent="Theme.AppCompat.Light.DarkActionBar">: 이 부분에서 실제 테마 스타일을 정의한다.
- name="BaseAppTheme": 이 스타일의 이름을 "BaseAppTheme"으로 정의한다.
- parent="Theme.AppCompat.Light.DarkActionBar": 이 스타일이 상속하는 부모 테마를 지정한다. "BaseAppTheme"은 Theme.AppCompat.Light.DarkActionBar 테마를 상속한다. 여기서 우리는 안드로이드가 제공하는 여러 개의 테마 중에서 하나를 선택할 수 있다. Theme.AppCompat.Light.DarkActionBar는 AppCompat 라이브러리를 통해 제공되는 라이트 테마 중 하나이며, 액션바가 어두운 배경을 가지고 있다.

(2) `<item name="colorPrimary">@color/colorPrimary</item>`: 이 부분에서 테마의 속성을 설정한다. 이 경우에는 "colorPrimary"라는 속성을 정의하고 이 속성의 값을 @color/colorPrimary로 지정한다. 이것은 테마에서 사용할 기본 원시 색상을 설정하는 것이다. 색상은 @color/colorPrimary 리소스를 참조하여 정의한다.

(3) `<item name="colorPrimaryDark">@color/colorPrimaryDark</item>` 및 `<item name="colorAccent">@color/colorAccent</item>`: 마찬가지로 colorPrimaryDark와 colorAccent라는 테마 속성을 정의하고, 각각 @color/colorPrimaryDark 및 @color/colorAccent로 값이 설정된다. 이러한 속성은 앱의 디자인에서 중요한 색상 속성이며, 다양한 UI 구성 요소에 사용된다.

스타일 vs 테마

스타일과 테마는 안드로이드 앱 개발에서 UI 디자인 및 레이아웃 관리를 위한 두 가지 다른 개념이다.

	설명
스타일	• 개별 뷰나 레이아웃에 적용되는 디자인 속성의 모음을 나타낸다. • 스타일을 사용하면 일관된 디자인을 쉽게 적용할 수 있다. • 텍스트 크기, 텍스트 색상, 배경 색상, 패딩 등과 같은 속성을 지정할 수 있다.
테마	• 앱 전체에 대한 전반적인 디자인 스킴을 정의한다. • 앱의 전체적인 룩앤필을 결정하며, 색상, 폰트, 스타일 등의 속성을 포함한다. • 테마는 res/values/styles.xml 파일에서 정의되며, 앱의 Manifest 파일에서 지정된다.

일반적으로 스타일은 특정 뷰나 레이아웃에 사용되고, 테마는 앱 전체에 영향을 미친다. 테마는 스타일을 기반으로 만들어지며, 앱의 일관된 디자인을 제공하는 데 중요한 역할을 한다.

머티리얼 디자인 테마

머티리얼 디자인(Material Design)은 구글에서 개발한 디자인 언어로, 안드로이드 앱과 웹 앱을 포괄하는 사용자 인터페이스 디자인 가이드이다. 머티리얼 디자인은 사용자 경험을 개선하고 일관성 있는 디자인을 제공하기 위해 만들어졌으며, 그 핵심 원칙은 다음과 같다.

- 머티리얼 디자인은 "재질(Material)"을 중요한 개념으로 채택하며, 이것은 물리적 소재와 같이 보이는 디자인 요소를 의미한다. 재질은 디자인 요소 사이의 계층 구조, 그림자, 움직임 및 상호작용을 통해 시각적으로 표현된다.

- 머티리얼 디자인은 텍스트에 중점을 두며, 명확하고 읽기 쉽게 보이도록 향상된 타이포그래피를 강조한다.
- 머티리얼 디자인은 선명하고 대조 있는 색상 스키마를 제안한다. 특정 색상이 컨텐츠의 중요도와 의미를 나타내도록 디자인되어 있다.

예를 들어, "Theme.Material3.DayNight.NoActionBar" 테마를 상속받아서 약간의 속성을 변경하는 앱을 작성해보자. 머티리얼 테마에서는 다음과 같은 이름의 속성들을 사용한다.

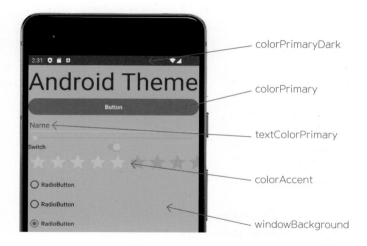

(1) ThemeTest 프로젝트를 생성한다.
(2) res/values 디렉토리에 themes.xml 파일을 생성하고 다음과 같은 항목을 추가해보자.

themes.xml

```
1   <resources xmlns:tools="http://schemas.android.com/tools">
2       <!-- Base application theme. -->
3       <style name="Base.Theme.ThemeTest" parent="Theme.Material3.DayNight.NoActionBar">
4           <item name="colorPrimary">#008888</item>
5           <item name="colorPrimaryDark">#0000FF</item>
6           <item name="colorAccent">#FFFF00</item>
7           <item name="android:textColorPrimary">#FF0000</item>
8           <item name="android:windowBackground">#00FFFF</item>
9       </style>
10
11      <style name="Theme.ThemeTest" parent="Base.Theme.ThemeTest" />
12  </resources>
```

<style name="Base.Theme.ThemeTest"> 부분은 현재 앱의 기본 테마를 정의한다. 이 테마는

"Base.Theme.ThemeTest"로 명명되었으며, "Theme.Material3.DayNight.NoActionBar"를 상속한다. parent 속성을 통해 기본 테마를 확장하고, 다음과 같은 테마 관련 속성들을 정의한다.

- colorPrimary: 앱의 주요 색상으로, #008888로 설정된다.
- colorPrimaryDark: 앱의 상단 바 등의 어두운 색상으로, #0000FF로 설정된다.
- colorAccent: 강조 색상으로, #FFFF00로 설정된다.
- android:textColorPrimary: 기본 텍스트 색상으로, #FF0000로 설정된다.
- android:windowBackground: 앱 창의 배경 색상으로, #00FFFF로 설정된다.

(3) activity_main.xml 파일을 다음과 같이 작성한다.

activity_main.xml

```xml
<LinearLayout>
    <TextView          android:text="Android Theme"
        android:textSize="60sp" />
    <Button            android:id="@+id/button"
        android:text="Button" />
    <EditText          android:id="@+id/editTextText2"
        android:text="Name" />
    <SeekBar           android:id="@+id/seekBar">
    <Switch            android:id="@+id/switch1">
    <RatingBar         android:id="@+id/ratingBar">
    <RadioGroup>
        <RadioButton              android:id="@+id/radioButton" />
        <RadioButton              android:id="@+id/radioButton2" />
        <RadioButton              android:id="@+id/radioButton3" />
    </RadioGroup>
</LinearLayout>
```

(4) AndroidManifest.xml 파일이 다음과 같이 우리가 정의한 테마를 사용하는지 확인한다.

AndroidManifest.xml

```xml
<?xml version="1.0" encoding="utf-8"?>
<manifest xmlns:android="http://schemas.android.com/apk/res/android"
    xmlns:tools="http://schemas.android.com/tools">

    <application
        android:allowBackup="true"
        ...
        android:theme="@style/Theme.ThemeTest">
```

여기서 앱 전체의 테마를 지정한다.

```
        tools:targetApi="31">
        <activity
            ...
        </activity>
    </application>

</manifest>
```

(5) 앱을 실행해본다.

---

6 지역화
SECTION

지역화란 무엇일까요? 문자열이나 통화, 이미지 같은 여러 가지 리소스들을 사용자가 있는 지역에 따라 변경하는 것입니다.

지역화(localization)라고 하는 것은 문자열이나 통화, 이미지 같은 여러 가지 리소스들을 사용자가 있는 지역에 따라 변경하는 것이다. 안드로이드는 다양한 지역에서 사용되기 때문에 지역에 따라서 애플리케이션 안에 내장된 텍스트, 오디오 파일, 숫자 표시 방법, 통화, 그래픽 등을 변경하는 것이 바람직하다. 예를 들어서 한국에서는 "안녕하세요"라는 텍스트를 사용하고 북미권에서는 "Hello"라는 텍스트를 사용하는 것이 사용자에게 보다 친근할 것이다.

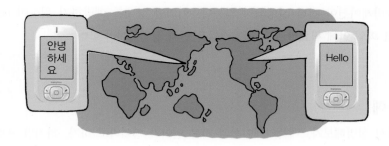

지역화를 쉽게 하려면 모든 리소스를 코드와 분리하여서 정의하여야 한다. 다음과 같은 원칙을 지키도록 하자.

● 애플리케이션의 사용자 인터페이스의 모든 콘텐츠는 코드와 분리시켜서 리소스 파일에 둔다.
● 사용자 인터페이스의 동작은 자바 코드에 의해서 이루어지게 한다. 예를 들어서 사용자가 지역에 따라 다른 방법으로 입력을 해야 한다면 이것은 자바 코드를 이용하여서 처리한다.

안드로이드에서의 리소스 스위칭

앞에서 설명한 대로 리소스는 텍스트, 레이아웃, 사운드, 그래픽 등을 의미한다. 애플리케이션은 다양한 장치 구성에 대응되는 여러 개의 리소스 집합을 가질 수 있다. 사용자가 애플리케이션을 실행하면, 안드로이드는 자동으로 장치에 가장 잘 맞는 리소스를 선택하고 적재한다.

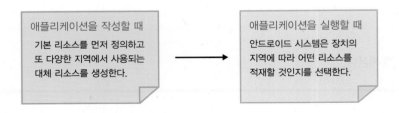

기본 리소스가 중요한 이유

개발자가 리소스를 제공하지 않은 언어권에서 애플리케이션이 실행되면, 안드로이드는 무조건 기본 리소스를 res/values/strings.xml에서 적재한다. 만약 이 기본 리소스가 생략되면 애플리케이션은 실행될 수 없다. 간단한 예를 들어 설명하여 보자.

애플리케이션의 자바 코드에서 text_a와 text_b라는 2개의 문자열을 사용한다. 이 애플리케이션은 text_a와 text_b를 영어로 정의하는 지역화된 리소스 파일(res/values-en/strings.xml)을 포함하고 있다. 또 기본 리소스 파일(res/values/strings.xml)도 가지고 있는데 여기서 text_a는 정의되어 있지만 text_b는 정의되어 있지 않다고 가정하자. 이 애플리케이션을 컴파일할 때는 아무런 문제가 발생하지 않는다. 또 애플리케이션이 지역이 English로 설정된 장치에서 실행될 때도 역시 문제가 발생하지 않는다. 하지만 English가 아닌 다른 지역으로 설정된 장치에서는 애플리케이션이 전혀 실행되지 않는다. 이러한 상태를 예방하기 위하여 res/values/strings.xml 파일 안에 필요한 모든 리소스들을 먼저 정의하여야 한다.

지역화의 예

예를 들어서 설명해보자. 애플리케이션의 기본 언어가 영어라고 하자. 하지만 프랑스어와 한국어로도 애플리케이션을 출시하려고 한다. 프랑스어로는 모든 것을 번역하고 한국어로는 애플리케이션의 제목을 제외한 모든 것을 번역하기를 원한다. 이런 경우에는 다음과 같이 리소스 폴더를 생성하면 된다.

폴더	내용
res/values/strings.xml	애플리케이션이 사용하는 모든 문자열의 영어 버전이 들어 있다.
res/values-fr/strings.xml	애플리케이션이 사용하는 모든 문자열의 프랑스어 버전이 들어 있다.
res/values-ko/strings.xml	애플리케이션이 사용하는 모든 문자열 중에서 제목만을 제외하고 나머지 문자열의 한국어 버전이 들어 있다.

만약 자바 코드에서 애플리케이션의 제목을 **R.string.title**과 같이 참조를 한다면 실행 시간에 다음과 같이 리소스를 가져온다.

- 만약 장치의 언어가 프랑스어가 아니면 res/values/strings.xml 파일에서 애플리케이션의 제목을 가져온다.
- 만약 장치의 언어가 프랑스어로 설정되어 있으면 res/values-fr/strings.xml 파일에서 애플리케이션의 제목을 가져온다.
- 만약 장치의 언어가 한국어로 설정되어 있다면 안드로이드는 res/values-ko/strings.xml 파일을 찾을 것이다. 하지만 이 파일 안에 제목이 포함되어 있지 않으므로 안드로이드는 기본 리소스 파일로 되돌아가고 결국 res/values/strings.xml 파일에서 영어로 된 제목을 적재하게 된다.

우선순위

만약 많은 리소스 파일들이 장치의 구성과 일치한다면 안드로이드는 미리 정해진 우선순위에 따라서 어떤 파일을 사용할 것인지를 결정한다. 리소스 디렉토리의 많은 이름 중에서 제일 먼저 지역(locale)부터 선택한다. 이것은 앞에서 나왔던 우선순위표와 동일하다. 예를 들어서 설명하여 보자. 애플리케이션이 기본 리소스를 가지고 있고 장치의 설정에 따라서 최적화된 두 개의 대체 리소스를 추가로 제공한다.

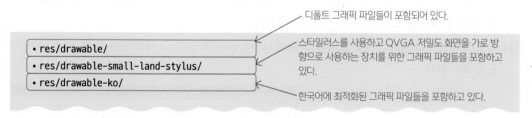

디폴트 그래픽 파일들이 포함되어 있다.

- res/drawable/
- res/drawable-small-land-stylus/
- res/drawable-ko/

스타일러스를 사용하고 QVGA 저밀도 화면을 가로 방향으로 사용하는 장치를 위한 그래픽 파일들을 포함하고 있다.

한국어에 최적화된 그래픽 파일들을 포함하고 있다.

만약 애플리케이션이 언어를 한국어로 설정된 장치에서 실행된다면, 안드로이드는 그래픽 파일들을 res/drawable-ko/에서 적재한다. 이것은 장치가 스타일러스와 QVGA 저밀도 가로 방향 화면을 가지고 있어도 마찬가지이다.

(1) Localization 프로젝트를 생성한다. 이 애플리케이션은 설정된 지역에 맞추어서 관광 명소의 이미지를 화면에 표시한다. 한국, 미국만을 지원하도록 작성하여 보자.

(2) 사용자 인터페이스를 작성한다. 텍스트 뷰와 이미지 뷰만을 생성한다. res/layout 폴더 안의 activity_main.xml 파일을 오픈하여서 다음과 같이 변경한다.

---

activity_main.xml

```xml
<?xml version="1.0" encoding="utf-8"?>
<LinearLayout>
<TextView
    android:layout_width="match_parent"
    android:layout_height="wrap_content"
    android:gravity="center_horizontal"
    android:text="@string/text"
/>
<ImageView
    android:id="@+id/ImageView01"
    android:layout_width="wrap_content"
    android:layout_height="wrap_content"
    android:src="@drawable/image"
/>
</LinearLayout>
```

← 텍스트 리소스로 정의하였다.

← 이미지 리소스로 정의하였다.

---

(3) 레이아웃에서는 텍스트 뷰를 생성하는 데 표시하는 문자열은 @string/text로 되어 있다. 이것은 string.xml에서 정의된 text라는 문자열을 표시하겠다는 의미이다. 이미지 뷰에서도 src 속성 값이 @drawable/image와 같이 설정되는데 이것은 drawable 폴더에서 image라는 이름의 파일을 표시하겠다는 것을 의미한다.

(4) 리소스 작성: drawable-en 폴더와 drawable-ko 폴더를 만들고 해당되는 관광 명소 이미지들을 복사한다.

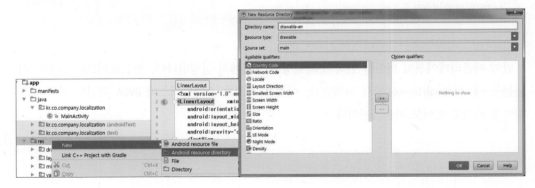

(5) 국가 폴더 밑의 이미지 이름은 모두 `image.png`로 같아야 한다. `drawable` 폴더에는 기본적인 이미지를 복사해둔다.

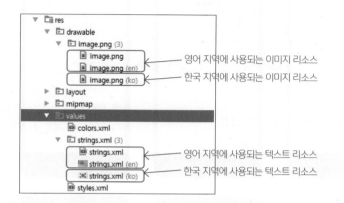

(6) 각 국가 설정에 따라서 문자열을 다르게 하기 위하여 `values-en` 폴더와 `values-ko` 폴더를 만들고 다음과 같이 입력한다.

values-ko/strings.xml

```xml
<?xml version="1.0" encoding="utf-8"?>
<resources>
    <string name="app_name">지역화 예제</string>
    <string name="text">한국의 관광명소</string>
</resources>
```

values-en/strings.xml

```xml
<?xml version="1.0" encoding="utf-8"?>
<resources>
    <string name="app_name">Localization Example</string>
    <string name="text">Sightseeing</string>
</resources>
```

(7) 지역 설정 변경: 지역 설정을 변경하려면 설정에서 시스템을 선택한다. 시스템 화면에서 언어 선택을 더블 클릭한 후에 한국어(대한민국)를 추가한다. 한국어가 제일 처음에 있도록 우선순위를 변경한다.

(8) 위의 애플리케이션을 실행하면 설정된 지역에 따라서 다음과 같은 화면이 나타난다.

지역을 한국으로 설정   지역을 미국으로 설정

7
SECTION

보안

어떤 시스템에서도 보안(security)은 중요하다. 안드로이드에서도 애플리케이션이 마음대로 시스템이나 다른 애플리케이션을 건드릴 수 있다면 그것은 심각한 위협이 될 것이다. 안드로이드는 어떤 보안 정책을 사용할까?

가장 기본적인 보안은 애플리케이션에 할당되는 사용자 아이디와 그룹 아이디와 같은 표준 리눅스 장치들이다. 안드로이드에서 각 애플리케이션은 자신의 프로세스 안에서 실행된다. 즉 하나의 애플리케이션은 리눅스의 하나의 사용자로 간주되고 리눅스에서 사용자는 운영체제 시스템이나 다른 사용자의 파일에 접근할 수 없다.

안드로이드에서 추가적인 세밀한 보안은 권한(permission) 메커니즘을 통하여 제공된다. 권한은 특정 프로세스가 수행할 수 있는 동작을 제약한다. 또 URI마다 권한을 줄 수 있고 이 권한을 통하여 데이터의 특정한 부분에 대한 접근을 제어할 수 있다.

보안 구조(Security Architecture)

안드로이드 보안 구조의 핵심적인 설계 포인트는 어떠한 애플리케이션도 다른 애플리케이션에 해를 가할 수 있는 동작을 수행할 수 없도록 되어 있다는 점이다. 즉 다른 애플리케이션의 사적인 데이터를 읽고 쓰는 것, 다른 애플리케이션의 파일이나 네트워크에 접근하는 것도 금지되어 있다.

이렇게 리눅스 커널이 애플리케이션들을 샌드박스화하여서 서로 고립시키기 때문에 애플리케이션이 어떤 리소스와 자료를 공유하려면 이것을 명백하게 선언하여야 한다. 샌드박스(sandbox)란 실행되는 프로그램들을 서로 분리하기 위한 보안 메커니즘이다. 안드로이드에서 애플리케이션이 필요한 리소스와 자료에 접근하려면 반드시 권한을 선언하여야 한다. 애플리케이션은 필요한 권한을 정적으로 선언하고 안드로이드는 애플리케이션이 설치될 때에 사용자에게 이것을 알리고 동의를 받는다.

애플리케이션 서명(Application Signing)

모든 안드로이드 애플리케이션(.apk 파일)은 인증서로 서명된다. 이때 개인키는 개발자가 보관한다. 이 인증서는 애플리케이션의 작성자를 식별한다. 인증서는 다른 인증기관에 의하여 서명될 필요는 없다. 셀프-서명된 인증서를 사용하는 것도 허용된다. 인증서는 오직 애플리케이션 간의 신뢰 있는 관계를 구축하기 위하여 사용된다. 인증서는 애플리케이션이 인증서 기반의 권한에 접근할 때 시스템이 이를 승인하거나 거부할 때 사용된다.

> 샌드박스(sandbox)란 외부로부터 들어온 프로그램이 보호된 영역에서 동작해 시스템이 부정하게 조작되는 것을 막는 보안 형태이다. 기본적으로 프로그램을 보호된 영역 안에 가둔 뒤 작동시키는 방법으로 프로그램이 폭주하거나 악성 바이러스가 침투하는 것을 막는다. 기술적으로 디스크와 메모리에 스크래치 공간과 같은 엄격하게 제어되는 공간을 제공하여 프로그램이 여기에서만 실행되도록 한다. 네트워크 접근이나 호스트 시스템을 검사할 수 있는 기능은 제한된다.

참고
사항

사용자 아이디와 파일 접근

설치 시에 안드로이드는 각 안드로이드 패키지에 유일한 리눅스 사용자 아이디를 부여한다. 이 아이디는 패키지가 장치에 설치되어 있는 동안에 변경되지 않는다. 같은 패키지라고 하여도 장치가 다르면 사용자 아이디는 달라진다. 동일한 장치에서도 각각의 패키지는 유일한 사용자 아이디를 갖는다.

앱이 CPU에 의하여 실행되면 프로세스가 된다. 프로세스 수준에서 각 애플리케이션이 분리되기 때문에, 애플리케이션이 다르면 같은 프로세스 안에서 실행될 수 없다. 즉 각각의 애플리케이션은 다른 리눅스 사용자로 간주된다.

애플리케이션이 생성한 파일은 그 애플리케이션의 사용자 아이디가 부여되기 때문에 일반적으로는 다른 패키지가 접근할 수 없다. 다른 패키지가 접근하는 것을 허용하려면 `getSharedPreferences()`, `openFileOutput()`, `openOrCreateDatabase()` 등을 이용하여서 새로운 파일을 생성하고 `MODE_WORLD_READABLE` 또는 `MODE_WORLD_WRITEABLE` 플래그를 사용하여서 다른 패키지가 그 파일을 읽고 쓸 수 있도록 하여야 한다.

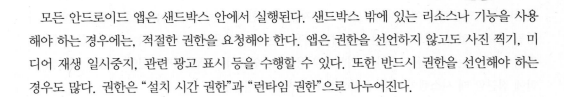

권한은 언제 필요할까요? 그것은 애플리케이션이 보호된 기능에나 장치 안의 데이터에 접근할 때입니다.

권한 요청하기
8
SECTION

모든 안드로이드 앱은 샌드박스 안에서 실행된다. 샌드박스 밖에 있는 리소스나 기능을 사용해야 하는 경우에는, 적절한 권한을 요청해야 한다. 앱은 권한을 선언하지 않고도 사진 찍기, 미디어 재생 일시중지, 관련 광고 표시 등을 수행할 수 있다. 또한 반드시 권한을 선언해야 하는 경우도 많다. 권한은 "설치 시간 권한"과 "런타임 권한"으로 나누어진다.

- 설치 시간 권한: 앱이 설치될 때 자동으로 부여된다.
- 런타임 권한: 앱에서 런타임에 사용자에게 권한을 요청해야 한다.

앱에서 권한이 필요하다면, 권한을 매니페스트에 표시한 후, 사용자가 실행시간에 각 권한을 승인하도록 요청하여야 한다. 권한을 처리하는 흐름도는 다음과 같다.

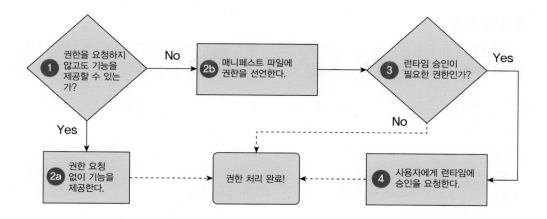

권한 요청

만약 애플리케이션이 보호된 기능이나 장치 안의 데이터에 접근하려면 `AndroidManifest.xml` 파일에 필요한 권한을 나타내는 태그 `<uses-permission>`을 명시적으로 포함시켜야 한다. 예를 들어서 문자 메시지를 받고 싶은 애플리케이션은 다음과 같이 권한을 표시할 수 있다.

```
AndroidManifest.xml

<?xml version="1.0" encoding="utf-8"?>
<manifest xmlns:android="http://schemas.android.com/apk/res/android"
      package="kr.co.company.PermissionTest"
      android:versionCode="1"
      android:versionName="1.0">
...
<uses-permission android:name="android.permission.SEND_SMS"></uses-permission>
</manifest>
```

문자 메시지를 보낼 수 있는 권한을 요청한다.

매니페스트 파일 수정

권한을 선언한 후에는 해당 권한의 민감도에 따라 시스템 동작이 달라진다. 일부 권한(즉, 사용자의 개인정보 보호 또는 기기 작동에 큰 위험을 주지 않는 권한)은 '일반'으로 간주하여 설치 시 시스템에서 즉시 권한을 부여한다.

어떤 권한은 '위험한 것'으로 간주하여 사용자가 명시적으로 권한을 부여해야 한다. 위의 **SEND_SMS** 권한과 같이 앱이 매니페스트에 위험한 권한(즉, 사용자의 개인정보 보호 또는 기기의 정상적인 작동에 영향을 줄 수 있는 권한)을 표시하는 경우 명시적으로 사용자의 동의를 받아야 한다.

권한의 종류

그렇다면 우리가 요청할 수 있는 권한은 어떤 것들이 있는가? 전체 권한 리스트는 안드로이드 개발자 웹페이지에 나열되어 있다. 중요한 것만을 간추리면 다음 표와 같다.

● 표 10-3
권한 리스트

권한	권한 이름	설명
지리 정보 사용	ACCESS_FINE_LOCATION	GPS와 같은 정밀한 위치 정보 사용
전화 걸기	CALL_PHONE	애플리케이션이 전화 걸기 기능 사용
카메라	CAMERA	카메라 사용 가능
일정 정보	READ_CALENDAR	일정 정보 읽기
	WRITE_CALENDAR	일정 정보 쓰기
연락처 정보	READ_CONTACTS	연락처 읽기
	WRITE_CONTACTS	연락처 쓰기
인터넷	INTERNET	인터넷 접속

권한 확인

앱에 위험한 권한이 필요한 경우 해당 권한이 요구되는 작업을 할 때마다 권한이 있는지 확인해야 한다. 안드로이드 6.0 버전(API 레벨 23)부터는 앱이 더 낮은 **API** 레벨을 타겟팅하더라도 사용자가 언제든 앱의 권한을 취소할 수 있다. 따라서 앱이 어제 카메라를 사용했다고 해서 오늘도 권한이 있다고 간주할 수는 없다.

권한이 있는지 확인하려면 ContextCompat.checkSelfPermission() 메소드를 호출한다. 예를 들어 다음 코드는 액티비티가 캘린더에 쓰기 권한을 가졌는지 확인하는 방법을 보여준다.

```
if (ContextCompat.checkSelfPermission(thisActivity,
        Manifest.permission.WRITE_CALENDAR)          !=
        PackageManager.PERMISSION_GRANTED) {
    // 권한이 허용되지 않은 것이다.
}
```

앱에 권한이 있는 경우 이 메소드는 PERMISSION_GRANTED를 반환하고, 앱은 작업을 계속 진행할 수 있다. 앱에 권한이 없는 경우 이 메서드는 PERMISSION_DENIED를 반환하고 앱은 사용자에게 명시적으로 권한을 요청해야 한다.

권한 요청

앱이 checkSelfPermission()에서 PERMISSION_DENIED를 받은 경우 사용자에게 해당 권한을 요청하는 메시지를 표시해야 한다. 다음 코드에 나와 있는 것처럼 안드로이드는 requestPermissions()와 같이 권한 요청에 사용할 수 있는 여러 메소드를 제공한다. 이러한 메소드를 호출하면 대화상자가 나타난다. 사용자에게 표시하는 방식은 기기의 버전과 애플리케이션의 대상 버전에 따라 다르다. 앱은 필요한 권한과 이 권한 요청을 식별하기 위해 지정한 정수의 요청 코드를 전달한다. 이 메소드는 비동기로 동작한다. 이 메소드는 곧바로 반환되며, 사용자가 권한 요청 메시지에 응답하면 시스템은 그 결과를 가지고 앱의 콜백 메소드를 호출하여 앱이 requestPermissions()에 전달했던 것과 동일한 요청 코드를 전달한다.

다음 코드에서는 앱이 사용자의 연락처를 읽을 권한이 있는지 확인한다. 권한이 없으면 권한이 필요한 이유에 관한 설명을 표시해야 하는지 확인하고 설명이 필요 없으면 권한을 요청한다.

```java
if (ContextCompat.checkSelfPermission(thisActivity,
        Manifest.permission.READ_CONTACTS)
        != PackageManager.PERMISSION_GRANTED) {

    // 권한이 허용되지 않았다.
    // 설명을 표시해야 하는가?
    if (ActivityCompat.shouldShowRequestPermissionRationale(thisActivity,
            Manifest.permission.READ_CONTACTS)) {
        // 화면에 설명을 표시한다.
    } else {
        // 설명이 필요 없으므로 곧바로 권한을 요청한다.
        ActivityCompat.requestPermissions(thisActivity,
                new String[]{Manifest.permission.READ_CONTACTS},
                MY_PERMISSIONS_REQUEST_READ_CONTACTS);

        // MY_PERMISSIONS_REQUEST_READ_CONTACTS는 상수이다.
        // 콜백 메소드에서 사용한다.
    }
} else {
    // 권한이 이미 부여되었다.
}
```

앱에 권한이 필요한 이유를 사용자가 이해하도록 설명하려는 경우가 있다. 예를 들어 사용자가 사진 앱을 실행하는 경우 이 사용자는 앱이 카메라 사용 권한을 요청해도 아마 놀라지 않을 것이다. 그러나 앱이 사용자 위치나 연락처에 액세스하려고 하면 사용자가 이유를 이해하지 못할 수도 있다. 앱에서 권한을 요청하기 전에 먼저 사용자에게 이유를 설명하는 것이 좋다. 이때, 설명이 사용자에게 부담이 되지 않도록 주의해야 하며, 너무 많은 설명을 제공할 경우 사용자가 불만을 느끼고 앱을 제거할 수도 있다.

따라서 사용자가 이미 해당 권한에 관한 요청을 거절한 경우에만 설명을 제공하는 것이 좋다. 이를 위해 안드로이드는 shouldShowRequestPermissionRationale()이라는 유틸리티 메소드를 제공하는데 이 메서드는 사용자가 이전에 요청을 거부한 경우 true를 반환하고 사용자가 권한을 거부하고 권한 요청 대화상자에서 다시 묻지 않음 옵션을 선택했거나 기기 정책상 이 권한을 금지하는 경우 false를 반환한다.

권한 요청 화면

우리는 안드로이드 버전 6.0 이상의 장치만 살펴보자. 기기에서 안드로이드 버전 6.0(API 레벨 23) 이상을 실행 중이고 앱의 targetSdkVersion이 23 이상인 경우, 설치 시에는 권한을 사용자에게 물어보지 않는다. 대신에, 앱이 실행될 때 사용자에게 권한을 부여하도록 요청한다. 앱이 권한을 요청하면 사용자에게 권한을 알려주는 시스템 대화 상자가 표시된다. 대화 상자에는 거부 및 허용 버튼이 있다.

● 출처
안드로이드 개발자
페이지

시스템이 표시하는 대화상자에서는 앱이 액세스해야 하는 권한 그룹을 설명하며 특정 권한은 나열하지 않는다. 예를 들어, READ_CONTACTS 권한을 요청하면 대화상자에는 앱이 기기의 연락처에 액세스해야 한다는 메시지만 표시된다. 사용자는 각 권한 그룹에 한 번만 권한을 부여하면 된다. 앱이 해당 그룹에 있는 다른 권한(매니페스트 파일에 나열된 다른 권한)을 요청하면 시스템이 자동으로 권한을 부여한다. 권한을 요청하면 시스템은 사용자가 시스템 대화상자를 통해 명시적으로 요청을 승인했을 때와 같은 방식으로 onRequestPermissionsResult() 콜백 메소드를 호출하고 PERMISSION_GRANTED를 전달한다.

예를 들어, READ_CONTACTS와 WRITE_CONTACTS를 앱 manifest에 나열한다고 가정하자. 앱이

READ_CONTACTS를 요청하고 사용자가 권한을 부여한 다음 WRITE_CONTACTS를 요청하면 시스템은 사용자와의 상호작용 없이 즉시 앱에 권한을 부여한다.

권한 요청 응답 처리

사용자가 앱 권한 요청에 응답하면 시스템은 앱의 onRequestPermissionsResult() 메소드를 호출하여 사용자 응답을 전달한다. 앱은 해당 메소드를 재정의하여 권한이 부여되었는지 확인해야 한다. 이 콜백에는 requestPermissions()에 전달한 것과 동일한 요청 코드가 전달된다. 예를 들어, 앱이 READ_CONTACTS 액세스를 요청한 경우 다음과 같이 콜백 메소드를 작성할 수 있다.

```
@Override
public void onRequestPermissionsResult(int requestCode,
        String[] permissions, int[] grantResults) {
    switch (requestCode) {
        case MY_PERMISSIONS_REQUEST_READ_CONTACTS: {
            // 만약 권한이 취소되면 배열은 모두 공백 상태이다.
            if (grantResults.length > 0
                && grantResults[0] == PackageManager.PERMISSION_GRANTED) {
                // 드디어 권한이 주어졌다. 할 일을 한다.
            } else {
                // 권한이 허용되지 않았다.
            }
            return;
        }
    }
}
```

사용자가 권한 요청을 거부하는 경우 앱은 적절한 작업을 수행해야 한다. 예를 들어 앱은 해당 권한이 필요한, 사용자가 요청한 작업을 수행할 수 없는 이유를 설명하는 대화상자를 표시할 수 있다.

사용자가 권한 요청을 거부하면 다음에 앱이 권한을 요청할 때 물어볼 것인지를 체크하는 확인란이 포함되어 있다. 이 확인란을 선택하면 사용자에게 권한을 묻는 메시지가 다시는 표시되지 않는다. 그런 경우, 앱이 해당 권한을 다시 요청하기 위해 requestPermissions()를 사용할 때마다 시스템이 즉시 요청을 거부한다. 시스템은 사용자가 명시적으로 요청을 다시 거절했을 때와 동일한 방식으로 onRequestPermissionsResult() 콜백 메소드를 호출하고 PERMISSION_DENIED를 전달한다.

사용자가 앱에 요청한 권한을 부여하더라도 사용자는 언제든지 시스템 설정에서 권한을 하나씩 비활성화할 수 있다. 실행시간 오류(SecurityException)를 방지하려면 실행 시 앱은 항상 권한을 확인하고 요청해야 한다.

민감한 사용자 정보 액세스

일부 앱은 통화 로그 및 SMS 메시지와 관련된 민감한 사용자 정보에 대해서 액세스한다. 통화 로그 및 SMS 메시지와 관련된 권한을 요청하고 앱을 플레이 스토어에 게시하려면 이러한 실행시간 권한을 요청하기 전에 앱을 핵심 시스템 기능의 기본 처리기로 설정하라는 메시지를 표시해야 한다.

하드웨어 기능에 대한 권한

일부 하드웨어 기능(예: 블루투스 또는 카메라)에 액세스하려면 앱 권한이 필요하다. 그러나 모든 안드로이드 기기에 실제로 이러한 하드웨어 기능이 있는 것은 아니다. 따라서 앱이 카메라 권한을 요청하는 경우, 이 기능이 실제로 필요한지 여부를 선언하기 위해 매니페스트에 <uses-feature> 태그도 포함해야 한다. 예를 들면 다음과 같다.

```
<uses-feature android : name = "android.hardware.camera"android : required = "false"/>
```

기능에 대해 android : required = "false"를 선언하면 구글 플레이에서 해당 기능이 없는 기기에 앱을 설치할 수 있다. 그런 다음 PackageManager.hasSystemFeature()를 호출하여 실행 시에 현재 장치에 기능이 있는지 확인하고 해당 기능을 사용할 수 없으면 정상적으로 비활성화해야 한다.

<uses-feature> 태그를 제공하지 않으면서, 앱이 해당 권한을 요청하는 것을 발견하면 구글 플레이는 앱에 이 기능이 필요하다고 가정한다. 따라서 <uses-feature> 태그에서 android : required = "true"를 선언한 것처럼 기능이 없는 기기에서는 설치를 막는다.

 **예제**

카메라를 사용할 수 있는 애플리케이션을 작성하여 보자.

(1) Permission 프로젝트를 생성한다.

(2) 매니페스트 파일 작성: 사용자에게 권한을 요청하기 위하여 애플리케이션의 Android Manifest.xml 파일을 다음과 같이 수정한다.

AndroidManifest.xml

```xml
<manifest xmlns:android="http://schemas.android.com/apk/res/android"
    package="kr.co.company.permission"
    android:versionCode="1"
    android:versionName="1.0" >

    <uses-permission android:name="android.permission.CAMERA" >    ← 필요한 권한을 요청한다.
    ...
</manifest>
```

매니페스트
파일 수정

(3) 다음과 같은 사용자 인터페이스를 작성한다.

activity_main.xml

```xml
<LinearLayout>
    <Button
        android:id="@+id/button_open_camera"
        android:layout_width="wrap_content"
        android:layout_height="wrap_content"
        android:src="카메라 캡처 앱 실행" />
</LinearLayout>
```

UI

(4) MainActivity를 작성한다.

MainActivity.java

```java
package kr.co.company.permission;
// 소스만 입력하고 Alt+Enter를 눌러서 import 문장을 자동으로 생성한다.

public class MainActivity extends AppCompatActivity
        implements ActivityCompat.OnRequestPermissionsResultCallback {
    private static final int PERMISSION_REQUEST_CAMERA = 0;
```

코드
작성

```java
    @Override
    protected void onCreate(Bundle savedInstanceState) {
        super.onCreate(savedInstanceState);
        setContentView(R.layout.activity_main);
        findViewById(R.id.button_open_camera).setOnClickListener(
        new View.OnClickListener() {
            @Override
            public void onClick(View view) {
                showCameraPreview();
            }
        });
    }
```

권한이 승인되면 호출되는 콜백 메소드

```java
    @Override
    public void onRequestPermissionsResult(int requestCode, @NonNull String[]
permissions, @NonNull int[]              ) {
        if (requestCode == PERMISSION_REQUEST_CAMERA) {
            if (grantResults.length == 1 && grantResults[0] == PackageManager.
PERMISSION_GRANTED) {
                Toast.makeText(getApplicationContext(), "권한 획득",
                    Toast.LENGTH_SHORT).show();
                startCamera();
            } else {
                Toast.makeText(getApplicationContext(), "권한 획득 실패",
                    Toast.LENGTH_SHORT).show();
            }
        }
    }
```

권한이 허용되었는지를 검사한다.

```java
    private void showCameraPreview() {
        if (ActivityCompat.checkSelfPermission(this, Manifest.permission.CAMERA)
== PackageManager.PERMISSION_GRANTED) {
            Toast.makeText(getApplicationContext(), "권한 획득",
                Toast.LENGTH_SHORT).show();
            startCamera();
        } else {
            requestCameraPermission();
        }
    }
```

사용자에게 권한을 요청한다.

권한을 설명할 필요가 있으면 설명한다.

```java
    private void requestCameraPermission() {
        if (ActivityCompat.shouldShowRequestPermissionRationale(this,
Manifest.permission.CAMERA)){
            Toast.makeText(getApplicationContext(), "이 앱은 카메라 권한이 필요합니다.",
                Toast.LENGTH_SHORT).show();
            ActivityCompat.requestPermissions(this, new String[]{Manifest.
permission.CAMERA}, PERMISSION_REQUEST_CAMERA);
```

```
        } else {
            Toast.makeText(getApplicationContext(), "권한 획득 실패",
                    Toast.LENGTH_SHORT).show();
            ActivityCompat.requestPermissions(this, new String[]{Manifest.
permission.CAMERA}, PERMISSION_REQUEST_CAMERA);
        }
    }

    private void startCamera() {
        Intent takePictureIntent = new Intent(MediaStore.ACTION_IMAGE_CAPTURE);
        if (takePictureIntent.resolveActivity(getPackageManager()) != null) {
            startActivityForResult(takePictureIntent, 1);
        }
    }
}
```

인텐트를 이용하여 사진을 촬영한다.

(5) 여러 가지로 실행해본다.

실행
결과

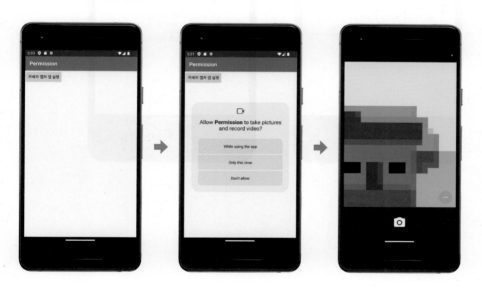

한국 버전과 미국 버전 만들어보기

우리가 한국과 미국에서 동시에 출시되는 요리 앱을 만든다고 하자. 사용자가 입력한 지역에 맞춰 언어나 이미지를 현지화하여 본다.

Exercises   **연습문제**

01 안드로이드에서 리소드들이 저장되는 폴더는?

① app   ② res   ③ resource   ④ layout

02 안드로이드에서 비트맵 파일이 저장되는 폴더는?

① layout   ② drawable   ③ values   ④ menu

03 디폴트 레이아웃이 /res/layout에 저장되었다면 화면이 가로 방향인 장치의 레이아웃은 어디에 저장될까?

① /res/layout   ② /res/layout/land

③ /res/layout-land   ④ /res/layoutland

04 자바 코드에서 문자열 리소스 hello를 참조하는 형식으로 올바른 것은?

① R.hello   ② R.string.hello

③ @string/hello   ④ @hello

05 XML에서 문자열 리소스 hello를 참조하는 형식으로 올바른 것은?

① R.hello   ② R.string.hello

③ @string/hello   ④ @hello

06 한국어와 영어 버전을 동시에 출시하고자 한다. 한국어 버전의 문자열들은 어디에 저장되어야 하는가?

① /res/values-ko/strings.xml   ② /res/values/ko/strings.xml

③ /res/values.ko/strings.xml   ④ /res/valuesko/strings.xml

07 권한을 요청하는 메소드 이름은?

① checkSelfPermission()   ② requestPermissions()

③ onRequestPermissionsResult()   ④ getPermissions()

08 코딩 챌린지에서 다루었던 앱에서 음식의 가격도 현지화하여 보자.

(주제: 현지화, 난이도: 중)

09 장치의 화면 방향에 따라 화면에 표시되는 리소스를 다르게 설정해보자. 가로 방향과 세로 방향에서 서로 다른 이미지를 사용한다. res/drawable-land(가로 방향 리소스)와 res/ drawable-port(세로 방향 리소스) 디렉토리를 사용하여 화면 방향에 따라 이미지를 구분한다.

(주제: 대체 리소스, 난이도: 상)

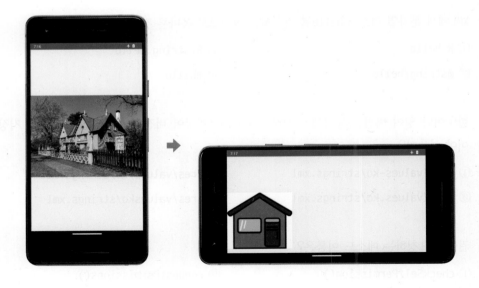

CHAPTER 11

서비스, 방송 수신자, 컨텐츠 제공자

제 서비스 어때요? 하하. 그런데 안드로이드에도 서비스가 있던데….

하하하. 그래, 사용자 인터페이스가 없어도 백그라운드에서 실행되는 동작이 필요할 때가 있지. 배경음악을 재생한다든지, 스마트폰의 사용량을 계산한다든지 등 안드로이드가 스스로 서비스를 제공하는 것이지.

CHAPTER 11

서비스, 방송 수신자, 컨텐츠 제공자

SECTION 1 서비스

애플리케이션을 작성하다 보면 사용자 인터페이스 없이 백그라운드에서 실행되는 동작이 필요한 경우가 종종 있다. 예를 들어서 배경 음악을 재생한다든지, 특정한 웹 사이트에서 주기적으로 데이터를 읽어온다든지, 주기적으로 폰의 사용량을 계산한다든지, 애플리케이션의 업데이트를 주기적으로 검사할 수도 있다. 이런 경우에 사용할 수 있는 기능이 서비스(service)이다.

● 그림 11-1
서비스와 액티비티

서비스는 액티비티, 방송 수신자, 컨텐츠 제공자와 함께 안드로이드 앱을 구성하는 4가지 컴포넌트 중의 하나이다. 서비스는 액티비티와는 달리, 사용자 인터페이스를 가지지 않는다. 서비스는 일반적으로 애플리케이션에 의하여 시작된다. 한번 시작된 서비스는 사용자가 다른 애플리케이션으로 이동하더라도 계속하여서 백그라운드에서 실행된다. 서비스를 이용하면 프로세스 간 통신(IPC: interprocess communication) 기능도 구현할 수 있다. 서비스는 네트워크 트랜잭션이나 음악 재생, 파일 입출력, 컨텐츠 제공자와의 통신을 위하여 주로 사용된다.

서비스의 종류

● 시작 타입 서비스

액티비티가 startService() 메소드를 호출하면 시작 타입의 서비스가 된다. 서비스가 시작되면 서비스 시작을 담당한 액티비티가 소멸되더라도 서비스는 백그라운드에서 계속해서 실행할 수 있다. 서비스 실행을 중지하기 위해 2가지 방법이 있다. 해당 액티비티가 stopService() 메소드를 호출하거나 서비스 스스로가 stopSelf() 메소드를 사용하여 자체적으로 중지할 수 있다.

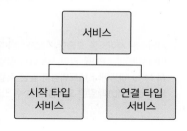

● 연결 타입 서비스(bound service)

액티비티가 bindService()를 호출하여서 서비스를 시작하면 연결 타입 서비스가 된다. 클라이언트-서버 모델에서 서버의 역할을 하는 서비스이다. 이 타입의 서비스는 액티비티들로부터 요청을 받고 결과를 보낼 수 있다. 서비스는 액티비티들이 연결되어 있는 한, 해당 작업을 수행한다. 한 번에 둘 이상의 액티비티가 동일한 서비스에 연결될 수 있다. 이 서비스의 실행을 중지하려면 모든 액티비티가 unbindService() 메서드를 사용하여 서비스에서 자신을 연결 해제하여야 한다.

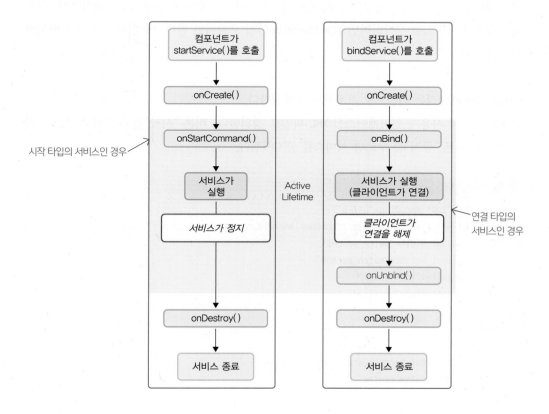

시작 타입 서비스와 연결 타입 서비스는 별도로 분리된 것은 아니다. 서비스는 양쪽 방식으로 작동할 수 있다. 이것은 단순히 두어 가지 콜백 메서드를 구현했는지 여부에 좌우되는 문제이다. onStartCommand()를 구현하면 컴포넌트가 서비스를 시작하게 하고 onBind()를 구현하면 연결 타입의 서비스가 된다.

서비스는 서비스를 호출한 프로세스의 메인 스레드 안에서 실행된다. 즉 서비스는 새로운 스레드로 실행되지 않는다. 따라서 만약 CPU를 많이 사용하는 작업의 경우에는 서비스 안에서 새로운 스레드를 생성하는 것이 좋다. 예를 들어서 MP3 재생이나 네트워킹과 같은 작업에 여기에 해당된다. 별도의 스레드를 사용함으로써 ANR(Application Not Responding)과 같은 오류를 줄일 수 있고 메인 스레드는 사용자 상호작용에만 전념할 수 있다.

서비스를 사용할 것인가 아니면 스레드를 사용할 것인가?
서비스는 사용자가 애플리케이션과 상호작용하고 있지 않더라도 백그라운드에서 실행되는 컴포넌트이다. 따라서 만약 이것이 개발자가 원하는 것이면 당연히 서비스를 생성하여야 한다. 만약 사용자가 애플리케이션과 상호작용하고 있는 동안에만 메인 스레드 외부에서 작업을 하는 것이 필요하면 새로운 스레드를 생성하는 것이 바람직하다. 예를 들어서 액티비티가 실행되고 있는 동안에만 음악을 재생하는 것이 필요하면 onCreate()에서 스레드를 생성하고 onStart()에서 스레드를 시작하고 onStop()에서 중지하면 된다.

음악을 연주하는 서비스를 작성하고 이어서 이 서비스를 시작하는 액티비티를 제작하여 본다. 액티비티에서 서비스를 시작하려면 startService()를 호출하면 된다. 이 서비스는 시작 타입의 서비스가 된다.

(1) MusicService라는 이름으로 프로젝트를 생성한다.
(2) 먼저 간단한 사용자 인터페이스를 XML 파일로 정의한다. 버튼 "시작"을 누르면 서비스를 시작한다. 버튼 "중지"를 누르면 서비스를 중지시킨다.

activity_main.xml

```xml
<?xml version="1.0" encoding="utf-8"?>
<LinearLayout xmlns:android="http://schemas.android.com/apk/res/android"
    android:layout_width="match_parent"
    android:layout_height="match_parent"
    android:gravity="top|center"
    android:orientation="vertical" >

    <TextView
        android:layout_width="match_parent"
        android:layout_height="wrap_content"
        android:gravity="center"
```

```
        android:padding="20dp"
        android:text="음악 서비스 테스트"
        android:textSize="20sp" />
```

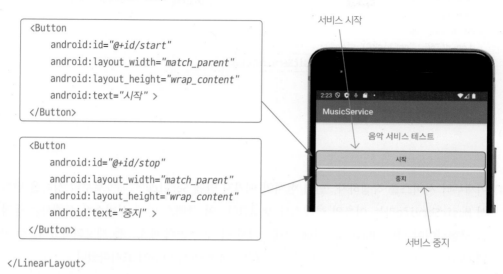

```
<Button
    android:id="@+id/start"
    android:layout_width="match_parent"
    android:layout_height="wrap_content"
    android:text="시작" >
</Button>
```

서비스 시작

```
<Button
    android:id="@+id/stop"
    android:layout_width="match_parent"
    android:layout_height="wrap_content"
    android:text="중지" >
</Button>
```

서비스 중지

```
</LinearLayout>
```

(3) 액티비티를 작성하여 보자. 액티비티에서는 startService(intent)를 호출하여서 서비스를 시작한다.

MainActivity.java

코드
작성

```java
package kr.co.company.musicservice;
// 소스만 입력하고 Alt+Enter를 눌러서 import 문장을 자동으로 생성한다.

public class MainActivity extends AppCompatActivity implements OnClickListener {
  private static final String TAG = "MusicService";
  Button start, stop;

  @Override
  public void onCreate(Bundle savedInstanceState) {
    super.onCreate(savedInstanceState);
    setContentView(R.layout.activity_main);

    start = (Button) findViewById(R.id.start);
    stop = (Button) findViewById(R.id.stop);

    start.setOnClickListener(this);
    stop.setOnClickListener(this);
  }

  public void onClick(View src) {
    switch (src.getId()) {
```

```
    case R.id.start:
      Log.d(TAG, "onClick() start ");
      startService(new Intent(this, MusicService.class));
      break;
    case R.id.stop:
      Log.d(TAG, "onClick() stop");
      stopService(new Intent(this, MusicService.class));
      break;
    }
  }
}
```

서비스를 시작하는 가장 기본적인 방법은 startService()를 호출하고 매개변수로 인텐트를 전달하는 것이다. 인텐트에 어떤 서비스를 시작할 것인지를 기술한다.

서비스를 중지한다.

(4) 이제부터 서비스를 작성하자. 먼저 현재의 패키지 안에 **Service** 클래스로부터 상속을 받아서 **MusicService**라는 이름의 클래스를 생성한다. 이 클래스 안에 서비스가 실행하는 동작을 구현하여야 한다. **MusicService** 클래스에서 몇 개의 콜백 메소드를 재정의하였다. 각 콜백 메소드가 호출될 때마다 토스트와 로그캣을 이용하여서 화면에 표시하였다.

코드 작성

MusicService.java

```java
package kr.co.company.musicservice;
// 소스만 입력하고 Alt+Enter를 눌러서 import 문장을 자동으로 생성한다.

public class MusicService extends Service {
    private static final String TAG = "MusicService";
    MediaPlayer player;

    @Override
    public IBinder onBind(Intent intent) {
        return null;
    }

    @Override
    public void onCreate() {
        Log.d(TAG, "onCreate()");

        player = MediaPlayer.create(this, R.raw.old_pop);
        player.setLooping(false);  // Set looping
    }

    @Override
    public void onDestroy() {
        Toast.makeText(this, "Music Service가 중지되었습니다.", Toast.LENGTH_LONG).show();
        Log.d(TAG, "onDestroy()");
        player.stop();
    }
```

서비스가 처음으로 실행되면 음악 재생기를 생성한다.

서비스가 중지되면 음악 재생기를 중지한다.

```java
@Override
public int onStartCommand(Intent intent, int flags, int startId) {
    Toast.makeText(this, "Music Service가 시작되었습니다.", Toast.LENGTH_LONG).show();
    Log.d(TAG, "onStart()");
    player.start();
    return super.onStartCommand(intent, flags, startId);
}
}
```

서비스가 시작될 때마다
음악 재생을 시작한다.

시작 타입 서비스는 stopSelf()나 stopService()에 의하여 중지되지만, 여기에 대응되는 onStop() 콜백 메소드는 없다.
만약 서비스가 중지될 때 어떤 작업을 하여야 한다면 유일한 콜백 메소드인 onDestroy()에서 수행하면 된다.

(5) 음악 파일 준비: 서비스가 음악을 재생하기 때문에 음악 파일이 하나 필요하다. 인터넷에서
mp3 형식의 음악 파일을 하나 다운로드받아서 /res/raw 디렉터리에 old_pop.mp3와 같은 이
름으로 복사한다. raw 폴더가 없으면 res 위에서 마우스 오른쪽 버튼을 눌러서 생성한다.

(6) 매니페스트 파일 수정: 개발자는 애플리케이션의 매니페스트 파일에 서비스를 선언하여야
한다. 서비스가 선언되어야만 다른 컴포넌트들이 서비스를 사용할 수 있다. 서비스를 선언
하려면 <application> 요소의 자식으로 <service> 요소를 추가한다. 이 예제에서는 다음과
같이 선언하여야 한다.

AndroidManifest.xml

매니페스트
파일 수정

```xml
<manifest
    ...
    <application
    <activity     ...     </activity>
    <service
        android:enabled="true"
        android:name=".MusicService"
    />
    </application>
</manifest>
```

서비스를 정의하여 준다. <service> 요소에
포함할 수 있는 많은 속성들이 있다. 예를 들면
서비스를 시작하는 데 필요한 권한이나 서비스가
실행되는 프로세스를 표시할 수도 있다. 예제에
서와 같이 <service> 요소의 enabled 속성
이 true로 설정되면 안드로이드 시스템이 자동
적으로 서비스를 시작하게 된다.

액티비티와 마찬가지로 서비스는 인텐트 필터를 정의할 수 있다. 하지만 만약 서비스를 같은 애플리케이션 안에서만 사
용한다면 인텐트 필터를 정의할 필요는 없다. 같은 애플리케이션 안이라면 인텐트 필터 없이 그냥 서비스 클래스 이름을
가지고 서비스를 시작하면 된다.

(7) 음악 파일 때문에 약간의 시간이 걸린다. 시작 버튼을 누르면 서비스가 인텐트를 통하여 실행된다. 중지 버튼을 누르면 서비스가 중지된다.

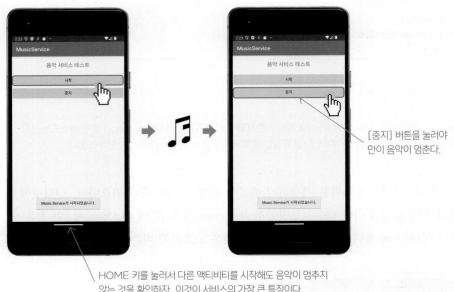

[중지] 버튼을 눌러야
만이 음악이 멈춘다.

HOME 키를 눌러서 다른 액티비티를 시작해도 음악이 멈추지
않는 것을 확인하자. 이것이 서비스의 가장 큰 특징이다.

방송 수신자란?
SECTION 2

　안드로이드 장치에서는 많은 이벤트들이 발생한다. 장치가 부팅되거나 배터리가 고갈될 수도 있고 SD 카드가 제거될 수도 있다. 이벤트에 따라서 애플리케이션이 반드시 알아야 하는 경우도 있다. 예를 들어서 SD 카드에 데이터를 저장하는 애플리케이션은 SD 카드의 상태가 변경되면 이를 통지받기를 바랄 것이다. 안드로이드에서는 이러한 목적을 위하여 방송 수신자(broadcast receiver)라는 메커니즘을 제공한다. 방송 수신자 메커니즘은 디자인 패턴 중에서 "publish-subscribe" 패턴과 유사하다. 앱들은 자신에 관심 있는 이벤트를 받겠다고 등록한다. 시스템은 이벤트가 발생하면 이벤트를 받겠다고 등록한 앱들에게 자동으로 방송한다.

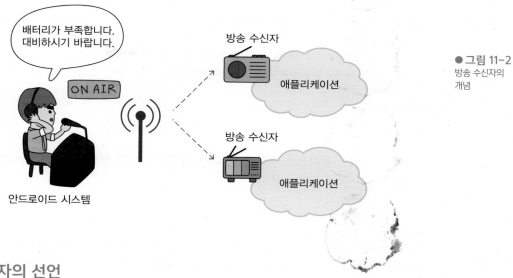

● 그림 11-2
방송 수신자의
개념

방송 수신자의 선언

애플리케이션이 방송을 수신하기 위해서는 방송 수신자를 작성하면 된다. 방송 수신자는 애플리케이션을 구성하는 4가지 컴포넌트 중의 하나이다. 방송 수신자는 다음과 같이 BroadcastReceiver라는 클래스를 상속받아서 작성하면 된다.

```
public class MyBroadcastReceiver extends BroadcastReceiver ←――――― 방송 수신자 기능을 제공하는
{                                                                    부모 클래스
    public void onReceive(Context context,Intent intent){
        ...                                                      ←―― 방송이 수신되면 이 메소드가
        ...                                                          호출된다. 여기에 필요한 코드
    }                                                                를 넣는다.
}
```

이때 onReceive()라는 메소드를 재정의하게 되는데 방송이 수신되면 이 메소드가 호출된다. 따라서 여기에 필요한 코드를 넣으면 된다. onReceive()의 매개변수 intent를 통하여 방송에 대한 자세한 내용이 전달된다. intent의 액션에 방송의 종류가 들어 있고 intent의 필드에 추가 정보가 저장되어 있다.

방송 수신자의 등록 방법

방송 수신자를 안드로이드 시스템에 등록하는 데는 다음과 같은 2가지 방법이 있다.

① 매니페스트 파일에서 선언한다. 최신 버전에서는 동작하지 않는다. 배터리 소모가 많기 때문이다.

```
<receiver android:name=".MyBroadcastReceiver"  android:exported="true">
    <intent-filter>
        <action android:name="android.intent.action.BOOT_COMPLETED"/>
        <action android:name="android.intent.action.INPUT_METHOD_CHANGED" />
    </intent-filter>
</receiver>
```

② 자바 코드에서 동적으로 등록한다. 최신 버전에서는 이 방법을 사용하여야 한다. 예제로 살펴보자.

```
BroadcastReceiver br = new MyBroadcastReceiver();
IntentFilter filter = new IntentFilter(ConnectivityManager.CONNECTIVITY_ACTION);
filter.addAction(Intent.ACTION_AIRPLANE_MODE_CHANGED);
this.registerReceiver(br, filter);
```

시스템 방송의 변경 사항

앱은 자신만의 방송을 정의하여 사용할 수 있다. 예를 들어 새로운 데이터가 다운로드되었다고 방송할 수 있다. 하지만 여기서는 시스템이 보내는 방송만을 설명한다. 안드로이드 최근 버전에서는 방송 수신자 때문에 상당한 성능 저하가 있음을 발견하고 방송 수신자 사용을 아주 제약하고 있다. 따라서 예전에 실행되었던 방송 수신자들이 최신 버전에서는 올바르게 실행되지 않는다. 예를 들어서 Android 7.0 이상에서는 더 이상 다음과 같은 방송을 보내지 않다.

- ACTION_NEW_PICTURE
- ACTION_NEW_VIDEO

Android 8.0(API 레벨 26)부터 대부분의 암시적 방송 수신자(수신 앱을 구체적으로 타겟팅하지 않는 방송)의 경우, 매니페스트 파일에 선언하여도 동작하지 않는다. 방송 수신자는 반드시 registerReceiver()를 사용하여 코드에서 등록하여야 한다.

중요한 방송 중의 하나인 `ACTION_POWER_CONNECTED`를 수신할 수 있는 앱을 작성해보자.
`ACTION_POWER_CONNECTED`는 충전기가 연결되면 보내진다.

(1) PowerConnected 프로젝트를 생성한다.
(2) MainActivity 안에서 익명 클래스 기법을 사용하여 BroadcastReceiver를 상속받은 무명
클래스를 작성한다. 익명 클래스 안에서 onReceive() 메소드를 재정의하여서 메시지를 토
스트 형식으로 화면에 출력하도록 한다.

MainActivity.java

```java
package kr.co.company.powerconnected;

// 소스만 입력하고 Alt+Enter를 눌러서 import 문장을 자동으로 생성한다.

public class MainActivity extends AppCompatActivity {

    private BroadcastReceiver chargerReceiver;

    @Override
    protected void onCreate(Bundle savedInstanceState) {
        super.onCreate(savedInstanceState);
        setContentView(R.layout.activity_main);
                                                    // 방송 수신자 객체를 생성한다.
        chargerReceiver = new BroadcastReceiver() {
            @Override
            public void onReceive(Context context, Intent intent) {
                Toast.makeText(getApplicationContext(), "전원이 연결되었습니다.", Toast.
LENGTH_SHORT).show();
            }
        };                      // 방송 수신자를 등록한다.
        registerReceiver(
                chargerReceiver,
                new IntentFilter(Intent.ACTION_POWER_CONNECTED)
        );
    }

    @Override
    protected void onDestroy() {
        super.onDestroy();       // 방송 수신자 등록을 해제한다.
        unregisterReceiver(chargerReceiver);
    }
```

```
    }
```

(3) 매니페스트 파일은 수정하지 않는다.

실행
결과

(4) 안드로이드 에뮬레이터의 설정 아이콘을 클릭한다.

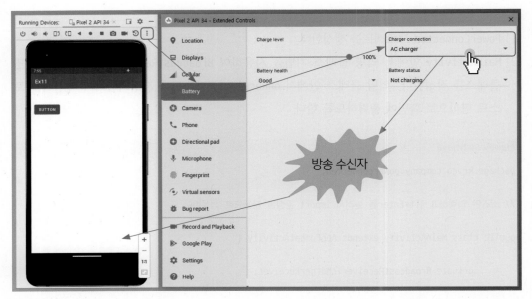

문자 메시지 수신

(1) 문자 메시지를 수신하는 `ReceiveSMS` 프로젝트를 생성한다. 방송 수신자는 최신 버전에서
는 액티비티 안에서 동적으로 생성하여서 사용하여야 한다. 방송 수신자 객체를 생성하고
`registerReceiver()`를 이용하여서 등록하여야 한다. 액티비티의 `onResume()` 메소드에서
생성하고 `onPause()`에서 등록을 해제하면 액티비티가 화면에 보이는 동안에만 방송을 수신
할 수 있다. 이렇게 하면 시스템의 오버헤드를 줄일 수 있다. 여기서는 문자 메시지를 수신
하는 앱을 작성해보자. 문자를 수신하려면 앱이 시작되기 전에 사용자로부터 허락을 맡아야
한다. 이것도 알아보자.

(2) `MainActivity` 안에서 방송 수신자를 무명 클래스로 작성한다.

MainActivity.java

코드
작성

```java
package kr.co.company.dynamicbr;
// 소스만 입력하고 Alt+Enter를 눌러서 import 문장을 자동으로 생성한다.

public class MainActivity extends AppCompatActivity {
    private int MY_PERMISSIONS_REQUEST_SMS_RECEIVE = 10;

    BroadcastReceiver receiver = new BroadcastReceiver() {
        @Override
        public void onReceive(Context context, Intent intent) {
            if (intent.getAction().equals(Telephony.Sms.Intents.SMS_RECEIVED_ACTION)) {
                String smsSender = "";
                String smsBody = "";
                for (SmsMessage smsMessage :
Telephony.Sms.Intents.getMessagesFromIntent(intent)) {
                    smsBody += smsMessage.getMessageBody();
                }
                Toast.makeText(getApplicationContext(), smsBody,
Toast.LENGTH_SHORT).show();
            }
        }
    };
```

> 방송 수신자 객체를 생성한다.

```java
    @Override
    public void onCreate(Bundle savedInstanceState) {

        super.onCreate(savedInstanceState);
        setContentView(R.layout.activity_main);
        ActivityCompat.requestPermissions(this,
                new String[]{Manifest.permission.RECEIVE_SMS},
                MY_PERMISSIONS_REQUEST_SMS_RECEIVE);
    }
    public void onResume() {
        super.onResume();
        IntentFilter filter = new IntentFilter();
        filter.addAction("android.provider.Telephony.SMS_RECEIVED");
        registerReceiver(receiver, filter);
    }
    public void onPause() {
        super.onPause();
        unregisterReceiver(receiver);
    }
}
```

> 사용자로부터 문자를 수신할 수 있는 권한을 동적으로 요청한다.

(3) 매니페스트 파일 수정: 문자 메시지를 수신할 수 있는 권한을 요청한다. 하지만 이것만으로

는 충분하지 않으며, 앞의 코드와 같이 앱이 시작되기 전에 다시 허락을 맡는 것이 필요하다. 방송 수신자는 여기서 등록하지 않아도 된다.

매니페스트 파일 수정

AndroidManifest.xml

```xml
<?xml version="1.0" encoding="utf-8"?>
<manifest xmlns:android="http://schemas.android.com/apk/res/android"
    ...
    <uses-permission android:name="android.permission.READ_SMS" />
    <uses-permission android:name="android.permission.INTERNET" />
    <uses-permission android:name="android.permission.RECEIVE_SMS" />

    ...
</manifest>
```

← 권한 요청

실행 결과

(4) 에뮬레이터의 설정 버튼을 눌러서 에뮬레이터 제어판이 나오게 한다. [Phone] 탭에서 [SEND MESSAGE]를 눌러서 문자를 보낸다. 화면에 토스트 메시지가 나타나는지를 확인한다.

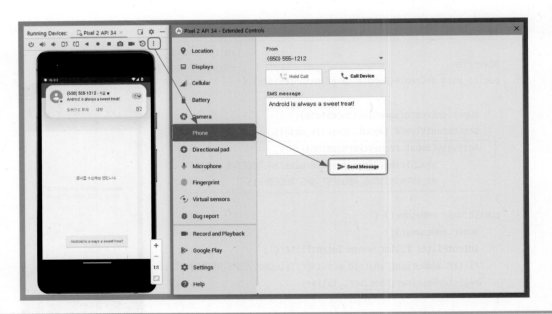

중요한 방송

방송에 사용되는 액션에는 어떤 것들이 있을까? 안드로이드 홈페이지의 인텐트 클래스 설명에 자세하게 나와 있다. 액션의 설명에 'Broadcast Action'이 붙어 있으면 방송에 사용되는 액션이다.

Constants		
String	ACTION_AIRPLANE_MODE_CHANGED	Broadcast Action: The user has switched the phone into or out of Airplane Mode.
String	ACTION_ALL_APPS	Activity Action: List all available applications Input: Nothing.
String	ACTION_ANSWER	Activity Action: Handle an incoming phone call.
String	ACTION_ATTACH_DATA	Used to indicate that some piece of data should be attached to some other place.
String	ACTION_BATTERY_CHANGED	Broadcast Action: This is a *sticky broadcast* containing the charging state, level, and other information about the battery.

방송에 관련된 액션이라는 의미이다.

이 중에서 중요한 것들만을 고르면 다음과 같다.

액션	설명
ACTION_TIME_TICK	1분마다 보내진다.
ACTION_TIME_CHANGED	현재 시각 설정
ACTION_TIMEZONE_CHANGED	시간대 변경
ACTION_BOOT_COMPLETED	부트 완료
ACTION_PACKAGE_ADDED	패키지 추가
ACTION_PACKAGE_CHANGED	패키지 변경
ACTION_PACKAGE_REMOVED	패키지 삭제
ACTION_MEDIA_MOUNTED	외부 저장장치 마운트 완료
ACTION_MEDIA_REMOVED	외부 저장장치 제거
ACTION_BATTERY_CHANGED	배터리 상태 변경
ACTION_BATTERY_LOW	배터리 저충전
ACTION_POWER_CONNECTED	전원 연결
ACTION_POWER_DISCONNECTED	전원 연결 해제
ACTION_SHUTDOWN	파워 오프

컨텐츠 제공자

컨텐츠 제공자(content provider)는 다른 애플리케이션에 데이터를 공급하는 역할을 하는 컴포넌트이다. 데이터 공급을 추상화하여서 데이터 계층과 애플리케이션 계층을 분리하는 역할을 한다. 데이터 공급을 컨텐츠 제공자가 담당한다면 애플리케이션은 데이터가 어디서 제공되는지에 상관없이 동일한 방식으로 처리할 수 있다.

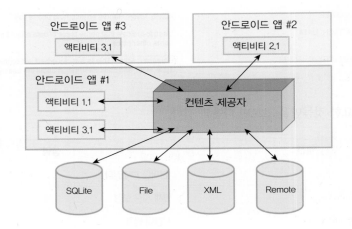

안드로이드에서 애플리케이션 간에 데이터를 공유하는 가장 바람직한 수단이 바로 컨텐츠 제공자이다. 컨텐츠 제공자는 데이터를 캡슐화하고, 데이터 보안을 정의하는 데 필요한 메커니즘을 제공한다. 컨텐츠 제공자를 구현하면 많은 장점을 누릴 수 있다. 가장 중요한 장점으로는 컨텐츠 제공자를 구성하여 다른 애플리케이션이 앱 데이터에 안전하게 액세스하여 이를 수정할 수 있도록 허용할 수 있다는 점이다.

애플리케이션이 데이터를 공유할 필요가 없다면 단순히 데이터베이스를 이용하여서 자신의 데이터만 저장하고 검색하여서 사용하면 된다. 하지만 데이터를 다른 애플리케이션과 공유하겠다고 생각해보면 컨텐츠 제공자를 사용하여야 한다. 어떤 데이터가 공유할만한 가치가 있을까? 좋은 예제가 주소록(Contacts) 정보이다. 카카오톡도 바로 이 주소록 정보를 이용하여서 친구를 식별한다. 또 칼렌다(일정) 정보나 이미지, 음악, 동영상도 공유할 필요가 있는 정보이다.

애플리케이션이 많이 사용하는 공유 데이터에 대해서는 이미 컨텐츠 제공자가 구현되어 있다. 즉 안드로이드 장치 안에 존재하는 전화 기록, 주소록, 오디오, 비디오와 같은 공유 데이터에 대해서는 android.provider 패키지에 이들 컨텐츠를 제공하는 컨텐츠 제공자가 나열되어 있다. 사용자는 이들 컨텐츠 제공자가 가지고 있는 데이터를 요청하여 사용할 수 있다. 물론 애플리케이션이 이들 데이터를 읽을 수 있는 권한을 가지고 있어야 할 것이다. 중요한 것만을 나열하면 다음과 같다.

컨텐츠 제공자	설명
Browser	북마크, 웹 검색 기록 등을 제공한다.
CallLog	부재중 전화, 착신 기록, 발신 기록 등을 제공한다.
ContactsContract	주소록 기록을 제공한다.
MediaStore	오디오, 비디오, 이미지 등의 멀티미디어 데이터를 제공한다.
Calendar	일정, 이벤트, 참석자 등의 데이터를 제공한다.
Setting	장치의 환경 설정 데이터를 제공한다.
UserDictionary	자동 입력에 사용되는 사용자가 정의한 사전을 제공한다.

이번 절에서는 안드로이드가 기본적으로 제공하는 컨텐츠 제공자를 사용하는 것만 다룬다. 최근에 컨텐츠 제공자를 사용하는 빈도가 증가하였다. 최근 버전에서는 이미지나 비디오를 비롯한 모든 미디어 파일들이 컨텐츠 제공자를 통해서만 추가하고 사용 가능하게끔 변경되고 있기 때문이다.

컨텐츠 제공자의 개요

컨텐츠 제공자는 관계 데이터베이스의 테이블 형태로 데이터를 외부 애플리케이션에 제공한다. 테이블의 행(row)은 데이터베이스에서 하나의 레코드이고 테이블의 컬럼(column)은 필드이다.

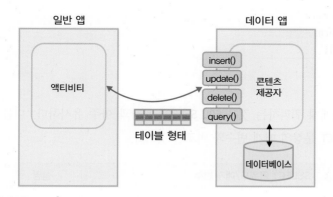

컨텐츠 제공자 접근

애플리케이션이 어떻게 원하는 컨텐츠 제공자를 찾을 수 있을까? 이것을 도와주는 객체가 바로 애플리케이션의 Context에 있는 ContentResolver 객체이다. ContentResolver는 컨텍스트의 getContentResolver()를 호출하여서 얻을 수 있다. ContentResolver 객체의 메소드는

CRUD(Create, Retrieve, Update, Delete) 기능을 제공한다. 즉 데이터를 생성, 검색, 업데이트, 삭제할 수 있다. ContentResolver 객체와 ContentProvider 객체는 서로 다른 애플리케이션에서 실행되기 때문에 프로세스 간 통신으로 데이터를 주고받는다.

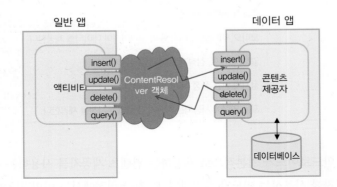

쿼리 작성하기

예를 들어서 사용자 사전(사용자가 자주 사용하는 단어들을 모아 놓은 사전)에서 단어들의 리스트와 지역을 얻으려면 컨텐츠 제공자의 query()를 호출하면 된다. 예를 들어서 사용자 사전에서 단어들의 리스트를 얻는 코드는 다음과 같다.

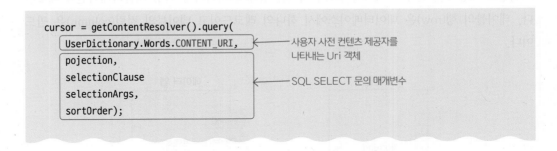

```
cursor = getContentResolver().query(
    UserDictionary.Words.CONTENT_URI,        ← 사용자 사전 컨텐츠 제공자를
    pojection,                                  나타내는 Uri 객체
    selectionClause
    selectionArgs,                           ← SQL SELECT 문의 매개변수
    sortOrder);
```

컨텐츠 제공자에게 쿼리하는 것은 SQL SELECT 문장과 아주 유사하다. 다음 표는 query()의 인수를 SQL SELECT 문장의 매개 변수와 비교한 것이다.

query() 인수	SELECT 키워드/매개 변수	설명
Uri	FROM table_name	Uri는 컨텐츠 제공자의 테이블 이름에 해당된다.
projection	col, col, col,...	projection은 반환되는 레코드에 포함되는 필드의 이름이다.
selection	WHERE col = value	행을 선택하는 조건이다.
sortOrder	ORDER BY col,col,...	레코드 집합에서 행이 나타나는 순서를 지정한다.

필요한 매개 변수만을 표시하고 나머지는 null로 주면 된다. 예를 들어서 query()의 매개 변수 projection은 반환되어야 할 필드의 이름이다. 만약 null이 주어지면 레코드의 모든 필드를 반환한다. 만약 구체적인 필드 이름이 나열되었으면 그 필드만을 반환된다. 필드 이름은 컨텐츠 제공자 안에 상수로 정의되어 있다. query()의 매개 변수 selection은 필터로서 SQL의 WHERE에 해당한다. null이 주어지면 모든 레코드를 반환한다. query()의 매개 변수 sortOrder는 반환되는 레코드들의 정렬 순서를 나타낸다.

컨텐츠 URI

컨텐츠 URI(content URI)는 컨텐츠 제공자 안의 데이터를 식별하는 URI이다. URI(Uniform Resource Identifier)는 문자열을 이용하여서 텍스트나, 비디오, 사운드 클립, 정지 화상, 동영상, 프로그램과 같은 컨텐츠들을 식별하는 규격이다. 다음의 문장은 컨텐츠 제공자 bookprovider가 제공하는 테이블 중에서 하나의 행을 지정하는 컨텐츠 URI이다.

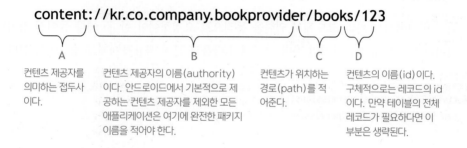

컨텐츠 제공자에게 데이터를 요청하려면 위의 URI 문자열을 Uri 객체로 변환하여야 한다. 다음과 같은 문장을 사용하여서 URI 문자열을 Uri 객체로 변환한다.

```
Uri    uri = Uri.parse ("content://kr.co.company.bookprovider/books" );
```

만약 컨텐츠 제공자를 정의하는 측에서 이 객체를 제공하여 준다면 편리할 것이다. 안드로이드에 내장되어 있는 컨텐츠 제공자들은 Uri 객체를 상수로 제공하고 있다. 예를 들어서 사용자 사전을 제공하는 컨텐츠 제공자는 다음과 같은 상수로 Uri 객체를 제공한다.

```
UserDictionary.Words.CONTENT_URI
```

대다수의 컨텐츠 제공자에서는 URI의 맨 끝에 _ID 값을 추가하면 테이블 내 하나의 행에 액세스할 수 있다. 예를 들어서 사용자 사전에서 _ID가 3인 행을 추출하려면 다음과 같은 문장을 작성할 수 있다.

```
Uri singleUri = ContentUris.withAppendedId(UserDictionary.Words.CONTENT_URI, 3);
```

컨텐츠 제공자로부터 데이터 읽기

컨텐츠 제공자로부터 데이터를 검색하기 위해서는 다음과 같은 절차가 필요하다.

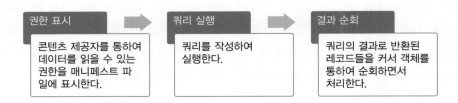

① 최근 버전에서는 자바 코드에서 권한을 동적으로 요청하여야 한다. 예를 들어서 장치의 사진이나 동영상에 접근하려면 자바 코드에서 다음과 같이 사용자에게 요청하여야 한다.

```
ActivityCompat.requestPermissions(this,
    new String[]{Manifest.permission.WRITE_EXTERNAL_STORAGE}, 1);
```

② 다음 단계는 쿼리를 작성하는 것이다. 예를 들면 다음과 같이 사용자 사전에서 데이터를 읽기 위하여 다음과 같은 변수를 정의한다.

```
String[] projection =
{
    UserDictionary.Words._ID,     //
    UserDictionary.Words.WORD,    //
    UserDictionary.Words.LOCALE   //
};

String selectionClause = null;
String[] selectionArgs = {""};
String sortOrder = null;
// 쿼리는 Cursor 객체를 반환한다.
cursor = getContentResolver().query(
    UserDictionary.Words.CONTENT_URI,
    projection,
```

```
        selectionClause
        selectionArgs,
        sortOrder);
```

위의 쿼리는 다음과 같은 SQL 문장과 유사하다.

```
SELECT _ID, word, locale FROM words
```

③ ContentResolver.query()를 이용하여 추출된 데이터는 커서(Cursor) 객체를 통하여 반환되며, 커서 객체를 이용하여서 레코드를 순회하면서 데이터를 읽을 수 있다. 일반적으로 다음과 같은 구조를 가진다.

```
int index =cursor.getColumnIndex(UserDictionary.Words.WORD);
```
← 컬럼 이름이 "word"인 컬럼의 인덱스를 얻는다.

```
while(cursor.moveToNext()) {
        newWord = cursor.getString(index);
        ...
}
```
← 커서에서 다음 행으로 이동한다. 행 포인터의 초기값은 -1이다. 따라서 첫 번째 행을 얻으려면 moveToNext()를 실행하여야 한다.

여기서 추출된 단어를 가지고 작업을 한다.

컬럼 인덱스를 가지고 컬럼의 값을 구한다.

커서 객체를 통하여 데이터를 읽는 방법은 데이터베이스에서와 **100%** 동일하다. 레코드의 특정한 필드에서 데이터를 읽으려면 먼저 필드의 자료형을 알아야 한다. 왜냐하면 자료형에 따라서 커서 객체의 메소드들이 달라지기 때문이다. 예를 들어서 문자열 형태로 읽으려면 getString()을 사용하고 정수 형태로 읽으려면 getInt()를 호출해야 한다. 만약 어떤 필드를 getString()으로 읽으면 커서 객체는 필드값을 문자열로 변환하여서 반환한다. 커서 객체는 컬럼의 인덱스값을 받아서 컬럼의 이름을 반환해주거나 그 반대의 기능도 한다.

컨텐츠 제공자를 통하여 새로운 데이터 쓰기

컨텐츠 제공자로부터 데이터를 검색하는 것과 동일한 방식으로 데이터를 추가할 때도 컨텐츠 제공자와 클라이언트 간 상호작용을 사용하여야 한다. 예를 들어서 사용자 사전에 새로운 단어를 등록하려면 다음과 같이 하여야 한다.

```
Uri newUri;        // 추가 연산의 결과를 받는 Uri 객체
...
ContentValues newValues = new ContentValues();    // 새로운 값을 저장하는 객체

newValues.put(UserDictionary.Words.APP_ID, "example.user");   // 각 열을 저장한다.
newValues.put(UserDictionary.Words.LOCALE, "en_US");
newValues.put(UserDictionary.Words.WORD, "insert");
newValues.put(UserDictionary.Words.FREQUENCY, "100");


newUri = getContentResolver().insert(
    UserDictionary.Words.CONTENT_URI,    // 사용자 사전의 URI
    newValues                            // 추가할 값
);
```

새로운 데이터는 ContentValues 객체에 저장된다. _ID 열은 자동으로 유지 관리되므로 코드에서는 이 열을 추가하지 않는다. 컨텐츠 제공자는 추가된 모든 열마다 고유한 _ID 값을 할당한다. 보통 이 값을 테이블의 기본 키로 사용한다.

MediaStore 사용하여 파일 열기

미디어 파일 읽기

Android 10부터 "제한된 저장소(Scoped Storage)" 개념이 적용되기 시작하였다. 예전에는 미디어 파일(이미지, 동영상, 오디오 파일들)들을 사용자가 직접 외부 저장소(SDCard)에 저장할 수 있었지만, 이제는 MediaStore를 통해 읽거나 쓰도록 권장하고 있다. 이번 절에서는 Media Provider와 MediaStore에 대해서 알아보자.

Media Provider는 장치에 저장된 이미지, 동영상, 오디오 파일의 정보를 제공하는 컨텐츠 제공자이다. 이 컨텐츠 제공자를 통하여 우리가 원하는 종류의 미디어를 쿼리하고 가져올 수 있다. 이 컨텐츠 제공자는 미디어 파일 이름, 저장 시간, 저장된 위치 등을 알 수 있다. MediaStore 클래스는 Media Provider가 제공하는 파일들을 접근할 수 있도록 도와주는 라이브러리이다.

MediaStore에서 파일을 읽으려면 다음과 같은 권한을 매니페스트 파일에 표시하여야 한다.

```
<uses-permission android:name="android.permission.WRITE_EXTERNAL_STORAGE" />
```

그리고 다음과 같이 자바 코드에서도 동적으로 권한을 요청해야 한다.

```
ActivityCompat.requestPermissions(this,
  new String[]{Manifest.permission.WRITE_EXTERNAL_STORAGE}, 1);
```

미디어의 타입에 따라서 URI는 달라진다. 아래의 표를 참고한다.

미디어 타입	URI 이름
이미지	MediaStore.Images.Media.EXTERNAL_CONTENT_URI
비디오	MediaStore.Video.Media.EXTERNAL_CONTENT_URI
오디오	MediaStore.Audio.Media.EXTERNAL_CONTENT_URI

실제 파일은 어떻게 읽으면 좋을까? 만약 커서 객체를 가지고 있다면 커서 객체에서 미디어 파일의 이름을 추출하여서 직접 읽어도 된다.

```
if (cursor.moveToFirst()) {
    String imageLocation = cursor.getString(1);      // 파일 이름
    File imageFile = new File(imageLocation);
    if (imageFile.exists()) {
        Bitmap bm = BitmapFactory.decodeFile(imageLocation);
        imageView.setImageBitmap(bm);
    }
}
```

 **예제** **컨텐츠 제공자로 장치의 이미지 읽기**

장치에 저장된 이미지 중에서 첫 번째 이미지만 읽어서 화면에 표시해보자.

(1) `UsingContent` 프로젝트를 생성한다.
(2) 다음과 같이 사용자 인터페이스를 작성한다.

activity_main.xml

```xml
<LinearLayout>
    <LinearLayout
        android:orientation="horizontal"
        android:layout_marginBottom="10dp">
        <Button
            android:id="@+id/previous"
            android:backgroundTint="#FF9800"
            android:onClick="displayFirstImage"
            android:text="previous"></Button>

        <Button
            android:id="@+id/next"
            android:backgroundTint="#009688"
            android:text="next"></Button>
    </LinearLayout>

    <ImageView android:id="@+id/picture"
        android:layout_width="match_parent"
        android:layout_height="match_parent"
        android:layout_marginBottom="10dp">
    </ImageView>
</LinearLayout>
```

(3) `MainActivity.java` 파일에 다음과 같은 내용을 입력한다.

MainActivity.java

```java
public class MainActivity extends AppCompatActivity {
    private Cursor cursor;
    ImageView imageView;

    @Override
    protected void onCreate(Bundle savedInstanceState) {
```

```
        super.onCreate(savedInstanceState);
        setContentView(R.layout.activity_main);
        imageView = (ImageView) findViewById(R.id.picture);
        ActivityCompat.requestPermissions(this,
            new String[]{Manifest.permission.WRITE_EXTERNAL_STORAGE}, 1);
    }


    public void displayFirstImage(View v) {
        Toast.makeText(getApplicationContext(), "displayFirstImage()", Toast.LENGTH_LONG).
show();
        try {
            String[] projection = new String[]{
                    MediaStore.Images.ImageColumns._ID,
                    MediaStore.Images.ImageColumns.DATA
            };
            cursor = getContentResolver().query(MediaStore.Images.Media.EXTERNAL_CONTENT_URI,
projection,null, null, null);


            int size = cursor.getCount();
            if (size == 0) {
                Toast.makeText(getApplicationContext(), "장치에 이미지가 없음!", Toast.LENGTH_
LONG).show();
            } else {
                if (cursor.moveToFirst()) {
                    String imageLocation = cursor.getString(1);
                    Toast.makeText(getApplicationContext(), imageLocation, Toast.LENGTH_LONG).
show();

                    File imageFile = new File(imageLocation);
                    if (imageFile.exists()) {
                        Bitmap bm = BitmapFactory.decodeFile(imageLocation);
                        imageView.setImageBitmap(bm);
                    }
                }
            }
        } catch (Exception e) {
            e.printStackTrace();
        }
    }
}
```

권한 요청

컨텐츠 제공자 쿼리 실행

쿼리 결과 처리

이미지 파일을 찾아 읽어서
화면에 표시한다.

(4) 매니페스트 파일에 필요한 권한을 적어준다.

매니페스트 파일 수정

AndroidManifest.xml

```xml
<?xml version="1.0" encoding="utf-8"?>
<manifest xmlns:android="http://schemas.android.com/apk/res/android"
...
    <uses-permission android:name="android.permission.WRITE_EXTERNAL_STORAGE" />
...
</manifest>
```

실행 결과

(5) 이 앱을 실행하기 전에 에뮬레이터의 카메라로 몇 장의 사진을 찍는다. "Previous" 버튼을 눌러본다. "Next" 버튼은 아직 구현되지 않았다.

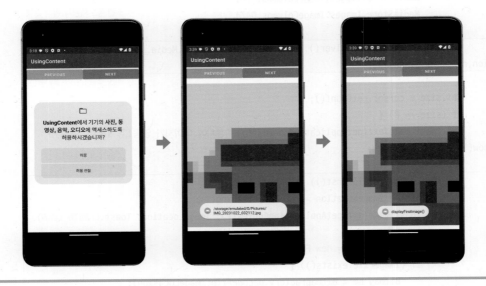

Coding Challenge

 ## 장치의 모든 동영상 제목 표시

장치에 저장된 동영상을 모두 찾아서 리스트 뷰에 표시하는 앱을 작성해보자. 이 앱을 실행하기 전에 에뮬레이터의 카메라 앱을 이용하여 몇 개의 동영상을 촬영해 놓아야 한다.

컨텐츠 제공자를 이용하여 비디오의 제목을 얻어서 리스트 뷰에 표시하는 핵심적인 코드는 다음과 같다.

```
Uri uri = MediaStore.Video.Media.EXTERNAL_CONTENT_URI;
Cursor cursor = resolver.query(uri, null, null, null, null);

if (cursor != null && cursor.moveToFirst()) {
    do {
        int index = cursor.getColumnIndexOrThrow(MediaStore.Video.Media.DISPLAY_NAME);
        list.add(cursor.getString(index));
    } while (cursor.moveToNext());

    ArrayAdapter<String> adapter = new ArrayAdapter<>(this, android.R.layout.
        simple_list_item_1, android.R.id.text1, list);
    listview.setAdapter(adapter);
```

장치의 모든 이미지 표시

앞의 Lab에서는 장치에 저장된 이미지 중에서 첫 번째 이미지만 읽어서 화면에 표시해보았다. 장치에 있는 모든 이미지를 표시할 수 있도록 앱을 확장해보자.

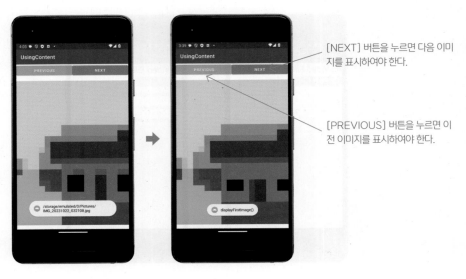

[NEXT] 버튼을 누르면 다음 이미지를 표시하여야 한다.

[PREVIOUS] 버튼을 누르면 이전 이미지를 표시하여야 한다.

항상 권한을 동적으로 요청하는 코드를 잊지 말자.

```
ActivityCompat.requestPermissions(this,
    new String[]{Manifest.permission.WRITE_EXTERNAL_STORAGE}, 1);
```

연습문제

01 _____는 네트워크 트랜잭션이나 음악 재생, 파일 입출력, 컨텐츠 제공자와의 통신을 위하여 주로 사용된다.

① 액티비티　　　　　　　　　　　② 서비스

③ 방송 수신자　　　　　　　　　　④ 컨텐츠 제공자

02 서비스 컴포넌트를 시작하는 메소드는 무엇인가?

① startActivity()　　　　　　　② startService()

③ startIntent()　　　　　　　　④ startComponent()

03 안드로이드에서 이벤트를 수신하기 위하여 추가하는 컴포넌트는 무엇인가?

① 액티비티　　　　　　　　　　　② 서비스

③ 방송 수신자　　　　　　　　　　④ 컨텐츠 제공자

04 _____는 다른 애플리케이션에 데이터를 공급하는 역할을 하는 컴포넌트이다.

① 액티비티　　　　　　　　　　　② 서비스

③ 방송 수신자　　　　　　　　　　④ 컨텐츠 제공자

05 MediaStore를 통하여 외부 저장소에 저장된 이미지를 가져오고 싶다. 어떤 URI를 사용해야 하는가?

① MediaStore.Images.Media.EXTERNAL_CONTENT_URI

② MediaStore.Images.Media.CONTENT_URI

③ MediaStore.Images.CONTENT_URI

④ MediaStore.Images.EXTERNAL_CONTENT_URI

06 사용자가 스마트폰을 비행기 모드로 바꾸면 방송 수신자로 이것을 감지하여 토스트 메시지로 표시하는 앱을 작성해보자. IntentFilter filter = new IntentFilter(Intent.ACTION_AIRPLANE_MODE_CHANGED);를 사용한다.

(주제: 방송 수신자, 난이도: 상)

07 컨텐츠 제공자를 이용하여서 장치 안의 모든 mp3 파일을 찾아서 리스트 뷰로 표시하는 앱을 작성해보자. mp3 파일을 에뮬레이터로 옮기려면 에뮬레이터의 "Files" 앱을 이용하여서 다운로드 디렉토리로 mp3 파일을 드래그하면 된다. 드래그가 완료되면 MediaStore가 에뮬레이터를 다시 스캔하도록 에뮬레이터를 콜드 부트하는 것이 좋다. 좀 더 자세한 사항은 12장을 참조한다.

(주제: 컨텐츠 제공자, 난이도: 상)

CHAPTER 12

파일과
데이터베이스

왜 이리 저장이 안 되는 거지?
금방 잊어먹는단 말야.

차분히 생각해봐. 안드로이드가
데이터를 저장하는 방법으로 파
일과 데이터베이스가 있는데 모
두 앱의 데이터를 영구적으로
설정하는 방법이지.

CHAPTER 12

파일과 데이터베이스

1 SECTION 데이터를 저장하는 방법

애플리케이션에서는 상황에 따라서 데이터를 저장할 필요가 발생한다. 예를 들어서 연락처 애플리케이션이라면 사용자가 입력한 주소와 전화번호를 어딘가에 저장해야 할 것이다. 안드로이드는 애플리케이션이 데이터를 저장하는 몇 가지 옵션을 제공한다. 애플리케이션의 상황에 따라서 선택은 달라질 수 있다. 즉 데이터를 애플리케이션만 사용하느냐 아니면 다른 애플리케이션도 사용하느냐에 따라서 달라지고 또 데이터 용량이 얼마나 큰가에 따라서도 선택이 달라진다. 안드로이드에서 데이터를 저장하는 방법에는 다음과 같은 것들이 있다.

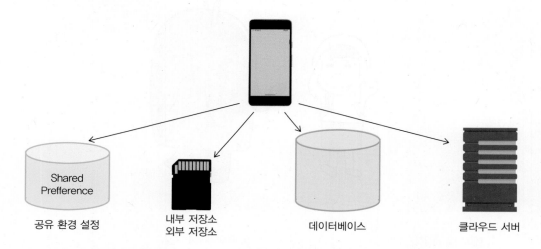

방법	설명
앱별 저장소	앱 전용으로 사용하는 데이터를 내부 저장소 내의 전용 디렉토리 또는 외부 저장소 내의 전용 디렉토리에 파일 형태로 저장한다. 다른 앱이 액세스해서는 안 되는 민감한 정보라면 내부 저장소를 사용하여야 한다.
공유 저장소	문서, 사진, 동영상처럼 다른 앱과 공유하려는 파일을 저장한다.
환경설정	사적이고 기초적인 데이터를 키-값(key-value) 쌍으로 저장한다.

데이터베이스	SQLite나 Room 라이브러리를 사용하여 데이터베이스에 저장한다.
네트워크 연결	데이터를 클라우드 서버에 저장한다.

스마트폰 내부의 저장 공간

안드로이드는 두 가지 유형의 저장 공간(내부 저장소 및 외부 저장소)을 제공한다. 대부분의 스마트폰에서 내부 저장소는 외부 저장소보다 작다. 하지만 내부 저장소는 모든 장치에서 존재하고, 항상 사용할 수 있으므로 더 안정적으로 데이터를 보관할 수 있다. SD 카드와 같은 이동식 볼륨은 외부 저장소의 일부라고 생각할 수 있다. 안드로이드는 /sdcard와 같은 경로를 사용하여 이러한 SD 카드를 표시한다.

내부 저장소

외부 저장소

- 내부 저장소(Internal Storage): 앱 자체는 기본적으로 내부 저장소에 저장된다. 내부 저장소에는 파일을 저장하는 디렉토리와 캐시 데이터를 저장하는 디렉토리가 포함되어 있다. 안드로이드 시스템은 다른 앱에서 이러한 디렉토리에 액세스하는 것을 방지하고, Android 10(API 수준 29) 이상에서는 이러한 디렉토리가 암호화된다. 이와 같은 특성으로 인해 앱 자체에서만 액세스할 수 있는 민감한 데이터는 여기에 저장하여야 한다. 사용자가 앱을 제거하면 앱별 저장소에 저장된 파일들도 삭제된다. 따라서 사진과 같은 항목은 여기에 저장하면 안 된다. 사용자는 앱을 제거한 후에도 사진에 액세스할 수 있다고 예상하기 때문이다. 따라서 사진과 같은 파일은 공유 저장 공간을 사용하여 적절한 미디어 컬렉션에 저장해야 한다. 내부 저장소에서는 getFilesDir() 또는 getCacheDir()을 이용하여 앱별 디렉토리 정보를 얻을 수 있다.
- 외부 저장소(External Storage): 다른 앱과 공유하는 파일을 만들려면 앱에서 이러한 파일을 외부 저장소의 공유 저장 공간 부분에 저장해야 한다. 다른 앱에 적절한 권한이 있는 경우 이러한 디렉토리에 액세스할 수 있다. 하지만 여기에도 앱이 사용할 수 있는 전용 디렉토리와 캐시 데이터를 저장하는 디렉토리를 만들 수 있다. 외부 저장소에서는 getExternalFilesDir() 또는 getExternalCacheDir()을 이용하여 앱별 디렉토리 정보를 얻을 수 있다.

어디에 저장할 것인가?

- 데이터에 필요한 공간이 얼마나 되는가?: 내부 저장소에서는 앱별 데이터를 위한 공간이 제한되어 있다.
- 안정적 액세스 여부: 안정적으로 데이터를 사용하려면 데이터를 내부 저장소 또는 데이터베이스에 저장하여야 한다. 외부 저장소는 장치에서 언제든지 제거될 수 있다.
- 어떤 종류의 데이터를 저장하는가?: 앱에만 의미 있는 데이터가 있다면 앱별 저장소를 사용한다. 공유 가능한 미디어인 경우에는 다른 앱이 액세스할 수 있도록 공유 저장소를 사용한다. 구조화된 데이터의 경우 환경설정이나 또는 데이터베이스를 사용한다.
- 데이터의 공개 여부: 민감한 정보는 내부 저장소, 환경설정, 데이터베이스를 사용한다.

외부 저장소 사용 권한

안드로이드에서 외부 저장소를 사용하려면 외부 저장소에 관한 읽기 및 쓰기 액세스 권한(READ_EXTERNAL_STORAGE 및 WRITE_EXTERNAL_STORAGE)을 정의하여야 한다. 이전 버전에서는 앱이 외부 저장소에 있는 공유 파일에 액세스할 때, 이러한 권한을 매니페스트 파일에 선언하면 되었다. 최신 버전에서는 자바 코드로 실행될 때, 추가로 사용자에게 권한을 승인받아야 한다.

참고 사항

파일을 저장할 수 있는 정확한 위치는 기기마다 다를 수 있다. 따라서 절대 경로는 사용하지 않는 것이 좋다.

SECTION

내부 저장소에 파일 만들기

내부 저장 공간에 저장되는 파일은 해당 애플리케이션만 접근이 가능합니다!

애플리케이션은 장치의 내부 저장소에 파일을 저장할 수 있다. 내부 저장소에 저장되는 파일은 해당 앱만 접근이 가능하다. 즉 다른 앱은 접근할 수 없다. 사용자가 앱을 제거하면 이들 파일들도 제거된다. 앱별 내부 저장소의 기본적인 저장 위치는 /data/data/패키지이름/files 폴더이다.

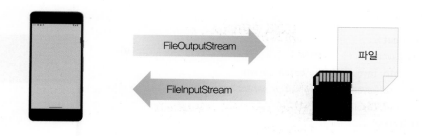

파일을 읽고 쓰는 절차

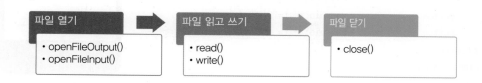

파일을 읽고 쓰려면 먼저 Context 클래스의 openFileInput()이나 openFileOutput()을 호출하여 FileInputStream이나 FileOutputStream 객체를 얻는다. 이들 객체의 read(), write()를 사용하면 데이터를 읽거나 쓸 수 있다.

예제

(1) 사용자가 에디트 뷰에 입력한 텍스트를 파일에 저장하고 버튼을 누르면 이것을 읽어오는 애플리케이션 FileTest01을 작성하여 보자.

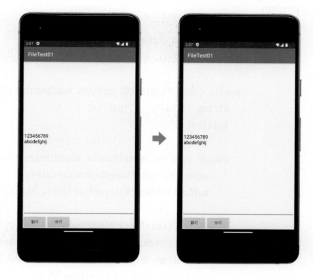

(2) 사용자 인터페이스를 다음과 같이 작성한다. 자세한 코드는 소스를 참고하라.

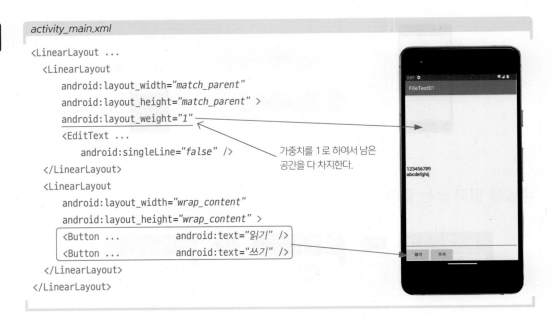

```
activity_main.xml

<LinearLayout ...
  <LinearLayout
      android:layout_width="match_parent"
      android:layout_height="match_parent" >
      android:layout_weight="1"
      <EditText ...
          android:singleLine="false" />
  </LinearLayout>
  <LinearLayout
      android:layout_width="wrap_content"
      android:layout_height="wrap_content" >
      <Button ...             android:text="읽기" />
      <Button ...             android:text="쓰기" />
  </LinearLayout>
</LinearLayout>
```

가중치를 1로 하여서 남은 공간을 다 차지한다.

화면의 위쪽에는 사용자가 텍스트를 입력할 수 있는 에디트 뷰를 배치하였으며, 아래 쪽에 "읽기" 버튼과 "쓰기" 버튼을 두었다. "읽기" 버튼을 누르면 test.txt 파일의 내용을 읽어서 에디트 뷰에 쓴다. "쓰기" 버튼을 누르면 반대로 사용자가 에디트 뷰에 입력한 내용을 test.txt 파일에 기록한다.

(3) 코드 작성

```
FileTest01.java

package kr.co.company.filetest01;
// 소스만 입력하고 Alt+Enter를 눌러서 import 문장을 자동으로 생성한다.

public class FileTest01 extends AppCompatActivity {
    String FILENAME = "test.txt";
    EditText edit;

    public void onCreate(Bundle savedInstanceState) {
        super.onCreate(savedInstanceState);
        setContentView(R.layout.activity_main);

        edit = (EditText) findViewById(R.id.EditText01);
        Button readButton = (Button) findViewById(R.id.read);
        readButton.setOnClickListener(new View.OnClickListener() {
            public void onClick(View v) {
```

```
        try {
            FileInputStream fis = openFileInput(FILENAME);
            byte[] buffer = new byte[fis.available()];
            fis.read(buffer);
            edit.setText(new String(buffer));
            fis.close();
        } catch (IOException e) {
        }
    }
});
Button writeButton = (Button) findViewById(R.id.write);
writeButton.setOnClickListener(new View.OnClickListener() {
    public void onClick(View v) {
        try {
            FileOutputStream fos = openFileOutput(FILENAME,
                    Context.MODE_PRIVATE);
            fos.write(edit.getText().toString().getBytes());
            fos.close();
        } catch (IOException e) {
        }
    }
});
    }
}
```

사용자가 "읽기" 버튼을 누르면 openFileInput() 메소드를 이용하여서 test.txt 파일을 오픈한다. 이 메소드는 파일 입력 스트림 객체를 반환하고 이 객체의 read() 메소드를 이용하여서 파일에 저장된 텍스트를 바이트 배열로 읽는다.

파일 입출력은 도중에 오류가 발생할 경우가 아주 많으므로 try/catch 블록으로 감싸주었다. 현재는 오류가 발생하면 아무것도 하지 않지만, 오류 메시지를 출력하는 편이 좋다.

먼저 에디트뷰에 텍스트를 입력하고 "쓰기" 버튼을 누르면 test.txt 파일을 openFileOutput() 메소드를 이용하여서 생성하였다. 이 메소드는 파일 출력 스트림 객체를 반환하고 이 객체의 write() 메소드를 이용하여서 에디트 뷰의 텍스트를 바이트 배열로 변환하여서 스트림에 기록한다.

(4) 실행 결과: 텍스트를 입력하고 "쓰기" 버튼을 눌러본다. 다시 앱을 시작하고 "읽기" 버튼을 눌러보자.

실행 결과

MODE_WORLD_READABLE 및 MODE_WORLD_WRITEABLE 모드는 API 레벨 17 이후로 지원이 중단되었다(보안 문제). Android N부터 이를 사용하면 SecurityException이 발생한다. 즉, Android N 이상을 대상으로 하는 앱은 전용 파일을 공유할 수 없으며, "file://" URI를 공유하려고 시도하면 FileUriExposedException이 발생한다. 앱이 전용 파일을 공유할 필요가 있는 경우 FileProvider와 FLAG_GRANT_READ_URI_PERMISSION을 함께 사용하여야 한다.

참고사항

Device File Explorer

Device File Explorer를 사용하여 안드로이드 기기에서 파일을 복사하고 삭제할 수 있다. 이 기능은 앱에서 생성된 파일을 검사할 때나 파일을 다른 장치로 송수신하려는 경우에 유용하다. 장치의 파일 시스템을 사용하려면 다음 단계를 진행한다.

① 안드로이드 스튜디오에서 [View] → [Tool Windows] → [Device File Explorer]를 클릭하여 Device File Explorer를 연다.

② 드롭다운 목록에서 장치를 선택한다.

③ 파일 탐색기 창에서 기기 컨텐츠와 상호작용한다. 디렉토리를 마우스 오른쪽 버튼으로 클릭하여 그 위치에 새 파일을 만들거나, 선택한 파일이나 디렉토리를 컴퓨터에 저장하거나, 업로드, 삭제 또는 동기화할 수 있다. 파일을 더블클릭하면 안드로이드 스튜디오에서 열수 있다. 안드로이드 스튜디오에서는 이렇게 연 파일을 프로젝트 외부의 임시 디렉토리에 저장할 수 있다. Device File Explorer를 사용하여 연 파일을 수정하고 변경사항을 기기에 다시 저장하려면 수정된 버전의 파일을 기기에 수동으로 업로드해야 한다.

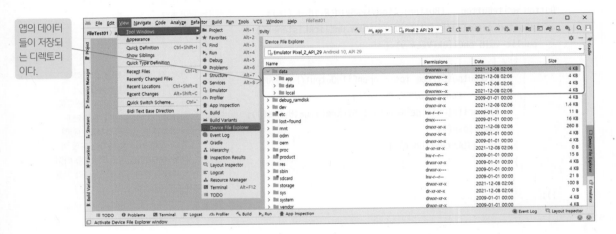

앱의 데이터들이 저장되는 디렉토리이다.

특히 위의 디렉토리 중에서 중요한 디렉토리는 다음과 같다.

- data/data/app_name/: 내부 저장소에 저장된 앱의 데이터 파일이 들어 있다.
- sdcard/: 외부 저장소에 저장된 앱의 사용자 파일(사진 등)이 들어 있다.

우리가 앞의 예제에서 생성한 test.txt 파일은 어디에 만들어졌을까? /data/data/kr.co.company.filetest01/files/에 만들어진 것을 확인할 수 있다.

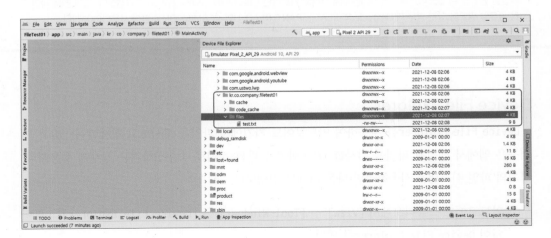

　　이들 파일을 PC로 가져오려면 파일을 선택한 후에 마우스 오른쪽 버튼을 클릭하여 [Save As]를 선택하고 PC의 폴더를 지정한다. 가져온 파일이 텍스트 파일이므로 메모장을 사용하여 PC에서 읽을 수 있다.

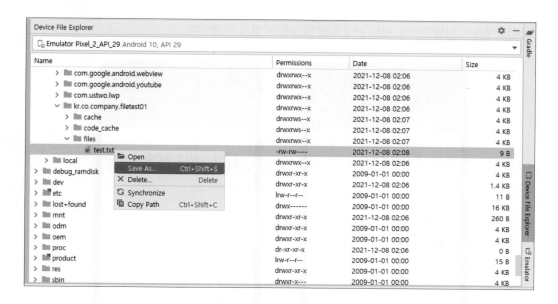

유용한 메소드들

메소드	설명
getFilesDir()	내부 파일들이 저장되는, 파일 시스템 디렉토리의 절대 경로를 반환한다.
getDir()	내부 저장소의 디렉토리를 생성하거나 오픈한다.
deleteFile()	내부 저장소에 저장된 파일을 삭제한다.
fileList()	애플리케이션이 현재 저장한 파일 리스트를 반환한다.

　　이들 메소드를 사용하면 내부 저장소 앱별 폴더에서 파일을 생성하거나 삭제할 수 있다.

만약 컴파일 시간에 정적 파일을 저장하려면 프로젝트의 res/raw/에 저장하면 된다. 이 파일을 읽으려면 openRawResource()를 호출한다. 인수로는 R.raw.<filename> 리소스 ID를 주면 된다. 이 메소드는 InputStream 객체를 반환하고 이것을 이용해서 파일을 읽을 수 있다. /res/raw 폴더는 프로젝트에 포함된 폴더이므로 읽을 수만 있고 변경할 수는 없다. 변경 가능하게 하려면 파일은 내부 저장소나 SD 카드에 저장하여야 한다.

참고
사항

메모 앱 만들기

다음과 같은 화면을 가지는 메모 앱을 작성해보자. 메모를 저장하는 파일 이름을 입력받는다. 메모의 내용도 입력받아서 내부 저장소에 메모를 파일로 저장한다.

사용자에게서 파일 이름을 입력받고 이 이름으로 openFileOutput(FILENAME, Context.MODE_PRIVATE);를 호출하여서 내부 저장소에 파일을 생성한다. write()와 read() 메소드를 사용하여 데이터를 쓰거나 읽을 수 있다. Device File Explorer를 이용하여 우리가 저장한 파일이 있는지 확인해보자.

외부 저장소에 사적 데이터 저장하기

SECTION 3

> 안드로이드는 외부 저장 공간을 지원해요. 누구나 읽을 수 있고 사용자에 의해 변경될 수 있어요.

일반적으로 외부 저장소는 착탈이 가능한 SD 카드이다. 우리는 외부 저장소에도 파일을 저장할 수 있다. 이 외부 저장소에 저장된 파일들은 누구나 읽을 수 있으며, 사용자에 의해서 변경될 수 있다. 한 가지 주의할 점은 외부 파일은 항상 접근 가능한 것은 아니라는 점이다. 만약 사용자가 SD 카드를 제거한다면 접근이 불가능하다.

내부 저장소과 외부 저장소의 비교

모든 안드로이드 장치는 내부 저장소와 외부 저장소를 가지고 있다. 내부 저장소는 주로 장치 안에 내장된 메모리이고 외부 저장소는 마이크로 SD 카드로서 착탈이 가능하다.

외부 저장소에도 앱별 데이터를 저장할 수 있다. 또 앱이 다른 앱과 공유해야 할 수 있는 이미지, 오디오, 비디오, 문서 등과 같은 데이터 파일도 저장이 가능하다.

내부 공간

외부 공간

외부 저장소 가용성 검사

외부 저장소에 작업하기 전에 먼저 getExternalStorageState()를 호출하여서 외부 미디어가 있는지를 체크하여야 한다. 외부 미디어는 장착되어 있을 수도 있고 없을 수도 있고 읽기 전용일 수도 있다. 미디어의 사용 여부를 체크하는 코드는 다음과 같다.

전체
구조

```
String state = Environment.getExternalStorageState();
if(state.equals(Environment.MEDIA_MOUNTED)) {
   // 미디어에 쓰고 읽을 수 있다.
} else if(state.equals(Environment.MEDIA_MOUNTED_READ_ONLY)) {
   // 미디어를 읽을 수 있다.
} else {
   // 쓰거나 읽을 수 없다.
}
```

외부 저장소에 데이터를 저장하는 메소드

- getExternalStoragePublicDirectory(): 이것은 파일을 공개적으로 저장하기 위해 권장되는 방법이며, 이러한 파일은 시스템에서 앱을 제거해도 삭제되지 않는다. 예를 들어서 카메라가 촬영한 이미지는 카메라를 제거한 후에도 계속 사용할 수 있다.
- getExternalFilesDir(String type): 이 메소드는 앱에만 해당하는 사적 데이터를 저장하는 데 사용된다. 앱을 제거하면 데이터가 제거된다.
- getExternalStorageDirectory(): 이 방법은 예전의 방법으로 권장되지 않는다. 절대 경로를 사용하는 방법이며, API 레벨 7 이하인 이전 버전에서 외부 저장소에 액세스하는 데 사용된다.

사용자가 앱을 제거하면 사적인 디렉토리는 전부 삭제된다. 따라서 시스템의 미디어 스캐너가 이들 디렉토리의 파일을 읽을 수 없다. 따라서 MediaStore 콘텐트 제공자를 통하여 접근할 수 없다. 따라서 미디어 파일을 저장할 때 getExternalFilesDir(String type)이 반환하는 디렉토리를 사용하면 안 된다. 즉 사진이나 음악 등을 사적인 디렉토리에 저장하면 안 된다는 것이다. 이들 파일들은 모두 공용 디렉토리에 저장되어야 한다.

매니페스트 파일 설정

외부 저장소의 파일을 읽거나 쓰려면 앱이 READ_EXTERNAL_STORAGE 또는 WRITE_EXTERNAL_STORAGE 시스템 권한을 획득해야 한다. 이것이 없으면 외부 저장 공간에 파일이 기록되지 않는다. 매니페스트 파일에도 기록해야 하고, 다른 앱이 생성한 파일에 접근하려면 자바 코드로 동적으로 권한을 승인받아야 한다.

```
<manifest ...>
  <uses-permission android:name="android.permission.WRITE_EXTERNAL_STORAGE" />
  <uses-permission android:name="android.permission.READ_EXTERNAL_STORAGE" />
  ...
</manifest>
```

 **예제** 텍스트 데이터를 외부 저장소의 사적 공간에 저장

(1) FileTest02 프로젝트를 생성한다.

(2) FileTest01 프로젝트와 동일한 레이아웃 파일 activity_main.xml을 작성한다.

(3) 사용자가 에디트 텍스트에 입력한 내용을 이번에는 외부 저장 공간의 파일에 저장하여 보자.
MainActivity.java 파일을 다음과 같이 변경한다.

MainActivity.java 코드 작성

```java
package kr.co.company.filetest02;
// 소스만 입력하고 Alt+Enter를 눌러서 import 문장을 자동으로 생성한다.

public class MainActivity extends AppCompatActivity {
    String FILENAME = "test.txt";
    EditText edit;

    public void onCreate(Bundle savedInstanceState) {
        super.onCreate(savedInstanceState);
        setContentView(R.layout.activity_main);
        String state = Environment.getExternalStorageState();   // 외부 저장 공간 체크
        if(state.equals(Environment.MEDIA_MOUNTED)==false){
            Toast.makeText(this, "외부 스토리지 실패", Toast.LENGTH_SHORT).show();
        }
        edit = (EditText) findViewById(R.id.EditText01);
        Button readButton = (Button) findViewById(R.id.read);
        readButton.setOnClickListener(new View.OnClickListener() {
            public void onClick(View v) {                        // 외부 저장 공간 파일 읽기
                File file = new File(getExternalFilesDir(null), FILENAME);
                    try {
                        InputStream is;
                        is = new FileInputStream(file);
                        byte[] buffer = new byte[is.available()];
                        is.read(buffer);
                        edit.setText(new String(buffer));
                        is.close();
                    } catch (Exception e) {
                        e.printStackTrace();
                    }
            }
        });
        Button writeButton = (Button) findViewById(R.id.write);
        writeButton.setOnClickListener(new View.OnClickListener() {
            public void onClick(View v) {
```

```
        File file = new File(getExternalFilesDir(null), FILENAME);
        try {
            OutputStream os = new FileOutputStream(file);
            os.write(edit.getText().toString().getBytes());
            os.close();
        } catch (Exception e) {
            e.printStackTrace();
        }
    }
});
    }
}
```

외부 저장 공간 파일 쓰기

(4) 매니페스트 파일을 다음과 같이 변경한다.

매니페스트
파일 수정

AndroidManifest.xml

```xml
<?xml version="1.0" encoding="utf-8"?>
<manifest xmlns:android="http://schemas.android.com/apk/res/android"
    ...
    <uses-permission android:name="android.permission.WRITE_EXTERNAL_STORAGE" />
    <uses-permission android:name="android.permission.READ_EXTERNAL_STORAGE" />
    ...
</manifest>
```

실행
결과

(5) 실행 화면은 앞의 예제와 동일하다. 다만 외부 저장 공간에 파일이 생성된다. Device File Explorer로 보면 다음과 같다.

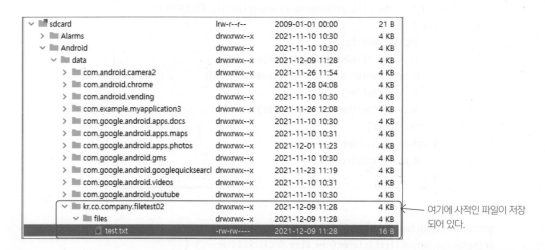

여기에 사적인 파일이 저장되어 있다.

외부 저장소에 공유 데이터 저장하기

사용자가 앱을 통하여 획득한 새로운 미디어 파일들은 원칙적으로 다른 앱들도 접근할 수 있는 공용 디렉토리에 저장되어야 한다. 공용 디렉토리에 저장해야만 사용자가 앱을 삭제하더라도 사진과 같은 사용자 데이터가 삭제되지 않는다. 사진, 음악, 오디오 파일은 이러한 표준 공개 디렉토리에 저장해야 한다. 앱은 플랫폼의 MediaStore API를 사용하여 이 컨텐츠에 액세스할 수 있다.

공용 디렉토리

공용 디렉토리는 외부 저장 공간의 루트에 위치하며, Music/, Pictures/, Ringtones/와 같은 이름을 사용한다.

- 이미지: 사진 및 스크린샷을 포함하며, DCIM/ 및 Pictures/ 디렉토리에 저장된다. 시스템은 이러한 파일을 MediaStore.Images 테이블에 추가한다.
- 동영상: DCIM/, Movies/, Pictures/ 디렉토리에 저장된다. 시스템은 이러한 파일을 MediaStore.Video 테이블에 추가한다.
- 오디오 파일: Alarms/, Audiobooks/, Music/ 디렉토리에 저장한다. 시스템은 이러한 파일을 MediaStore.Audio 테이블에 추가한다.
- 다운로드한 파일: Download/ 디렉토리에 저장된다. Android 10(API 수준 29) 이상을 실행하는 기기에서는 이러한 파일이 MediaStore.Downloads 테이블에 저장된다.

공용 데이터를 저장하는 방법

안드로이드 버전이 Q 버전 이상이면 공용 데이터를 저장할 때, 컨텐츠 제공자를 이용하여야 한다. 컨텐츠 제공자는 11장을 참조한다. 안드로이드 버전이 Q 버전 미만이면 getExternalStoragePublicDirectory()를 호출하여 공용 디렉토리를 얻은 후에 파일을 생성하면 된다. 이때 디렉토리의 종류를 DIRECTORY_MUSIC, DIRECTORY_PICTURES, DIRECTORY_RINGTONES와 같이 인수로 전달하여 호출한다. 파일을 이들 공용 디렉토리로 저장하면 시스템의 미디어 스캐너가 파일을 올바르게 분류할 수 있다.

 **예제** **이미지 데이터를 외부 공용 저장소에 저장**

카메라로 이미지를 촬영한 후에 이것을 불러와서 조금 수정하고 다시 공용 디렉토리에 이미지를 저장해보자.

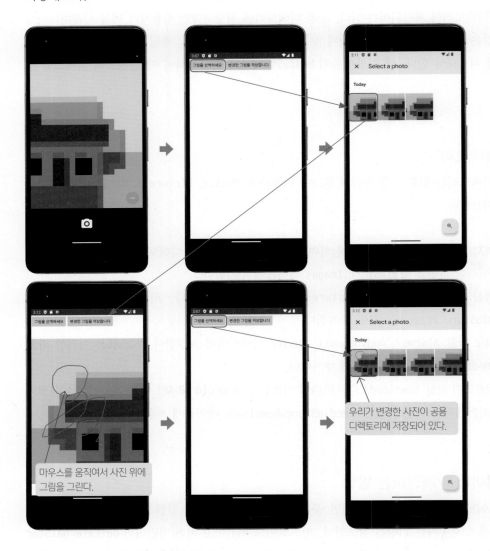

마우스를 움직여서 사진 위에 그림을 그린다.

우리가 변경한 사진이 공용 디렉토리에 저장되어 있다.

(1) `PublicImage` 프로젝트를 생성한다.

(2) 다음과 같은 레이아웃 파일 `activity_main.xml`을 작성한다.

UI

activity_main.xml

```
<LinearLayout>
    <LinearLayout
    android:orientation="horizontal">
```

```
    <Button
        android:id="@+id/choose"
        android:onClick="choose"
        android:text="그림을 선택하세요" />
    <Button
        android:id="@+id/save"
        android:onClick="save"
        android:text="변경한 그림을 저장합니다" />
    <ImageView
        android:id="@+id/imageView"
        android:layout_width="wrap_content"
        android:layout_height="wrap_content"></ImageView>
</LinearLayout>
```

(3) 사용자가 에디트 텍스트에 입력한 내용을 외부 저장 공간에 저장한다. **MainActivity.java** 파일을 다음과 같이 변경한다.

MainActivity.java

```
package kr.co.company.publicimage;
...
public class MainActivity extends Activity implements View.OnTouchListener {
    ImageView imageView;
    Bitmap orgBitmap;
    Bitmap changedBitmap;
    Canvas canvas;
    Paint paint;
    Matrix matrix;
    float x1=0, y1=0, x2=0, y2=0;

    @Override
    public void onCreate(Bundle savedInstanceState) {
        super.onCreate(savedInstanceState);
        setContentView(R.layout.activity_main);
        imageView = (ImageView) this.findViewById(R.id.imageView);
        imageView.setOnTouchListener(this);
    }
```

버튼이 눌리면 암시적인 인텐트 ACTION_PICK을 시작한다.

```
    public void choose(View v) {
        Intent choosePictureIntent = new Intent(Intent.ACTION_PICK, android.provider.MediaStore.
Images.Media.EXTERNAL_CONTENT_URI);
        startActivityForResult(choosePictureIntent, 0);
    }
```

```
public void save(View v) {
    OutputStream fos;
```

```
    if (changedBitmap == null) return;
    try {
        if (Build.VERSION.SDK_INT >= Build.VERSION_CODES.Q) {
            ContentValues contentValues = new ContentValues(3);
            contentValues.put(MediaStore.Images.Media.DISPLAY_NAME, "My Pictures");
            Uri imageFileUri = getContentResolver().insert(MediaStore.Images.Media.EXTERNAL_
CONTENT_URI, contentValues);
            fos = getContentResolver().openOutputStream(imageFileUri);
        } else {
            String imagesDir = Environment.getExternalStoragePublicDirectory(Environment.
DIRECTORY_PICTURES).toString();
            File image = new File(imagesDir, "My Picture");
            fos = new FileOutputStream(image);
        }
        changedBitmap.compress(Bitmap.CompressFormat.JPEG, 90, fos);
    } catch (Exception e) {
        Log.v("EXCEPTION", e.getMessage());
    }
}
```

저장 버튼이 눌리면 컨텐츠 제공자를 이용하여 공용 디렉토리에
변경된 이미지를 저장한다.

```
protected void onActivityResult(int requestCode, int resultCode, Intent intent) {
    super.onActivityResult(requestCode, resultCode, intent);
    if (resultCode == RESULT_OK) {
        Uri uri = intent.getData();
        try {
            BitmapFactory.Options bmpFactoryOptions = new BitmapFactory.Options();
            orgBitmap = BitmapFactory.decodeStream(getContentResolver().
openInputStream(uri), null, bmpFactoryOptions);
            changedBitmap = Bitmap.createBitmap(orgBitmap.getWidth(), orgBitmap.getHeight(),
orgBitmap.getConfig());
            canvas = new Canvas(changedBitmap);
            paint = new Paint();
            paint.setColor(Color.RED);
            paint.setStrokeWidth(10);
            matrix = new Matrix();
            canvas.drawBitmap(orgBitmap, matrix, paint);
            imageView.setImageBitmap(changedBitmap);
            imageView.setOnTouchListener(this);
        } catch (Exception e) {
            Log.v("ERROR", e.toString());
        }
    }
}
```

공용 디렉토리에서 이미지가 선
택되면 이미지를 읽어서 이미지
뷰에 표시한다. 그림을 그릴 수
있도록 캔버스 객체에 이미지를
그린다.

```
public boolean onTouch(View v, MotionEvent event) {
    int action = event.getAction();
    switch (action) {
```

터치 이벤트가 발생하면 이미지 위에
빨간색 직선을 연결하여 그린다.

```
            case MotionEvent.ACTION_DOWN:
                x1 = event.getX();
                y1 = event.getY();
                break;
            case MotionEvent.ACTION_MOVE:
                x2 = event.getX();
                y2 = event.getY();
                canvas.drawLine(x1, y1, x2, y2, paint);
                imageView.invalidate();
                x1 = x2;
                y1 = y2;
                break;
            case MotionEvent.ACTION_UP:
                x2 = event.getX();
                y2 = event.getY();
                canvas.drawLine(x1, y1, x2, y2, paint);
                imageView.invalidate();
                break;
            case MotionEvent.ACTION_CANCEL:
                break;
            default:
                break;
        }
        return true;
    }
}
```

(4) 매니페스트 파일을 다음과 같이 변경한다.

AndroidManifest.xml

```xml
<?xml version="1.0" encoding="utf-8"?>
<manifest xmlns:android="http://schemas.android.com/apk/res/android"
    ...
    <uses-permission
      android:name="android.permission.WRITE_EXTERNAL_STORAGE" />
    <uses-permission
      android:name="android.permission.READ_EXTERNAL_STORAGE" />
  ...
</manifest>
```

매니페스트
파일 수정

미디어 탐색기로부터 파일을 숨기는 방법

.nomedia란 이름의 공백 파일을 외부 파일 디렉토리에 넣어놓으면 안드로이드의 미디어 탐색기가 이 미디어 파일을 읽지 않는다. 따라서 Gallery나 Music과 같은 애플리케이션도 읽을 수 없다.

참고
사항

5 공유 프레퍼런스
SECTION

> 공유 프레퍼런스는 기초적인 자료형을 키-값 쌍으로 저장하고 복원할 수 있는 방법입니다.

공유 프레퍼런스(Shared Preferences)는 기초적인 자료형을 키-값 쌍으로 저장하고 복원할 수 있는 방법이다. SharedPreferences 클래스를 사용하여 부울형, 실수형, 정수형, 문자열과 같은 기초 자료형들을 저장할 수 있다. 저장된 데이터는 사용자 애플리케이션이 종료되더라도 저장된다.

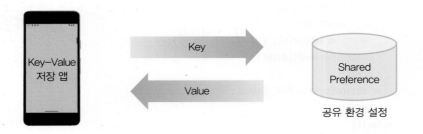

공유 환경 설정

"공유"가 붙은 이유는 여러 개의 액티비티들이 이 프레퍼런스를 공유할 수 있기 때문이다. 하나의 액티비티에서 값을 변경하면 다른 액티비티에서도 변경된 값을 읽게 된다. 즉 액티비티 간의 데이터 교환 목적으로도 사용이 가능하다. 공유 프레퍼런스를 얻기 위해서는 다음의 2가지 메소드 중에서 하나를 사용하여야 한다.

● getSharedPreferences(name, mode)

이름으로 식별되는 여러 개의 프레퍼런스 파일이 필요하면 이 메소드를 사용한다.

● getPreferences(mode)

하나의 프레퍼런스 파일만 필요하다면 이것을 사용한다. 이 파일은 액티비티마다 하나만 존재하므로 파일 이름이 필요 없다.

프레퍼런스 파일에서 값을 읽으려면 다음과 같은 메소드를 사용한다.

- getBoolean(String key, boolean defValue)
- getInt(String key, int defValue)
- getString(String key, String defValue)

프레퍼런스 파일에서 값을 쓰려면 다음과 같은 메소드를 사용한다.

- putBoolean(String key, boolean value)
- putInt(String key, int value)
- putString(String key, String value)

 **예제**

프레퍼런스에 사용자의 이름을 저장하고 애플리케이션이 다시 시작하였을 경우에 그 값을 읽는 간단한 예제 PrefTest를 작성하여 보자.

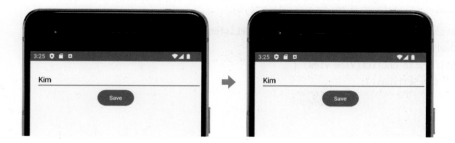

(1) 다음과 같은 사용자 인터페이스를 activity_main.xml 파일에 작성한다.

activity_main.xml

 UI

```
<androidx.constraintlayout.widget.ConstraintLayout >
    <EditText
        android:id="@+id/editText"
        android:hint="Enter your name" />

    <Button
        android:id="@+id/saveButton"
        android:text="Save" />

</androidx.constraintlayout.widget.ConstraintLayout>
```

(2) 사용자가 이전에 에디트 텍스트에 입력한 값을 저장했다가 다시 실행하는 경우에 보여 줄 수 있을까? 프레퍼런스를 이용하면 가능하다. 사용자가 입력한 값을 프레퍼런스에 저장하고 애플리케이션이 시작될 때 이 값을 다시 읽어보자.

PrefTest01.java

 코드 작성

```java
public class MainActivity extends AppCompatActivity {
    private EditText editText;
```

```java
    private Button saveButton;

    private String sharedPrefFile = "my_settings";
    private SharedPreferences sharedPreferences;

    @Override
    protected void onCreate(Bundle savedInstanceState) {
        super.onCreate(savedInstanceState);
        setContentView(R.layout.activity_main);

        editText = findViewById(R.id.editText);
        saveButton = findViewById(R.id.saveButton);

        sharedPreferences = getSharedPreferences(sharedPrefFile, Context.MODE_PRIVATE);

        saveButton.setOnClickListener(new View.OnClickListener() {
            @Override
            public void onClick(View view) {
                saveSettings();
            }
        });

        // 앱이 시작될 때 저장된 설정을 읽어옵니다.
        loadSettings();
    }
```

공유 프레퍼런스를 생성한다.

공유 프레퍼런스에 이름을 저장한다.

```java
    private void saveSettings() {
        String username = editText.getText().toString();
        SharedPreferences.Editor editor = sharedPreferences.edit();
        editor.putString("username", username);
        editor.apply();
    }
```

공유 프레퍼런스에서 이름을 읽는다.

```java
    private void loadSettings() {
        String username = sharedPreferences.getString("username", "");
        editText.setText(username);
    }
}
```

먼저 onCreate()에서는 getSharedPreferences()로 프레퍼런스 객체를 얻는다. 그리고 이어서 loadSettings()에서 getString()을 호출하여서 키가 "username"인 값을 얻는다. 키가 없으면 ""이 반환된다. 반환된 값으로 에디트 텍스트를 설정한다.

saveSettings()에서는 사용자가 에디트 텍스트에 입력한 값을 기록하기 위하여 프레퍼런스 객체에 값을 써야 하는데 이때에 에디터 객체가 필요하다. settings.edit()로 에디터 객체를 얻은 후에 putString() 메소드를 호출하여서 에디트 텍스트에서 가져온 문자열을 전달하면 된다.

(3) 앱을 실행시키고 에디트 텍스트에 "Kim"을 입력하여 본다. BACK 키를 눌러서 앱을 종료하고 에뮬레이터의 메뉴에서 찾아서 다시 실행시키면 사용자가 에디트 텍스트에 이전에 입력한 값은 없어지게 된다. 즉 에디트 텍스트에 입력된 "Kim"은 사라지게 된다.

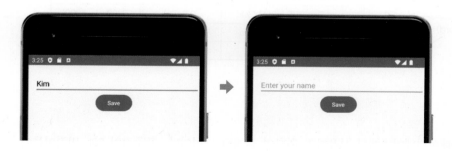

(4) 이번에는 "Kim"을 입력한 후에 "Save" 버튼을 누른 후에 앱을 종료하고 다시 실행시켜 보자. 이전에 입력한 값이 에디트 텍스트에 다시 나타나는 것을 알 수 있다.

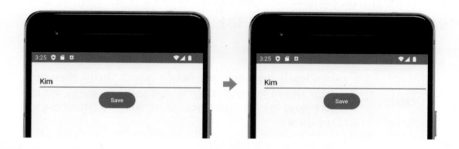

데이터베이스란?
SECTION 6

　안드로이드는 SQLite라고 하는 데이터베이스를 지원한다. SQLite는 이름에서도 알 수 있듯이 초경량급의 데이터베이스이다. 자세한 정보는 www.sqlite.org에서 얻을 수 있다. SQLite는 C언어로 작성된 효율적인 SQL 데이터베이스 엔진을 가지고 있다. SQLite는 안드로이드와 아이폰을 비롯한 많은 모바일 장치에서 사용되는 데이터베이스이다. SQLite에서는 데이터를 디스크 파일에 저장한다. 따라서 서버/클라이언트 개념을 사용하지 않는다. 이들 파일 형식은 플랫폼에 독립적이기 때문에 서로 다른 CPU나 운영체제를 가진 시스템 사이에서도 파일을 이동하거나 복사할 수 있다. SQLite는 초경량이지만 SQL을 거의 완전하게 지원하기 때문에 사용하는 방법은 기존의 데이터베이스와 비슷하다. 따라서 먼저 SQL에 대하여 아주 간단하게 살펴보자.

● 그림 12-1
데이터베이스는 행
과 컬럼을 가지는
테이블이다.

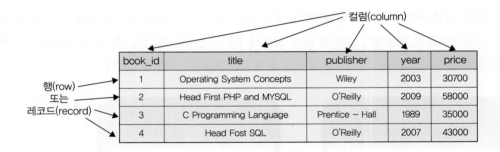

SQL이란?

SQL 관계형 데이터베이스에서 사용하기 위하여 설계된 언어이다. 표준적인 SQL 명령어들이 있으며, 이것은 모든 관계형 데이터베이스에 의하여 지원된다. SQL 명령어들은 두 가지의 카테고리로 나누어진다. 데이터 정의 명령어(Data Definition Language)들은 테이블을 생성하거나 변경한다. 데이터 조작 명령어(Data Manipulation Language)는 데이터를 추출, 추가, 삭제, 수정한다. 많이 사용되는 SQL 명령어를 요약하면 다음과 같다.

● 표 12-1
SQL 명령어

구분	명령어	설명
데이터 정의 명령어 (Data Definition Language)	CREATE	사용자가 제공하는 컬럼 이름을 가지고 테이블을 생성한다. 사용자는 컬럼의 데이터 타입도 지정해야 한다. 데이터 타입은 데이터베이스에 따라 달라진다. 이미 테이블이 만들어져 있는 경우가 많기 때문에 CREATE TABLE은 통상적으로 DML보다 적게 사용된다.
	ALTER	테이블에서 컬럼을 추가하거나 삭제한다.
	DROP	테이블의 모든 레코드를 제거하고 테이블의 정의 자체를 데이터베이스로부터 삭제하는 명령어이다.
	USE	어떤 데이터베이스를 사용하는지 지정한다.
데이터 조작 명령어 (Data Manipulation Language)	SELECT	데이터베이스로부터 데이터를 쿼리하고 출력한다. SELECT 명령어들은 결과 집합에 포함시킬 컬럼을 지정한다. SQL 명령어 중에서 가장 자주 사용된다.
	INSERT	새로운 레코드를 테이블에 추가한다. INSERT는 새롭게 생성된 테이블을 채우거나 새로운 레코드를 이미 존재하는 테이블에 추가할 때 사용된다.
	DELETE	지정된 레코드를 테이블로부터 삭제한다.
	UPDATE	테이블에서 레코드에 존재하는 값을 변경한다.

결과 집합(Result Sets)과 커서(Cursors)

쿼리의 조건을 만족하는 레코드들의 집합이 결과 집합(result set)이다. 결과 집합에서 사용자는 커서를 사용하여 한 번에 한 레코드씩 데이터에 접근할 수 있다. 커서(cursor)는 결과 집합의 레코드들을 포함하고 있는 파일에 대한 포인터라고 간주할 수 있다. 이 포인터는 현재 접근하고 있는 레코드들을 가리킨다. 커서는 사용자로 하여금 결과 집합에서 각각의 레코드들을 처리할 수 있도록 도와준다. 커서는 레코드들에 대하여 반복 처리를 할 때에 이용된다. 대부분의 DBMS 는 결과 집합이 생성될 때 커서가 자동적으로 만들어진다. 커서는 정방향이나 역방향으로 움직일 수 있다. 따라서 특정한 레코드로 이동할 수 있다.

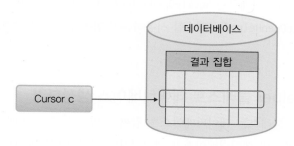

SQLite 브라우저

SQLite 브라우저를 사용하면, 테이블을 정의하고 데이터를 입력할 때 브라우저를 사용하면 편리하다. http://sqlitebrowser.org/에 가면 SQLite 브라우저를 다운로드받을 수 있다.

만약 독자가 SQL 명령어들을 잘 모른다면 인터넷에 많은 자료들이 있으니 참조하기 바란다. http://www. tutorialspoint.com/sql/sql-syntax.htm에도 상세한 자료가 있으니 참조하면 된다.

TIP

데이터베이스 사용하기

SECTION 7

데이터베이스를 사용하는 방법에는 어떤 것들이 있을까요?

SQLite는 정식 데이터베이스로서 어떤 형태의 데이터도 효율적으로 저장할 수 있다. 앱에서는 SQL 명령어를 이용하여 데이터베이스에 데이터를 저장하거나 원하는 조건의 데이터를 가져올 수 있다.

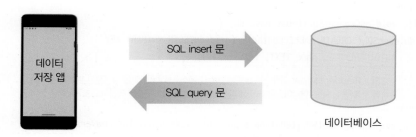

안드로이드에서 데이터베이스를 사용하려면 다음의 2가지 방법 중 하나를 선택하여야 한다.

- SQLiteOpenHelper를 사용하는 방법이다.
- openOrCreateDatabase() 메소드로 데이터베이스 객체를 직접 생성하는 방법

안드로이드 개발자 페이지에서는 **SQLiteOpenHelper** 클래스를 사용하는 방법을 권장한다. 따라서 여기서는 **SQLiteOpenHelper** 클래스를 사용하는 방법을 중심으로 살펴보자.

SQLiteOpenHelper 클래스로 데이터베이스 생성하기

SQLiteOpenHelper 클래스는 데이터베이스를 감싸고 있는 도우미 클래스이다. **SQLiteOpenHelper** 클래스를 사용하면 데이터베이스가 생성되거나 버전이 업그레이드될 때에 호출되는 콜백 메소드를 개발자가 정의하여서 적절한 처리를 할 수 있다.

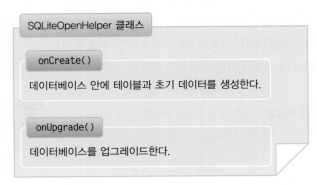

먼저 **SQLiteOpenHelper** 클래스에서 상속받은 클래스(예를 들어서 **DBHelper**)를 정의하고 이 클래스에서 onCreate()와 onUpgrade()를 재정의하면 된다. onCreate() 안에는 테이블을 생성하는 SQL 문장을 넣고 onUpgrade() 안에는 데이터베이스를 업그레이드하는 SQL 문장을 넣어주면 된다.

· SQLiteOpenHelper(Context context, String name, SQLiteDatabase. CursorFactory factory, int version)

SQLiteOpenHelper 생성자이다. 매개변수 context에는 데이터베이스를 생성하는 액티비티를 전달한다. name은 데이터베이스 파일 이름이다. factory는 커서를 지정하는 매개변수로서 null을 전달하면 표준 커서가 사용된다. version은 데이터베이스의 버전이다.

전체 구조

```
class DBHelper extends SQLiteOpenHelper {

    public dbHelper(Context context) {
        super(context, DATABASE_NAME, null, DATABASE_VERSION);
    }

    @Override
    public void onCreate(SQLiteDatabase db) {
        db.execSQL("CREATE TABLE contacts ( _id INTEGER PRIMARY KEY
            AUTOINCREMENT, name TEXT, tel TEXT)");
    }

    @Override
    public void onUpgrade(SQLiteDatabase db, int oldVersion, int newVersion) {
```

SQLiteOpenHelper 클래스의 onCreate() 메소드를 재정의해준다. 데이터베이스가 처음으로 생성될 때에 호출된다. SQL 명령어들을 이용하여서 데이터베이스의 테이블을 생성하고 초기화하면 된다.

```
        db.execSQL("DROP TABLE IF EXISTS contact");
        onCreate(db);
    }
}
```
onUpgrade()는 데이터베이스가 업그레이드될 필요가 있을 때 호출된다. 데이터베이스의 버전이 올라가면 호출되므로 기존의 테이블을 삭제하고 새로 만들어주면 된다. 일반적으로는 기존의 테이블을 버리고 새로운 테이블을 생성한다.

위와 같이 **SQLiteOpenHelper**를 상속받은 **DBHelper** 클래스를 정의하였다면 다음 단계는 액티비티 안에서 **DBHelper** 클래스의 객체를 생성하는 것이다. 이 객체의 **getWritableDatabase()**나 **getReadableDatabase()**를 호출하면 **SQLiteDatabase** 객체가 반환되고 이 객체의 **execSQL()** 메소드를 이용하면 SQL 문장을 실행할 수 있다.

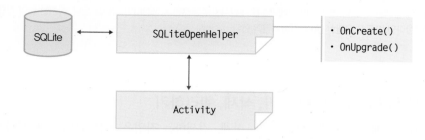

● SQLiteDatabase getWritableDatabase()

읽기/쓰기 모드로 데이터베이스를 오픈한다. 만약 처음으로 호출되는 경우에는 **onCreate()**가 호출된다. 만약 데이터베이스 스키마가 달라지는 경우에는 **onUpgrade()**가 호출된다.

● SQLiteDatabase getReadableDatabase()

읽기 전용 모드로 데이터베이스를 오픈한다. 근본적으로 **getWritableDatabase()**와 같지만 디스크가 꽉 찼거나 권한이 없어서 데이터베이스를 읽기 전용으로만 오픈할 때 사용한다.

앞에서 정의한 **DBHelper**를 이용하여서 데이터베이스를 사용하는 액티비티를 작성하여 보면 다음과 같다.

전체
구조

```
public class MainActivity extends AppCompatActivity {
    DBHelper helper;
    SQLiteDatabase db;
                                              액티비티에서는 먼저 DBHelper의
                                              객체를 생성한다.
    public void onCreate(Bundle savedInstanceState) {
        ...
        helper = new DBHelper(this);
        try {
```

```
        db = helper.getWritableDatabase();
    } catch (SQLiteException ex) {
        db = helper.getReadableDatabase();
    }
    // 이제 필요할 때마다 db를 통해서 SQL 문장을 실행하면 된다.
    db.execSQL("INSERT INTO contact VALUES (null, '" + name
        + "', '" + tel + "');");
    }
}
```

데이터베이스가 필요하면 getWritableDatabase()나 getReadableDatabase()를 호출한다. 이들은 모두 SQLiteDatabase 객체를 반환하고 이들 객체는 데이터베이스를 나타내며, 데이터베이스 연산을 제공하는 메소드들을 제공한다. 이들 메소드들을 사용해서 데이터를 저장하거나 삭제하면 된다.

참고사항

데이터베이스 테이블을 생성할 때, 자동으로 증가되는 값을 _id 필드로 정의하는 것이 권장되는데, _id 필드가 있으면 레코드를 빠르게 탐색할 수 있다. 물론 데이터베이스를 개인적인 용도로만 사용한다면 없어도 된다. 하지만 만약 컨텐츠 제공자를 구현한다면 반드시 유일한 _id를 포함시켜야 한다.

SQL을 사용하여서 데이터 추가, 삭제, 쿼리하기

SQLite 데이터베이스에 데이터를 추가, 삭제, 검색하는 작업은 기본적으로 SQL 문장을 통하여 이루어진다. SQLiteDatabase 객체는 다음과 같이 일반적인 SQL 문장을 실행할 수 있는 메소드를 제공한다.

메소드	설명
void execSQL(String sql)	SELECT 명령을 제외한 모든 SQL 문장을 실행한다. 예를 들어서 CREATE TABLE, DELETE, INSERT 등을 실행한다.
Cursor rawQuery (String sql, String[] selectionArgs)	SELECT 명령어를 사용하여 쿼리를 실행하려면 rawQuery()를 사용하면 된다. 쿼리의 결과는 Cursor 객체로 반환된다. Cursor 객체는 쿼리에 의하여 생성된 행들을 가리키고 있다. Cursor는 데이터베이스에서 결과를 순회하고 데이터를 읽는 데 사용되는 표준적인 메커니즘이다.

예를 들어서 다음과 같은 데이터베이스 테이블을 가정하자.

ID	NAME	AGE	ADDRESS	SALARY
1	Kim	32	Busan	2000.00
2	Park	25	Seoul	1500.00

예를 들어서 CUSTOMERS 테이블에 (1, 'Hong', 32, 'Seoul, Korea', 2000.00) 레코드를 추가하는 문장은 다음과 같이 작성할 수 있다.

```
SQLiteDatabase db = helper.getWritableDatabase();
db.execSQL("INSERT INTO CUSTOMERS (ID, NAME, AGE, ADDRESS, SALARY)
     VALUES (1, 'Hong', 32, 'Seoul, Korea', 2000.00);")
```

쿼리에 관련된 SQL 문장은 rawQuery() 메소드를 사용하여야 한다. 예를 들어서 CUSTOMERS 테이블에서 ID, NAME, SALARY만을 출력하려면 다음과 같은 문장을 사용한다.

```
SQLiteDatabase db = helper.getWritableDatabase();
Cursor cursor = db.rawQuery("SELECT ID, NAME, SALARY FROM CUSTOMERS", null);
```

조건을 주어서 쿼리할 수도 있다. 연봉이 2000 이상인 사람의 아이디와 이름, 월급을 출력한다.

```
SQLiteDatabase db = helper.getWritableDatabase();
Cursor cursor = db.rawQuery("SELECT ID, NAME, SALARY
         FROM CUSTOMERS WHERE SALARY > 2000;", null);
```

데이터베이스에서 쿼리를 실행하면 커서 집합을 반환한다. 개발자는 이 커서 집합을 순회하면서 레코드들을 출력할 수 있다. 전형적인 예를 보이면 다음과 같다.

```
// 쿼리의 결과가 커서로 반환된다.
Cursor cursor = sqliteDB.rawQuery("SELECT NAME FROM CUSTOMERS", null);
// 만약 커서가 결과를 가지고 있으면
if (cursor != null) {
  // 커서를 첫 번째 레코드로 이동한다.
  if (cursor.moveToFirst()) {
     do {
        // 커서로부터 이름을 얻는다.
        String name = cursor.getString(cursor.getColumnIndex("NAME"));
        // 이름을 ArrayList인 list에 추가한다.
        list.add(name);
        // 다음 레코드로 간다.
     } while (cursor.moveToNext());
  }
}
```

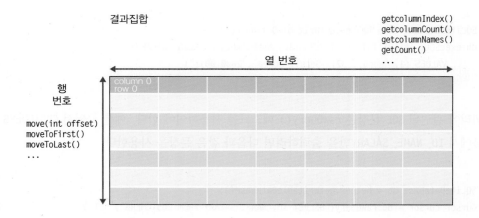

전용 메소드를 사용하여서 데이터 추가, 삭제, 쿼리하기

　　SQLiteDatabase 객체는 데이터베이스에 데이터를 추가, 삭제, 검색하는 전용 메소드도 지원한다. 전용 메소드는 다음과 같다.

메소드	설명
Cursor query(boolean distinct, String table, String[] columns, String selection, String[] selectionArgs, String groupBy, String having, String orderBy, String limit)	
	query()는 쿼리를 실행하고 Cursor 객체를 반환한다.
	distinct　　　　　　: 만약 각 행이 유일하면 true이다.
	table　　　　　　　: 쿼리의 대상이 되는 테이블이다.
	columns　　　　　　: 어떤 컬럼을 반환할 것인지를 결정한다. null은 모든 컬럼을 의미한다.
	selection　　　　　: SQL WHERE에 해당되는 필터이다. null은 모든 행을 의미한다.
	selectionArgs　　　: selection의 ?를 순서대로 대체한다.
	groupBy　　　　　　: SQL GROUP BY 절에 해당하는 필터이다.
	having　　　　　　　: SQL HAVING 절에 해당하는 필터이다.
	orderBy　　　　　　: SQL ORDER BY 절에 해당하는 필터이다.
	limit　　　　　　　　: 반환되는 행의 개수를 제한한다.
long insert(String table, String nullColumnHack, ContentValues values)	
	table　　　　　　　: 행을 추가하는 테이블
	nullColumnHack　　: 만약 null이 아니면 NULL 값을 삽입하는 컬럼의 이름이 된다.
	values　　　　　　　: 삽입되는 값이다.
int delete(String table, String whereClause, String[] whereArgs)	
	데이터베이스에서 조건에 맞는 행을 삭제한다.
int update(String table, ContentValues values, String whereClause, String[] whereArgs)	
	데이터베이스에서 조건에 맞는 행을 갱신한다.

　　안드로이드는 전용 메소드도 제공한다. 어떤 경우에는 전용 메소드가 더 편리하다. 개발자의 취향에 맞는 방법을 사용하면 된다.

　　query() 메소드를 사용하는 전형적인 예제 문장을 살펴보자. 연봉이 2000 이상이고 나이가

25살 미만인 고객만을 검색하여 보자.

```
String[] tableColumns = new String[] {
    "ID",
    "NAME"
};
String whereClause = "SALARY > ? AND AGE < ?";
String[] whereArgs = new String[] {
    "2000",
    "25"
};
String orderBy = "AGE";
Cursor c = sqLiteDatabase.query("CUSTOMERS", tableColumns, whereClause,
            whereArgs, null, null, orderBy);
```

위의 코드에서 SQL 안의 ? 기호는 whereArgs 배열에 있는 문자열로 차례대로 대치된다.
위의 문장들은 다음과 같은 SQL query 문장과 동일하다.

```
String queryString =
    "SELECT ID, NAME FROM CUSTOMERS " +
    "WHERE SALARY > ? AND AGE < ? ORDER BY AGE";
String[] whereArgs = new String[] {
    "2000",
    "25"
};
sqLiteDatabase.rawQuery(queryString, whereArgs);
```

데이터베이스에 추가할 때도 전용 메소드 insert()를 사용할 수 있다. 간단하게 사용법을 살
펴보자. 먼저 ContentValue는 put(key, value)를 가지고 있는 클래스로서 (키, 값)의 형태로
필드값을 저장할 수 있다.

```
SQLiteDatabase db = mDbHelper.getWritableDatabase();
ContentValues values = new ContentValues();

values.put("NAME", "Kim");
values.put("AGE", "26");
values.put("ADDRESS", "Incheon");
values.put("SALARY", "3000");

long newRowId;
newRowId = db.insert("CUSTOMERS", null, values);
```

데이터베이스에 연락처를 저장하고 검색하는 간단한 애플리케이션을 작성하여 보자.

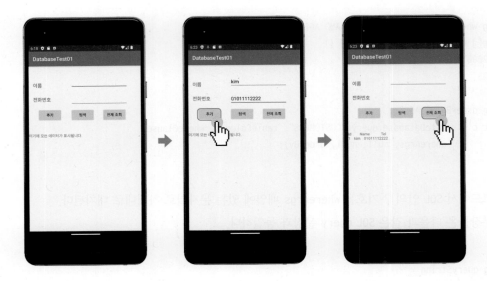

(1) **DatabaseTest01** 프로젝트를 생성한다.

(2) 사용자 인터페이스는 다음과 같이 설계한다. 레이아웃 비주얼 에디터를 사용하여 작성하여
도 좋고 아니면 **XML**을 직접 입력하여도 된다. 자세한 **XML** 코드는 첨부된 소스를 참조한다.

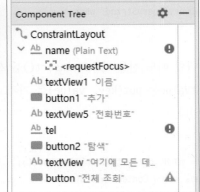

이름과 전화번호를 입력하고 "추가" 버튼을 누르면 데이터가 데이터베이스에 추가된다. 이름만
입력하고 "검색" 버튼을 누르면 전화번호가 데이터베이스에서 검색된다.

(3) 다음과 같이 **DatabaseTest01Activity.java** 파일을 작성한다.

DatabaseTest01Activity.java

코드
작성

```java
package com.example.hello;
// 소스만 입력하고 Alt+Enter를 눌러서 import 문장을 자동으로 생성한다.


class DBHelper extends SQLiteOpenHelper {
    private static final String DATABASE_NAME = "mycontacts.db";
    private static final int DATABASE_VERSION = 1;

    public DBHelper(Context context) {
        super(context, DATABASE_NAME, null, DATABASE_VERSION);
    }

    public void onCreate(SQLiteDatabase db) {
        db.execSQL("CREATE TABLE contacts ( _id INTEGER PRIMARY KEY"+
                " AUTOINCREMENT, name TEXT, tel TEXT);");
    }

    public void onUpgrade(SQLiteDatabase db, int oldVersion, int newVersion) {
        db.execSQL("DROP TABLE IF EXISTS contacts");
        onCreate(db);
    }
}


public class DatabaseTest01Activity extends AppCompatActivity {
    DBHelper helper;
    SQLiteDatabase db;
    EditText edit_name, edit_tel;
    TextView edit_result;

    public void onCreate(Bundle savedInstanceState) {
        super.onCreate(savedInstanceState);
        setContentView(R.layout.activity_main);
        helper = new DBHelper(this);
        try {
            db = helper.getWritableDatabase();
        } catch (SQLiteException ex) {
            db = helper.getReadableDatabase();
        }
        edit_name = (EditText) findViewById(R.id.name);
        edit_tel = (EditText) findViewById(R.id.tel);
        edit_result = (TextView) findViewById(R.id.textView);
    }

    public void insert(View target) {
        String name = edit_name.getText().toString();
        String tel = edit_tel.getText().toString();
        db.execSQL("INSERT INTO contacts VALUES (null, '" + name + "', '" + tel
```

먼저 SQLiteOpenHelper 클래스를 상속받은 dbHelper 클래스가 정의되어 있다. 데이터베이스 파일 이름은 "mycontacts.db"가 되고 데이터베이스 버전은 1로 되어 있다. 만약 데이터베이스가 요청되었는데 데이터베이스가 없으면 onCreate()를 호출하여 데이터베이스 파일을 생성해준다.

onCreate()에서는 CREATE TABLE 명령어를 이용하여 데이터베이스 안에 테이블을 생성하여 준다. _id는 키필드인데 자동 증가된다는 것이 기술되어 있다. 이어서 name과 tel이라는 필드를 TEXT 형태로 정의하였다. 물론 _id 필드는 반드시 필요한 것은 아니지만, 데이터베이스에는 키 필드가 있어야 실행되는 연산들도 있다. 또 컨텐츠 공급자와 연결할 때도 키 필드는 필요하다. 따라서 가급적 포함시키는 것이 바람직하다.

onUpgrade()는 데이터베이스의 버전이 증가되었을 때 호출된다. 여러 가지 필요한 업그레이드 동작은 수행하는 것이 좋지만, 여기서는 무조건 기존의 테이블을 버리고 단순히 새로운 테이블을 다시 정의하였다.

액티비티의 onCreate()에서는 dbHelper 객체를 생성한다. 이어서 데이터베이스 객체를 얻기 위하여 getWritableDatabase()를 호출한다.

"추가" 버튼은 레코드를 추가할 때 사용하고 "탐색" 버튼은 이름을 가지고 데이터베이스에서 레코드를 검색할 때 사용된다.

"추가" 버튼이 눌려졌을 경우에 실행되는 코드를 살펴보자. 먼저 2개의 에디트 텍스트에서 문자열을 가져온다.

다음에는 데이터베이스에 레코드를 추가하는 SQL 문장을 작성하여 실행시키면 된다. 여기서는 간단히 데이터베이스 객체가 제공하는 execSQL() 메소드를 호출하였다.

SQL 문장 안에서 문자열을 만들 때는 "..."가 아닌 '...'을 사용한다는 것에 유의하자. 위의 문장이 실행되면 테이블에 새로운 레코드가 추가된다.

```
                + "');");
        Toast.makeText(getApplicationContext(), "성공적으로 추가되었음",
                Toast.LENGTH_SHORT).show();
        edit_name.setText("");
        edit_tel.setText("");
    }
```

```
    public void search(View target) {
        String name = edit_name.getText().toString();
        Cursor cursor;
        cursor = db.rawQuery("SELECT name, tel FROM contacts WHERE name='"
                + name + "';", null);
        while (cursor.moveToNext()) {
            String tel = cursor.getString(1);
            edit_tel.setText(tel);
        }
    }
```

"search" 버튼이 눌려졌을 경우에 실행되는 코드를 살펴보자. 먼저 에디트 텍스트 "name"에서 찾고자 하는 사람의 이름을 가져온다.

```
    public void select_all(View target) {
        Cursor cursor;
        cursor = db.rawQuery("SELECT * FROM contacts", null);

        String s="Id          Name            Tel \r\n";
        while (cursor.moveToNext()) {
            s += cursor.getString(0) + "    ";
            s += cursor.getString(1) + "    ";
            s += cursor.getString(2) + "    \r\n";
        }
        edit_result.setText(s);

    }
```

다음으로 Cursor 참조 변수가 선언된다. Cursor 클래스는 쿼리의 결과로 생성되는 레코드의 집합을 순회하면서 데이터를 가져올 수 있는 클래스이다.

SQL에서 쿼리를 실행하는 명령어는 SELECT이다. 따라서 찾고자 하는 사람의 이름을 넣어서 SELECT 문장을 작성하고 이것을 rawQuery() 메소드로 실행시킨다.

검색 조건을 주고 싶으면 SELECT 문장에 WHERE 절을 추가하면 된다.

rawQuery()는 검색 결과를 커서 객체에 담아서 반환한다. 따라서 커서 객체를 가지고 현재 레코드를 이동시키면서 레코드의 컬럼 값을 추출해 출력하면 된다.

반복문을 주로 사용하며 moveToNext()는 결과 집합에서 커서를 다음 레코드로 이동시키는 메소드이다. 만약 다음 레코드가 없으면 false를 반환하고 반복은 중단된다.

현재 가리키는 레코드에서 컬럼의 값을 추출할 때는 getString()이나 getInt()와 같은 메소드를 호출하면 된다. 다음 메소드들 중에서 컬럼 타입에 알맞게 사용하면 된다.

· getDouble(int columnIndex)   · getFloat(int columnIndex)
· getInt(int columnIndex)   · long getLong(int columnIndex)
· short getShort(int columnIndex)   · String getString(int columnIndex)

여기서 매개변수인 columnIndex는 컬럼의 번호를 나타낸다.

SQLiteOpenHelper 없이 데이터베이스 사용하기

SQLiteOpenHelper 없이도 얼마든지 데이터베이스를 사용할 수 있다. 먼저 openOrCreateDatabase() 메소드를 호출하여 데이터베이스 객체를 생성하거나 오픈한다.

메소드	설명
SQLiteDatabase openOrCreateDatabase(File file, SQLiteDatabase.CursorFactory factory)	
	데이터베이스를 오픈하거나 필요하면 생성한다.

앞의 예제에서 SQLiteOpenHelper를 사용하지 않으려면 아래의 문장들을 액티비티의 onCreate()에 추가하면 된다.

```
db = openOrCreateDatabase(DATABASE_NAME, null);
db.execSQL("CREATE TABLE contacts (_id INTEGER PRIMARY KEY AUTOINCREMENT, "
        + "name TEXT, tel TEXT);");
```

데이터베이스와 어댑터

SECTION 8

많은 데이터가 저장된 데이터베이스라면 쿼리를 실행하여 그 결과를 화면에 표시하는 것도 상당한 시간이 걸릴 수 있다. 따라서 애플리케이션을 효율적으로 작성하는 것이 필요하다. 이런 경우에 사용할 수 있는 객체가 SimpleCursorAdapter 객체이다. 이 객체는 데이터베이스와 화면을 연결하는 객체로 데이터베이스에서 데이터를 읽어서 정해진 레이아웃으로 화면에 표시한다.

메소드	설명
public SimpleCursorAdapter(Context context, int layout, Cursor c, String[ ] from, int[ ] to)	
	layout은 데이터를 표시할 레이아웃 리소스를 가리킨다. c는 커서 객체이다. from은 문자열 배열로 화면에 표시하고 싶은 컬럼의 이름이다. to는 각 from 안의 컬럼이 표시되는 뷰들의 리스트이다. to 안에 들어 있는 리소스들은 모두 텍스트 뷰이어야 한다.

예제

(1) 커서 어댑터를 이용하여서 간단한 예제를 작성하여 보자. DatabaseTest02 프로젝트를 생성한다.

(2) 다음과 같이 MainActivity.java 파일을 작성한다.

코드 작성

MainActivity.java

```java
package kr.co.company.databasetest02;
// 소스만 입력하고 Alt+Enter를 눌러서 import 문장을 자동으로 생성한다.

class dbHelper extends SQLiteOpenHelper {
    private static final String DATABASE_NAME = "mycontacts.db";
    private static final int DATABASE_VERSION = 1;

    public dbHelper(Context context) {
        super(context, DATABASE_NAME, null, DATABASE_VERSION);
    }

    public void onCreate(SQLiteDatabase db) {
        db.execSQL("CREATE TABLE contacts ( _id INTEGER PRIMARY KEY AUTOINCREMENT, "
                    + "name TEXT, tel TEXT);");
        for (int i = 0; i < 10; i++) {
            db.execSQL("INSERT INTO contacts VALUES (null, " + "'김철수 " + i
                    + "'" + ", '010-1234-100" + i + "');");
        }
    }

    public void onUpgrade(SQLiteDatabase db, int oldVersion, int newVersion) {
        db.execSQL("DROP TABLE IF EXISTS contacts");
        onCreate(db);
    }
}

public class MainActivity extends AppCompatActivity {
    dbHelper helper;
    SQLiteDatabase db;
    EditText edit_name, edit_tel;

    public void onCreate(Bundle savedInstanceState) {
        super.onCreate(savedInstanceState);
        setContentView(R.layout.activity_main);
```

이 애플리케이션에서는 dbHelper 클래스를 이용하여서 mycontacts.db라는 이름의 데이터베이스 파일을 생성한다. onCreate()에서 테이블을 생성한 후에, 반복 루프를 수행하면서 (김철수0, 010-1234-1000) ... (김철수9, 010-1234-1009)까지의 샘플 레코드를 테이블에 추가한다.

```
helper = new dbHelper(this);
db = helper.getWritableDatabase();
Cursor cursor = db.rawQuery("SELECT * FROM contacts", null);
startManagingCursor(cursor);
```

액티비티에서는 dbHelper 객체를 생성하고 SELECT 명령어를 이용하여서 테이블의 모든 레코드를 커서 객체로 가져온다.

startManagingCursor (cursor) 문장은 액티비티가 커서 객체를 관리하도록 한다. 즉 액티비티의 생애주기와 커서의 생애주기를 일치시키는 것이다.

```
String[] from = { "name", "tel" };
int[] to = { android.R.id.text1, android.R.id.text2 };
SimpleCursorAdapter adapter = new SimpleCursorAdapter(this,
            android.R.layout.simple_list_item_2, cursor, from, to);
ListView list = (ListView) findViewById(R.id.list);
list.setAdapter(adapter);
}
}
```

android.R.layout.simple_list_item_2라는 표준 레이아웃을 사용하는 커서 어댑터 객체를 생성한다. 이 표준 레이아웃은 2개의 텍스트 뷰를 가지고 있으며, 첫 번째 텍스트 뷰 (android.R.id.text1)는 "name" 필드를 표시하고 두 번째 텍스트 뷰(android.R.id. text2)는 "tel" 필드를 표시하도록 연결한다.

(3) 애플리케이션을 실행하여 보면 자동적으로 스크롤이 되면서 데이터베이스에 있는 내용이 화면에 표시되는 것을 볼 수 있다.

실행 결과

Coding Challenge

 # 영화 데이터베이스 만들기

이번 장에서 학습한 데이터베이스 기능을 이용하여서 다음과 같은 기능을 하는 애플리케이션을 작성하여 보자. 사용자가 영화 정보를 입력하면 이것을 데이터베이스에 저장하고 리스트 뷰를 사용하여서 화면에 나열한다.

- 사용자는 메인 액티비티에서 "영화 추가" 버튼을 클릭하여서 새로운 영화를 추가할 수 있다.

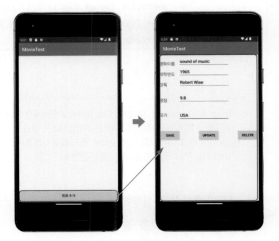

- 리스트뷰의 항목을 클릭하면 영화의 구체적인 정보를 보여준다. 이 화면에서 사용자는 영화 데이터베이스에 저장된 영화를 수정하거나 삭제할 수 있다.

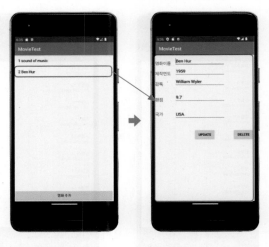

SQLiteOpenHelper 클래스를 상속받아서 작성하는 DBHelper 안에 Insert()나 Delete()와 같은 메소드를 추가해보자. 아니면 안드로이드 개발자 홈페이지를 참고하여서 Room 라이브러리를 사용하여도 된다.

Exercises

연습문제

01 앱만 사용하는 사적인 데이터는 어디에 저장하는 것이 제일 좋은가?

① 내부 저장소   ② 외부 저장소

③ 클라우드 서버   ④ 공유 프레퍼런스

02 앱이 삭제되어도 남아 있어야 하는 사진과 같은 공유 데이터는 어디에 저장하여야 하는가?

① 내부 저장소   ② 외부 저장소

③ 데이터베이스   ④ 공유 프레퍼런스

03 외부 저장소의 디렉토리 이름은?

① `/root`   ② `/data`

③ `/sddata`   ④ `/sdcard`

04 내부 저장소에서 앱별 데이터가 저장되는 디렉토리 정보를 얻으려면 어떤 메소드를 사용해야 하는가?

① `getFilesDir()`   ② `getExternalFilesDir()`

③ `getExternalCacheDir()`   ④ `getDir()`

05 안드로이드 기기에서 파일을 보고 복사하고 삭제할 수 있는 도구는 무엇인가?

① `Project Explorer`   ② `Device File Explorer`

③ `SDK Manager`   ④ `AVD Manager`

06 외부 저장소의 상태를 체크하는 메소드는?

① `getExternalStorageState()`   ② `getExternalState()`

③ `getExternalStorage()`   ④ `getStorageState()`

07 다음과 같은 앱을 작성해보자. 사용자가 아이디와 패스워드를 입력하면 로그인할 수 있다. 사용자의 아이디와 패스워드는 데이터베이스에 저장된다. "회원등록" 버튼을 누르면 아이디와 패스워드를 데이터베이스에 추가한다.

(주제: 데이터베이스, 난이도: 상)

스레드와 게임

요즘 안드로이드 공부를 열심히 한다고? 그렇다면 프로세스와 스레드의 역할과 그것들의 차이를 말해봐.

그것들은 모두 안드로이드에서의 실행 단위예요. 프로세스는 자신만의 데이터를 가지는 대신 스레드는 동일한 데이터를 공유한다는 차이가 있어요.

CHAPTER 13

스레드와 게임

SECTION 1

프로세스와 스레드

음악을 들으면서
운동을 할 수 있다.

인쇄를 하면서
문서 편집을 할 수 있다.

병렬 작업

병렬 작업(muli-tasking)은 여러 개의 프로그램을 동시에 실행시켜서 컴퓨터 시스템의 성능을 높이기 위한 기법이다. 인간의 경우, 음악을 들으면서 동시에 운동을 할 수 있다. 컴퓨터의 경우에도 파일을 인쇄하면서 동시에 문서를 편집하거나 인터넷에서 파일을 다운로드할 수 있다. 컴퓨터에 CPU가 하나만 있어도 병렬 작업은 가능하다. 운영체제가 CPU의 시간을 각 프로세스에 할당하여서 작업들이 동시에 수행되는 것처럼 보이게 하기 때문이다.

안드로이드는 다중 스레딩(multi-threading)을 지원한다. 즉 하나의 애플리케이션은 동시에 여러 가지 작업을 할 수 있다. 안드로이드는 자바의 다중 스레딩 기능을 그대로 지원한다. 개발자들은 하나의 애플리케이션 안에 동시에 실행되는 여러 스레드를 만들 수 있으며, 이 스레드들은 자바 가상 기계에 의하여 동시에 실행된다.

단일 스레드

다중 스레드

프로세스와 스레드

안드로이드에는 프로세스(process)와 스레드(thread)라는 2가지의 실행 단위가 있다. 가장 근본적인 차이점은 프로세스는 자신만의 데이터를 가지는 데 반하여 스레드들은 동일한 데이터를 공유한다는 것이다. 동시에 수행되는 스레드들이 변수를 공유한다는 것은 상당히 위험할 수도 있을 것이다. 하지만 동시에 변수를 공

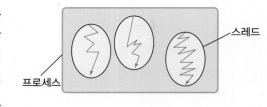

프로세스

스레드

유함으로써 스레드 간의 통신이 상당히 효율적으로 이루어진다.

● 프로세스(process)

프로세스는 독자적으로 실행이 가능한 환경이다. 프로세스는 자기만의 메모리 공간을 가진다. 각 프로세스의 메모리 공간은 분리되어 있다.

● 스레드(thread)

스레드는 경량 프로세스(lightweight process)라고도 불린다. 왜냐하면 스레드를 생성하는 것은 프로세스를 생성하는 것보다 훨씬 부담이 적게 들기 때문이다. 스레드들은 동일한 프로세스 안에서 존재한다. 모든 프로세스에는 적어도 하나의 스레드는 존재한다. 스레드들은 메모리와 파일을 포함하여 프로세스의 모든 자원을 공유한다.

안드로이드에서 프로세스와 스레드

애플리케이션의 컴포넌트가 시작할 때, 애플리케이션의 다른 컴포넌트가 실행되고 있지 않으면 안드로이드 시스템은 새로운 리눅스 프로세스를 생성하고 하나의 스레드로 실행하게 된다. 기본적으로 애플리케이션 안의 모든 컴포넌트들은 동일한 프로세스의 동일한 스레드로 실행된다. 이 기본적인 스레드를 메인 스레드(main thread)라고 부른다.

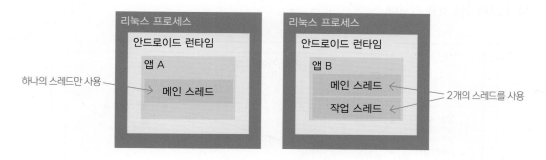

하지만 우리는 필요하면 프로세스에 추가적인 스레드도 얼마든지 생성하여 추가할 수 있다.

동시 작업의 문제점

동시 작업 프로그램은 단일 작업 프로그램보다 신경 써야 할 부분이 많은데 그 이유는 동시에 여러 작업들이 같은 데이터를 공유하게 되면 동기화라고 하는 까다로운 문제가 발생하기 때문이다. 자바에는 이 문제를 해결할 수 있는 도구들이 포함되어 있다.

메인 스레드는
어떤 역할을 할까요?
사용자 인터페이스 위젯에서
이벤트를 전달하거나
화면을 그린답니다.

2 SECTION 스레드

애플리케이션이 구동되면 안드로이드 시스템은 애플리케이션을 위한 첫 번째 스레드를 생성한다. 이 스레드는 메인 스레드(main thread)라고 불린다. 이 메인 스레드는 아주 중요한데 사용자 인터페이스 위젯에 이벤트를 전달하거나 화면을 그리는 작업을 담당하기 때문이다. 이러한 이유로 메인 스레드는 UI 스레드(user interface thread)라고도 불린다.

메인 스레드

안드로이드 시스템은 각각의 컴포넌트를 위하여 별도의 스레드를 생성하지 않는다. 동일한 프로세스 안에서 실행되는 모든 컴포넌트는 메인 스레드 안에서 실행된다. 그리고 컴포넌트의 시스템 호출도 그 스레드 안에서 이루어진다. 결과적으로 onKeyDown()과 같은 사용자 인터페이스와 관련된 콜백 메소드나 생애주기와 관련된 메소드들은 모두 메인 스레드 안에서 실행된다.

예를 들어서 사용자가 화면의 버튼을 터치하면 애플리케이션의 메인 스레드가 터치 이벤트를 위젯에 전달한다. 위젯은 다시 내부 상태를 눌려진 상태로 변경하고 화면을 다시 그리라는 요청을 전송하고 이 요청은 이벤트 큐에 저장된다. 메인 스레드는 이 요청을 꺼내서 위젯에 자신을 다시 그리라는 것을 알린다.

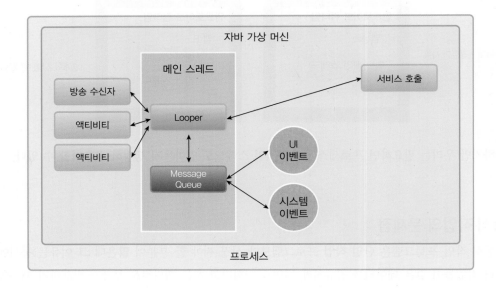

만약 애플리케이션이 많은 작업을 하고 있다면 이러한 단일 스레드 모델은 애플리케이션의 성능을 상당히 떨어뜨릴 수 있다. 특히 모든 것이 메인 스레드 안에서 이루어진다면 네트워크 접

근이나 데이터베이스 쿼리와 같은 시간이 많이 걸리는 작업 때문에 사용자 인터페이스가 멈추어 버릴 가능성이 많다. 메인 스레드가 멈추어버리면 아무런 이벤트도 처리되지 않고 화면을 다시 그리는 작업도 이루어지지 않는다. 따라서 사용자의 입장에서 보면 애플리케이션이 멈춘 것처럼 보인다. 만약 메인 스레드가 5초 이상 블록(block)되어 있으면 안드로이드는 "`application not responding(ANR)`"이라고 불리는 대화 상자를 생성하고 애플리케이션을 중지한다.

추가적으로 사용자 인터페이스 위젯은 스레드-안전(thread-safe) 모드가 아니다. 즉 사용자 인터페이스 위젯들은 멀티 스레딩에 대하여 안전하지 않다는 의미가 된다. 메인 스레드가 아닌 다른 스레드가 사용자 인터페이스를 조작하면 문제가 발생할 수 있다는 의미이다. 반드시 사용자 인터페이스는 메인 스레드만 조작을 하여야 한다. 따라서 안드로이드의 단일 스레드 모델에서는 다음과 같은 2가지의 중요한 원칙이 존재한다.

- 메인 스레드는 블록(block)시키면 안 된다.
- 메인 스레드가 아닌 다른 스레드가 UI 위젯을 조작하면 안 된다.

작업 스레드(worker thread)

앞에서 설명한 대로 메인 스레드를 블록시키지 않는 것이 무엇보다도 중요하다. 따라서 애플리케이션에서 즉각적으로 결과가 나오지 않고 시간이 많이 걸리는 작업을 할 경우에는 스레드를 별도로 생성하는 것을 고려하여야 한다. 이러한 목적으로 작성되는 스레드를 작업 스레드("worker" threads)라고 한다.

안드로이드의 스레드 모델은 자바의 스레드 모델을 그대로 따른다. 자바는 언어 자체에 다중 스레딩 기능이 포함되어 있다. 자바가 제공하는 다중 스레딩에는 다음과 같은 2가지의 방법이 존재한다. 어떤 방법을 사용하여도 결과는 동일하다. 우리는 Runnable 인터페이스를 구현하는 방법만 살펴보자.

- Thread 클래스를 상속받아서 스레드를 작성하는 방법
- Runnable 인터페이스를 구현한 후에 Thread 객체에 전달하는 방법

Runnable 인터페이스를 구현한 후에 Thread 객체에 전달하는 방법

이 방법은 Runnable 인터페이스를 구현한 클래스를 작성하고 run() 메소드를 재정의한 후에, 이 클래스의 객체를 Thread 생성자로 전달하는 방법이다. Thread 객체를 실제 작업을 수행하는 일꾼으로 생각하고 Runnable 인터페이스를 구현한 클래스는 작업 지시서로 생각하면 이해하기 쉽다. 핵심적인 부분만을 보이면 다음과 같다.

**전체
구조**

```
class Worker implements Runnable {
  public void run() {                    ◄─── 여기에다가 작업을 기술한다.
    ...

  }
}
public class ThreadTest extends Activity {
    public void onStart()
    {
      ...                                 ◄─── 스레드를 생성하고 시작한다.
      w = new Thread(new Worker());
      w.start();
    }
}
```

1부터 20까지 카운트하는 애플리케이션을 Runnable 인터페이스를 사용하여서 작성하여 보자.

(1) **ThreadBasic1**이라는 프로젝트를 생성한다.

(2) **MainActivity.java** 파일에 다음과 같은 내용을 입력한다.

**코드
작성**

MainActivity.java

```
package kr.co.company.threadbasic1;
// 소스만 입력하고 Alt+Enter를 눌러서 import 문장을 자동으로 생성한다.

public class MainActivity extends AppCompatActivity {
  Thread w;
  boolean running = true;

  @Override
  public void onCreate(Bundle savedInstanceState) {
    super.onCreate(savedInstanceState);
    setContentView(R.layout.activity_main);
  }

  @Override
  public void onStart() {
    super.onStart();
```

```
    w = new Thread(new Runnable() {
        public void run() {
            int i = 0;
            for (i = 0; i < 20 && running i++) {
                try {
                    Thread.sleep(1000);
                } catch (InterruptedException e) {
                }
                Log.v("THREAD", "time=" + i);
            }
        }
    });
    running = true;
    w.start();
}

@Override
public void onStop() {
    super.onStop();
    running = false;
}
}
```

스레드를 생성하고 시작한다. 익명 클래스를 사용하여 Runnable 인터페이스를 구현하는 클래스를 정의하고 있다.

위의 소스에서는 Runnable 인터페이스를 구현한 클래스를 익명 클래스로 처리하였다. 왜냐하면이 클래스는 한 번밖에 사용되지 않기 때문이다.

(3) 실행 결과를 로그캣으로 출력하였다.

실행
결과

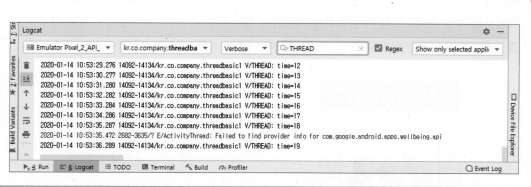

스레드에서 UI를 조작하는 방법

3
SECTION

스레드를 사용할 때 항상 주의해야할 점은 작업 스레드에서 직접적으로 사용자 인터페이스 위젯을 변경하면 안 된다는 것이다. 예를 들어서 스레드에서 화면에 표시되는 프로그레스바, 이미지 뷰, 텍스트 뷰 등을 직접 변경하면 안 된다. 왜 그럴까? 다음과 같은 전형적인 코드를 통하여 그 이유를 살펴보자.

예를 들어서 버튼이 클릭되면 새로운 작업 스레드를 생성하고 이미지를 다운로드 받아서 화면의 이미지 뷰에 표시하는 코드는 다음과 같이 작성할 수 있다.

```java
public void onClick(View v){
  new Thread(new Runnable(){
    public void run(){
      Bitmap b = loadImageFromNetwork("http://example.com/image.png");
      mImageView.setImageBitmap(b);   ← 스레드 안에서 UI를 조작하면
    }                                    실행 오류가 발생한다.
  }).start();
}
```

얼핏 보면 아무런 문제가 없어 보인다. 즉 새로운 스레드를 만들어서 네트워크 작업을 시켰기 때문이다. 그러나 이 코드는 스레드 사용 시 지켜야 할, 두 번째 원칙을 위반하였다. 즉 메인 스레드가 아닌 다른 스레드에서 UI 위젯에 접근하지 말라는 원칙을 위배하고 있는 것이다. 이 예제에서는 작업 스레드에서 이미지 뷰를 변경하고 있는 것이다. 이것은 예상하지 못한 결과를 낳을 수도 있다. 이것을 디버깅한다는 것은 상당히 어렵고 시간 소모적인 작업이 된다.

이 문제를 해결하기 위해서 안드로이드는 다른 스레드에서 메인 스레드에 접근하는 많은 방법

을 제공하고 있다. 아래에 몇 가지의 메소드들을 보였다.

- View.post(Runnable)
- View.postDelayed(Runnable, long)
- Handler() 사용 방법

View.post()를 사용하는 방법

View.post() 메소드를 사용하면 작업 스레드에서 UI 업데이트를 메인 스레드에서 수행할 수 있다. 이 메소드를 사용하여 UI 업데이트 작업을 스케줄링하려면 다음 단계를 따르면 된다.

(1) 작업 스레드에서 View.post()를 호출하여 UI 업데이트를 스케줄링한다.
(2) View.post() 내부에 UI 업데이트를 처리하는 Runnable 객체를 전달한다.

이러한 방식을 사용하면 UI 업데이트 코드가 메인 스레드에서 실행되며, 안전한 UI 조작이 보장된다.

```java
// 백그라운드 스레드에서 UI 업데이트를 스케줄링
yourView.post(new Runnable() {
    @Override
    public void run() {
        // UI 업데이트 코드
        yourView.setText("새로운 텍스트");
    }
});
```

위 코드에서 textView는 UI 업데이트가 필요한 뷰(예: TextView, Button 등)이다. Runnable 객체 내에서 UI 업데이트 코드를 작성한다. 이렇게 작업 스레드에서 View.post()를 호출하면 UI 업데이트가 메인 스레드에서 안전하게 처리된다. 이 방법을 사용하면 UI 업데이트가 비동기적으로 수행되며, UI가 끊김 없이 반응하도록 보장할 수 있다.

Handler를 사용하는 방법

안드로이드에서 작업 스레드에서 UI를 조작해야 할 때 Handler를 사용하는 것이 일반적인 방법 중 하나이다. Handler를 사용하면 작업 스레드에서 UI 업데이트 및 작업을 스케줄링할 수 있다.

(1) 먼저, 작업 스레드에서 UI 업데이트를 수행하기 위한 Handler를 생성하고 UI 스레드와 연결해야 한다. 일반적으로 UI 스레드에서 동작하도록 핸들러를 생성한다.

```
Handler handler = new Handler(Looper.getMainLooper());
```

(2) 이제 백그라운드 스레드에서 Handler를 사용하여 UI 업데이트를 예약할 수 있다. 다음은 백그라운드 스레드 내에서 Handler를 사용하는 간단한 예제이다.

```
new Thread(new Runnable() {
    @Override
    public void run() {
        // 백그라운드 스레드에서 작업 수행

        // UI 업데이트를 스케줄링
        handler.post(new Runnable() {
            @Override
            public void run() {
                // UI 업데이트 코드
                textView.setText("새로운 텍스트");
            }
        });
    }
}).start();
```

handler.post()를 사용하여 작업 스레드에서 UI 업데이트를 스케줄링한다. run() 메서드 내에서 UI 업데이트 코드를 실행할 수 있다. 이 코드는 메인 스레드에서 실행되므로 UI 요소를 안전하게 조작할 수 있다. 예를 들어, textView의 텍스트를 업데이트하려면 위와 같이 사용할 수 있다.

(3) Handler를 사용하면 딜레이를 지정하여 특정 시간 후에 UI 업데이트를 수행하거나 일정한 주기로 작업을 반복할 수도 있다. postDelayed() 또는 postDelayed(Runnable, long) 메소드를 사용한다. 예를 들어, 2초 후에 UI 업데이트를 수행하려면 다음과 같은 코드를 사용한다.

```java
handler.postDelayed(new Runnable() {
    @Override
    public void run() {
        // 2초 후에 실행할 코드
    }
}, 2000);
```

예제 러너블 객체를 전송하는 방법

앞의 카운터 예제와 비슷한 예제를 러너블 객체를 전송하는 방식으로 작성하여 보자. View.post() 방법을 사용한다. 이번에는 작업 스레드에서 생성된 값을 원형 프로그레스 바에 표시하여 보자.

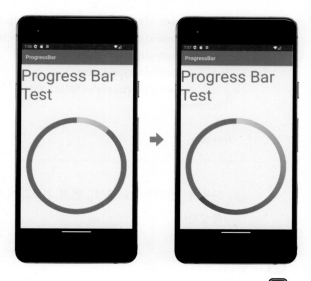

(1) ProgressBar 프로젝트를 생성한다.

(2) res/drawable 아래에 circular_shape.xml 파일을 생성한다. 이것은 원형 프로그레스 바의 배경 이미지가 된다. XML을 이용하여 그래픽 형상을 정의할 수 있다.

circular_shape.xml

```xml
<?xml version="1.0" encoding="utf-8"?>
<shape
    xmlns:android="http://schemas.android.com/apk/res/android"
    android:innerRadiusRatio="2.5"
    android:shape="ring"
    android:thickness="20dp"
    android:useLevel="false">
    <solid android:color="@color/colorPrimary" />
</shape>
```

UI

(3) res/drawable 아래에 circular_bar.xml 파일을 생성한다. 이것은 시간이 흘러감에 따라 증가하는 원형 프로그레스 바가 된다. 이 코드는 원형 형태의 Drawable을 정의하는 것이다. 이 Drawable은 ProgressBar의 진행 상황을 나타내는 데 사용될 수 있다.

circular_bar.xml

```xml
<?xml version="1.0" encoding="utf-8"?>
<rotate xmlns:android="http://schemas.android.com/apk/res/android"
    android:fromDegrees="270"
    android:toDegrees="270">

    <shape
        android:innerRadiusRatio="2.5"
        android:shape="ring"
        android:thickness="20dp"
        android:useLevel="true">
        <gradient
            android:angle="0"
            android:centerColor="@color/colorAccent"
            android:endColor="@color/colorPrimary"
            android:startColor="#FFFF00"
            android:type="sweep"
            android:useLevel="false" />
    </shape>

</rotate>
```

(4) 사용자 인터페이스 작성: 먼저 프로그레스 바를 포함한 사용자 인터페이스를 다음과 같이
작성한다.

activity_main.xml

```xml
<?xml version="1.0" encoding="utf-8"?>
<LinearLayout xmlns:android="http://schemas.android.com/apk/res/android"
    android:layout_width="fill_parent"
    android:layout_height="fill_parent"
    android:orientation="vertical" >

    <TextView
        android:layout_width="fill_parent"
        android:layout_height="wrap_content"
        android:text="Progress Bar Test"
        android:textSize="60sp" />

    <ProgressBar
        android:id="@+id/progress_bar"
        style="?android:attr/progressBarStyleHorizontal"
        android:layout_width="match_parent"
        android:layout_height="match_parent"
        android:background="@drawable/circular_shape"
```

```
        android:indeterminate="false"
        android:progressDrawable="@drawable/circular_bar"
        android:textAlignment="center" />

</LinearLayout>
```

(5) 액티비티 클래스를 작성한다. 이번에는 작업 스레드를 무명 클래스로 하여서 액티비티 안에 포함하여 보자. 작업 스레드와 UI 스레드가 동일한 프로그레시브 바를 공유해야 하기 때문에 이 방식이 프로그램하기가 편리하다.

MainActivity.java

```java
public class MainActivity extends AppCompatActivity {

    private ProgressBar mProgress;
    private int mProgressStatus = 0;
    int i = 0;

    protected void onCreate(Bundle icicle) {
        super.onCreate(icicle);
        setContentView(R.layout.activity_main);
        mProgress = (ProgressBar) findViewById(R.id.progress_bar);
        mProgress.setMax(100); // 최대 값 설정(예: 100%)
        mProgress.setProgress(0); // 현재 진행 상황 설정(예: 50%)

        new Thread(new Runnable() {
            public void run() {
                while (mProgressStatus < 100) {
                    try {
                        Thread.sleep(1000);
                    } catch (InterruptedException e) {
                    }
                    mProgressStatus = i++;

                    mProgress.post(new Runnable() {
                        public void run() {
                            mProgress.setProgress(mProgressStatus);
                        }
                    });
                }
            }
        }).start();
    }
}
```

작업 스레드 안에서 프로그래스 바를 업데이트한다.

백그라운드 작업을 실행할 새로운 스레드가 생성된다. 작업 스레드에서 프로그레스 상태가 증가하고(i++), `mProgress.post`를 사용하여 UI 스레드에서 업데이트된다.

 **인터넷에서 이미지 다운로드**

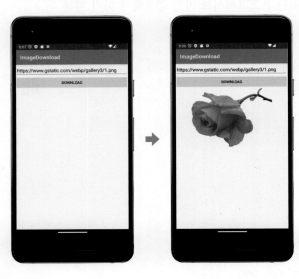

인터넷에서 이미지를 다운로드하여 화면에 표시하는 작업은 상당히 많이 사용된다. 이번 실습에서는 스레드를 이용하여서 URL로부터 이미지를 다운로드하고 이것을 이미지 뷰에 표시하여 보자.

(1) ImageDownload라는 프로젝트를 생성한다.
(2) 레이아웃 파일은 activity_main.xml으로 한다. activity_main.xml 파일 안에 다음과 같은 내용을 입력한다.

UI

activity_main.xml

```xml
<LinearLayout>
    <EditText
        android:id="@+id/editText"
        android:inputType="textUri"
        android:text="https://www.gstatic.com/webp/gallery3/1.png"
        tools:context=".MainActivity" />

    <Button
        android:id="@+id/button"
        android:text="download"
        tools:context=".MainActivity" />

    <ImageView
        android:id="@+id/imageview"
        tools:context=".MainActivity" />
</LinearLayout>
```

(3) ImageDownloadActivity.java 파일 안에 다음과 같은 내용을 입력한다.

ImageDownloadActivity.java

코드
작성

```java
public class MainActivity extends AppCompatActivity {

    public String URL = "";
    EditText edittext;
    ImageView imageView;
    Button button;
    ProgressDialog mProgressDialog;

    @Override
    public void onCreate(Bundle savedInstanceState) {
        super.onCreate(savedInstanceState);
        setContentView(R.layout.activity_main);

        edittext = (EditText) findViewById(R.id.editText);
        imageView = (ImageView) findViewById(R.id.imageview);
        button = (Button) findViewById(R.id.button);

        button.setOnClickListener(new View.OnClickListener() {
            public void onClick(View arg0) {
                URL = edittext.getText().toString();
                downloadImage(URL);
            }
        });
    }

    private void downloadImage(final String imageUrl) {
        mProgressDialog = new ProgressDialog(MainActivity.this);
        mProgressDialog.setTitle("이미지 다운로드 예제");
        mProgressDialog.setMessage("이미지 다운로드 중입니다.");
        mProgressDialog.setIndeterminate(false);
        mProgressDialog.show();

        Thread downloadThread = new Thread(new Runnable() {
            @Override
            public void run() {
                try {
                    InputStream input = new java.net.URL(imageUrl).openStream();
                    final Bitmap bitmap = BitmapFactory.decodeStream(input);

                    // UI 업데이트를 View.post()를 사용하여 메인 스레드에서 수행
                    imageView.post(new Runnable() {
                        @Override
                        public void run() {
                            imageView.setImageBitmap(bitmap);
                            mProgressDialog.dismiss();
                        }
```

인터넷에서 이미지를 다운로드하는 작업은
작업 스레드에 의하여 수행된다.

```
                });
            } catch (Exception e) {
                e.printStackTrace();
            }
        }
    });

    downloadThread.start();
    }
}
```

(4) 매니페스트 파일 안에 다음과 같이 인터넷을 사용할 수 있는 권한을 요청한다.

**매니페스트
파일 수정**

AndroidManifest.xml

```
<?xml version="1.0" encoding="utf-8"?>
<manifest xmlns:android="http://schemas.android.com/apk/res/android"
    ...
    <uses-permission android:name="android.permission.INTERNET"/> ←—— 인터넷 사용 권한 요청
    ...
</manifest>
```

**실행
결과**

(5) 애플리케이션를 실행하여서 어떤 결과가 나오는지 살펴본다. 만약 이미지가 다운로드되지 않으면 이미지 URL을 변경한다.

4
SECTION

게임 예제 #1: 터치 버튼 게임

이 게임은 사용자가 버튼을 터치하여 버튼의 위치를 변경하거나, 3초 내에 클릭하지 않으면 버튼이 새로운 임의의 위치로 이동하는 간단한 게임이다. 게임의 이름은 "버튼 터치 게임"이며, 게임은 시간 제한이 있을 수 있다. 게임의 목표는 버튼을 빠르게 터치하여 점수를 획득하는 것이다. 사용자는 제한된 시간 동안 버튼을 터치하여 최대한 많은 점수를 얻어야 한다.

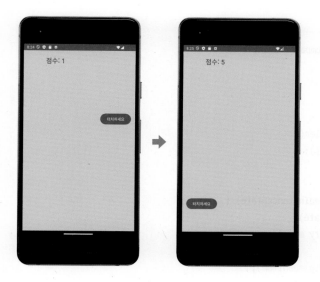

　"버튼 터치 게임"은 버튼 하나와 화면이 필요하다. 버튼을 터치하면 점수가 증가하고, 일정 시간마다 버튼이 새로운 임의의 위치로 이동한다. 버튼을 터치하면 점수가 증가하고 버튼은 다른 위치로 이동한다. 3초가 지나면 버튼은 자동으로 다른 임의의 위치로 이동한다. 버튼과 화면 요소는 XML 레이아웃으로 정의되고, 자바 코드로 게임 로직이 구현된다. 버튼의 위치 변경 및 시간 제한은 스레드를 사용하여 관리된다.

　(1) ThreadGame1이라는 프로젝트를 생성한다.
　(2) 레이아웃 파일은 activity_main.xml으로 한다. activity_main.xml 파일 안에 다음과 같은 내용을 입력한다.

---

activity_main.xml

```
<RelativeLayout>
    <Button
        android:id="@+id/gameButton"
        android:text="터치하세요" />

    <TextView
        android:id="@+id/scoreTextView"
        android:text="점수: 0"
        android:textSize="24sp" />
</RelativeLayout>
```

UI

---

　(3) MainActivity.java 파일 안에 다음과 같은 내용을 입력한다.

코드
작성

MainActivity.java

```java
public class MainActivity extends AppCompatActivity {
    private Button gameButton;
    private TextView scoreTextView;
    private RelativeLayout layout;
    private int score = 0;
    private Handler handler = new Handler();
    private Random random = new Random();

    @Override
    protected void onCreate(Bundle savedInstanceState) {
        super.onCreate(savedInstanceState);
        setContentView(R.layout.activity_main);

        gameButton = findViewById(R.id.gameButton);
        layout = findViewById(R.id.layout);
        scoreTextView = findViewById(R.id.scoreTextView);

        // 버튼을 클릭할 때의 동작
        gameButton.setOnClickListener(new View.OnClickListener() {
            @Override
            public void onClick(View v) {
                // 클릭 시 실행될 코드(예: 점수 증가)
                // 위치를 변경할 수도 있습니다.
                score++;
                scoreTextView.setText("점수: " + score);
                changeButtonPosition();
            }
        });

        // 3초 뒤에 버튼 위치를 변경
        handler.postDelayed(new Runnable() {
            @Override
            public void run() {
                changeButtonPosition();
            }
        }, 3000);
    }

    private void changeButtonPosition() {
        // 현재 화면의 가로 폭과 세로 높이를 가져옴
        int screenWidth = layout.getWidth();
        int screenHeight = layout.getHeight();

        // 버튼을 임의의 위치로 이동하기 위한 레이아웃 파라미터 생성
        RelativeLayout.LayoutParams params = new RelativeLayout.LayoutParams(
```

사용자가 버튼을 클릭하지 않을 경우 3초 후에 버튼을 이동시킨다.

```
    RelativeLayout.LayoutParams.WRAP_CONTENT, RelativeLayout.LayoutParams.WRAP_
    CONTENT);

    // 무작위로 새로운 위치를 설정
    params.leftMargin = random.nextInt(screenWidth - gameButton.getWidth());
    params.topMargin = random.nextInt(screenHeight - gameButton.getHeight());

    // 버튼의 위치를 업데이트
    gameButton.setLayoutParams(params);
```

3초 간격으로 버튼이 계속 이동되게 한다.

```
    // 새로운 위치에서 3초 뒤에 다시 이동하도록 스케줄링
    handler.postDelayed(new Runnable() {
        @Override
        public void run() {
            changeButtonPosition(); // 3초 후에 다시 이 메서드를 호출하여 위치 변경
        }
    }, 3000); // 3초의 딜레이를 가지고 실행
    }
}
```

changeButtonPosition() 메소드는 버튼의 위치를 임의의 위치로 이동하고, 3초 뒤에 다시 이동하게 하는 중요한 부분을 담당한다. 특히 handler.postDelayed(new Runnable() { ... }, 3000); 코드는 3초 후에 다시 changeButtonPosition 메서드를 호출하여 버튼을 다시 이동시키는 부분이다. 이 코드는 3초 후에 실행되는 새로운 스레드를 생성하고, 스레드 내에서 changeButtonPosition 메소드를 호출하여 버튼의 위치를 변경한다.

 도전문제

1. 시간 제한을 두어보자.
2. 사용자의 점수를 추적하고 랭킹을 표시하는 시스템을 추가해보자.
3. 게임의 시각적 품질을 향상시키기 위해 버튼 스타일 및 효과를 추가해보자.
4. 사용자가 게임의 난이도를 선택할 수 있는 옵션을 추가해보자.

5 SECTION 게임 예제 #2: 루나 랜더

아마도 스레드가 가장 많이 이용되는 곳은 게임일 것이다. 게임에서는 필연적으로 배경이나 캐릭터, 스프라이트들을 주기적으로 그려야 한다. 이것을 메인 스레드에서 하게 되면 사용자 인터페이스가 느려진다. 따라서 별도의 스레드를 생성하는 것이 일반적이다.

이번 절에서는 안드로이드 샘플에 포함되어 있었던 LunarLander라고 하는 게임을 간략하게 정리한 MyLunarLander를 살펴보자.

우선 원래의 LunarLander 게임을 실행하여 보자. LunarLander는 달착륙선을 착륙시키는 게임으로 방향키와 역추진 로켓을 이용하여서 가능하면 정확한 위치에 사뿐히 착륙시켜야 한다. 만약 속도가 빠르거나 위치를 벗어나면 착륙선이 망가진다.

상단 왼쪽의 바는 현재 남아있는 연료이고 상단 중앙의 바는 현재 속도가 권장 속도를 넘었는 지를 표시해준다. 역추진 로켓은 패드의 중앙 버튼을 누르면 된다.

MyLunarLander 샘플의 코드를 살펴보면 게임에 필요한 많은 내용들이 들어가 있다. 이제부터 하나씩 살펴보자. MyLunarLander는 LunarView.java와 LunarLander.java의 2개의 소스 파일로 이루어져 있다. LunarView.java에는 SurfaceView를 상속받아서 작성된 LunarView 클래스가 포함되어 있다.

SurfaceView 클래스는 View 클래스의 자식 클래스로, 게임과 같은 애플리케이션에서 사용자 인터페이스 스레드와는 독립적으로 그래픽을 그릴 수 있게 해주는 클래스이다. 즉 화면에 직접 그리는 것이 아니라 먼저 SurfaceView에 그리고 이것을 안드로이드 시스템이 화면으로 복사하게 된다. SurfaceView 클래스가 있으면 그래픽을 담당하는 스레드는 자신만의 페이스로 SurfaceView가 제공하는 서피스(surface)에 그림을 그릴 수 있다.

전체 구조

```
class LunarView extends SurfaceView implements SurfaceHolder.Callback {
    ...
}
```

서피스 뷰를 사용하면 그림을 별도의 스레드에서 그릴 수 있다.

LunarView 클래스는 SurfaceView 클래스를 상속받고 SurfaceHolder.Callback 인터페이스를 구현하여 작성된다.

SurfaceHolder.Callback 인터페이스는 캔버스가 변경되면 이것에 대한 정보를 받기 위해서 구현한다. SurfaceHolder.Callback 인터페이스는 2개의 추상 메소드를 가지고 있다. surfaceCreated()는 캔버스가 생성될 때에 호출된다. surfaceDestroyed()는 캔버스가 소멸될 때에 호출된다. 콜백은 SurfaceHolder.addCallback() 메소드를 통하여 설정된다.

```
class LunarView extends SurfaceView implements SurfaceHolder.Callback {
    public Handler mHandler;
    ...
    public void surfaceCreated(SurfaceHolder holder) {      // 서피스가 생성되면 스레드를 시작한다.
        // 스레드를 시작한다.
        thread.setRunning(true);
        thread.start();
    }

    public void surfaceDestroyed(SurfaceHolder holder) {
        boolean retry = true;
        thread.setRunning(false);                           // 서피스가 소멸되면 스레드를 중지시킨다.
        while (retry) {
            try {
                thread.join();
                retry = false;
            } catch (InterruptedException e) {
            }
        }
    }
}
```

surfaceCreated()에서는 스레드를 시작한다. surfaceDestroyed()에서는 스레드에 종료하라는 메시지를 주고 스레드가 종료할 때까지 기다린다. 여기서 join()은 thread를 종료하고 현재의 스레드와 합치라는 의미이다.

이제 스레드를 하나 생성하여 보자. 스레드는 외부에 생성할 수도 있지만, LunarLander에서는 내부 클래스로 정의하였다. 자바에서 학습한 대로 스레드는 Thread 클래스를 상속받아서 작성할 수도 있고 아니면 Runnable 인터페이스를 사용할 수도 있다. LunarLander에서는 Thread 클래스를 직접 상속받아서 작성하였다. 구현해야 할 제일 중요한 메소드는 run() 메소드이다. run() 메소드 안에 작업을 넣으면 된다. 현재 여기서는 doDraw()를 호출하고 doDraw()에서는 달착륙선을 배경 위에서 움직이는 코드가 담겨져 있다.

여기서 동기화 문제에 대하여 신경을 써야 한다. SurfaceView 안의 캔버스는 두 개의 스레드(그림을 그리는 스레드와 캔버스를 화면으로 옮기는 스레드)가 동시에 접근하고 있으므로 먼저 mSurfaceHolder.lockCanvas(null)을 호출하여서 캔버스를 잠근 후에 mSurfaceHolder 세마포를 사용하여서 동기화해야 한다.

코드 작성

LunarView.java

```java
class LunarView extends SurfaceView implements SurfaceHolder.Callback {
    ...
    class LunarThread extends Thread { ← 스레드로 구현된다.
    ...
        @Override
        public void run() {
            while (mRun) {
                Canvas c = null;
                try {
                    c = mSurfaceHolder.lockCanvas(null);
                    synchronized (mSurfaceHolder) {        동기화 부분으로 서피스를
                        doDraw(c);                          독점하면서 그림을 그린다.
                    }
                } finally {
                    if (c != null) {
                        mSurfaceHolder.unlockCanvasAndPost(c);
                    }
                }
            }
        }

        private void doDraw(Canvas canvas) {
            canvas.drawBitmap(mBackgroundImage, 0, 0, null);
            mLanderImage.setBounds(x++, y++, x + 100, y + 100);     달착륙선은 무조건 왼쪽 상단에서
            if( x > mCanvasWidth ) x = 0;                           오른쪽 하단으로 이동한다.
            if( y > mCanvasHeight ) y = 0;
            mLanderImage.draw(canvas);
        }
    ...
    }
}
```

doDraw()에서는 먼저 배경을 그리고 달착륙선을 배경 위에 그리면 된다. 한 번 그릴 때마다 위치를 조금씩 변경하여 주면 마치 이동하는 것처럼 보이게 된다.

LunarView 객체는 XML을 통하여 생성된다. 즉 lunar_layout.xml 파일에 하나의 요소로 들어 가게 되고 이 XML 파일이 액티비티의 화면으로 설정될 때 생성된다.

lunar_layout.xml

```xml
<?xml version="1.0" encoding="utf-8"?>
<FrameLayout xmlns:android="http://schemas.android.com/apk/res/android"
    android:layout_width="match_parent"
    android:layout_height="match_parent">

    <com.example.android.lunarlander.LunarView
      android:id="@+id/lunar"
      android:layout_width="match_parent"
      android:layout_height="match_parent"/>

</FrameLayout>
```

← 사용자가 정의한 LunarView를
화면에 표시한다.

FrameLayout 안에 단순히 우리가 작성한 LunarView가 들어 있는 구조이다. 크기는 부모 요소를 전부 차지한다.

자, 이제 남은 작업은 LunarLander 클래스 안에서 이 레이아웃 파일을 팽창시키고 몇 가지의 작업을 해주면 된다.

LunarLander.java

코드
작성

```java
...
public class LunarLander extends Activity {
    private LunarThread mLunarThread;

    private LunarView mLunarView;

    @Override
    protected void onCreate(Bundle savedInstanceState) {
        super.onCreate(savedInstanceState);

        setContentView(R.layout.lunar_layout);

        mLunarView = (LunarView) findViewById(R.id.lunar);
        mLunarThread = mLunarView.getThread();
    }

    @Override
    protected void onPause() {
        super.onPause();
        mLunarView.getThread().pause();
    }

    @Override
    protected void onSaveInstanceState(Bundle outState) {
```

```
        super.onSaveInstanceState(outState);
        mLunarThread.saveState(outState);
    }
}
```

여기서 onCreate()에서는 LunarView 객체를 찾아서 mLunarView 변수에 저장하고 또 스레드 객체도 mLunarThread 변수에 저장한다. onPause()는 사용자의 포커스를 잃을 때 호출되므로 여기서는 스레드를 중지시키는 것이 필요하다. 따라서 스레드 객체의 pause()를 호출하여 준다.

MyLunarLander를 실행하여 보자. 사용자와 상호작용하는 부분은 모두 생략되었으므로 키를 눌러도 전혀 반응하지 않으며 단순히 배경을 가로질러서 달착륙선이 움직이는 부분만 남아 있다. 생략되지 않은 전체 소스는 LunarLander.tar.gz로 제공하였다.

애니메이션 만들기

스레드를 이용하여 바다에서 헤엄치는 가상 물고기를 만들어보자. 물고기는 자유롭게 헤엄칠 수 있다. 다만 일정 시간이 지나면 배가 고파진다고 가정하자. 따라서 물고기의 움직임이 둔해지고 점점 아래로 가라앉게 된다.

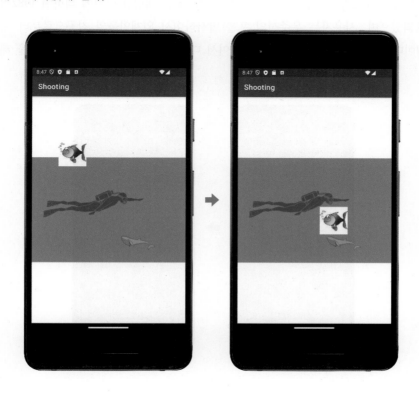

게임 예제 #3: 갤러그 게임

SECTION

이번 장에서는 "갤러그"와 유사한 게임을 제작하여 보자. 이제까지 우리가 학습한 모든 것을 사용하여 보자. 갤러그는 유명한 아케이드 게임으로 일본 게임사 남코에 의하여 1982년에 처음으로 배포되었으며, 사용자는 우주선의 포를 발사하여서 외계인들의 침공으로부터 지구를 구하는 게임이다. 우리는 안드로이드를 이용하여서 다음과 같은 "갤러그" 유사 게임을 제작할 것이다.

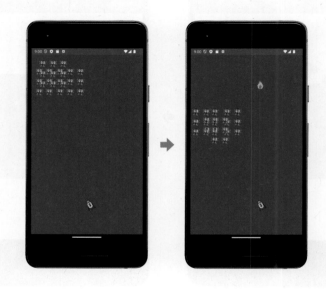

어떤 객체들이 필요한가?

객체 지향 프로그램에서는 객체들이 메시지를 주고받으면서 어떤 작업을 한다고 하였다. 객체 지향 프로그램을 작성하는 가장 첫 번째 단계는 어떤 객체들이 필요한가를 분석하는 단계이다. 갤러그 게임에서는 비교적 간단하다. 다음과 같은 객체만 있으면 될 것이다.

옆의 이미지들은 모두 openclipart. org에서 다운 로드한 것이다. openclipart.org 에 감사드린다!

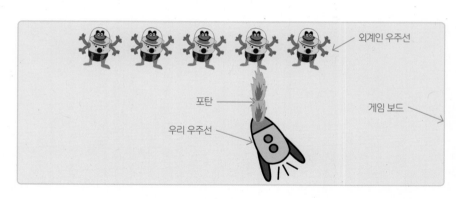

따라서 앞의 객체들을 생성할 수 있는 클래스를 작성하면 된다.

- StarShipSprite 클래스: 주인공 우주선을 모델링한다.
- AlienSprite 클래스: 외계인 우주선을 모델링한다.
- ShotSprite 클래스: 포탄을 모델링한다.
- SpaceInvaderView 클래스: 게임 보드를 모델링한다.

각 클래스들이 가져야 될 속성과 메소드를 생각해보자. 외계인 우주선이나 우리 우주선, 포탄은 모두 움직이고 있다. 따라서 현재 위치를 나타내는 x, y 변수가 필요하다. 또 1초에 움직이는 거리, 즉 x방향의 속도(dx 변수로 나타내자)와 y 방향의 속도(dy 변수로 나타내자)도 필요하다. 또 이들 클래스들은 모두 이미지를 가지고 있어야 할 것이다. 따라서 결론적으로 StarShipSprite 클래스, AlienSprite 클래스, ShotSprite 클래스들은 모두 어떤 공통적인 속성을 가지고 있다는 것이다.

3개의 클래스가 모두 공통적인 속성을 가지고 있다면 이것을 중복해서 정의하는 것보다 더 좋은 방법이 있다! 이미 여러분들도 떠올렸겠지만 상속을 사용하여야 한다. 따라서 Sprite라는 클래스를 작성하고 여기에 공통적인 속성과 동작들을 정의하도록 하자.

공통적인 동작(메소드)에는 어떤 것들이 있을까? StarShipSprite 클래스, AlienSprite 클래스, ShotSprite 클래스들은 모두 화면에 자신의 이미지를 그리는 메소드 draw()를 가져야 한다. 그리고 1초에 한 번씩 호출되어서 자신의 위치를 변경하는 move() 메소드도 필요하다. move() 메소드는 다른 게임 관련 문헌에서는 update()라고도 한다.

Sprite 클래스

자 그렇다면 먼저 가장 기초가 되는 Sprite 클래스를 작성해보면 다음과 같다. 패키지 이름 위에서 마우스 오른쪽 버튼을 눌러서 [New] → [Class] 메뉴를 선택하고 Sprite.java를 생성하여서 다음과 같이 입력한다.

Sprite.java

```java
package com.example.igchun.spacegame;
// ALT+ENTER를 쳐서 필요한 패키지를 포함한다.

public class Sprite {
    protected int x, y;      // 현재 좌표
    protected int width, height;   // 화면의 크기
    protected int dx, dy;       // 속도
    private Bitmap bitmap; // 이미지
    protected int id;       // 이미지 리소스 아이디
```

```java
    private RectF rect;     // 사각형, 충돌 검사에 사용한다.

// 생성자
public Sprite(Context context, int id, int x, int y) {
    this.id = id;
    this.x = x;
    this.y = y;
    bitmap = BitmapFactory.decodeResource(context.getResources(), id);
    width = bitmap.getWidth();
    height = bitmap.getHeight();
    rect = new RectF();
}

public int getWidth() {        return bitmap.getWidth();    }
public int getHeight() {       return bitmap.getHeight();   }

// 스프라이트를 화면에 그린다.
public void draw(Canvas g, Paint p) {
    g.drawBitmap(bitmap, x, y, p);    }

// 스프라이트를 움직인다.
public void move() {
    x += dx;
    y += dy;
    rect.left = x;
    rect.right = x + width;
    rect.top = y;
    rect.bottom = y + height;
}

public void setDx(int dx) {       this.dx = dx;    }
public void setDy(int dy) {       this.dy = dy;    }
public int getDx() {        return dx;    }
public int getDy() {        return dy;    }
public int getX() {       return x;      }
public int getY() {       return y;      }
public RectF getRect() {        return rect;     }

// 다른 스프라이트와의 충돌 여부를 계산한다. 충돌이면 true를 반환한다.
public boolean checkCollision(Sprite other) {
    return RectF.intersects(this.getRect(), other.getRect());
}

// 충돌을 처리한다.
public void handleCollision(Sprite other) {
}
}
```

스프라이트 간의 충돌은 RectF 클래스의 intersects() 메소드를 사용하는 것이 가장 편리하다. 스프라이트의 크기를 넣어서 2개의 RectF 객체를 생성한 후에 intersects() 메소드를 호출하여서 true가 반환되면 2개의 스프라이트가 충돌한 것이다.

StarShipSprite 클래스

StarShipSprite 클래스는 우리 우주선을 나타낸다. 여기서 GalagaGame 객체의 참조값을 생성자에서 받아서 저장해놓는 것이 좋다. 왜냐하면 SpaceInvaderView 객체의 메소드를 호출할 필요가 있기 때문이다. Sprite 클래스의 move()와 draw()를 자신의 상황에 맞추어서 재정의한다.

StarShipSprite.java

```java
package com.example.igchun.spacegame;
// ALT+ENTER를 쳐서 필요한 패키지를 포함한다.


public class StarShipSprite extends Sprite {
    RectF rect;
    SpaceInvadersView game;

    public StarShipSprite(Context context, SpaceInvadersView game, int x, int y) {
        super(context, R.drawable.starship, x, y);
        this.game = game;
        dx = 0;
        dy = 0;
    }

    @Override                                    // 우주선의 움직임을 기술한다.
    public void move() {
        if ((dx < 0) && (x < 10)) {
            return;
        }
        if ((dx > 0) && (x > 800)) {
            return;
        }
        super.move();
    }

    @Override                                    // 충돌 처리를 기술한다.
    public void handleCollision(Sprite other) {
        if (other instanceof AlienSprite) {
            game.endGame();
        }
    }
}
```

```
    }
```

handleCollision() 메소드는 현재의 객체와 다른 객체가 충돌하였을 때 호출된다. 충돌한 객체가 만약 외계인 우주선이면 게임을 종료한다.

AlienSprite 클래스

AlienSprite 클래스는 외계인 우주선을 나타낸다. 여기서도 GalagaGame 객체의 참조값을 생성자에서 받아서 저장해놓는 것이 좋다. move()와 draw()를 자신의 상황에 맞추어서 재정의한다.

**코드
작성**

AlienSprite.java

```java
package com.example.igchun.spacegame;
// ALT+ENTER를 쳐서 필요한 패키지를 포함한다.

public class AlienSprite extends Sprite {
    private SpaceInvadersView game;

    public AlienSprite(Context context, SpaceInvadersView game, int x, int y) {
        super(context, R.drawable.alien, x, y);
        this.game = game;
        dx = -3;
    }

    @Override
    public void move() {
        if (((dx < 0) && (x < 10)) || ((dx > 0) && (x > 800))) {
            dx = -dx;
            y += 80;
            if (y > 600) {
                game.endGame();
            }
        }
        super.move();
    }
}
```

한 가지 특이한 점은 move() 메소드에서 y값을 증가시키고 x값을 감소시키면서 진행을 하다가 x의 위치가 10 이하가 되면 방향을 반대로 바꾼다. x의 위치가 800을 넘어도 마찬가지이다. 즉 외계인 우주선이 왼쪽으로 움직이면서 내려오게 되는데 게임판의 경계선에 닿으면 방향을 반

대로 변경하는 것이다. 만약 y의 값이 600이 넘으면 외계인 우주선이 우리 우주선을 잡은 것이
므로 게임을 종료한다.

ShotSprite 클래스

ShotSprite 클래스는 우리 우주선에서 발사하는 포탄을 나타낸다. 이 객체는 아래에서 위쪽
으로 움직이면 된다.

ShotSprite.java

```java
package com.example.igchun.spacegame;
// ALT+ENTER를 쳐서 필요한 패키지를 포함한다.


public class ShotSprite extends Sprite {
    private SpaceInvadersView game;
    public ShotSprite(Context context, SpaceInvadersView game, int x, int y ) {
        super(context, R.drawable.fire, x, y);
        this.game = game;
        dy = -16;
    }
    @Override
    public void move() {
        super.move();
        if (y < -100) {
            game.removeSprite(this);
        }
    }
    @Override
    public void handleCollision(Sprite other) {
        if (other instanceof AlienSprite) {
            game.removeSprite(this);
            game.removeSprite(other);
        }
    }
}
```

만약 포탄과 외계인 우주선이 충돌하면 handleCollision()에서 포탄과 외계인 우주선을 모
두 소멸시킨다.

SpaceInvaderView 클래스

SpaceInvaderView 클래스는 실제적으로 게임을 진행하는 메인 클래스이다. 생성자에서 모든 이미지를 읽어두고 우리 우주선을 비롯하여 외계인 우주선과 같은 각종 객체들을 생성하게 된다. 그런데 여기서 약간 고민할 사항이 있다. 외계인 우주선은 1대가 아니다. 약 30여 대의 우주선 객체를 생성하여야 한다. 어디에 저장할 것인가?

우리가 학습한 사항들을 되돌아보면 배열에 저장하는 것이 좋다. 하지만 자바의 오리지날 배열보다는 ArrayList라고 하는 향상된 배열을 사용하는 것이 좋다. ArrayList를 사용할 때도 제네릭으로 사용하는 방법도 있지만, 여기서는 제네릭을 사용하지 않고 Raw 모드로 사용해본다. 즉 모든 객체를 Object 형식으로 저장하는 것이다. 이렇게 하면 모든 캐릭터들을 하나의 리스트 안에 저장할 수 있다. 물론 취향에 따라서 캐릭터 별로 나누어서 저장하여도 된다. 각자 스타일대로 하면 된다.

그리고 또 한 가지 사항이 있다. 게임에서는 게임에 나타내는 캐릭터들의 위치를 변경하고 다시 그려주는 작업을 되풀이하여서 해야 한다. 이것을 보통 게임 루프(Game Loop)라고 한다. 게임 루프의 대략적인 구조는 다음과 같다.

전체 구조

```
while(true)
{
  for( sprite s : list )    // 각 캐릭터들의 위치를 변경한다.
      s.move();
  for( sprite s : list )    // 각 캐릭터들이 다른 캐릭터와 충돌하였는지를 검사
      충돌검사();
  for( sprite s : list )    // 각 캐릭터들을 변경된 위치에 다시 그린다.
      s.draw();
  ...
}
```

캐릭터들을 다시 그리는 것은 draw() 메소드가 담당한다. 따라서 게임 루프 안에서는 단순히 draw()를 호출하면 된다.

코드 작성

SpaceInvaderView.java

```java
package com.example.igchun.spacegame;
// ALT+ENTER를 쳐서 필요한 패키지를 포함한다.

public class SpaceInvadersView extends SurfaceView implements Runnable {
    private Context context;
    private Thread gameThread = null;
    private SurfaceHolder ourHolder;
    private volatile boolean running;
    private Canvas canvas;
```

```java
    private Paint paint;
    private int screenW, screenH;

    private ArrayList sprites = new ArrayList();
    private Sprite starship;

    public SpaceInvadersView(Context context, int x, int y) {
        super(context);
        this.context = context;
        ourHolder = getHolder();
        paint = new Paint();
        screenW = x;
        screenH = y;
        startGame();
    }
    private void initSprites() {
        starship = new StarShipSprite(context, this, screenW/2, screenH-400);
        sprites.add(starship);
        for (int y = 0; y < 3; y++) {
            for (int x = 0; x < 8; x++) {
                Sprite alien = new AlienSprite(context, this,100 + (x * 100), (50) + y * 100);
                sprites.add(alien);
            }
        }
    }


    @Override
    public void run() {          // 게임 루프이다.
        while (running) {
            for (int i = 0; i < sprites.size(); i++) {      // 캐릭터를 이동시킨다.
                Sprite sprite = (Sprite) sprites.get(i);
                sprite.move();
            }

            for (int p = 0; p < sprites.size(); p++) {
                for (int s = p + 1; s < sprites.size(); s++) {
                    Sprite me = (Sprite) sprites.get(p);
                    Sprite other = (Sprite) sprites.get(s);
                                                        // 충돌을 처리한다.
                    if (me.checkCollision(other)) {
                        me.handleCollision(other);
                        other.handleCollision(me);
                    }
                }
            }                   // 캐릭터를 다시 화면에 그린다.
            draw();
            try {
```

```
                    Thread.sleep(10);
            } catch (Exception e) {
            }
        }
    }
    public void draw() {
        if (ourHolder.getSurface().isValid()) {
            canvas = ourHolder.lockCanvas();
            canvas.drawColor(Color.BLUE);
            paint.setColor(Color.BLUE);
            for (int i = 0; i < sprites.size(); i++) {
                Sprite sprite = (Sprite) sprites.get(i);
                sprite.draw(canvas, paint);
            }
            ourHolder.unlockCanvasAndPost(canvas);
        }
    }
    private void startGame() {
        sprites.clear();
        initSprites();
    }

    public void endGame() {
        //System.exit(0);
    }
    public void fire() {
        ShotSprite shot = new ShotSprite(context, this, starship.getX() + 10,
                starship.getY() - 30);
        sprites.add(shot);
    }

    public void removeSprite(Sprite sprite) {
        sprites.remove(sprite);
    }

    public void pause() {
        running = false;
        try {
            gameThread.join();
        }
        catch (InterruptedException e) {
        }
    }

    public void resume() {
        running = true;
        gameThread = new Thread(this);
```

ArrayList에서 모든 Sprite 객체를 꺼내서 그린다.

총알을 발사한다.

여기서 스레드가 생성되고 시작된다.

```
        gameThread.start();
    }

    @Override
    public boolean onTouchEvent(MotionEvent motionEvent) {
        int switchInt = motionEvent.getAction() & MotionEvent.ACTION_MASK;
        switch (switchInt) {
            case MotionEvent.ACTION_MOVE:
            case MotionEvent.ACTION_DOWN:
                if (motionEvent.getY() > screenH * 4 / 5)
                    if (motionEvent.getX() > screenW / 2)
                        starship.setDx(+10);
                    else
                        starship.setDx(-10);
                if (motionEvent.getY() <= screenH * 4 / 5) {
                    fire();
                }
                break;
            case MotionEvent.ACTION_CANCEL:
            case MotionEvent.ACTION_UP:
                starship.setDx(0);
                break;
        }
        return true;
    }
}
```

터치가 발생하면 우리 우주선을 이동시킨다.

SpaceInvaderView 클래스는 빠른 그래픽을 위하여 SurfaceView를 상속받았고 스레드를 이용해야 하므로 Runnable 인터페이스를 구현하고 있다. 또 게임이 터치 이벤트를 이용하여 진행되기 때문에 SpaceInvaderView 클래스는 터치 이벤트를 처리한다.

MyActivity 클래스

액티비티에서는 화면을 SpaceInvaderView 클래스의 객체로 설정한다. 액티비티의 생명주기 메소드 중에서 resume()과 pause() 메소드를 재정의하였다.

MyActivity.java

코드
작성

```
package com.example.igchun.spacegame;

public class MainActivity extends AppCompatActivity {
    SpaceInvadersView spaceInvadersView;
```

```
    @Override
    protected void onCreate(Bundle savedInstanceState) {
        super.onCreate(savedInstanceState);
        Display display = getWindowManager().getDefaultDisplay();
        Point size = new Point();
        display.getSize(size);
        spaceInvadersView = new SpaceInvadersView(this, size.x, size.y);
        setContentView(spaceInvadersView);
    }
    @Override
    protected void onResume() {
        super.onResume();
        spaceInvadersView.resume();
    }

    @Override
    protected void onPause() {
        super.onPause();
        spaceInvadersView.pause();
    }
}
```

액티비티의 생명 주기 메소드 중에서
resume()을 재정의한다.

연습문제

01 앱이 사작할 때 앱의 UI를 담당하는 기본적인 스레드를 무엇이라고 하는가?

① 디폴트 스레드   ② 메인 스레드

③ 작업 스레드   ④ 퍼스트 스레드

02 UI 스레드 안에서 하지 말아야 하는 작업은?

① 앱의 초기화   ② 터치 이벤트 처리

③ 네트워크 접근   ④ 버튼 이벤트 처리

03 Thread 클래스 안에서 우리가 원하는 작업을 기술하는 메소드 이름은?

① start()   ② run()

③ init()   ④ work()

04 작업 스레드에서 직접적으로 사용자 인터페이스 위젯을 변경하면 어떻게 되는가?

① 아무 일 없다.   ② 컴파일 오류가 발생한다.

③ 실행 오류가 발생한다.   ④ 에뮬레이터가 파괴된다.

05 작업 스레드에서 사용자 인터페이스 위젯을 변경하려면 어떤 메소드를 사용해야 하는가?

① post()   ② send()

③ request()   ④ run()

06 AsyncTask 클래스 안에서 작업 스레드에서 수행할 작업을 기술하는 곳은?

① onPreExecute()   ② doInBackground()

③ onProgressUpdate()   ④ onPostExecute()

07 스톱워치 애플리케이션을 작성해보자. 스톱워치가 시작된 후 UI 디스플레이를 지속적으로 업데이트해야 한다. 스레드를 사용하여야 한다.

(주제: 스레드와 UI 업데이트, 난이도: 상)

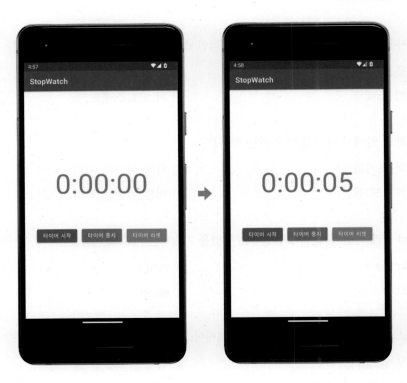

CHAPTER 14

네트워크

앱에서는 음성 말고 데이터 통신도 가능하겠죠?

당연하지. 소켓을 통한 TCP/IP 통신도 가능하고, 서버에서 XML 로 받을 수도 있지.

...

CHAPTER 14

네트워크

SECTION 1

네트워킹 상태 조회

모바일 장치에서 이용 가능한 네트워크는 상당히 다양하다. 최근의 스마트폰이라면 4G나 5G와 같은 모바일 네트워크, 와이파이, 블루투스, 근거리 통신(NFC) 등은 대부분 지원하고 있다. 사용자는 이들 네트워크 연결 방법 중에서 하나를 선택할 수 있다.

현재 어떤 네트워크가 사용 가능한지를 프로그램에서 알려면 어떻게 하면 될까? 안드로이드에는 네트워크의 현재 상태에 대한 정보를 반환하는 ConnectivityManager라는 클래스가 있다. ConnectivityManager 클래스는 네트워크 연결 상태를 감시하고 만약 네트워크 연결 상태가 변경되면 애플리케이션에 방송한다. 하나의 네트워크 연결이 끊기면 다른 네트워크로 연결을 시도한다.

현재 어떤 네트워크가 사용 가능한지를 파악하려면 다음과 같이 Connectivity Manager 클래스의 객체를 얻어서 getNetworkInfo()를 호출하면 알 수 있다.

전체 구조

```
ConnectivityManager manager = (ConnectivityManager)
    getSystemService(Context.CONNECTIVITY_SERVICE);
NetworkInfo activeNet = manager.getActiveNetworkInfo();   // 네트워크 정보를 반환한다.
if (activeNet != null) {
    if (activeNet.getType() == ConnectivityManager.TYPE_WIFI) {
        display.setText(activeNetwork.toString());
    } else if (activeNet.getType() == ConnectivityManager.TYPE_MOBILE) {
        display.setText(activeNetwork.toString());
    }
}
```

getActiveNetworkInfo() 메소드는 NetworkInfo 객체를 반환한다. NetworkInfo 객체는 네트워크의 현재 상태를 반환하는 많은 메소드를 제공한다.

메소드	설명
DetailedState getDetailedState()	네트워크의 상세한 상태를 보고한다.
String getExtraInfo()	부가적인 정보를 보고한다.
String getTypeName()	"WIFI"나 "MOBILE"과 같은 문자열 이름을 반환한다.
int getType()	네트워크의 종류를 반환한다.
boolean isAvailable()	네트워크가 사용 가능한지를 보고한다.
boolean isConnected()	네트워크가 연결되어 있는지를 보고한다.
boolean isConnectedOrConnecting()	네트워크가 연결되어 있는지 또는 연결되는 중인지를 보고한다.
boolean isRoaming()	현재 로밍 상태인지를 보고한다.
String toString()	네트워크의 전체 상태를 문자열로 보고한다.

NetworkInfo 객체의 getType() 함수는 ConnectivityManager 안에 정의된 다음과 같은 상수들을 반환한다.

네트워크 종류	설명
TYPE_MOBILE	디폴트 모바일 네트워크
TYPE_MOBILE_DUN	DUN 방식의 모바일 네트워크
TYPE_MOBILE_HIPRI	High Priority 모바일 네트워크
TYPE_MOBILE_MMS	MMS 방식의 모바일 네트워크
TYPE_MOBILE_SUPL	SUPL 방식의 모바일 네트워크
TYPE_WIFI	디폴트 WIFI 네트워크
TYPE_WIMAX	디폴트 WiMAX 네트워크
TYPE_BLUETOOTH	블루투스 네트워크

현재 활성화된 네트워크 상태를 출력하는 간단한 예제 프로그램을 작성하여 보자.

(1) NetworkTest1 프로젝트를 생성한다.

(2) 에디트 텍스트와 버튼으로 이루어진 사용자 인터페이스를 작성한다. 자세한 내용은 소스를 참고한다.

(3) MainActivity.java 파일에 다음과 같은 내용을 입력한다.

코드 작성

MainActivity.java

```java
package kr.co.company.networktest1;
// 소스만 입력하고 Alt+Enter를 눌러서 import 문장을 자동으로 생성한다.

public class MainActivity extends AppCompatActivity {
   EditText display;

   @Override
   protected void onCreate(Bundle savedInstanceState) {
      super.onCreate(savedInstanceState);
      setContentView(R.layout.activity_main);

      Button get = (Button) findViewById(R.id.get);
      display = (EditText) findViewById(R.id.display);
      get.setOnClickListener(new View.OnClickListener() {
         public void onClick(View v) {
            try {
               ConnectivityManager manager = (ConnectivityManager)
                  getSystemService(Context.CONNECTIVITY_SERVICE);
               NetworkInfo activeNet = manager. getActiveNetworkInfo();
               if (activeNet != null) {
               if (activeNet.getType() == ConnectivityManager.TYPE_WIFI) {
                  display.setText(activeNet.toString());
               }
               else if (activeNet.getType() == ConnectivityManager.TYPE_MOBILE) {
                  display.setText(activeNet.toString());
               }
               }
            } catch (Exception e) {
            }
         }
      });
   }
}
```

ConnectivityManager 객체를 얻는다.

WIFI 연결 상태를 가져온다.

(4) 매니페스트 파일에 네트워크를 사용할 수 있는 권한을 설정한다.

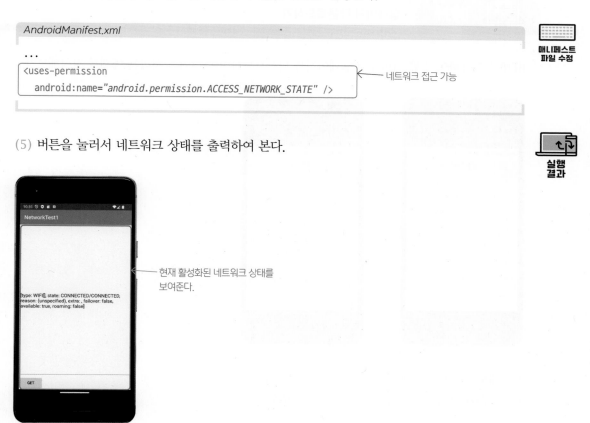

```
AndroidManifest.xml
...
<uses-permission
    android:name="android.permission.ACCESS_NETWORK_STATE" />
```
← 네트워크 접근 가능

매니페스트 파일 수정

(5) 버튼을 눌러서 네트워크 상태를 출력하여 본다.

실행 결과

← 현재 활성화된 네트워크 상태를 보여준다.

웹에서 어떻게 자료를 읽을까요? 그것은 자바의 Java.net 패키지의 URL 클래스를 사용하면 돼요.

2 SECTION 웹에서 파일 다운로드

애플리케이션에서는 가끔 월드와이드웹(WWW) 상에서 텍스트나 이미지와 같은 자원들을 다운로드할 필요가 있다. 웹 서버가 사용하는 프로토콜은 HTTP이다. HTTP 프로토콜을 이용하여서 웹페이지를 읽을 때 사용하는 가장 기본적인 클래스는 java.net 패키지의 HttpURLConnection 이다.

웹 서버로부터 파일을 읽을 때, 주의할 점이 있다. 안드로이드 버전 3.0(하니콤)부터는 메인 스레드에서 직접 파일을 다운로드하면 NetworkOnMainThreadException 예외가 발생한다. 네트워크에서 다운로드하는 것과 같이 시간이 많이 걸리는 작업은 메인 스레드에서 하면 안 된다는 의미이다. 따라서 별도의 스레드를 생성하고 여기에서 파일을 다운로드하여야 한다.

 웹페이지 다운로드하기

HTTP를 이용하여서 웹 서버에서 웹페이지를 다운로드하여 화면에 표시하는 예제를 작성해보자.

(1) 새로운 프로젝트 WebDownload를 생성한다.

(2) 다음과 같이 사용자 인터페이스를 작성한다.

activity_main.xml

```
<LinearLayout>
    <EditText
        android:id="@+id/url"
        android:layout_width="match_parent"
        android:layout_height="wrap_content"
        android:ems="10" >
        <requestFocus/>
    </EditText>

    <Button
        android:id="@+id/download"
        android:onClick="onClick"
        android:text="Button" />

    <TextView
        android:id="@+id/text"
        android:text="TextView" />
</LinearLayout>
```

(3) 다음과 같이 코드를 작성한다.

MainActivity.java

```java
public class MainActivity extends AppCompatActivity {
    TextView tView;
    String url;

    @Override
    public void onCreate(Bundle savedInstanceState) {
        super.onCreate(savedInstanceState);
        setContentView(R.layout.activity_main);
        tView = (TextView) findViewById(R.id.text);
    }

    public void onClick(View v) {
        if (isNetworkAvailable()) {
            // 입력된 URL 가져오기
            EditText urlEdit = (EditText) findViewById(R.id.url);
            url = urlEdit.getText().toString();

            // 백그라운드 스레드 생성 및 실행
            Thread downloadThread = new Thread(new Runnable() {
                @Override
                public void run() {
                    try {
                        // 백그라운드에서 URL 다운로드
                        final String result = downloadUrl(url);

                        // UI 업데이트를 post() 메소드를 사용해 메인(UI) 스레드에서 실행
                        tView.post(new Runnable() {
                            @Override
                            public void run() {
                                tView.setText(result);
                                Toast.makeText(getApplicationContext(), "성공", Toast.LENGTH_
                                SHORT).show();
                            }
                        });
                    } catch (Exception e) {
                        Log.d("Background Task", e.toString());
                    }
                }
            });
            downloadThread.start();
        } else {
            // 네트워크를 사용할 수 없을 때 메시지 표시
            Toast.makeText(getBaseContext(), "Network is not Available", Toast.LENGTH_SHORT).
```

> 반드시 작업 스레드에서 네트워크 다운로드를 하여야 한다.

```
                        show();
                }
        }


        // 네트워크 연결 가능 여부 확인                    네트워킹이 가능한지 확인한다.
        private boolean isNetworkAvailable() {
                boolean available = false;
                ConnectivityManager connMgr = (ConnectivityManager) getSystemService(Context.
                CONNECTIVITY_SERVICE);
                NetworkInfo networkInfo = connMgr.getActiveNetworkInfo();
                if (networkInfo != null && networkInfo.isAvailable())
                        available = true;
                return available;
        }


        // URL에서 데이터 다운로드
        private String downloadUrl(String strUrl) throws IOException {
                String s = null;
                byte[] buffer = new byte[1000];
                InputStream iStream = null;
                try {
                        URL url = new URL(strUrl);
                        HttpURLConnection urlConnection = (HttpURLConnection) url.openConnection();
                        urlConnection.connect();
                        iStream = urlConnection.getInputStream();
                        iStream.read(buffer);
                        s = new String(buffer);
                } catch (Exception e) {
                        Log.d("Exception download", e.toString());
                } finally {
                        if (iStream != null) {
                                iStream.close();
                        }
                }
                return s;
        }
}
```

참고
사항
만약 이 HTML 문서를 해석하여서 웹페이지의 형태로 출력하고자 할 때는 WebView라는 위젯을 사용하면 된다. 또 웹서버로부터 이미지를 다운로드받으려면 다음과 같은 코드를 사용한다.

```
iStream = urlConnection.getInputStream();
bitmap = BitmapFactory.decodeStream(iStream);
```

(4) 네트워크에서 자료를 읽기 위해서는 권한이 필요하다. 따라서 AndroidManifest 파일에

"INTERNET" 권한을 설정하여야 한다.

AndroidManifest.xml

매니페스트
파일 수정

```
...
  <uses-permission
        android:name="android.permission.INTERNET" />  ←──── 인터넷 접속 권한
  <uses-permission
        android:name="android.permission.ACCESS_NETWORK_STATE" />
...
```

---

3 SECTION 웹앱

> WebView라고 들어봤나요?
> 웹페이지를 화면에
> 디스플레이하는 뷰로
> 웹 브라우저를 만드는 기초가
> 된다네요.

안드로이드에서 애플리케이션을 개발하는 방법에는 기본적으로 2가지가 있다. 첫 번째는 우리가 지금까지 열심히 하고 있는 방법으로, 안드로이드 SDK를 사용하여 APK 형식으로 사용자의 장치에 설치되는 애플리케이션(네이티브 앱이라고 한다)을 개발하는 것이다. 두 번째는 웹앱(Web App)으로 HTML5와 같은 웹 표준을 사용하여 개발하고 사용자는 웹 브라우저를 통해 액세스하는 방법이다. 이 경우에는 사용자 장치에 설치할 필요가 없다.

안드로이드 기반의 웹앱을 제공하기로 선택한 경우, 안드로이드용 주요 웹 브라우저

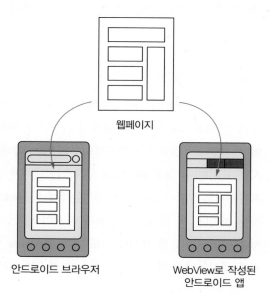

웹페이지

안드로이드 브라우저   WebView로 작성된 안드로이드 앱

(또는 WebView 프레임워크)에서는 웹페이지의 뷰포트 및 스타일 속성을 사용하여 웹페이지를 적절한 크기로 표시할 수 있다. 웹앱은 다시 2가지의 카테고리로 나누어진다.

위의 그림에서 안드로이드에서 웹앱을 제공하는 2가지의 방법을 보여준다. 첫 번째 방법은 100% 웹 브라우저만을 이용하는 것이다. 두 번째 방법은 안드로이드 앱을 생성하고 앱 안에서 WebView 위젯을 사용하여 웹페이지를 표시하는 것이다. 이것을 하이브리드 앱이라고도 한다. 하이브리드 앱은 웹페이지를 네이티브 앱 안에 내장한다. 하이브리드 앱은 구글 플레이에 올릴

수도 있고 장치 하드웨어도 직접 접근할 수 있으며, 오프라인 작업도 할 수 있는 등 네이티브 앱의 장점을 그대로 유지하면서 여러 플랫폼에 사용할 수 있어서 개발 비용도 적은 장점이 있다. 하지만 웹뷰의 성능에 의존적이 되어서 속도가 느려질 수도 있는 단점도 있다. 메모리 제한도 있을 수 있다.

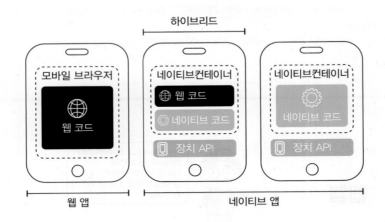

안드로이드 애플리케이션과 웹페이지 사이의 인터페이스를 정의할 수도 있다. 예를 들어서 웹페이지에서 자바 스크립트가 안드로이드 애플리케이션의 API를 호출하도록 허용할 수도 있다.

WebView 위젯

안드로이드에서 웹 서버로부터 웹페이지를 읽어서 웹 브라우저처럼 화면에 표시하는 것이 가능할까? WebView 위젯을 사용하면 가능하다. WebView는 웹페이지를 화면에 디스플레이하는 뷰이다. WebView 클래스는 안드로이드의 View 클래스의 확장으로 액티비티 레이아웃 안에 웹페이지를 표시한다. 물론 WebView 클래스는 내비게이션 컨트롤이나 주소 표시줄과 같은 완전한 웹 브라우저의 모든 기능을 포함하지는 않는다. WebView가 하는 일은 기본적으로 웹페이지를 표시하는 것이다. 이 클래스는 사용자 자신의 웹 브라우저를 만드는 기초가 되고 또 액티비티 안에서 온라인 콘텐츠를 표시할 수도 있다. WebView 위젯은 WebKit라는 엔진을 사용하여서 HTML 문서를 해석하여서 화면에 그려준다. 또한 "앞으로", "뒤로"와 같은 내비게이트 기능, 줌인, 줌아웃, 텍스트 탐색 등의 많은 기능을 지원한다.

WebView 사용 방법

사용자의 액티비티 안에서 WebView를 제공하려면 레이아웃에 <WebView>를 넣거나 onCreate()에서 액티비티 윈도우를 WebView로 설정하면 된다. 코드로 WebView 객체를 생성하고 이것을 액티비티 화면으로 설정하여 보자.

전체
구조

```
public void onCreate(Bundle savedInstanceState) {
    ...
    WebView webview = new WebView(this);          ←—— 웹뷰를 액티비티의 화면으로 설정한다.
    setContentView(webview);
    ...
}
```

레이아웃에 `WebView`를 추가하려면 액티비티 레이아웃 파일에 `<WebView>` 요소를 포함시키면 된다. 예를 들어서 다음은 `WebView`가 전체 화면을 채우는 레이아웃 파일이다.

```xml
<?xml version="1.0" encoding="utf-8"?>
<WebView  xmlns:android="http://schemas.android.com/apk/res/android"
    android:id="@+id/webview"
    android:layout_width="fill_parent"
    android:layout_height="fill_parent"
/>
```

웹페이지를 `WebView`에 적재하려면 `loadUrl()`을 사용한다.

```
WebView myWebView = (WebView) findViewById(R.id.webview);
myWebView.loadUrl("https://www.naver.com");          ←—— www.naver.com에서 웹페이지를
                                                         로드하여서 표시한다.
```

또는 `loadData()`를 사용하면 HTML 문자열로부터도 로드가 가능하다.

```
String summary = "<html><body>You scored <b>192</b> points.</body></html>";   ←—— HTML 형식의 문자열을 해석
webview.loadData(summary, "text/html", "utf-8");                                  하여서 화면에 표시한다.
```

웹페이지를 다운로드하려면 매니페스트 파일에서 인터넷 연결 권한을 요청하여야 한다.

```xml
<manifest ... >
    <uses-permission android:name="android.permission.INTERNET" />
    ...
</manifest>
```

WebView의 사용 분야

어떤 경우에 WebView를 사용할 필요가 있을까? 예를 들어서 전자 제품의 사용자 가이드는 수시로 업데이트되어야 한다. 이런 경우에 애플리케이션 안에 WebView를 포함하는 액티비티를 만들고 여기에 온라인으로 문서를 표시하면 된다.

또 하나의 예는 애플리케이션이 인터넷 연결을 통해 사용자에게 데이터를 보여주려는 경우이다. 이 경우에, 애플리케이션에서 직접 네트워크 요청을 수행하고 데이터를 파싱하여서 안드로이드 레이아웃에서 렌더링하는 것보다 WebView를 사용하여서 웹페이지를 장치에 맞게 보여주는 것이 훨씬 쉽다. 이 방법에서는 웹페이지만 안드로이드 장치에 맞추어서 디자인하면 된다.

WebView의 한계

WebView는 완전한 웹 브라우저는 아니다. 예를 들어서 웹페이지 오류가 발생하더라도 무시한다. 따라서 WebView는 단순히 HTML을 해석하여 화면에 표시하는 용도로만 사용하여야 한다. 이 경우에는 사용자는 단순히 읽기만 하고 웹페이지와는 상호작용을 하지 않을 것이기 때문이다. 만약 진정한 웹 브라우저를 원한다면 WebView를 사용하는 것보다는 인텐트를 사용하여서 안드로이드 안에 포함된 웹 브라우저 애플리케이션을 실행하는 것이 좋다.

```
Uri uri = Uri.parse("http://www.company.co.kr");
Intent intent = new Intent(Intent.ACTION_VIEW, uri);
startActivity(intent);
```

← 인텐트를 이용하여서 웹 브라우저를 실행한다.

 **예제** WebView 예제

웹사이트의 주소를 입력하고 버튼을 누르면 애플리케이션 안에 내장된 WebView 위젯으로 웹페이지가 적재되는 애플리케이션을 작성하여 보자.

(1) **WebView1** 프로젝트를 생성한다.
(2) 다음과 같은 간단한 사용자 인터페이스를 activity_main.xml에 정의한다.

activity_main.xml

```
<RelativeLayout>

    <EditText
        android:id="@+id/url"
        android:layout_centerHorizontal="true"
        android:text="https://m.naver.com"
        android:ems="10" />

    <Button
        android:id="@+id/button1"
        android:layout_below="@+id/url"
        android:layout_centerHorizontal="true"
        android:onClick="open"
        android:text="웹페이지 열기" />

    <WebView
        android:id="@+id/webView"
        android:layout_width="match_parent"
```

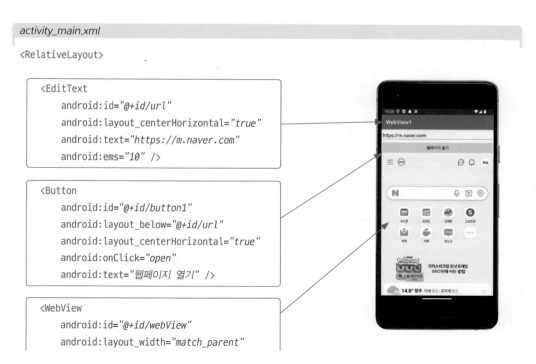

UI

```
                android:layout_height="wrap_content"
                android:layout_alignParentBottom="true"
                android:layout_below="@+id/button1" />

    </RelativeLayout>
```

(3) **MainActivity.java** 파일에 다음과 같은 내용을 입력한다.

코드 작성

MainActivity.java

```java
package kr.co.company.webview1;
// 소스만 입력하고 Alt+Enter를 눌러서 import 문장을 자동으로 생성한다.


public class MainActivity extends AppCompatActivity {

    private EditText field;
    private WebView webview;

    @Override
    protected void onCreate(Bundle savedInstanceState) {
        super.onCreate(savedInstanceState);
        setContentView(R.layout.activity_main);
        field = (EditText) findViewById(R.id.url);
        webview = (WebView) findViewById(R.id.webView);
        webview.setWebViewClient(new TestBrowser());
    }
```

어떤 형식의 브라우저를 사용할 것인지를 결정한다. setWebViewClient()를 호출하지 않으면 브라우저 선택창이 뜨게 된다. 만약 setWebChromeClient() 을 호출해주면 WebView 상에서 크롬 브라우저와 같은 동작을 한다.

```java
    public void open(View view) {
        String url = field.getText().toString();
        webview.getSettings().setLoadsImagesAutomatically(true);
        webview.getSettings().setJavaScriptEnabled(true);
        webview.setScrollBarStyle(View.SCROLLBARS_INSIDE_OVERLAY);
        webview.loadUrl(url);
    }
```

버튼이 클릭되면 웹뷰에 URL을 로딩한다.

```java
    private class TestBrowser extends WebViewClient {
        @SuppressWarnings("deprecation")
        @Override
        public boolean shouldOverrideUrlLoading(WebView view, String url) {
            view.loadUrl(url);
            return true;
        }
    }

}
```

화면을 그릴 때 어떤 이벤트가 발생하면 호출된다.

이 메소드는 사용자가 웹페이지에서 링크를 클릭했을 때 호출되며, 이 메소드를 오버라이드하여 어떻게 처리할지를 정의할 수 있다.

(4) AndroidManifest.xml을 수정하여 인터넷을 사용할 수 있는 권한을 요청한다.

```
AndroidManifest.xml

<manifest ... >
  <uses-permission android:name="android.permission.INTERNET" />
  ...
</manifest>
```

매니페스트
파일 수정

(5) 앱을 실행해본다.

실행
결과

XML 처리

4
SECTION

인터넷을 통하여 전달되는 데이터는 주로 XML 형식으로 되어 있다. 우리는 사실 XML과는 무척 친근한데 안드로이드의 화면 구성을 XML로 하기 때문이다. 안드로이드에서 XML 처리가 필요한 경우가 서버에서 제공하는 데이터를 읽어 와서 스마트폰의 화면에 표시하는 경우이다. XML은 인 터넷 상에서 간단한 데이터베이스의 역할을 한다고 생각하면 된다. 예를 들어서 지하철공사에서 제공하는 정보를 읽어서 지하철 운행 정보를 화면에 표시할 수도 있을 것이다. 이들 정보는 XML 이나 JSON 형태로 제공된다. 따라서 이들 XML 정보를 해석하여 필요한 정보를 추출하여야 한다. XML 문서에서 필요한 데이터를 추출해내는 작업은 텍스트 처리를 거치면 되겠지만, 이러한 작업 을 매번 한다는 것은 시간 낭비이다.

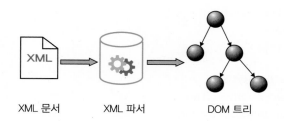

XML 문서   XML 파서   DOM 트리

XML이 워낙 많이 사용되므로 이것을 전문적으로 처리해주는 파서(parser)들이 존재한다. 안드 로이드에도 여러 가지 파서들이 포함되어 있다. DOM, SAX, PullParser 등이 지원되는데 여기서 는 DOM 파서만을 간단히 살펴보자.

파서	특징
DOM (Document Object Model)	요소들을 한 번에 트리 구조로 파싱하여 메모리에 저장하여 언제든지 원하는 요소에 대한 정보를 얻을 수 있다. 메모리는 많이 차지한다.
SAX (Simple API for XML)	라인 단위로 파싱하기 때문에 메모리의 소모가 적다. 하지만 지나쳐 간 요소의 정보를 얻고 싶으면 다시 파싱하여야 한다.
PullParser	SAX와 유사하지만 원하는 부분까지만 파싱이 가능하다.

XML DOM 기초

DOM(Document Object Model)은 W3C의 표준으로 XML 문서에 접근하고 처리하는 표준적인 방법을 정의한다. DOM은 XML 문서를 트리 구조로 표현한다. DOM은 문서 요소를 객체(object), 특징(property), 메소드(interface)로 정의한다. 한마디로 XML DOM은 XML 요소를 구하고 변경하고 추가, 삭제하는 방법의 표준이라 할 수 있다.

DOM에서 XML 문서의 모든 것은 노드(node)라고 불린다.
- 전체 문서는 도큐먼트 노드(document node)이다.
- 모든 XML 요소는 엘리먼트 노드(element node)이다.
- XML 요소 안의 텍스트는 텍스트 노드(text node)이다.
- 모든 속성은 어트리뷰트 노드(attribute node)이다.

간단한 XML파일을 이용하여서 이것의 개념을 좀 더 명확하게 살펴보자.

전체 구조

```xml
<?xml version="1.0" encoding="ISO-8859-1"?>
 <moviestore>
   <movie category="drama" >
     <title lang="en" >Life of Pi</title>
     <director>Ang Lee</director>
     <year>2012</year>
     <price>15000</price>
   </movie>
   <movie category="fantasy" >
     <title lang="en" >Hobbit</title>
     <director>Peter Jackson</director>
     <year>2012</year>
     <price>20000</price>
   </movie>
 </moviestore>
```

앞의 XML의 루트 노드는 `<moviestore>`이
다. 문서의 다른 노드들은 `<moviestore>`
안에 포함된다. 루트 노드 `<moviestore>`
는 2개의 `<movie>` 노드를 포함한다. 첫 번
째 `<movie>` 노드는 다시 `<title>`, `<direc-`
`tor>`, `<year>`, `<price>`라는 4개의 노드를
가지고 있다. 이들 노드들은 다시 각자 하
나의 텍스트 노드를 가지고 있다.

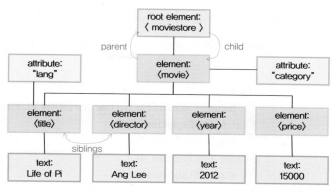

DOM 처리에서 가장 혼동을 가져오는 문
제가 엘리먼트 노드가 텍스트를 가지고 있을 거라고 생각하는 점
이다. 하지만 엘리먼트 노드의 텍스트는 텍스트 노드에 저장된
다. 예를 들어서 위의 예제에서 `<year>2012</year>` 문장에서 엘
리먼트 노드 `<year>`는 "2012"를 값으로 가지는 텍스트 노드를 가
지고 있다. "2012"는 `<year>` 요소의 값은 아니다.

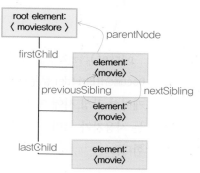

자바 DOM XML 파서 생성하기

`javax.xml.parsers.DocumentBuilderFactory` 클래스를 이용하면 자바 DOM XML 파서를 생성
할 수 있다.

```
DocumentBuilderFactory builderFactory = DocumentBuilderFactory.newInstance();
DocumentBuilder builder=null;
try {
    builder = builderFactory.newDocumentBuilder();
} catch (ParserConfigurationException e) {
    e.printStackTrace();
}
```

위의 코드에서 DocumentBuilder 객체가 DOM 파서이다. 이 DOM 파서를 이용하여서 XML 파일을
DOM 객체들로 파싱할 수 있다.

파서로 XML 파싱하기

`DocumentBuilder`를 이용하여서 XML파일을 DOM 트리로 파싱하는 코드는 다음과 같다.

```
try {
    Document document = builder.parse(new FileInputStream("data\\text.xml"));
} catch (SAXException e) {
    e.printStackTrace();
} catch (IOException e) {
    e.printStackTrace();
}
```

`parse()` 메소드를 호출하면 XML 문서가 DOM 트리 구조로 변환된다. DOM 트리 변환 후에는 `DocumentBuilder`로부터 받은 `Document` 객체를 순회하면서 노드들을 끄집어내면 된다. 애플리케이션 작성 시에 아주 편리한 메소드가 있는데 바로 `getElementsByTagName()`이다. 이 메소드는 사용자가 트리 구조에서 필요한 태그가 있는 노드들을 찾아서 리스트 형태로 만들어서 반환한다.

여기서는 간단하게 기상청에서 제공하는 정보를 해석하여서 화면에 시간별 온도와 날씨를 표시하는 애플리케이션을 작성하여 본다.

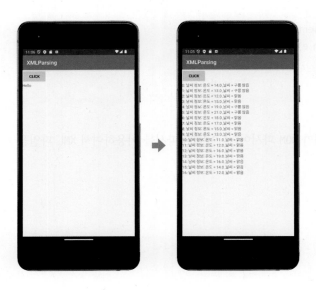

(1) **XMLParsing** 프로젝트를 생성한다.

(2) 다음과 같은 사용자 인터페이스를 작성한다.

activity_main.xml

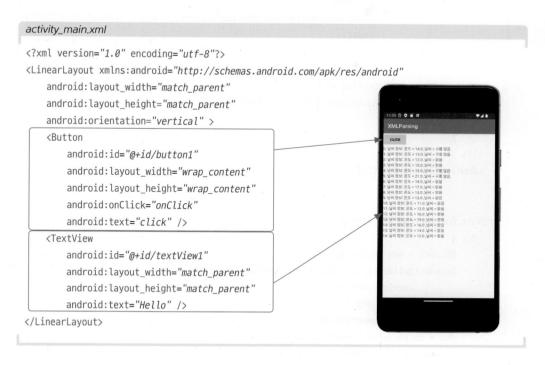

```xml
<?xml version="1.0" encoding="utf-8"?>
<LinearLayout xmlns:android="http://schemas.android.com/apk/res/android"
    android:layout_width="match_parent"
    android:layout_height="match_parent"
    android:orientation="vertical" >
    <Button
        android:id="@+id/button1"
        android:layout_width="wrap_content"
        android:layout_height="wrap_content"
        android:onClick="onClick"
        android:text="click" />
    <TextView
        android:id="@+id/textView1"
        android:layout_width="match_parent"
        android:layout_height="match_parent"
        android:text="Hello" />
</LinearLayout>
```

UI

(3) **MainActivity.java** 파일에 다음과 같은 내용을 입력한다.

MainActivity.java

```java
public class MainActivity extends AppCompatActivity {
    TextView textview;
    Document doc = null;

    @Override
    public void onCreate(Bundle savedInstanceState) {
        super.onCreate(savedInstanceState);
        setContentView(R.layout.activity_main);
        textview = (TextView) findViewById(R.id.textView1);
    }

    public void onClick(View view) {
        Thread downloadThread = new Thread(new Runnable() {
            @Override
            public void run() {
                try {
                    doc =
        getXML("https://www.kma.go.kr/wid/queryDFS.jsp?gridx=61&gridy=125");
                    textview.post(new Runnable() {
```

기상청에 연결하여서 XML을 가져온다.

코드
작성

```java
            @Override
            public void run() {
                postproc(doc);
                Toast.makeText(getApplicationContext(), "성공", Toast.LENGTH_SHORT).
                    show();
            }
        });
    } catch (Exception e) {
        Log.d("Background Task", e.toString());
    }
    }
});
downloadThread.start();
}


private Document getXML(String urla) {
    try {
        URL url = new URL(urla);
        DocumentBuilderFactory dbf = DocumentBuilderFactory
                .newInstance();
        DocumentBuilder db;
        db = dbf.newDocumentBuilder();
        doc = db.parse(new InputSource(url.openStream())); // URL에서 읽은 파일을 파싱한다.
        doc.getDocumentElement().normalize();

    } catch (Exception e) {
        //Toast.makeText(getBaseContext(), "Parsing Error",
        //        Toast.LENGTH_SHORT).show();
    }
    return doc;
}


protected void postproc(Document doc) {
    String s = "";                                  // DOM 트리에서 특정한 노드를 찾는다.
    NodeList nodeList = doc.getElementsByTagName("data");

    for (int i = 0; i < nodeList.getLength(); i++) {
        s += "" + i + ": 날씨 정보: ";
        Node node = nodeList.item(i);
        Element fstElmnt = (Element) node;

        NodeList nameList = fstElmnt.getElementsByTagName("temp");
        Element nameElement = (Element) nameList.item(0);
        nameList = nameElement.getChildNodes();
        s += "온도 = " + ((Node) nameList.item(0)).getNodeValue() + " ,";

        NodeList websiteList = fstElmnt.getElementsByTagName("wfKor");
```

```
            Element websiteElement = (Element) websiteList.item(0);
            websiteList = websiteElement.getChildNodes();
            s += "날씨 = " + ((Node) websiteList.item(0)).getNodeValue()
                    + "\n";
        }
        textview.setText(s);
    }
}
```

(4) **AndroidManifest.xml**를 수정하여 인터넷을 사용할 수 있는 권한을 요청한다.

매니페스트
파일 수정

AndroidManifest.xml

```
<manifest ... >
  <uses-permission android:name="android.permission.INTERNET" />
  ...
</manifest>
```

---

(5) 위의 애플리케이션을 실행하여 보면 기상청에서 제공하는 **XML**을 파싱하여서 우리가 원하는
온도와 날씨 데이터만을 추출하여서 화면에 표시한다.

실행
결과

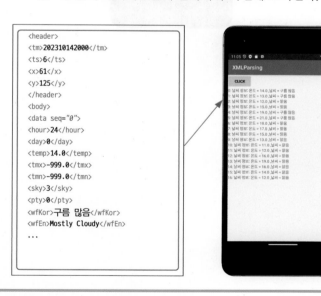

TCP 통신 시도해보기

졸업 작품을 만들다 보면 PC와 안드로이드 장치가 TCP/IP와 소켓을 사용하여 통신을 해야 하는 경우도 종종 발생한다. TCP/IP와 소켓을 지원하는 안드로이드 앱을 작성하고 PC에 자바로 간단한 서버를 구현한 후에 안드로이드 장치가 보내는 텍스트를 서버에서 출력해보자.

Exercises

연습문제

01 장치의 네트워크 상태를 알려면 어떤 클래스를 이용해야 하는가?

　① `NetworkManager`　　　　　　　　② `ConnectivityManager`

　③ `ActiveNetwork`　　　　　　　　　④ `Network`

02 웹에서 이미지 파일을 다운로드할 때 사용해야 하는 클래스는?

　① `NetworkManager`　　　　　　　　② `HttpURLConnection`

　③ `URLConnection`　　　　　　　　　④ `HttpConnection`

03 안드로이드 앱에서 웹페이지를 보여주고자 할 때 사용하는 위젯은?

　① `NetworkView`　　② `ImageView`　　③ `TextView`　　④ `WebView`

04 WebView를 이용하여 버튼 중 하나를 누르면 원하는 사이트로 이동하는 앱을 작성해보자.

(주제: 웹뷰, 난이도: 중)

05 기상청에서 날씨 정보를 XML로 받는 앱을 참고하여서 날씨에 따라 그림을 변경하는 앱을 작성해보자.

(주제: XML 파싱, 난이도: 상)

06 사용자가 입력한 URL에 있는 이미지를 다운로드하는 앱을 작성해보자. 이미지를 다운로드하여 표시할 때는 반드시 스레드를 사용해야 한다.

(주제: 이미지 다운로드, 난이도: 중)

위치 기반 앱

연락도 잘 안 되고 남친이 머하고 돌아다니는지 정말 궁금해요.

그럼, 구글 앱의 위치 인식 애플리케이션을 이용해 봐.

CHAPTER

15

위치 기반 앱

SECTION 1

위치 기반 애플리케이션

위치 기반 애플리케이션은 모바일 장치 사용자들에게 강한 흥미를 돋우는 애플리케이션이다. 이들 기능은 안드로이드가 제공하는 구글 맵(Google Maps) 라이브러리를 사용하여서 애플리케이션 안에 쉽게 구축할 수 있다. 우리가 사용하고 있는 에뮬레이터 안에도 "Maps"라는 애플리케이션이 이미 설치되어 있으므로 일단 이것을 실행시켜서 감을 잡아보자. 지도를 확대/축소할 수 있으며, 이동도 가능하다.

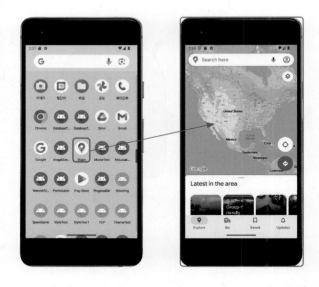

위치 기반 서비스(location-based service)란 사용자의 위치를 기반으로 하여서 여러 가지 서비스를 제공하는 것이다. 예를 들면 가장 가까운 은행 자동화 기기를 알려줄 수도 있고 친구나 직원들의 위치를 알려줄 수도 있다. 또한 택배 추적이나 자동차 추적 서비스도 가능하다. 위치 기반 서비스는 또한 모바일 커머스에도 사용되는데 고객들의 현재 위치에 따라서 쿠폰이 발행되게끔 할 수도 있다. 개인화된 일기 예보에도 사용할 수 있다.

위치 정보를 얻는 방법은 상당히 다양하다. 우선 GPS를 들 수 있다. GPS(Global Position

System)란 지구를 회전하는 여러 개의 위성을 이용하여서 삼각측량으로 위치를 계산하는 방법이다. 상당히 정확하게 위치를 파악할 수 있으나 건물의 외부에서만 사용 가능하다는 단점도 있다.

이동통신 네트워크에서 사용자의 위치를 추적하는 주요 방법 중 하나는 기지국 삼각측량(triangulation) 기술이다. 기지국들은 사용자의 신호 강도를 측정하고, 이 정보를 기반으로 사용자의 위치를 삼각측량하여 추정한다. 세 개 이상의 기지국 신호를 사용하여 사용자의 위치를 근사적으로 결정하는 것이 일반적이다. 극단적으로는 WiFi의 AP(Access Point)를 이용해서도 위치를 파악할 수 있다. 즉 어떤 위치에 있는 AP에 접속되는지를 보고 모바일 장치의 위치를 대략 판단할 수 있는 것이다. 안드로이드는 상당히 다양한 방법으로 현재 위치에 대한 정보를 제공한다.

이 장에서는 다음과 같은 내용을 중점적으로 살펴보자.

- 현재 단말기의 위치 정보를 얻어 보자.
- 구글이 제공하는 지도를 단말기 화면에 표시하여 보자.

사용자 위치는 어떻게 파악될까요? 그것은 GPS 위치 제공자와 네트워크 위치 제공자를 활용하면 돼요.

2 SECTION 사용자 위치 파악하기

사용자가 어디 있는지 알 수 있다면, 우리는 앱을 더 스마트하게 만들고 사용자에게 더 나은 정보를 제공할 수 있다. 안드로이드에서 사용자의 위치를 얻기 위하여 GPS 위치 제공자와 네트워크 위치 제공자를 활용할 수 있다. GPS가 가장 정확하지만, GPS는 야외에서만 동작하고 또 배터리 전원을 많이 소모하며, 사용자가 원하는 만큼 빨리 위치를 반환하지 않는다. 네트워크 위치 제공자는 이동통신 기지국과 와이파이 신호를 사용하여 사용자의 위치를 인식한다. 이 방법은 실내와 실외에서 모두 작동하며, 위치 정보를 빠르게 제공하고 배터리를 적게 소모한다. 애플리케이션에서 사용자의 위치를 얻으려면, GPS 위치 제공자와 네트워크 위치 제공자를 모두 사용하거나 아니면 하나만 사용해야 한다.

위치 업데이트 요청하기

안드로이드는 많은 위치 제공자(Location Provider)들을 지원하며, 이들은 모두 위치 관리자 (Location Manager) 시스템 서비스를 통하여 제공된다. 위치 관리자는 위치 제공자의 목록을 제공하고 애플리케이션은 이 중에서 하나의 위치 제공자를 선택하여서 사용할 수 있다.

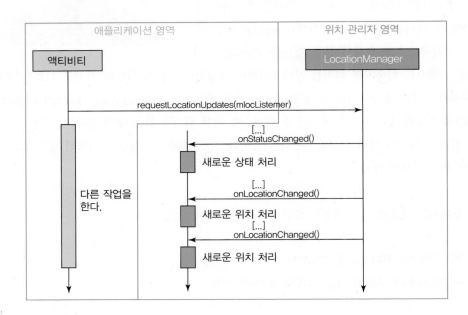

안드로이드에서 사용자 위치를 얻으려면 콜백 메소드를 등록하여서 사용해야 한다. 콜백 메소드를 사용하는 이유는, 위치를 계산하는 데 시간도 많이 걸리고 위치는 보통 주기적으로 제공을 받기 때문이다. 먼저 `requestLocationUpdates()`를 호출하여서 위치 관리자에게 위치 업데이트를 받겠다고 요청을 하여야 한다. 이때 매개변수로 위치 리스너(Location Listener)를 전달한다. 위치 리스너 안에서는 몇 개의 콜백 메소드를 구현하여야 하는데 이들 콜백 메소드는 사용자의 위치가 변경되면 자동으로 위치 관리자에 의하여 호출된다.

위치 제공자 객체를 얻어서 위치 리스너를 정의하고 등록하는 코드는 다음과 같다.

위치 관리자도 시스템 서비스이므로 위치 관리자의 객체를 사용자가 생성해서는 안 된다. 이들 객체는 시스템 안에서 생성되고 getSystemService(Context. LOCATION_SERVICE)를 호출하면 객체의 참조값이 반환된다.

**전체
구조**

```java
LocationManager locationManager = (LocationManager)
        getSystemService(Context.LOCATION_SERVICE);
```

리스너를 정의한다.
위치가 업데이트되면 리스너가 호출된다.

```java
LocationListener locationListener = new LocationListener() {
        public void onLocationChanged(Location location) {
                // 새로운 위치가 발견되면 위치 제공자에 의하여 호출된다.
                ....
        }
```

```
        public void onStatusChanged(String provider, int status, Bundle extras) {}
        public void onProviderEnabled(String provider) {}
        public void onProviderDisabled(String provider) {}
    };
```

```
locationManager.requestLocationUpdates(LocationManager.GPS_PROVIDER, 0, 0,
                locationListener);
```
위치를 업데이트 받기 위하여 리스너를 위치 관리자에 등록한다.

requestLocationUpdates()의 첫 번째 매개변수는 사용할 위치 제공자의 유형이다. 현재는 GPS 위치 제공자이다. 만약 네트워크 위치 제공자로부터 위치를 요청하기 위해서는 NETWORK_PROVIDER로 지정하면 된다. GPS 위치 제공자와 네트워크 위치 제공자로부터 모두 위치 정보를 받으려면 requestLocationUpdates()에 각각 NETWORK_PROVIDER와 GPS_PROVIDER를 넣어서 두 번 호출하면 된다.

requestLocationUpdates()의 두 번째와 세 번째 매개변수를 통하여 리스너가 받게 될 위치 업데이트의 주기를 제어할 수 있다. 두 번째 매개변수는 업데이트 사이의 최소 시간 간격이다. 세 번째는 업데이트 사이의 최소 거리 변경 기준이다. 즉 얼마 이상 위치가 변경돼야만 업데이트를 받겠다는 것이다. 이들을 모두 0으로 설정하면 가능한 한 자주 업데이트를 받겠다는 것을 의미한다. 마지막 매개변수는 위치 리스너로 위치 업데이트를 위한 콜백 메소드이다.

배터리를 위한 추가 조치

안드로이드 버전 8.0(API 레벨 26)부터 백그라운드 위치 제한이 도입되었다. 이는 위치 서비스 사용이 배터리 소모에 미치는 영향이 크기 때문이다. 안드로이드 8.0에 도입된 백그라운드 위치 제한에 의하여 백그라운드 위치 수집이 제한되고 위치는 1시간에 몇 번만 전달된다.

 **예제**

위의 코드를 참조하여서 현재의 위치 정보를 읽는 간단한 예제를 작성하여 보자.

(1) LocationTest 프로젝트를 생성한다.
(2) 선형 레이아웃 안에 텍스트뷰가 포함된 사용자 인터페이스를 activity_main.xml에 정의한다. 자세한 코딩은 소스를 참조한다. UI
(3) 다음과 같이 액티비티를 작성한다.

MainActivity.java

```java
package kr.co.company.locationtest1;
// 소스만 입력하고 Alt+Enter를 눌러서 import 문장을 자동으로 생성한다.

public class MainActivity extends AppCompatActivity {
    private int MY_PERMISSIONS_REQUEST_LOCATION = 10;
    TextView status;

    public void onCreate(Bundle savedInstanceState) {
        super.onCreate(savedInstanceState);
        setContentView(R.layout.activity_main);

        status = (TextView) findViewById(R.id.status);

        ActivityCompat.requestPermissions(this, new String[]{Manifest.
permission.ACCESS_FINE_LOCATION}, MY_PERMISSIONS_REQUEST_LOCATION);
        LocationManager locationManager = (LocationManager) this
                .getSystemService(Context.LOCATION_SERVICE);

        LocationListener locationListener = new LocationListener() {
            public void onLocationChanged(Location location) {
                status.setText("위도; " + location.getLatitude() + "\n경도:"
                        + location.getLongitude() + "\n고도:"
                        + location.getAltitude());
            }
            public void onStatusChanged(String provider, int status,
                                        Bundle extras) {          }
            public void onProviderEnabled(String provider) {      }
            public void onProviderDisabled(String provider) {      }
        };
        if (ActivityCompat.checkSelfPermission(this, android.Manifest.permission.ACCESS_FINE_
LOCATION) != PackageManager.PERMISSION_GRANTED && ActivityCompat.checkSelfPermission(this,
android.Manifest.permission.ACCESS_COARSE_LOCATION) != PackageManager.PERMISSION_GRANTED) {
            Toast.makeText(MainActivity.this, "First enable LOCATION ACCESS in settings.",
Toast.LENGTH_LONG).show();
            return;
        }
        locationManager.requestLocationUpdates(LocationManager.GPS_PROVIDER,
1000, 100, locationListener);
    }
}
```

- 위치에 대한 권한 요구
- 위치 관리자에 대한 참조값을 구한다.
- 새로운 위치가 발견되면 호출된다.
- 위치가 업데이트되면 호출되는 리스너를 정의한다.
- 위치를 업데이트 받기 위하여 리스너를 위치 관리자에 등록한다.

(4) 권한 지정: **NETWORK_PROVIDER**나 **GPS_PROVIDER**로부터 위치 업데이트를 받기 위해서는 권한을 요청하여야 한다.

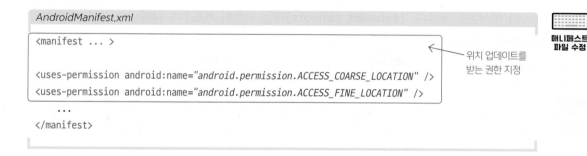

AndroidManifest.xml

```
<manifest ... >

<uses-permission android:name="android.permission.ACCESS_COARSE_LOCATION" />
<uses-permission android:name="android.permission.ACCESS_FINE_LOCATION" />
    ...
</manifest>
```

위치 업데이트를
받는 권한 지정

매니페스트
파일 수정

이러한 권한이 없는 상태에서 애플리케이션이 위치 업데이트를 요청하면 실행 시간에 실패한다. 안드로이드 버전 23부터는 위험한 권한에 대해서는 앱 실행 시에 사용자에게 확인하도록 되어 있다.

> 만약 NETWORK_PROVIDER와 GPS_PROVIDER를 동시에 사용하고 있으면, ACCESS_FINE_LOCATION 권한만 요청하면 된다. 왜냐하면 이것은 양쪽 권한을 모두 포함하고 있기 때문이다. ACCESS_COARSE_LOCATION 권한은 NETWORK_PROVIDER만을 포함한다.

참고
사항

(5) 실행 결과

실행
결과

앞의 코드를 에뮬레이터로 실행할 때 갑자기 걱정이 생기지 않는가? 에뮬레이터에는 GPS가 없다! 그러나 너무 걱정할 필요는 없다. 에뮬레이터에는 모의 위치 데이터를 보내서 위치 기반 기능을 테스트할 수 있는 기능이 있다. 에뮬레이터 오른쪽 아이콘 중에서 가장 아래쪽에 있는

[...] 아이콘을 누른다. [Extended controls]라는 이름의 윈도우가 나타난다. 여기서 왼쪽의 탭 중에서 [Location]을 선택하고 지도에서 한 점을 찍은 후에 위치를 저장한다. 이어서 저장된 위치 중에서 하나를 선택하고 [Set Location] 버튼을 누른다.

 참고 사항

모의 위치 데이터를 제공하는 것은 오직 GPS 위치 데이터이다. 따라서 모의 위치 데이터를 받으려면 GPS_PROVIDER 로부터 위치 정보를 받게끔 초기화하여야 한다.

 3 SECTION

구글 지도

앞의 예제에서 현재의 위치를 위도와 경도로 표시하였지만, 지도가 없어서 별 감흥을 주지 못한다. 아무래도 화면에 지도가 표시되어야만 사용자의 흥미를 끌 것이다. 안드로이드는 애플리케이션에 지도 기능을 추가하기 위하여 구글 지도 라이브러리를 제공한다. 이 라이브러리에는 지도 타일의 다운로드, 렌더링, 캐싱 등의 기능이 내장되어 있다. 또한 다채로운 표시 옵션과 콘트롤들도 포함되어 있다. 안드로이드에 기본으로 내장된 "Maps"라고 하는 애플리케이션도 이 라이브러리로 제작되었다.

애플리케이션 안에 구글 지도를 넣어서 사용자에게 제공할 수 있을까? 있다! 바로 구글 지도 **API**를 이용하면 된다.

구글 지도 v2의 특징

현재 지원되는 최신 버전은 구글 지도 v2이다. v3가 준비 중이라고 한다. 특징은 다음과 같다.

- 3D 지도를 지원한다.

- 벡터 타일을 사용하여 다운로드 속도가 빨라진다.
- 10,000여 곳에서 실내 지도를 지원한다.
- 마커나 직선, 다각형 등을 지도 위에 그릴 수 있다.
- 제스처로 틸트, 회전, 확대 동작을 수행할 수 있다.
- 3.0 이전 버전에서는 Support Library를 이용하면 구글 맵 v2를 사용할 수 있다.

구글 지도로 할 수 있는 것

그렇다면 개발자는 구글 지도를 포함시켜서 만들 수 있는 애플리케이션에는 어떤 것들이 있을까? 일부만 소개해보자.

- 내비게이션(음성 조작 가능)
- 인근 장소 검색(식당, 업체 등)
- 인근 상점의 쿠폰 검색

구글 지도 API의 기능

기술적으로 우리는 Google Maps API를 사용하여서 애플리케이션 안에서 무엇을 할 수 있을까? 간단하게 정리해보면 다음과 같다.

- 구글 지도 데이터를 기반으로 하는 지도를 애플리케이션에 추가할 수 있다.
- 자동으로 구글 지도 서버에 접속하여 지도 타일을 다운로드한다.
- 지도 위의 특정한 위치에 아이콘을 붙일 수 있다(마커 기능).
- 선분, 다각형 등을 지도 위에 그릴 수 있다.
- 지도 위에 오버레이를 추가할 수 있다.
- 지도에서 사용자의 터치 제스처를 처리한다.
- 사용자 뷰를 변경할 수 있다.

구글 지도를 사용해보자!

구글 지도를 기반으로 애플리케이션을 개발하려면 먼저 구글 지도와 친숙하여야 한다. 즉 많이 사용해봐야 한다는 의미이다. 자신의 스마트폰에 설치된 구글 지도 애플리케이션을 여러 번 사용해보자. 또 인텐트 기능을 사용하면 스마트폰에 설치된 "Maps" 애플리케이션을 나의 애플리케이션 안에서 실행할 수도 있다.

안드로이드 장치에서 인텐트를 이용하여서 구글 "Maps" 애플리케이션을 간단하게 실행하는 방법에 대하여 살펴보자. 우리는 인텐트를 이용하여서 구글이 제공하는 여러 가지 핵심적인 애플리케이션을 실행할 수 있음을 알고 있다. 다음 표는 사용자 애플리케이션에서 구글 애플리케이션을 실행하기 위하여 보낼 수 있는 인텐트들을 정리한 것이다. 특정한 형식의 URI를 보내면 대응되는 애플리케이션이 실행된다. "Maps" 애플리케이션도 "geo:latitude, longitude?z=zoom" 형식의 문자열을 보내서 실행할 수 있다.

타깃 애플리케이션	인텐트 URI	인텐트 액션	결과
Google Maps	geo:latitude,longitude geo:latitude,longitude?z=zoom geo:0,0?q=my+street+address geo:0,0?q=business+near+city	VIEW	주어진 위치에서 Maps 애플리케이션을 오픈한다. z 필드는 확대 레벨을 지정한다. 1은 전체 지구이고 23이 최대이다.
Google Streetview	google.streetview:cbll=lat,lng&cbp=1,yaw,,pitch,zoom&mz=mapZoom	VIEW	Street View 애플리케이션을 실행한다. lat 위도 lng 경도 yaw 파노라마 중심 pitch 파노라마 중심: 단위 도 zoom 파노라마 줌 mapZoom 지도 줌

(1) MapsIntent 프로젝트를 생성한다.

(2) 다음과 같이 액티비티를 작성한다.

코드 작성

MainActivity.java

```java
package kr.co.company.mapsintent;
// 소스만 입력하고 Alt+Enter를 눌러서 import 문장을 자동으로 생성한다.

public class MainActivity extends AppCompatActivity {

    @Override
    public void onCreate(Bundle savedInstanceState) {
```

```
        super.onCreate(savedInstanceState);
        setContentView(R.layout.activity_main);
```

구글 맵스 애플리케이션을 실행
하는 URI를 인텐트로 보낸다.

```
        Uri uri = Uri.parse(String.format("geo:%f,%f?z=10", 37.30, 127.2));
        startActivity(new Intent(Intent.ACTION_VIEW, uri));
    }
}
```

여기서는 위도와 경도를 URI로 표시하여서 **"Maps"** 애플리케이션을 실행하여 본 것이다. **"Maps"** 애플리케이션을 실행할 수는 있지만 개발자가 원하는 여러 가지 기능을 추가할 수는 없다.

(3) 처음 접속하면 구글의 아이디가 입력하는 화면에 나타난다. 아이디를 입력하면 지도를 볼 수 있다.

구글 지도 앱 사전 준비

구글 지도 애플리케이션을 작성하는 전체 단계

최근에 구글 지도를 앱에 추가하는 방법에 상당한 변화가 있었다. 안드로이드 앱에 구글 지도를 추가하는 전체 단계는 다음과 같다.

구글 플레이 서비스 SDK가 설치되어 있는지를 확인한다. ▸ 구글 클라우드 플랫폼에서 프로젝트를 등록한다. ▸ 지도 API 키를 생성한다. ▸ 안드로이드 애플리케이션 프로젝트를 생성한다. ▸ 구글 플레이 서비스 라이브러리를 추가한다. ▸ 애플리케이션에 지도 API 키를 복사한다.

(1) 구글 플레이 서비스 SDK가 설치되어 있는지를 확인한다.

(2) Google Cloud Console에서 프로젝트 생성: 구글 지도를 사용하려면 먼저 Google Cloud Console에서 새 프로젝트를 생성해야 한다.

(3) API 키 생성: 프로젝트를 생성한 후, Google Maps Android API를 활성화하고 API 키를 생성해야 한다. 이 API 키는 앱에서 Google Maps를 사용할 때 인증 용도로 사용된다. Google Maps Android API를 사용하려면 API 키를 안전하게 보호하고 관리하는 것이 중요하다. API 키를 공개하지 않도록 주의해야 한다.

(4) 안드로이드 앱 프로젝트를 생성한다.

(5) Google Play Services 라이브러리 추가: 앱의 build.gradle 파일에서 Google Play Services 라이브러리 및 Google Maps Android API 라이브러리를 추가한다. 다음은 Gradle 빌드 파일에 추가하는 코드 예시이다.

```
dependencies {
    // Google Play Services 라이브러리 추가
    implementation 'com.google.android.gms:play-services-maps:17.0.0'
}
```

(6) API 키 설정: AndroidManifest.xml 파일에서 API 키를 설정한다. 아래와 같이 meta-data 요소를 사용하여 API 키를 추가한다.

```
<application>
    ...
```

```
    <meta-data
        android:name="com.google.android.geo.API_KEY"
        android:value="YOUR_API_KEY_HERE"/>
    ...
</application>
```

(7) Google Maps 프래그먼트 또는 뷰 추가: 앱의 레이아웃 파일에서 Google Maps를 표시할 프래그먼트 또는 뷰를 추가한다.

(8) 이제 앱의 자바 코드에서 Google Maps Android API를 사용하여 지도를 컨트롤하고 사용자 지점을 표시할 수 있다. 이 API를 사용하여 지도의 표시, 마커, 폴리라인, 주소 검색, 카메라 이동 등의 작업을 수행할 수 있다.

구글 플레이 서비스 SDK 설치

구글은 안드로이드의 파편화를 완화시키기 위하여 안드로이드 운영체제의 핵심 기능들을 애플리케이션으로 독립시키는 구글 플레이 서비스(Google Play Services)를 2012년에 도입하였다. 일종의 시스템-수준의 프로세스라고 보아야 한다. 강력한 권한을 가지고 있으며, 안드로이드 운영체제 위에 구글이 제공하는 새로운 기능들을 담당하게 된다.

안드로이드 스튜디오를 설치할 때 구글 플레이 서비스도 기본으로 설치된다. 확인해보자. SDK 매니저를 실행한다. 안드로이드 스튜디오에서는 [Tools] → [SDK Manager]를 선택하고 [SDK Tools] 탭에서 [Google Play services] 모듈이 설치되어 있는지를 확인한다.

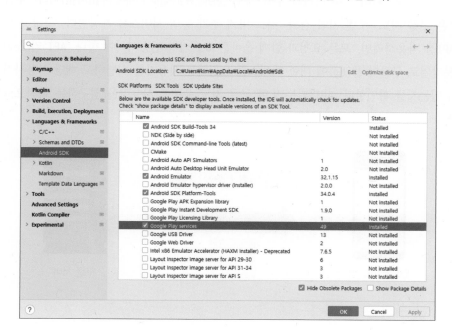

구글 클라우드 플랫폼

구글 클라우드 플랫폼(Google Cloud Platform, GCP)은 구글이 제공하는 클라우드 컴퓨팅 및 클라우드 서비스 플랫폼이다. GCP는 다양한 클라우드 기반 서비스를 제공하여 기업 및 개발자들이 애플리케이션을 개발, 배포 및 관리할 수 있도록 도와준다. 대표적인 클라우드 서비스가 웹 애플리케이션, 데이터 분석, 가상 머신, 데이터 스토어, 데이터베이스, 네트워킹, 인공지능, Generative AI Studio이다.

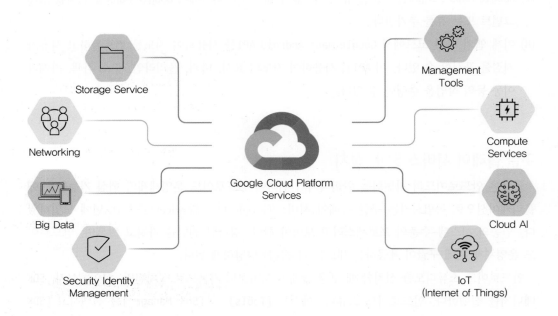

GCP가 제공하는 서비스 중 하나가 구글 지도 플랫폼(Google Maps Platform)이다. 구글 지도 플랫폼은 구글 지도, 주변 지역 검색, 지도 마커 추가 등의 서비스를 제공한다. 구글 지도 플랫폼의 API를 사용하려면, 모든 요청과 함께 올바른 API 키가 전송되어야 한다. API 키(key)는 고유한 문자열로 구글이 플랫폼에 대한 액세스를 요청하는 사용자를 식별하고 해당 사용자가 접근 권한이 있는지를 확인한다. API 키는 또한 구글 지도 플랫폼 사용량을 청구하는 목적으로도 사용된다.

구글 클라우드 플랫폼에서 프로젝트 등록하기

(1) 크롬 웹 브라우저에서 구글 클라우드 콘솔(https://cloud.google.com/)에 접속한 후에 구글 계정으로 로그인한다.

(2) 구글 클라우드 콘솔 페이지에서 "프로젝트 만들기"를 선택한다. 프로젝트 이름에 원하는 프로젝트 이름을 입력한다. 여기서는 "My Google Project"라고 하였다. [만들기] 버튼을 클릭한다.

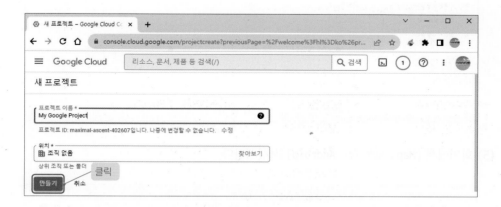

(3) 프로젝트에 사용할 API 서비스를 설정하여야 한다. 프로젝트의 대쉬보드에서 [API 개요로 이동]을 클릭한다.

(4) [API 및 서비스 사용 설정]을 클릭한다.

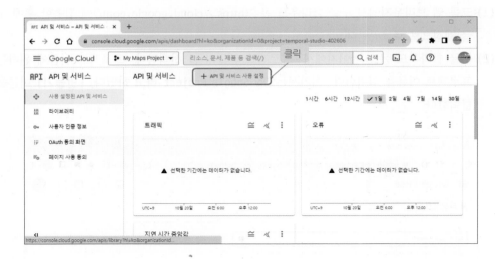

(5) 화면에서 [Maps SDK for Android]를 선택한다.

(6) 화면에서 [사용] 버튼을 클릭한다.

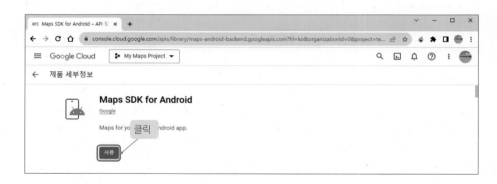

(7) 다음과 같은 화면이 등장하면 API 키를 복사해둔다.

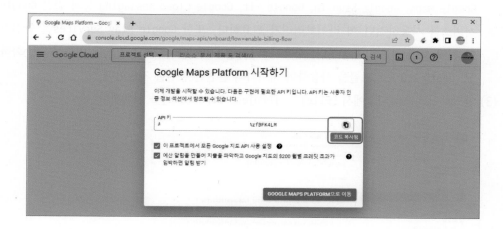

(8) 악의적인 사용으로부터 보호하기 위하여 [키 제한]을 누를 수 있다. 현재는 생략한다.

5 구글 지도 앱 작성하기

SECTION

이제부터는 구글 지도를 사용하는 안드로이드 앱을 생성해보자.

(1) "My Google Maps"라는 앱을 생성한다.
(2) Google Play Services 라이브러리를 추가해야 한다. Google Play Services 라이브러리
는 안드로이드 앱 개발에서 중요한 역할을 하는 라이브러리 중 하나이다. Google Play

Services 라이브러리를 사용하면 다양한 Google 서비스와 통합할 수 있다. 예를 들어, Google Maps, Google Sign-In, Google Fit, Google Cloud Messaging 등과 같은 Google 서비스를 사용하려면 이 라이브러리가 필요하다. 또한 Google Play Services는 안전한 인증 및 보안 기능을 제공한다. 사용자의 Google 계정을 통한 로그인 및 인증을 단순화하고, OAuth 2.0 프로토콜을 사용하여 서버와의 안전한 통신을 지원한다.

(3) 안드로이드 스튜디오에서 [File] → [Project Structure]를 선택한다.

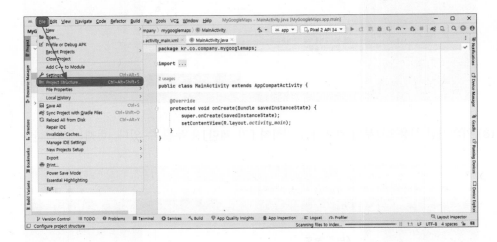

(4) Project Struture 화면에서 [Dependencies]를 클릭한다. 이어서 화면에서 [+] 아이콘을 클릭하고, [Library Dependency] 메뉴 항목을 선택한다.

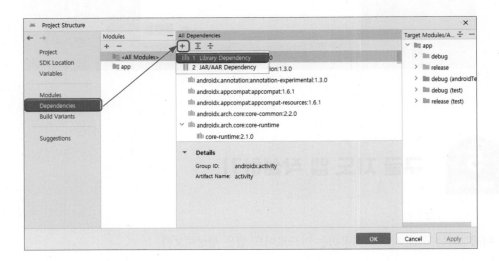

(5) "com.google.android.gsm"을 입력하고 [Search] 버튼을 누른다. 검색 결과 중에서 "com.google.android.gsm", "play-services-location"을 선택하고 [OK]를 클릭한다.

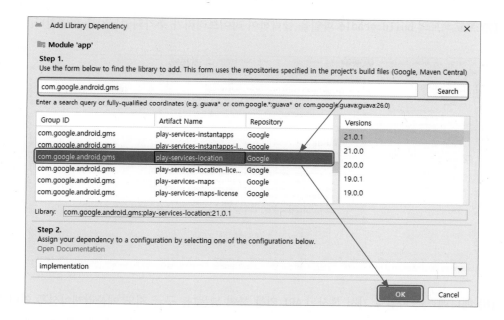

(6) 다시 "com.google.android.gsm"을 입력하고 [Search] 버튼을 누른다. 검색 결과 중에서 "com.google.android.gsm", "play-services-maps"를 선택하고 [OK]를 클릭한다. 다음 화면에서 [Apply] 버튼을 클릭한다.

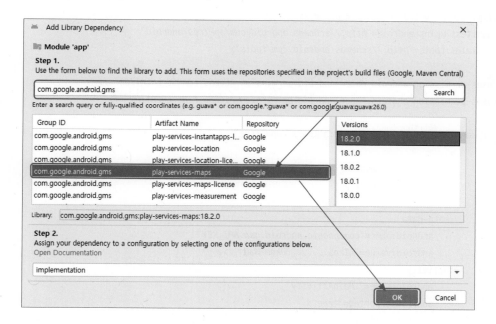

(7) 프로젝트의 `build.gradle` 파일을 클릭하여 라이브러리가 추가되었는지를 확인한다.

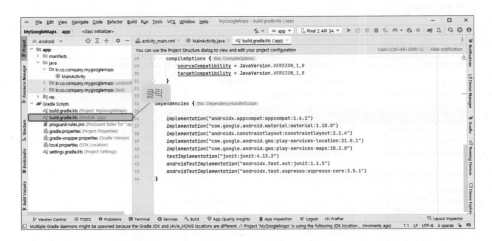

(8) 매니페스트 파일로 가서 복사된 **API** 키를 붙여 넣는다. 구글 지도 애플리케이션은 인터넷을 사용하여야 하고 또한 위치 정보, 네트워크의 상태, 외부 저장소에 캐시를 기록해야 하므로 다음과 같은 권한을 **<manifest>** 안에 지정한다.

매니페스트
파일 수정

AndroidManifest.xml

```xml
<?xml version="1.0" encoding="utf-8"?>
<manifest xmlns:android="http://schemas.android.com/apk/res/android"
    xmlns:tools="http://schemas.android.com/tools">

<uses-permission android:name="android.permission.ACCESS_COARSE_LOCATION" />
<uses-permission android:name="android.permission.ACCESS_FINE_LOCATION" />

    <application          android:allowBackup="true"
        ...
        android:theme="@style/Theme.MyGoogleMaps"
        tools:targetApi="31">

        <meta-data
            android:name="com.google.android.geo.API_KEY"
            android:value="AIzaS........Dkge-WaQ" />
        <activity
            android:name=".MainActivity"
            android:exported="true">
            <intent-filter>
                <action android:name="android.intent.action.MAIN" />
                <category android:name="android.intent.category.LAUNCHER" />
            </intent-filter>
        </activity>
    </application>
```

← 여기에 API를 붙여넣는다.

```
</manifest>
```

(9) 레이아웃 파일에 다음과 같이 MapFragment를 설정한다.

/res/layout/activity_main.xml

```xml
<?xml version="1.0" encoding="utf-8"?>
<fragment xmlns:android="http://schemas.android.com/apk/res/android"
    xmlns:map="http://schemas.android.com/apk/res-auto"
    xmlns:tools="http://schemas.android.com/tools"
    android:id="@+id/map"
    android:name="com.google.android.gms.maps.SupportMapFragment"
    android:layout_width="match_parent"
    android:layout_height="match_parent"
    tools:context=".MainActivity" />
```

(10) MainActivity 파일을 다음과 같이 변경한다. 현재는 위치가 호주 시드니로 설정되어
있다.

MainActivity.java

```java
public class MainActivity extends AppCompatActivity implements OnMapReadyCallback {

    @Override
    protected void onCreate(Bundle savedInstanceState) {
        super.onCreate(savedInstanceState);
        setContentView(R.layout.activity_main);
        SupportMapFragment mapFragment = (SupportMapFragment) getSupportFragmentManager().
        findFragmentById(R.id.map);
        mapFragment.getMapAsync(this);
    }

    @Override
    public void onMapReady(GoogleMap googleMap) {
        LatLng sydney = new LatLng(-34, 151);
        googleMap.addMarker(new MarkerOptions().position(sydney).title("Marker in Sydney"));
        googleMap.moveCamera(CameraUpdateFactory.newLatLng(sydney));
    }
}
```

(11) 애플리케이션을 에뮬레이터에서 실행하면 다음과 같이 화면에 지도가 나타난다. 마우스
를 이용하여 지도를 이동시켜 본다.

지도 위에 마커 그리기

우리는 앞에서 화면에 지도만 보여주었다. 물론 지도만 표시하는 것도 무척 큰 작업이었지만, 만약 우리가 지도 위에 현재 위치를 나타내는 아이콘을 표시하거나 지도 위에 직선이나 사각형을 그릴 수 있다면 아주 유용할 것이다.

마커란?

마커(marker)는 지도 위에서 위치를 나타내는 이미지이다. 기본 마커는 표준 구글 지도에 공통적인 아이콘을 사용한다. 하지만 API를 통해 아이콘의 색상, 앵커 지점을 변경하거나 사용자 지정 이미지로 마커 아이콘을 교체할 수 있다.

마커는 Marker 클래스의 객체이다. 마커는 GoogleMap.addMark-

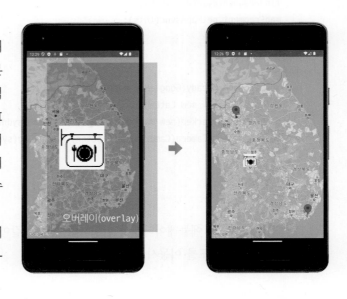

er(marker Options)를 호출하여서 지도에 추가된다. 마커는 상호작용이 가능하도록 설계되어 있다. 마커는 기본적으로 클릭 이벤트를 받는다. 이벤트 리스너와 함께 사용되면 마커가 클릭되었을 때 정보 창을 화면에 띄울 수 있다. 마커의 **draggable** 속성을 설정하면 사용자가 마커의 위치를 변경할 수 있다. 마커를 오래 누르면 마커를 이동시키는 기능이 활성화된다.

마커 추가

아래 예제는 지도에 마커를 추가하는 방법을 보여준다. 마커는 (0, 0) 위치에 생성되고 클릭되면 정보 윈도우에서 문자열 "Hello World"를 표시한다.

```
private GoogleMap mMap;
mMap = ((MapFragment) getFragmentManager().findFragmentById(R.id.map)).getMap();
mMap.addMarker(new MarkerOptions()
        .position(new LatLng(0, 0))
        .title("Hello world"));
```

지도 위에 마커와 현재 위치를 표시하는 애플리케이션을 작성하여 보자.

(1) MarkerDemo라는 프로젝트를 생성한다.
(2) 생성된 API 키를 매니페스트 파일에 추가한다(앞의 예제를 참조한다).
(3) Google Play Services 라이브러리를 추가한다(앞의 예제를 참조한다).
(4) 레스토랑을 나타내는 이미지를 다운로드하여서 res/drawable/restaurant.png로 복사한다.
(5) MapsActivity.java 파일을 다음과 같이 변경한다.

MapsActivity.java

```
public class MainActivity extends FragmentActivity implements
        GoogleMap.OnMarkerClickListener, OnMapReadyCallback {
    private static final LatLng SEOUL = new LatLng(37.566535, 126.977969);
    private static final LatLng DAEJEON = new LatLng(36.350412, 127.384548);
    private static final LatLng BUSAN = new LatLng(35.179554, 129.075642);
    private Marker mSeoul;
    private Marker mDaejeon;
    private Marker mBusan;
```

```
    private GoogleMap mMap;

    @Override
    protected void onCreate(Bundle savedInstanceState) {
        super.onCreate(savedInstanceState);
        setContentView(R.layout.activity_maps);
        SupportMapFragment mapFragment = (SupportMapFragment) getSupportFragmentManager().
        findFragmentById(R.id.map);
        mapFragment.getMapAsync(this);
    }

    /**
     * 지도가 준비되면 호출된다.
     */
    @Override
    public void onMapReady(GoogleMap map) {
        mMap = map;
        mSeoul = mMap.addMarker(new MarkerOptions().position(SEOUL).title("SEOUL"));
        mSeoul.setTag(0);
        mDaejeon = mMap.addMarker(new MarkerOptions().position(DAEJEON).title("Daejeon").
        icon(BitmapDescriptorFactory.fromResource(R.drawable.restaurant)));
        mDaejeon.setTag(0);
        mBusan = mMap.addMarker(new MarkerOptions().position(BUSAN).title("Busan"));
        mBusan.setTag(0);
        mMap.setOnMarkerClickListener(this);
        mMap.moveCamera(CameraUpdateFactory.newLatLng(SEOUL));
    }

    /**
     *사용자가 마커를 클릭하면 호출된다.
     */
    @Override
    public boolean onMarkerClick(final Marker marker) {
        Integer clickCount = (Integer) marker.getTag();
        if (clickCount != null) {
            clickCount = clickCount + 1;
            marker.setTag(clickCount);
            Toast.makeText(this, marker.getTitle() + " 가 클릭되었음, 클릭횟수: " + clickCount,
            Toast.LENGTH_SHORT).show();
        }
        return false;
    }
}
```

서울을 나타내는 마커 생성

대전을 나타내는 마커 설정

부산을 나타내는 마커 설정

(6) 에뮬레이터로 실행한다. [Ctrl]+마우스 드래그를 이용하여 지도를 확대해본다.

(37.555, 126.970)에 이미지가 표시된다.

7
SECTION

지도 위에 그림 그리기

구글 지도 API는 지도 위에 도형을 그릴 수 있는 몇 가지 간단한 방법을 제공한다.

- addPolyline()은 지도 위에 경로를 표시하는 데 사용될 수 있는 일련의 연결된 선분을 그린다.
- addPolygon()은 지도 위에 지역을 표시하는 데 사용할 수 있는 다각형을 그린다.
- addCircle()은 지도 위에 원을 그린다.

폴리 라인

폴리 라인을 만들려면 `PolylineOptions` 객체를 생성하고 여기에 점을 추가한다. 점은 지구 표면의 한 점을 나타내고, 따라서 `LatLng`의 객체로 표현할 수 있다. 선분은 `PolylineOptions`의 객체가 추가되는 순서에 따라 그려진다. 지도에 점을 추가하려면 `PolylineOptions.add()`를 호출한다.

```java
// 새로운 Polyline 객체를 생성하고 점들을 추가한다.
PolylineOptions rectOptions = new PolylineOptions()
        .add(new LatLng(37.35, -122.0))
        .add(new LatLng(37.45, -122.0))
        .add(new LatLng(37.45, -122.2))
        .add(new LatLng(37.35, -122.2))
        .add(new LatLng(37.35, -122.0));

// 지도에 폴리 라인을 추가한다.
Polyline polyline = myMap.addPolyline(rectOptions);
```

다각형

`Polygon` 객체는 `Polyline` 객체와 아주 유사하다. 그러나 `Polygon` 객체는 닫힌 형태이며, 내부가 채워진다. 다각형은 폴리 라인과 유사하게 지도에 추가할 수 있다. 즉 `PolygonOptions` 객체를 생성하고, 여기에 점들을 추가한다. 이 점들은 다각형의 외곽선을 형성한다. 그런 다음 `GoogleMap.addPolygon(PolygonOptions)`를 호출하여 지도에 다각형을 추가한다.

```java
// 새로운 다각형 객체를 생성하고 점들을 추가한다.
PolygonOptions rectOptions = new PolygonOptions()
            .add(new LatLng(37.35, -122.0),
                new LatLng(37.45, -122.0),
                new LatLng(37.45, -122.2),
                new LatLng(37.35, -122.2),
                new LatLng(37.35, -122.0));

// 다각형을 지도에 추가한다.
Polygon polygon = myMap.addPolygon(rectOptions);
```

원

구글 지도 API를 이용하면 원도 추가할 수 있다. 원은 중점이 center이고 반지름이 radius인 지구 표면에 존재하는 점들의 집합으로 정의된다. 구글 지도 API에서는 Mercator 투영법을 사용하여서 평평한 표면에 구형을 렌더링하기 때문에 적도 근처에 있는 원들은 지도에서 거의 완벽한 원으로 표시되며, 적도에서 멀어질수록 화면에 점점 비원형으로 표시된다.

다음 코드는 CircleOptions 객체를 생성하고 GoogleMap.addCircle(CircleOptions)을 호출하여서 지도에 원을 추가한다.

```
// 새로운 CircleOptions 객체를 생성하고 중심과 반지름을 정의한다.
CircleOptions circleOptions = new CircleOptions()
    .center(new LatLng(37.4, -122.1))
    .radius(1000));  // 미터

// 지도에 원을 추가한다.
Circle circle = myMap.addCircle(circleOptions);
```

도형의 속성을 변경

도형이 지도에 추가되기 전이나 후에 도형의 모양을 변경할 수 있다. 도형의 현재의 상태를 쉽게 접근할 수 있도록, 도형의 모든 속성에 대하여 접근자(getter) 메소드가 지원된다. 다음 코드는 지도 위의 특정 지역에 파란색 선을 추가한다.

```
Polyline line = map.addPolyline(new PolylineOptions()
    .add(new LatLng(-37.81319, 144.96298), new LatLng(-31.95285, 115.85734))
    .width(25)
    .color(Color.BLUE)
    .geodesic(true));
```

지도 위에 직선과 사각형을 그리는 애플리케이션을 작성하여 보자.

(1) MapPolyline이라는 프로젝트를 생성한다.

(2) 생성된 API 키를 매니페스트 파일에 추가한다(앞의 예제를 참조한다).

(3) Google Play Services 라이브러리를 추가한다(앞의 예제를 참조한다). [Sync Now]를 클릭한다.

(4) /res/layout/activity_maps.xml 파일을 앞의 예제처럼 수정한다.

(5) MapsActivity.java 파일을 다음과 같은 변경한다.

MapsActivity.java

```java
public class MapsActivity extends FragmentActivity implements OnMapReadyCallback {
    private static final LatLng SEOUL = new LatLng(37.566535, 126.977969);
    private static final LatLng DAEJEON = new LatLng(36.350412, 127.384548);
    private static final LatLng SUWEON = new LatLng(37.263573, 127.028601);
    private static final LatLng BUSAN = new LatLng(35.179554, 129.075642);
    private static final LatLng KWANGJU = new LatLng(35.159545, 126.852601);

    private GoogleMap mMap;

    @Override
    protected void onCreate(Bundle savedInstanceState) {
        super.onCreate(savedInstanceState);
        setContentView(R.layout.activity_maps);
        SupportMapFragment mapFragment = (SupportMapFragment) getSupportFragmentManager().
        findFragmentById(R.id.map);
        mapFragment.getMapAsync(this);
    }

    @Override
    public void onMapReady(GoogleMap googleMap) {
        mMap = googleMap;

        // 디폴트 옵션으로 간단한 폴리라인을 그려본다.
        mMap.addPolyline((new PolylineOptions())
            .add(SEOUL, BUSAN, DAEJEON));

        // 사각형을 가지고 있는 다각형을 그린다.
        mMap.addPolygon(new PolygonOptions()
                .addAll(createRectangle(SEOUL, 0.5, 0.5))
```

```
                .addHole(createRectangle(SUWEON, 0.1, 0.1))
                .fillColor(Color.YELLOW)
                .strokeColor(Color.BLUE)
                .strokeWidth(5));

        // 지도의 중심을 움직인다.
        mMap.moveCamera(CameraUpdateFactory.newLatLng(SEOUL));
    }

    /**
     * 주어진 치수로 사각형을 형성하는 위도/경도 리스트를 생성한다.
     */
    private List<LatLng> createRectangle(LatLng center, double halfWidth, double halfHeight) {
        return Arrays.asList(
                new LatLng(center.latitude - halfHeight, center.longitude - halfWidth),
                new LatLng(center.latitude - halfHeight, center.longitude + halfWidth),
                new LatLng(center.latitude + halfHeight, center.longitude + halfWidth),
                new LatLng(center.latitude + halfHeight, center.longitude - halfWidth),
                new LatLng(center.latitude - halfHeight, center.longitude - halfWidth));
    }
}
```

(6) 에뮬레이터로 애플리케이션을 다운로드하여 실행한다.

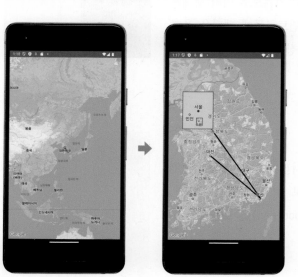

지도와 상호작용하기

구글 지도 API를 사용하면 지도와 상호작용할 수 있는 방법을 개발자가 정의할 수 있다. 개발자는 지도 위에 표시되는 컨트롤을 지정할 수 있다. 또 어떤 제스처가 허용되며, 클릭 이벤트에 응답하는 방법을 결정할 수 있다.

UI 컨트롤

지도 API는 안드로이드 스마트폰에서 구글 지도에서 발견되는 것과 동일한 UI 컨트롤을 제어한다. 개발자는 UiSettings 클래스를 사용하여 이러한 UI 컨트롤의 표시 여부를 변경할 수 있다. 이 클래스의 변경 사항은 즉시 지도에 반영된다. 이들 특징들의 예제를 보려면 MapSample 예제의 "UI Settings"를 보면 된다.

개발자는 지도가 생성될 때, XML 속성을 통하거나 Google MapOptions 클래스를 이용하여 지정할 수 있다.

각각의 UI 컨트롤은 지도의 가장자리를 기준으로 미리 정해진 위치를 차지하고 있다. 개발자는 이들 컨트롤들에 패딩을 추가하여 위쪽, 아래쪽, 왼쪽 또는 오른쪽 가장자리에서 멀리 이동할 수 있다.

줌 컨트롤

지도 API는 지도의 오른쪽 하단 모서리에 표시 내장 줌 컨트롤을 제공한다. 이들은 기본적으로 활성화되어 있지만, UiSettings.setZoomControlsEnabled(boolean)을 호출하여 해제할 수 있다 .

나침반

지도 API는 특정 상황에서 맵의 왼쪽 상단 모서리에 표시되는 나침반을 제공한다. 카메라가 방위각을 가지거나 기울기를 가지는 경우에만 나침반이 나타난다. 사용자가 나침반을 클릭하면, 카메라는 0도의 방위각과 기울기로 되돌아가면서 나침반은 바로 사라진다. 개발자는 UiSettings.setCompassEnabled(boolean)을 호출하여 나침반을 사용하지 않도록 설정할 수 있다. 항상 화면에 나타나도록 나침반을 강제할 수는 없다.

내 위치 버튼

내 위치 버튼은 화면의 오른쪽 상단 모서리에 나타난다. 내 위치 레이어를 사용할 수 있는 경우에만 나타난다. 사용자가 내 위치 버튼을 클릭하면, 카메라는 사용자의 현재 위치로 애니메이트된다. 내 위치 버튼을 클릭하면 GoogleMap.OnMyLocationButtonClickListener가 호출된다. 개발자는 UiSettings.setMyLocationButtonEnabled(boolean)을 호출하여 내 위치 버튼을 비활성화할 수 있다.

지도 제스처

구글 지도 API로 만든 지도는 구글 지도 애플리케이션과 동일한 제스처를 지원한다. 그러나 지도의 상태를 유지하기 위해 특정 동작을 비활성화해야 하는 경우도 있다. 줌, 팬, 틸트와 방위각은 프로그래밍 방식으로 설정할 수 있다. 제스처를 사용하지 않도록 설정하더라도 여전히 프로그래밍 방식으로 카메라의 위치를 변경할 수 있다.

UI 컨트롤과 마찬가지로, UiSettings 클래스를 이용하여서 제스처를 활성화/비활성화할 수 있다. UiSettings 객체는 GoogleMap.getUiSettings()를 호출하여서 얻을 수 있다. 이 클래스의 변경 사항은 즉시 지도에 반영된다. 이러한 기능의 예를 확인하려면 MapSample 애플리케이션의 "UI Settings"를 참조한다.

줌 제스처

구글 지도 API는 카메라의 줌 레벨을 변경할 수 있는 다양한 제스처에 응답한다.

- 더블 탭은 줌 레벨을 1만큼 높인다(줌인).
- 두 손가락 탭은 줌 레벨을 1만큼 줄인다(줌아웃).

UiSettings.setZoomGesturesEnabled(booelan)을 호출하여서 줌 제스처를 비활성화할 수 있다.

틸트 제스처

사용자는 지도에 두 손가락을 위치하고, 위나 아래로 이동시키면서 경사각을 증가 또는 감소할 수 있다. UiSettings.setTiltGesturesEnabled(boolean)을 호출하여 틸트 동작을 해제할 수 있다.

회전 제스처

사용자는 지도에서 두 손가락을 놓고 회전 운동을 적용하여 지도를 회전할 수 있다. UiSettings.setRotateGesturesEnabled(boolean)을 호출하여 회전을 해제할 수 있다.

클릭(click) 이벤트

지도 API는 지도에 이벤트를 수신할 수 있도록 한다. 이러한 기능의 간단한 예를 보려면, MapSample 애플리케이션의 "Events" 액티비티를 참조한다.

사용자가 지도를 클릭할 때, 응답하고자 한다면 OnMap ClickListener를 사용한다. 이 리스터는 GoogleMap.setOn MapClickListener(OnMapClickListener)를 호출하여 지도 상에 설정할 수 있다. 사용자가 지도를 클릭할 때는 onMapClick(LatL-ng) 이벤트를 받을 수 있다. 이 이벤트는 사용자가 클릭한 지도의 위치를 나타낸다. 화면에서 해당 위치를 필요로 하는 경우에는, Projection 클래스를 이용하여서 픽셀 좌표로 얻을 수 있다. Projection은 위도/경도 좌표와 화면 픽셀 좌표 사이의 변환을 수행한다.

카메라 변경 이벤트

카메라의 위치를 추적하려는 경우, `OnCameraChangeListener`를 사용할 수 있다. 이 리스너는 `GoogleMap.setOnCameraChangeListener(OnCameraChangeListener)`를 호출하여 설정할 수 있다. 카메라를 변경하면 `onCameraChange(CameraPosition)` 콜백 메소드가 호출된다.

지도에 자동차 매장 표시하기

지도상에 자동차 매장을 표시하는 앱을 만들어보자. 구글 지도 API를 사용하여 안드로이드 앱에 구글 지도를 추가하고 여기에 마커를 추가한다. 또한 지도에 원을 그려보자.

> Exercises

연습문제

01 앱에서 자신의 위치는 어떤 클래스를 통해서 알 수 있는가?

① LocationService　　　　　　② LocationManager

③ SystemService　　　　　　　④ LocationUpdate

02 앱에서 자신의 위치를 알기 위하여 구현해야 하는 인터페이스는?

① LocationService　　　　　　② LocationManager

③ LocationListener　　　　　　④ LocationUpdate

03 구글 지도가 제공하는 기능이 아닌 것은?

① 지도를 앱에 추가　　　　　　② 지도 위에 아이콘 그리기

③ 지도 위에 다각형 그리기　　　④ 자율 주행 기능

04 구글 지도를 표시하는 인텐트의 형식으로 맞는 것은?

① ACTION_PICK　　　　　　　② ACTION_SHOW

③ ACTION_VIEW　　　　　　　④ ACTION_DISPLAY

05 구글 지도 앱에 대한 설명으로 틀린 것은?

① 구글 플레이 서비스 **SDK**가 설치되어 있어야 한다.

② 구글 지도 **API**는 없어도 된다.

③ 지도는 프래그먼트 형식으로 표시된다.

④ **Google Maps Activity**를 앱에 추가하면 편리하다.

06 구글 지도를 화면에 표시하고 여기에 여러 개의 마커를 표시하는 앱을 작성해보자.

(주제: 구글 지도, 난이도: 상)

07 지도에 위치들을 연결하는 직선을 그릴 수 있다. 주로 경로나 방향을 표시하는 데 사용된다. 지도에 폴리라인을 그리려면 PolylineOptions 객체를 인스턴스화하고 결합하려는 좌표를 추가하고 color, geodesic, startCap, endCap, width, jointType 등의 다양한 옵션을 설정하면 된다. 그리고 addPolyline()을 호출하여 GoogleMap 객체에 PolylineOptions 객체를 추가한다. 문제 6번의 마커들을 연결하는 직선을 그려보자.

(주제: 구글 지도, 난이도: 상)

CHAPTER 16

멀티미디어

나 학교 가는 길이 너무 심심해. 뭐 할거 없을까?

스마트폰이 장식용이니? 비디오 재생 기능으로 영화나 드라마 보면 되잖아.

CHAPTER

16

멀티미디어

1 안드로이드의 멀티미디어 지원
SECTION

안드로이드 플랫폼은 다양한 미디어 형식에 대한 인코딩과 디코딩 장치를 내장하고 있다. 따라서 오디오, 비디오, 이미지를 애플리케이션에서 사용하는 것은 어렵지 않다. 오디오나 비디오를 재생하기 위해서는 **MediaPlayer** 클래스를 사용한다. **MediaPlayer** 클래스를 사용하면 SD 카드나 인터넷에 있는 비디오나 오디오 파일을 재생할 수 있다.

또한 안드로이드에서는 오디오, 비디오 등을 녹화할 수 있다. 오디오나 비디오를 녹화하기 위해서는 **MediaRecorder** 클래스를 사용한다. 물론 안드로이드 장치가 관련된 하드웨어를 가져야 한다. 카메라로부터 영상을 캡처하기 위해서는 **Camera** 클래스도 필요하다.

현재 안드로이드 8.1에서 사용이 가능한 오디오/비디오 형식은 다음과 같다. 보다 자세한 내용은 개발자 페이지를 참조하여야 한다.

●표 16-1
안드로이드에서 오디오/비디오 형식

종류	형식/코덱	엔코더	디코더	지원 파일 종류(파일 확장자)
오디오	AAC LC/LTP	·	·	3GPP(.3gp)와 MPEG-4(.mp4, .m4a). raw AAC(.aac)는 지원하지 않음
	HE-AACv1 (AAC+)		·	
	HE-AACv2 (enhanced AAC+)		·	
	AMR-NB	·	·	3GPP(.3gp)
	AMR-WB	·	·	3GPP(.3gp)
	MP3		·	MP3(.mp3)
	MIDI		·	Type 0과 1(.mid, .xmf, .mxmf). RTTTL/RTX(.rtttl, .rtx), OTA(.ota)와 iMelody(.imy)
	Ogg Vorbis		·	Ogg(.ogg)
	PCM/WAVE		·	WAVE(.wav)

	JPEG	·	·	JPEG(.jpg)
이미지	GIF		·	GIF(.gif)
	PNG	·	·	PNG(.png)
	BMP			BMP(.bmp)
비디오	H.263	·	·	3GPP(.3gp)와 MPEG-4(.mp4)
	H.264 AVC	·	·	3GPP(.3gp)와 MPEG-4(.mp4)
	MPEG-4 SP		·	3GPP(.3gp)
	VP8		·	WebM(.webm)

2 SECTION 오디오 재생

안드로이드에서 오디오를 재생하는 것은 다음과 같은 2가지 방법으로 가능하다.

● 인텐트를 사용하여서 전용 애플리케이션에 오디오를 재생해달라고 요청할 수 있다.
● 애플리케이션에서 직접 MediaPlayer 클래스를 사용하여서 오디오를 재생할 수 있다.

만약 간단하게 재생이나 녹음이 필요한 경우에는 인텐트를 사용하는 것이 좋다. 만약 기존의 인터페이스가 아닌 다른 인터페이스가 필요한 경우에는 오디오 관련 클래스를 사용하는 것이 바람직하다. 이것은 앞으로 등장하는 비디오에도 그대로 적용된다.

MediaPlayer 클래스를 사용하여서 오디오 재생하기

만약 안드로이드에서 제공하는 오디오 재생기를 사용하지 않고 나름대로의 오디오 재생 애플리케이션을 작성하려면 MediaPlayer 클래스를 사용하면 된다. MediaPlayer 클래스는 모든 미디어의 재생을 담당하는 클래스이다. MediaPlayer 클래스는 상당히 복잡한 클래스이다. 사용하는 자원도 아주 많다. MediaPlayer 클래스는 상태 기계(state machine)로 관리된다. 상태 기계란 입력에 따라 상태가 변화되는 시스템을 의미한다. MediaPlayer 클래스는 호출되는 메소드에 따라서 MediaPlayer 클래스의 내부 상태가 변화된다. 일단은 (객체 생성) → (데이터 소스 지정) → (재생 준비) → (재생 시작) → (재생 중지) → (리소스 해제)의 단계를 거친다고 생각하자.

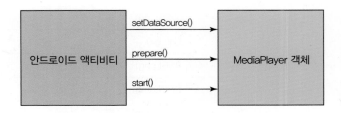

● 리소스 미디어 재생

아마도 가장 흔한 경우는 애플리케이션 안에 포함된 미디어를 재생하는 경우이다. 미디어 파일을 프로젝트의 res/raw 폴더에 복사하고 다음과 같은 코드를 실행한다.

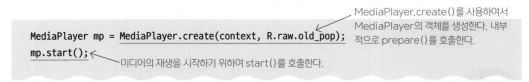

```
MediaPlayer mp = MediaPlayer.create(context, R.raw.old_pop);
mp.start();
```

MediaPlayer.create()를 사용하여서 MediaPlayer의 객체를 생성한다. 내부적으로 prepare()를 호출한다.

미디어의 재생을 시작하기 위하여 start()를 호출한다.

재생을 멈추려면 stop()을 호출한다. 미디어를 다시 재생하려면 start()를 재호출하기 전에 반드시 reset()과 prepare()를 호출하여야 한다. 재생을 잠시 중단하기 위해서는 pause()를 호출한다. 잠시 중단하였다가 다시 재생을 시작하려면 start()를 호출하면 된다.

● 파일 미디어 재생

파일로부터도 미디어 파일을 재생할 수 있다.

```
MediaPlayer mp = new MediaPlayer();
mp.setDataSource(PATH_TO_FILE);
mp.prepare();
mp.start();
```

MediaPlayer 객체를 생성한다.

재생하려는 파일의 경로를 인수로 하여 setDataSource()를 호출한다.

prepare()를 호출하고 이어서 start()를 호출한다.

참고
사항

앞의 코드에서 mp는 null이 될 수 있다. 따라서 new 뒤에 null을 체크하는 것이 좋다. 또 setDataSource()를 사용할 때에 파일이 존재하지 않으면 IllegalArgumentException이나 IOException과 같은 예외들이 발생할 수 있다. 이들 예외를 처리하든지 아니면 다른 곳으로 전달하여야 한다.

예제 MediaPlayer 클래스를 사용한 오디오 예제

간단한 미디어 플레이어 애플리케이션을 작성하여 보자.

(1) **AudioPlay** 프로젝트를 생성한다.
(2) 다음과 같은 사용자 인터페이스를 `activity_main.xml`로 작성한다. 각 버튼이 눌려지면 `onClick` 속성에 설정된 메소드가 실행된다.

activity_main.xml

```xml
<?xml version="1.0" encoding="utf-8"?>
<LinearLayout>
    <TextView
        android:text="리소스 미디어 재생" ></TextView>
    <LinearLayout
        android:id="@+id/LinearLayout01"
        android:orientation="horizontal" >
        <Button
            android:id="@+id/res_start"
            android:onClick="startResAudio"
            android:text="리소스 오디오 시작" ></Button>
        <Button
            android:id="@+id/res_stop"
            android:onClick="stopResAudio"
            android:text="리소스 오디오 정지" ></Button>
    </LinearLayout>
</LinearLayout>
```

UI

(3) 다음과 같이 코드를 작성한다.

MainActivity.java

코드 작성

```java
package kr.co.company.audioplay2;
// 소스만 입력하고 Alt+Enter를 눌러서 import 문장을 자동으로 생성한다.

public class MainActivity extends AppCompatActivity {
  MediaPlayer mp = null;

  @Override
  public void onCreate(Bundle savedInstanceState) {
      super.onCreate(savedInstanceState);
      setContentView(R.layout.activity_main);
```

```
}
```

```
public void startResAudio(View v) {
    mp = MediaPlayer.create(this, R.raw.old_pop);
    mp.start();
}
```
←—— 리소스 미디어 재생

```
public void stopResAudio(View v) {
    if (mp != null) {
        mp.stop();
        mp.release();
    }
    mp = null;
}
```
←—— 리소스 미디어 정지

```
}
```

startResAudio(), stopResAudio() 메소드는 버튼의 onClick 어트리뷰트를 통하여 연결된다.

(4) 리소스 형태로 저장된 오디오를 재생하여 보자. 먼저 애플리케이션을 컴파일하기 전에 old_pop.mp3 파일을 /res/raw 폴더에 복사하여야 한다. 안드로이드는 자동적으로 /res/raw 폴더에 있는 오디오 파일을 찾아서 리소스로 변환한다. "리소스 오디오 시작" 버튼을 누르면 리소스 형태로 저장된 오디오의 재생이 시작된다. "리소스 오디오 정지" 버튼을 누르면 오디오는 중지된다. 여기서 MediaPlayer 객체의 사용이 끝나면 반드시 release() 메소드를 호출하여야 한다. 코드에서는 액티비티가 소멸되는 시점에서 release() 메소드를 호출하였다.

간단한 MP3 플레이어 만들어보기

외부 저장소에 있는 몇 개의 MP3 파일을 재생하는 MP3 플레이어를 만들어보자.

(1) MP3Player 프로젝트를 생성한다.

(2) 위와 같은 사용자 인터페이스를 activity_main.xml로 작성한다. 각 버튼이 눌려지면 onClick 속성에 설정된 메소드가 실행된다. 첨부 파일을 참고한다.

activity_main.xml

```xml
<LinearLayout>
    <TextView
        android:text="My MP3 Player"
        android:textSize="34sp" />
    <LinearLayout    android:orientation="horizontal">
        <Button>
        <Button>
        <Button>
        <Button>
    </LinearLayout>

    <ListView
        android:id="@+id/listview"
        android:layout_width="383dp"
        android:layout_height="460dp" > </ListView>
</LinearLayout>
```

UI

(3) 다음과 같이 코드를 작성한다.

코드
작성

MainActivity.java

```java
public class MainActivity extends AppCompatActivity {
    ArrayList<String> songList = new ArrayList<String>();
    ListView listview;
    Button bPlay, bStop;
    String curSong;
    MediaPlayer mp = null;
    String songPath;

    @Override
    protected void onCreate(Bundle savedInstanceState) {
        super.onCreate(savedInstanceState);
        setContentView(R.layout.activity_main);

        // 외부 저장소에 대한 권한을 요청한다.
        ActivityCompat.requestPermissions(this, new String[]{android.Manifest.permission.WRITE_
EXTERNAL_STORAGE}, MODE_PRIVATE);

        // 외부 저장소의 루트 디렉토리 경로를 얻는다.
        songPath = Environment.getExternalStorageDirectory().getPath() + "/";
        FileFilter filter = file -> !file.isDirectory() && file.getName().endsWith(".mp3");
        // "mp3"로 끝나는 파일만 찾는다.
        File[] files = new File(songPath).listFiles(filter);
        if (files != null) {
            for (File file : files) {
                songList.add(file.getName());
            }
        }
        // 화면에서 리스트 뷰를 찾는다.
        listview = (ListView) findViewById(R.id.listview);
        // 리스트 뷰에 어댑터를 연결한다.
        ArrayAdapter<String> adapter = new ArrayAdapter<String>(this, android.R.layout.simple_
list_item_single_choice, songList);
        listview.setChoiceMode(ListView.CHOICE_MODE_SINGLE);
        listview.setAdapter(adapter);
        listview.setItemChecked(0, true);

        // 리스트 뷰의 항목이 클릭되면 음악의 이름을 가져온다.
        listview.setOnItemClickListener(new AdapterView.OnItemClickListener() {
            public void onItemClick(AdapterView<?> arg0, View arg1, int arg2, long arg3) {
                curSong = songList.get(arg2);
            }
        });
        curSong = songList.get(0);
```

```
        }

    // "재생" 버튼을 누르면 미디어 플레이어를 생성하고 시작한다.
    public void play(View v) {
        try {
            mp = new MediaPlayer();
            mp.setDataSource(songPath + curSong);
            mp.prepare();
            mp.start();
        } catch (IOException e) {            Log.i("KKK", e.toString());            }
    }

    // "정지" 버튼을 누르면 미디어 플레이어를 중단하고 삭제한다.
    public void stop(View v) {
        if (mp != null) {
            mp.stop();
            mp.release();
        }
        mp = null;
    }
}
```

실행
결과

(4) **/storage/emulated** 폴더 위에서 마우스 오른쪽 버튼을 누른 후에 **[Upload]** 메뉴를 이용하여서 몇 개의 MP3 파일을 업로드한다. 음악 파일을 업로드한 후에는 에뮬레이터를 콜드 부트한다. 그래야만 앱이 음악 파일들을 찾을 수 있다.

Device Explorer			
Pixel 2 API 34 Android API 34			

Files Processes

Name	Permissions	Date	Size
> 📁 sdcard	lrw-r--r--	2009-01-01 00:00	21 B
> 📁 second_stage_resources	drwxr-xr-x	2009-01-01 00:00	4 KB
∨ 📁 storage	drwx--x---	2023-10-15 02:37	100 B
> 📁 0DFB-330D	drwxrwx---	1970-01-01 00:00	2 KB
∨ 📁 emulated	drwxrwx---	2023-10-13 06:21	4 KB
∨ 📁 0	drwxrws---	2023-10-13 06:21	4 KB
> 📁 Alarms	drwxrws---	2023-10-13 06:21	4 KB
> 📁 Android	drwxrws--x	2023-10-13 06:21	4 KB
> 📁 Audiobooks	drwxrws---	2023-10-13 06:21	4 KB
> 📁 DCIM	drwxrws---	2023-10-13 06:21	4 KB
> 📁 Documents	drwxrws---	2023-10-13 06:21	4 KB
> 📁 Download	drwxrws---	2023-10-13 06:36	4 KB
> 📁 Movies	drwxrws---	2023-10-22 03:58	4 KB
> 📁 Music	drwxrws---	2023-10-13 06:21	4 KB
> 📁 Notifications	drwxrws---	2023-10-13 06:21	4 KB
> 📁 Pictures	drwxrws---	2023-10-22 03:57	4 KB
> 📁 Podcasts	drwxrws---	2023-10-13 06:21	4 KB
> 📁 Recordings	drwxrws---	2023-10-13 06:21	4 KB
> 📁 Ringtones	drwxrws---	2023-10-13 06:21	4 KB
🎵 old_pop.mp3	-rw-rw----	2023-10-22 04:34	4.1 MB
🎵 SoundHelix-Song-1.mp3	-rw-rw----	2023-10-22 04:34	8.5 MB
🎵 SoundHelix-Song-2.mp3	-rw-rw----	2023-10-22 04:34	9.7 MB
🎵 SoundHelix-Song-3.mp3	-rw-rw----	2023-10-22 04:34	7.9 MB
> 📁 obb	drwxrwx---	2023-10-13 06:20	4 KB
> 📁 self	drwxr-xr-x	2023-10-15 02:37	60 B

 **도전문제**

1. 위의 프로그램에서 [Prev]와 [Next] 버튼은 구현되지 않았다. 코드를 추가해보자.

2. 위의 프로그램에서 [일시정지] 버튼을 추가해보자.

이미지 캡처

3
SECTION

안드로이드에서 이미지를 캡처하고 처리하는 과정을 알아볼까요?

안드로이드 애플리케이션을 작성하다 보면 장치에 장착된 카메라를 이용하여서 이미지를 획득한 후에, 이 이미지를 처리하는 경우가 많다. 예를 들면 카메라로 옷을 촬영한 후에 배경을 삭제한다든지, 물건의 바코드를 촬영하여서 바코드 값을 읽는 것과 같은 많은 작업들을 수행할 수 있다. 이 절에서는 장치에 부착된 카메라를 통하여 영상을 획득하고, 획득된 영상을 화면에 표시해보자.

인텐트를 이용한 이미지 획득

애플리케이션에서 사진이나 비디오를 많은 노력을 하지 않고 빠르게 얻을 수 있는 방법은 바로 이미 존재하는 안드로이드 카메라 애플리케이션을 구동하는 방법이다. 인텐트를 이용하여서 사진이나 비디오 클립을 캡처하라는 요청을 하고 애플리케이션으로 다시 돌아올 수 있다. 전체적인 구조를 살펴보자.

다음과 같은 인텐트 타입을 이용하여서 이미지나 비디오를 요청하는 인텐트를 생성한다.
· MediaStore.ACTION_IMAGE_CAPTURE: 이미지를 요청하는 액션
· MediaStore.ACTION_VIDEO_CAPTURE: 비디오를 요청하는 액션

```java
Intent i = new Intent(android.provider.MediaStore.ACTION_IMAGE_CAPTURE);
...
startActivityForResult(i, CAMERA_CAPTURE);
...
protected void onActivityResult(int requestCode, int resultCode, Intent intent)
{
  ...
}
```

전체
구조

startActivityForResult() 메소드를 이용하여서 카메라 인텐트를 실행한다. 인텐트가 시작카메라 애플리케이션 사용자 인터페이스 화면이 등장하고 사용자는 사진이나 동영상을 촬영할 수 있다.

onActivityResult() 메소드를 이용하여서 애플리케이션이 카메라 인텐트로부터 결과를 받는다. 사용자가 촬영을 끝내면 안드로이드 시스템이 이 콜백 메소드를 호출한다.

 **예제**   인텐트를 이용한 이미지 획득

안드로이드 장치에 장착된 카메라를 이용하여서 이미지를 획득하는 가장 간단한 방법은 인텐트를 사용하는 것이다.

(1) **ImageCapture** 프로젝트를 생성한다.
(2) 다음과 같은 사용자 인터페이스 작성한다.

UI

activity_main.xml

```
<LinearLayout>
  <TextView
      android:text="카메라로부터 이미지를 캡처하려면 누르세요!" />
  <Button
      android:onClick="capture"
      android:text="이미지 캡처" />
  <ImageView
      android:id="@+id/imageview"
      android:layout_marginTop="3dp" />
</LinearLayout>
```

(3) **MainActivity.java** 파일에 다음과 같은 내용을 입력한다.

**코드
작성**

MainActivity.java

```
public class MainActivity extends AppCompatActivity {
    private static final int PERMISSION_CODE = 10;
    Button mCaptureBtn;
    ImageView imageView;
    static final int REQUEST_IMAGE_CAPTURE = 1;

    @Override
    protected void onCreate(Bundle savedInstanceState) {
        super.onCreate(savedInstanceState);
        setContentView(R.layout.activity_main);
        imageView = findViewById(R.id.imageView);
    }

    public void capture(View v) {
        // 권한 획득
        if (Build.VERSION.SDK_INT >= Build.VERSION_CODES.M) {
            String[] permission = {Manifest.permission.CAMERA,
```

```
Manifest.permission.WRITE_EXTERNAL_STORAGE};
            requestPermissions(permission, PERMISSION_CODE);
        }
        // 암시적인 인텐트를 사용하여 사진 촬영
        Intent takePictureIntent = new Intent(MediaStore.ACTION_IMAGE_CAPTURE);
        if (takePictureIntent.resolveActivity(getPackageManager()) != null) {
            startActivityForResult(takePictureIntent, REQUEST_IMAGE_CAPTURE);
        }
    }


    // 인텐트의 결과를 받아서 화면에 표시한다.


    @Override
    protected void onActivityResult(int requestCode, int resultCode, Intent data) {
        super.onActivityResult(requestCode, resultCode, data);
        if (requestCode == REQUEST_IMAGE_CAPTURE && resultCode == RESULT_OK) {
            Bundle extras = data.getExtras();
            Bitmap imageBitmap = (Bitmap) extras.get("data");
            imageView.setImageBitmap(imageBitmap);
        }
    }
}
```

(4) 매니페스트 파일 수정: 카메라에서 영상을 획득해서 SD 카드에 기록하려면 다음과 같은 권한이 설정되어 있어야 한다.

AndroidManifest.xml

```
...
<uses-permission
    android:name="android.permission.WRITE_EXTERNAL_STORAGE" ></uses-permission>
<uses-permission
    android:name="android.permission.CAMERA" ></uses-permission>
...
```

— 외부 저장 공간에 저장할 수 있다.

카메라 사용 가능

매니페스트
파일 수정

---

(5) 애플리케이션을 에뮬레이터로 실행하면 다음과 같은 화면이 등장한다. 여기서 "이미지 캡처" 버튼을 누른다. 이 버튼을 누르면 카메라 서비스로 인텐트가 보내지고 카메라 서비스가 실행되어서 다음과 같은 화면이 등장한다.

실행
결과

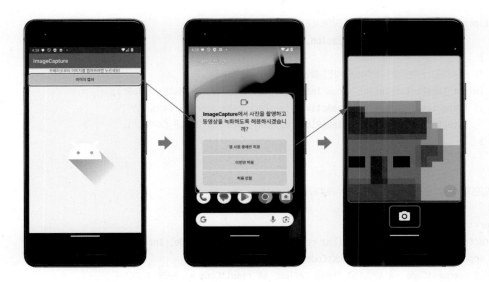

(6) 셔터 버튼을 눌러서 영상을 촬영하면 다음과 같은 화면이 등장한다. 이 화면은 영상을 저장할 것인지를 사용자에게 물어보는 화면이다. "저장" 버튼을 누른다. 다시 애플리케이션의 화면이 나오고 오른쪽에 방금 촬영한 영상이 표시된다.

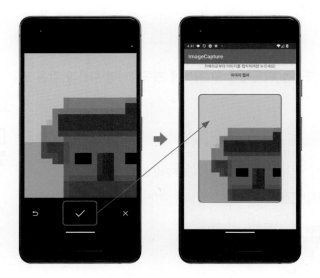

참고사항

안드로이드에서의 영상 처리

본격적인 영상 처리 애플리케이션을 제작하려면 영상 처리 라이브러리를 사용하여야 한다. 최근에 영상 처리 라이브러리 중에서 가장 많이 사용되는 것은 OpenCV이다. OpenCV 라이브러리의 각종 함수들을 안드로이드에서도 사용할 수 있다. 자세한 내용은 http://code.opencv.org/projects/opencv/wiki/OpenCV4Android 사이트를 참조한다.

비디오 재생

SECTION 4

누가 요즘 캠코더를 무겁게 들고 다니나요? 휴대폰 하나로 다 해결되는데요.

안드로이드의 Media 패키지는 비디오 재생과 녹화를 지원한다. 이 패키지의 MediaPlayer 클래스는 오디오 재생뿐만 아니라 비디오 재생도 담당한다. 안드로이드 프레임워크는 VideoView 나 MediaController와 같은 클래스를 제공하여서 비디오 재생이 무척 쉬워진다.

VideoView 클래스는 MediaPlayer 객체의 생성과 초기화를 담당한다. VideoView 클래스는 다양한 소스로부터 비디오를 적재할 수 있다. 즉 리소스나 SD 카드로부터 비디오를 읽을 수 있다. 그리고 비디오의 크기를 화면에 맞추는 작업을 수행하기 때문에 어떤 레이아웃 매니저에서도 사용될 수 있다. 또 다양한 표시 옵션을 제공하는데 예를 들면 크기 조정이나 틴팅(tinting)을 수행할 수 있다. VideoView가 제공하는 메소드의 일부는 다음과 같다.

메소드	설명
void setVideoPath(String path) void setVideoURI(Uri uri)	동영상이 저장되어 있는 경로(또는 URI)를 지정한다.
void start() void stopPlayback() void suspend()	동영상의 재생을 제어한다.
void setMediaController(MediaController controller)	미디어 컨트롤러를 생성하여서 부착하면 사용자가 편리하게 사용할 수 있다.

MediaController는 MediaPlayer를 제어할 수 있는 컨트롤들을 추가하는 뷰이다. 예를 들면 재생, 중지, 프로그레스 슬라이더들을 추가한다. MediaController는 자신의 컨트롤을 MediaPlayer의 상태와 동기화한다.

예제

간단한 예제를 작성하여 보자. 애플리케이션의 사용자 인터페이스로 VideoView 위젯을 생성한 후에 VideoView 클래스의 start() 메소드를 호출하면 동영상이 재생된다.

(1) VideoPlay 프로젝트를 생성한다.
(2) res 폴더 아래에 raw 리소스 폴더를 생성하고 여기에 동영상 trailer.mp4를 복사한다.
(3) 다음과 같은 사용자 인터페이스를 작성한다. 레이아웃 파일 activity_main.xml에

VideoView 위젯을 추가한다.

activity_main.xml

```xml
<?xml version="1.0" encoding="utf-8"?>
<LinearLayout xmlns:android="http://schemas.android.com/apk/res/android"
    android:orientation="vertical"
    android:layout_width="match_parent"
    android:layout_height="match_parent" >

    <VideoView android:id="@+id/videoview"
        android:layout_width="wrap_parent"
        android:layout_height="wrap_parent" />

</LinearLayout>
```

비디오뷰 위젯을 레이아웃에 추가한다.

(4) **MainActivity.java** 파일에 다음과 같은 내용을 입력한다.

MainActivity.java

```java
package kr.co.company.videoplay;
// 소스만 입력하고 Alt+Enter를 눌러서 import 문장을 자동으로 생성한다.

public class MainActivity extends AppCompatActivity {
    VideoView videoview;
    @Override
    public void onCreate(Bundle savedInstanceState) {
        super.onCreate(savedInstanceState);
        this.setContentView(R.layout.activity_main);

        videoview = (VideoView) this.findViewById(R.id.videoview);
        MediaController mc = new MediaController(this);
        videoview.setMediaController(mc);
        videoview.setVideoURI(Uri.parse("android.resource://" +
getPackageName() + "/" + R.raw.trailer));
        videoview.start();
    }
}
```

비디오 재생, 중지, 일시중지, 탐색 등의 기능을 추가하려면 MediaController를 추가한다. MediaController 클래스의 객체를 생성하고 이 객체를 VideoView의 setMediaController() 메소드의 인수로 전달한다.

(5) 매니페스트 파일에 다음과 같은 권한을 요청한다.

AndroidManifest.xml

```
...
<uses-permission android:name="android.permission.INTERNET">
<uses-permission android:name="android.permission.READ_EXTERNAL_STORAGE">
</uses-permission>
...
```

매니페스트
파일 수정

(6) 실제 스마트폰이나 에뮬레이터로 실행하여 보자.

실행
결과

참고
사항

웹에서 동영상 파일을 읽으려면 반드시 애플리케이션의 매니페스트 파일에 인터넷 권한을 요청하여야 한다. 즉 다음과
같은 문장을 매니페스트 파일에 추가한다.

```
<uses-permission android:name="android.permission.INTERNET" />
```

5
SECTION

비디오 녹화

인텐트를 이용하여 비디오 녹화하는 방법을 알아봐요.

안드로이드에서 인텐트를 이용하여 비디오를 녹화하는 방법을 살펴보자.

예제

인텐트를 사용하여서 **VideoRecord** 애플리케이션을 작성하여 보자.

(1) **VideoRecord** 프로젝트를 생성한다.

(2) 다음과 같이 사용자 인터페이스를 작성한다.

UI

activity_main.xml

```xml
<LinearLayout>
    <Button
        android:id="@+id/button"
        android:onClick="takevideo"
        android:text="Button" />
    <VideoView
        android:id="@+id/videoView"
        android:visibility="visible"
        tools:visibility="visible" />
</LinearLayout>
```

(3) **MainActivity.java** 파일에 다음과 같은 내용을 입력한다.

**코드
작성**

MainActivity.java

```java
public class MainActivity extends AppCompatActivity {
    VideoView videoView;
    @Override
    protected void onCreate(Bundle savedInstanceState) {
        super.onCreate(savedInstanceState);
        setContentView(R.layout.activity_main);
        videoView = (VideoView) this.findViewById(R.id.videoView);
    }
    static final int REQUEST_VIDEO_CAPTURE = 1;
```

```java
// 인텐트를 이용하여 비디오를 촬영한다.
public void take(View v) {
    Intent takeVideoIntent = new Intent(MediaStore.ACTION_VIDEO_CAPTURE);
    if (takeVideoIntent.resolveActivity(getPackageManager()) != null) {
        startActivityForResult(takeVideoIntent, REQUEST_VIDEO_CAPTURE);
    }
}
// 결과를 받아서 화면에 재생한다.
@Override
protected void onActivityResult(int requestCode, int resultCode, Intent intent) {
    super.onActivityResult(requestCode, resultCode, intent);
    if (requestCode == REQUEST_VIDEO_CAPTURE && resultCode == RESULT_OK) {
        Uri videoUri = intent.getData();
        videoView.setVideoURI(videoUri);
        videoView.start();
    }
}
}
```

(4) 매니페스트 파일은 수정하지 않는다.

(5) 에뮬레이터를 이용하여 실행해보자.

실행
결과

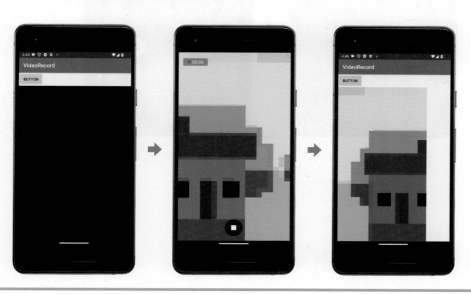

고급 MP3 앱 제작

안드로이드에 기본으로 장착되었던 음악 재생 앱은 "유튜브 뮤직 앱"으로 대체되었다. 우리는 아래와 같은 유튜브 뮤직 앱을 참고하여서 최대한 유사한 기능을 가진 앱을 제작해보자. 음악 파일을 업로드한 후에는 장치를 콜드 부트한다. 그래야만 유튜브 뮤직 앱이 음악들을 찾을 수 있다.

Exercises

연습문제

01 안드로이드에서 미디어의 재생을 담당하는 클래스 이름은?

① MusicPlayer

② MediaPlayer

③ MediaRecorder

④ MultimediaPlayer

02 안드로이드에서 인텐트를 이용하여 사진을 찍어서 반환받으려고 한다. 빈칸에 들어가야 할 상수는?

```
Intent i = new Intent(android.provider.MediaStore._____);
```

① ACTION_IMAGE

② ACTION_IMAGE_CAPTURE

③ ACTION_CAPTURE

④ IMAGE_CAPTURE

03 화면에 비디오를 재생하고 싶을 때 사용하는 위젯(뷰)은?

① ImageView

② VideoView

③ MotionImageView

④ WebView

04 mp4 형식의 비디오 데이터를 앱에 포함시킬 때 어떤 폴더에 두어야 하는가?

① /res/layout

② /res/drawable

③ /res/raw

④ /res/asset

05 본문의 비디오 플레이어 앱에 다음과 같이 제어 버튼을 추가해 보자. 각 제어 버튼을 통하여 비디오 재생을 제어할 수 있어야 한다.

(주제; 비디오 재생, 난이도: 상)

06 인텐트를 사용하여 이미지를 캡처하고 캡처된 이미지를 이진 영상으로 만드는 앱을 작성해
보자.

(주제: 이미지 캡처, 난이도: 상)

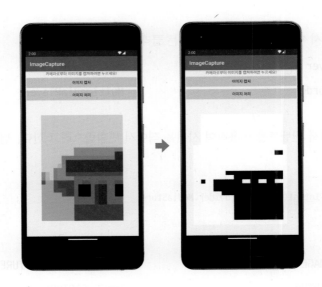

 이미지를 이진 영상으로 만드는 코드는 다음 코드를 참조한다.

```java
int width = captureBmp.getWidth();
int height = captureBmp.getHeight();
Bitmap tmpBmp = captureBmp.copy(Bitmap.Config.ARGB_8888, true);
for (int y = 0; y < height; y++) {
  for (int x = 0; x < width; x++) {
    int value = captureBmp.getPixel(x, y);
    if (value < 0xff808080)
        tmpBmp.setPixel(x, y, 0xff000000);
    else
        tmpBmp.setPixel(x, y, 0xffffffff);
  }
}
```

센서

너 우리집에 거의 다 왔네!
...
스마트폰에 있는 센서로 알았지!

어, 어떻게 알았지?

CHAPTER 17 센서

1 SECTION 센서 하드웨어

요즘의 스마트폰에는 자이로, 근접, 가속도, 조도, 나침반 등의 여러 가지 센서들이 내장되어 있다. 이러한 센서는 기기의 3차원적인 움직임을 모니터링하거나 기기 근처 주변 환경의 변화를 모니터링하려는 경우에 유용하다. 예를 들어 게임에서 기기의 중력 센서로부터 읽은 값을 추적하여 기울이기, 흔들기, 회전, 스윙과 같은 복잡한 사용자 동작과 모션을 추론할 수 있다. 마찬가지로 날씨 애플리케이션에서 기기의 온도 센서와 습도 센서를 사용하여 이슬점을 계산하고 보고하거나 여행 애플리케이션에서는 지자기장 센서와 가속도계를 사용하여 나침반 방위를 알 수 있다. 이들 센서들을 잘 활용하면 훨씬 생동감 있는 게임이나 사용자 인터페이스를 작성할 수 있다.

● 그림 17-1
스마트폰에 장착된 각종 센서들 (그림 출처: www.i-micronews.com/)

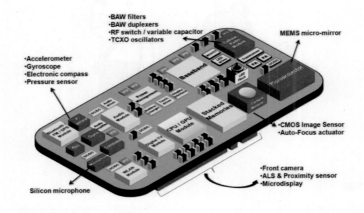

센서의 종류

안드로이드는 크게 3가지 종류의 센서를 지원한다.

- 움직임 감지 센서: 이 센서는 3축을 따라 가속력과 회전력을 측정한다. 이 카테고리에는 가속도계, 중력 센서, 자이로스코프, 회전 벡터 센서가 포함된다.
- 환경 센서: 이 센서는 주변 기온, 압력, 조도, 습도와 같은 다양한 환경 매개변수를 측정한다. 이 카테고리에는 기압계, 광도계, 온도계가 포함된다.
- 위치 센서: 이 센서는 기기의 물리적 위치를 측정한다. 이 카테고리에는 방향 센서와 자기계가 포함된다.

센서	설명	일반적인 용도
TYPE_ACCELEROMETER	중력을 포함하여 3개의 축(x, y, z)에서 가속력을 m/s² 단위로 측정한다.	움직임 감지(흔들기, 기울이기 등)
TYPE_AMBIENT_TEMPERATURE	주변 기온을 섭씨(°C) 단위로 측정한다.	기온 모니터링
TYPE_GRAVITY	3개의 축(x, y, z)에서 기기에 적용되는 중력을 측정한다.	움직임 감지(흔들기, 기울이기 등)
TYPE_GYROSCOPE	3개의 축(x, y, z) 둘레의 기기 회전 속도를 rad/s 단위로 측정한다.	회전 감지(회전, 돌리기 등)
TYPE_LIGHT	주변 조도를 lx 단위로 측정한다.	화면 밝기 제어
TYPE_MAGNETIC_FIELD	3개의 축(x, y, z) 주변의 지자기장을 μT 단위로 측정한다.	나침반 만들기
TYPE_ORIENTATION	3개의 축(x, y, z) 둘레의 기기 회전 각도를 측정한다. 중력 센서와 지자기장 센서를 getRotationMatrix() 메소드와 함께 사용하여 기기의 경사 행렬과 회전 행렬을 얻을 수 있다.	기기 위치 확인
TYPE_PRESSURE	주변 기압을 hPa 또는 mbar 단위로 측정한다.	기압 변화 모니터링
TYPE_PROXIMITY	기기의 화면을 기준으로 객체의 근접도를 cm 단위로 측정한다. 이 센서는 일반적으로 휴대전화를 귀에 대고 있는지 확인하는 데 사용된다.	통화 중 전화 위치
TYPE_RELATIVE_HUMIDITY	상대 주변 습도를 퍼센트(%) 단위로 측정한다.	이슬점, 절대 및 상대 습도 모니터링
TYPE_TEMPERATURE	기기의 온도를 섭씨(°C) 단위로 측정한다.	온도 모니터링

센서 프레임워크

- SensorManager 클래스

장치에 내장되어 있는 센서의 리스트를 제공한다. 이 클래스는 센서 액세스 및 나열, 센서 이벤트 리스너 등록 및 등록 취소, 방향 정보 획득을 위한 다양한 방법을 제공한다.

- Sensor 클래스

이 클래스를 사용하여 특정 센서의 인스턴스를 만들 수 있다.

- SensorEvent 클래스

이 클래스를 사용하여 센서 값을 제공하는 센서 이벤트 객체를 만든다.

● SensorEventListener 클래스

이 인터페이스를 사용하여 센서 값이 변경되거나 센서 정확도가 변경될 때 호출되는 콜백 메서드를 만들 수 있다.

예제

스마트폰에 현재 장착되어 있는 센서들을 화면에 출력하는 간단한 예제를 작성하여 보자. SensorManager의 getSensorList(int type)을 호출하면 지정된 타입의 센서들의 목록을 얻을 수 있다.

(1) SensorTest0 프로젝트를 생성한다.

(2) 다음과 같은 사용자 인터페이스를 activity_main.xml에 작성한다.

activity_main.xml

```xml
<?xml version="1.0" encoding="utf-8"?>
<LinearLayout>
    <TextView
        android:id="@+id/text"
        android:layout_width="wrap_content"
        android:layout_height="wrap_content"
        android:text="TextView" >
    </TextView>
</LinearLayout>
```

(3) MainActivity.java 파일에 다음과 같은 내용을 입력한다.

MainActivity.java

```java
package kr.co.company.SensorTest1;
// 소스만 입력하고 Alt+Enter를 눌러서 import 문장을 자동으로 생성한다.

public class MainActivity extends AppCompatActivity {
  public void onCreate(Bundle savedInstanceState) {
  super.onCreate(savedInstanceState);
  setContentView(R.layout.activity_main);

  String report = "";
  SensorManager manager = (SensorManager)
      getSystemService(Context.SENSOR_SERVICE);
  List<Sensor> sensors = manager.getSensorList(Sensor.TYPE_ALL);
  report += "전체 센서수: " + sensors.size() + "\n";
  int i = 0;
  for (Sensor s : sensors) {
      report += "" + i++ + " name: " + s.getName() + "\npower: "
      + s.getPower() + "\nres: " + s.getResolution()
      + "\nrange: " + s.getMaximumRange() + "\n\n";
  }
  TextView text = (TextView) findViewById(R.id.text);
  text.setText(report);
  }
}
```

← 장치에 장착된 센서들의 리스트를 얻는다.

2
SECTION

조도 센서와 근접 센서

센서에서 값을 전달받으려면 안드로이드에서 많이 사용하는 기법인 리스너를 사용한다. 자신이 값을 받고 싶은 센서에 리스너를 등록해 놓으면 주기적으로 센서 값을 전달받을 수 있다.

● boolean registerListener(SensorEventListener listener, Sensor sensor, int rate)

지정된 센서에 대하여 리스너를 등록한다. rate는 어떤 간격으로 센서로부터 값을 받을 것인지를 지정한다. rate는 단지 힌트로 사용된다. 실제 값을 전달하는 속도는 다를 수 있다. rate

에 허용되는 상수는 SENSOR_DELAY_NORMAL, SENSOR_DELAY_UI, SENSOR_DELAY_GAME, SENSOR_DELAY_FASTEST 또는 마이크로 초단위로 직접 시간을 지정할 수도 있다.

상수	설명
SENSOR_DELAY_NORMAL	정상적인 간격
SENSOR_DELAY_UI	사용자 인터페이스에 적합한 간격
SENSOR_DELAY_GAME	게임에 적합한 간격
SENSOR_DELAY_FASTEST	가장 빠른 간격

리스너를 해제할 때는 다음과 같은 메소드를 사용한다.

• void unregisterListener(SensorEventListener listener, Sensor sensor)
지정된 센서에 대한 리스너를 해제한다.

센서 리스너 구조

센서로부터 데이터를 받으려면 SensorEventListener 인터페이스를 통해 2개의 콜백 메소드 onAccuracyChanged() 및 onSensorChanged()를 구현해야 한다. 안드로이드 시스템에서는 다음과 같은 일이 발생할 때마다 이러한 메소드를 호출한다.

추상 메서드	설명
void onAccuracyChanged(Sensor sensor, int accuracy))	센서 정확도가 변경될 때 호출된다.
void onSensorChanged(SensorEvent event)	센서 값이 변경될 때 호출된다. SensorEvent 객체에는 데이터의 정확도, 데이터를 생성한 센서, 데이터가 생성된 타임스탬프, 센서가 기록한 새 데이터 등 새로운 센서 데이터의 정보가 포함된다.

조도 센서와 근접 센서로부터 데이터를 받는 코드를 작성해보자.

(1) SensorTest1 프로젝트를 생성한다.

(2) 다음과 같은 사용자 인터페이스를 activity_main.xml에 작성한다.

---

activity_main.xml

```xml
<LinearLayout>
    <TextView
        android:id="@+id/light"
        android:text="조도 센서"
        android:textStyle="italic" />
    <TextView
        android:id="@+id/proximity"
        android:text="근접 센서"
        android:textStyle="italic" />
</LinearLayout>
```

UI

(3) MainActivity.java 파일에 다음과 같은 내용을 입력한다.

MainActivity.java

```java
public class MainActivity extends AppCompatActivity
        implements SensorEventListener {
```

코드
작성

```java
    private SensorManager sensorManager;
    private Sensor sensorProximity;
    private Sensor sensorLight;

    private TextView textSensorLight;
    private TextView textSensorProximity;

    @Override
    protected void onCreate(Bundle savedInstanceState) {
        super.onCreate(savedInstanceState);
        setContentView(R.layout.activity_main);

        textSensorLight = (TextView) findViewById(R.id.light);
        textSensorProximity = (TextView) findViewById(R.id.proximity);

        sensorManager = (SensorManager) getSystemService(Context.SENSOR_SERVICE);

        sensorProximity = sensorManager.getDefaultSensor(Sensor.TYPE_PROXIMITY);
        sensorLight = sensorManager.getDefaultSensor(Sensor.TYPE_LIGHT);

        if (sensorLight == null) { textSensorLight.setText("조도 센서가 없음"); }
        if (sensorProximity == null) { textSensorProximity.setText("근접 센서가 없음"); }
    }

    @Override
    protected void onStart() {
        super.onStart();
        if (sensorProximity != null) {
            sensorManager.registerListener(this, sensorProximity,
                    SensorManager.SENSOR_DELAY_NORMAL);
        }
        if (sensorLight != null) {
            sensorManager.registerListener(this, sensorLight,
                    SensorManager.SENSOR_DELAY_NORMAL);
        }
    }

    @Override
    protected void onStop() {
        super.onStop();
        sensorManager.unregisterListener(this);
    }

    @Override
    public void onSensorChanged(SensorEvent sensorEvent) {

        int sensorType = sensorEvent.sensor.getType();
```

센서 정보를 얻는다.

센서값을 받기 위하여 센서 리스너를 센서에 등록한다.

센서값이 변경되면 호출된다.

```java
        float currentValue = sensorEvent.values[0];

        switch (sensorType) {
            case Sensor.TYPE_LIGHT:
                textSensorLight.setText("조도 센서="+currentValue);
                break;
            case Sensor.TYPE_PROXIMITY:
                textSensorProximity.setText("근접 센서="+currentValue);
                break;
            default:
        }
    }
    @Override
    public void onAccuracyChanged(Sensor sensor, int i) {     }
}
```

(4) 에뮬레이터의 가상 센서를 이용하여 테스트한다.

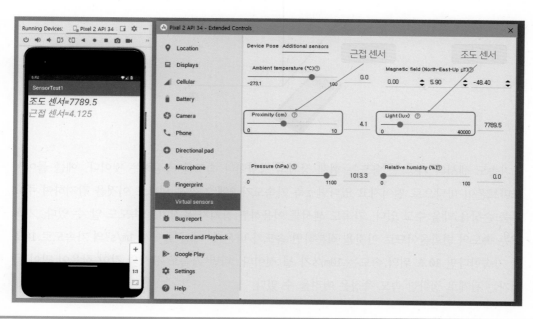

가속도 센서

가속도 센서(accelerometer)는 장치의 가속도를 측정한다. 가속도는 속도의 변화율이다. 따라서 속도와는 약간 다르다. 속도를 미분하면 가속도가 된다. 반대로 가속도를 적분하면 속도가 된다. 가속도 센서는 중력 센서(gravity sensor)라고도 한다. 아마 많이 들어보았을 지포스(g-force)라는 용어가 바로 중력 가속도를 나타낸다. 지포스는 중력 가속도를 1로 하여서 측정한 가속도를 말한다. 보통 전투기 조종사가 받는 최대 지포스가 9G라고 한다. 즉 중력 가속도의 9배 정도라고 생각할 수 있다.

가속도도 3차원 공간에서 측정되기 때문에 3개의 값을 가진다. 즉 x축 방향의 가속도, y축 방향의 가속도, z축 방향의 가속도가 측정되고 보고된다.

●그림 17-2
가속도는 3축 방향으로 측정된다.

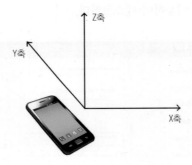

가속도 센서의 가장 큰 용도는 현재 장치의 방향이나 속도를 측정하는 것이다. 예를 들어서 스마트폰이 바닥으로 떨어지고 있다면 z축 가속도가 0에 가깝게 되므로 이것을 감지하여 주요 부품 손상을 막을 수도 있다. 가속도 센서를 이용하면 장치가 움직이는 속도도 알 수 있다. 가속도는 속도의 변화율이므로 이것을 적분하면 속도가 나온다. 예를 들어서 $1m/s^2$의 가속도로 10초간 가속한다면 10초 뒤의 속도는 10m/s가 될 것이다. 다만 가속도 센서의 값이 잡음이 많이 들어가는 관계로 정확한 속도 측정은 어려울 수 있다.

예제

가속도계의 값을 읽어서 화면에 표시하는 예제를 작성하여 보자.

(1) `AccelometerTest` 프로젝트를 생성한다.

(2) 사용자 인터페이스 `activity_main.xml`을 다음과 같이 변경한다.

---

activity_main.xml

```xml
<?xml version="1.0" encoding="utf-8"?>
<LinearLayout>
    <TextView
        android:id="@+id/textView"
        android:text="가속도계 값"
        android:textStyle="italic" />

    <TextView
        android:id="@+id/textView2"
        android:text="          "
        android:textStyle="italic" />
</LinearLayout>
```

UI

---

(3) `MainActivity.java` 파일에 다음과 같은 내용을 입력한다.

MainActivity.java

```java
public class MainActivity extends Activity {
```

코드
작성

```java
    SensorManager smanager = null;
    TextView textView1 = null;
    Sensor sensorAccel;

    SensorEventListener listener = new SensorEventListener() {
        public void onAccuracyChanged(Sensor sensor, int accuracy) {
        }

        public void onSensorChanged(SensorEvent event) {
            float[] values = event.values;
            textView1.setText(" X축: " + values[0] + "\n Y축: " + values[1] + "\n Z축: " +
            values[2]);
        }
    };

    @Override
    public void onCreate(Bundle savedInstanceState) {
        super.onCreate(savedInstanceState);
        setContentView(R.layout.activity_main);

        smanager = (SensorManager) getSystemService(SENSOR_SERVICE);
        textView1 = (TextView) findViewById(R.id.textView2);

        sensorAccel = smanager.getDefaultSensor(Sensor.TYPE_ACCELEROMETER);
        if (sensorAccel == null)
            Toast.makeText(getBaseContext(), "가속도계가 없음", Toast.LENGTH_LONG).show();
        else
            smanager.registerListener(listener, (Sensor) sensorAccel, SensorManager.SENSOR_
            DELAY_NORMAL);
    }

    @Override
    protected void onStop() {
        super.onStop();
        smanager.unregisterListener(listener);
    }
}
```

가속도값이 변경되면 호출되는 메소드이다.

가속도계를 찾는다.

가속도계에 리스너 객체를 등록한다.

(4) 실제 장치나 에뮬레이터로 테스트해 보면 가속도가 어떻게 표시되는 지를 알 수 있다. 약간 이상한 점은 장치가 정지하여 있을 때도 y축으로 가속도가 잡힌다. 이것이 바로 그 유명한 중력 가속도이다. 9.8 정도의 값이 표시되는 것을 알 수 있다. 만약 장치가 자유낙하하고 있다면 그 값은 0이 될 것이다.

가속도를 그래픽으로 표시

가속도계의 값을 읽어서 화면에 표시하는 예제를 작성하여 보자. 3차원 좌표계를 화면에 표시하고 각 축방향 가속도의 크기에 비례해서 선을 그려준다. 그리고 선의 끝에 가속도의 값을 텍스트로 표시한다. 부분적인 코드는 아래에 주어져 있다.

```java
class MyView extends View {
    float x_accel = 0;
    float y_accel = 0;
    float z_accel = 0;

    @Override
    protected void onDraw(Canvas canvas) {
        Paint paint = new Paint(Paint.ANTI_ALIAS_FLAG);
        paint.setColor(Color.YELLOW);
        paint.setTextSize(30);

        paint.setStrokeWidth((float) (Math.abs(z_accel) * 3.0));
        canvas.drawLine(200, 200, 200, 400, paint);
        canvas.drawText("" + z_accel, 200, 200, paint);
        ...

    }
}
```

가속도를 표시하는 커스텀 뷰를 작성한다.

4 SECTION
방향 센서

방향 센서는 현재 장치의 자세를 나타낸답니다.

안드로이드 플랫폼은 앱이 기기의 움직임이나 위치를 모니터링할 수 있도록 하는 여러 센서를 제공한다. 특히 가속도계 또는 자이로스코프와 같은 모션 센서는 기울기, 흔들림, 회전 또는 스윙과 같은 장치 움직임을 모니터링하는 데 유용하다. 위치 센서는 지구와 관련된 장치의 물리적 위치를 결정하는 데 유용하다. 예를 들어, 장치의 자력계 센서를 사용하여 자기 북극을 찾을 수 있다.

특히 게임에서는 모션 및 위치 센서가 많이 사용된다. 장치의 방향, 즉 장치의 방위(북쪽/남쪽/동쪽/서쪽) 및 기울기를 결정하는 데 사용된다. 예를 들어, 자동차 운전 게임에서 사용자는 앞으로 장치를 기울이거나 뒤로 기울이면서 가속을 제어하고 왼쪽으로 기울이거나 오른쪽으로 기울이면서 자동차의 조향을 제어할 수 있다.

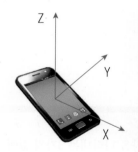

안드로이드의 초기 버전에는 방향(Sensor.TYPE_ORIENTATION)에 대한 명시적 센서 유형이 포함되었다. 방향 센서는 소프트웨어로 작성되었고, 다른 센서의 데이터를 결합하여 장치의 방위와 기울기를 결정했다. 하지만 알고리즘의 정확도 문제로 인해 이 센서 유형은 API 8부터 더 이상 사용되지 않으며, 현재 장치에서는 사용하지 못할 수 있다. 현재 장치 방향을 결정하기 위해 권장되는 방법은 가속도계와 자력계 센서를 모두 사용하는 방법이다. 이러한 센서는 구형 장치에서도 존재한다. 계산이 상당히 복잡한 관계로, 여기서는 간단히 살펴보자.

방향 센서는 현재 장치의 자세를 나타낸다. 3개의 값이 제공되는데 각각 방위각(azimuth), 피치(pitch), 롤(roll)이라고 부른다. 이 3개의 값

● 그림 17-3
방향 센서가 제공하는 3개의 값

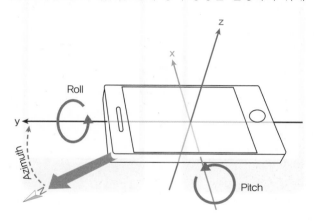

은 물체가 3차원 공간에서 x, y, z축을 기준으로 얼마나 회전했는지를 나타낸다.

● 방위각(azimuth)

방위각은 장치가 북쪽을 향하고 있는지 아니면 남쪽을 향하고 있는지를 나타낸다. 간단히 말하면 나침반이 가리키는 방향을 각도로 표시한 것이다. 0도는 북쪽이라는 의미이고 90도는 동쪽, 180도는 남쪽, 270도는 서쪽을 나타낸다.

● 피치(pitch)

y축을 기준으로 장치가 얼마나 회전하였는지를 나타낸다. 장치가 평평한 곳에 놓여져 0도이고, 수직으로 서있을 때는 -90도, 거꾸로 서있을 때는 90도가 된다.

● 롤(roll)

장치가 z축을 기준으로 얼마나 회전하였는지를 나타낸다. 용어 그대로 장치가 돌아가는 것을 생각하면 된다. 장치가 바닥에 똑바로 놓여져 있을 때는 0도이고 화면이 오른쪽에 있으면 90도이고 화면이 왼쪽에 있으면 -90도이다.

SensorTest2 앱은 장치의 방향을 각도로 표시한다. 장치 방향을 나타내는 3가지 값이 화면에 표시된다.

(1) **SensorTest2** 프로젝트를 생성한다.

(2) 사용자 인터페이스 **activity_main.xml**을 다음과 같이 변경한다.

---

activity_main.xml

```xml
<?xml version="1.0" encoding="utf-8"?>

<LinearLayout>
    <TextView
        android:id="@+id/textView"
        android:text="현재의 방향 "
        android:textStyle="italic" />
    <TextView
        android:id="@+id/textView2"
        android:text="TextView"
        android:textStyle="italic" />
</LinearLayout>
```

---

(3) **MainActivity.java** 파일에 다음과 같은 내용을 입력한다.

MyCompass.java

```java
public class MainActivity extends AppCompatActivity implements SensorEventListener {
    float[] gravity, magnetic;
    float accels[] = new float[3];
    float mags[] = new float[3];
    float[] values = new float[3];
    float azimuth, pitch, roll;
    TextView text1;
    Sensor Accelerometer, Magnetometer;
    SensorManager sManager;

    public void onAccuracyChanged(Sensor sensor, int accuracy) {
    }

    public void onSensorChanged(SensorEvent event) {
        switch (event.sensor.getType()) {
            case Sensor.TYPE_MAGNETIC_FIELD:
                mags = event.values.clone();
                break;
            case Sensor.TYPE_ACCELEROMETER:
                accels = event.values.clone();
                break;
        }

        if (mags != null && accels != null) {
```

```
                    gravity = new float[9];
                    magnetic = new float[9];
                    SensorManager.getRotationMatrix(gravity, magnetic, accels, mags);
                    float[] outGravity = new float[9];
                    SensorManager.remapCoordinateSystem(gravity, SensorManager.AXIS_X, SensorManager.
                    AXIS_Z, outGravity);
                    SensorManager.getOrientation(outGravity, values);

                    azimuth = values[2] * 180.0f / 3.14f;
                    pitch = values[1] * 180.0f / 3.14f;
                    roll = values[0] * 180.0f / 3.14f;
                    mags = null;
                    accels = null;
                    text1.setText(" Azimuth=" + azimuth + "\n Pitch=" + pitch + "\n Roll=" + roll);
                }
            }
```

가속도계와 자력계를 이용하여 방향을
추측하는 코드이다. 설명을 참조한다.

```
    @Override
    protected void onCreate(Bundle savedInstanceState) {
        super.onCreate(savedInstanceState);
        setContentView(R.layout.activity_main);
        setRequestedOrientation(ActivityInfo.SCREEN_ORIENTATION_PORTRAIT);
        text1 = (TextView) findViewById(R.id.textView2);
        sManager = (SensorManager) getSystemService(SENSOR_SERVICE);
        Accelerometer = sManager.getDefaultSensor(Sensor.TYPE_ACCELEROMETER);
        Magnetometer = sManager.getDefaultSensor(Sensor.TYPE_MAGNETIC_FIELD);
    }

    @Override
    protected void onStart() {
        super.onStart();
        if (Accelerometer != null)
            sManager.registerListener(this, Accelerometer, SensorManager.SENSOR_DELAY_NORMAL);
        if (Magnetometer != null)
            sManager.registerListener(this, Magnetometer, SensorManager.SENSOR_DELAY_NORMAL);
    }

    @Override
    protected void onStop() {
        super.onStop();
        sManager.unregisterListener(this);
    }
}
```

실행 결과

(4) 에뮬레이터의 가상 센서를 이용하여서 여러 가지 실험을 해보자.

앞의 프로그램에 대한 설명은 다음과 같다.

● onCreate()

　이 메소드에서는 SensorManager의 인스턴스를 가져온 다음 getDefaultSensor()를 사용하여 가속도계(TYPE_ACCELEROMETER)와 자력계(TYPE_MAGNETIC_FIELD)를 검색한다.

　가속도계는 장치가 가속하는 속도와 방향을 측정한다. 가속력에는 중력이 포함된다. 가속도계는 민감하므로 기기를 가만히 잡고 있거나 테이블 위에 움직이지 않은 채로 두는 경우에도 가속도계는 중력이나 환경의 미세한 힘을 기록한다. 따라서 가속도계에서 생성된 데이터에는 노이즈가 있을 수 있다.

　자력계는 지구 자기장을 포함하여 장치 주변의 자기장 강도를 측정한다. 자력계를 사용하여 외부 세계에 대한 장치의 위치를 찾을 수 있다. 그러나 자기장은 주변에 있는 다른 장치의 영향을 심하게 받는다. 우리는 두 센서의 데이터를 결합하여 상당히 정확한 기기 방향을 얻을 수 있다.

● onSensorChanged(SensorEvent event)

　먼저 가속도계 및 자력계 데이터의 복사본을 보관할 멤버 변수를 추가한다.

```
float accels[] = new float[3];
float mags[] = new float[3];
```

센서 이벤트가 발생하면 가속도계와 자력계 모두, 장치 좌표계의 x축, y축 및 z축에 있는 점을 나타내는 부동 소수점 값 배열을 생성한다. 이 두 센서의 데이터는 onSensorChanged()가 호출될 때마다 변경되므로, 이 데이터의 복사본을 유지해야 한다.

```
switch (event.sensor.getType()) {
    case Sensor.TYPE_MAGNETIC_FIELD:
        mags = event.values.clone();
        break;
    case Sensor.TYPE_ACCELEROMETER:
        accels = event.values.clone();
        break;
}
```

이 clone() 메서드를 사용하여 values 배열에 있는 데이터의 복사본을 명시적으로 생성한다. SensorEvent 객체는 다음 onSensorChanged() 호출에서 재사용된다. 해당 값을 복제하면 현재 관심 있는 데이터가 작업을 완료하기 전에 최신 데이터로 변경되는 것을 방지할 수 있다.

● 회전 행렬 가져오기

SensorManager.getRotationMatrix()를 사용하여 원시 가속도계 및 자력계 데이터를 실제 방향으로 변환하는 회전 행렬을 생성한다.

```
gravity = new float[9];
magnetic = new float[9];
SensorManager.getRotationMatrix(gravity, magnetic, accels, mags);
```

이것은 스마트폰의 3축 좌표계와 지구의 좌표계가 다르기 때문에 이것을 보정해주는 것이다. 장치 좌표계는 장치의 화면을 기준으로 하는 표준 3축(x, y, z) 좌표계이다. 대부분의 센서는 이 좌표계를 사용한다. 지구의 좌표계도 3축 시스템이지만, 지구 표면 자체를 기준으로 한다.

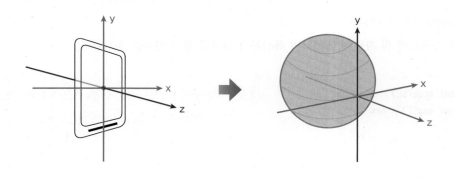

```
float[] outGravity = new float[9];
SensorManager.remapCoordinateSystem(gravity, SensorManager.AXIS_X,
    SensorManager.AXIS_Z, outGravity);
```

보정이 끝나면 이제 방향 데이터를 얻을 수 있다.

```
SensorManager.getOrientation(outGravity, values);
```

우리는 찾는 방향 데이터는 values 배열 안에 저장되어 있다.

나침반 만들기

방향 센서를 이용하여서 간단한 나침반을 작성하여 보자. **MyCompass** 프로젝트를 생성한다.

사용자 뷰를 정의하는 다음과 같은 코드를 참조하자.

```java
class CompassView extends View {

    float azimuth = 0;
    float pitch = 0;
    float roll = 0;
    ...
    @Override
    protected void onDraw(Canvas canvas) {
        Paint paint = new Paint(Paint.ANTI_ALIAS_FLAG);
        paint.setColor(Color.YELLOW);
        canvas.save();
        canvas.rotate(-azimuth, 250, 250);
        canvas.drawCircle(250, 250, 200, paint);
        ...
        canvas.restore();
    }
}
```

⟵ ─── 나침반을 나타내는 클래스이다.

주사위 게임 앱 작성

스마트폰을 흔들면 주사위가 굴려지는 앱을 작성해보자.

(1) DiceShaker 프로젝트를 생성한다.

(2) 다음과 같은 사용자 인터페이스를 activity_main.xml에 작성한다.

activity_main.xml

```xml
<RelativeLayout xmlns:android="http://schemas.android.com/apk/res/android"

<FrameLayout xmlns:android="http://schemas.android.com/apk/res/android"
    android:layout_width="match_parent"
    android:layout_height="match_parent" >
    <ImageView android:id="@+id/imageView1"
        android:layout_width="match_parent"
        android:layout_height="match_parent"
        android:src="@drawable/dice3d160" />
    <TextView
        android:id="@+id/number"
        android:layout_width="match_parent"
        android:layout_height="match_parent"
        android:gravity="center"
        android:textSize="200sp" />

</FrameLayout>
```

(3) MainActivity.java 파일에 다음과 같은 내용을 입력한다.

MainActivity.java

```java
public class MainActivity extends AppCompatActivity implements SensorEventListener,
TextToSpeech.OnInitListener {
    private SensorManager mSensorManager;
    private Sensor mAccelerometer;
    private static float SHAKE_THRESHOLD = 5.0f;
    private TextToSpeech mTts;
    private TextView mNumber;

    @Override
    protected void onCreate(Bundle savedInstanceState) {
        super.onCreate(savedInstanceState);
        setContentView(R.layout.activity_main);
        mNumber = (TextView) findViewById(R.id.number);
        mSensorManager = (SensorManager) getSystemService(SENSOR_SERVICE);
        mAccelerometer = mSensorManager.getDefaultSensor(Sensor.TYPE_ACCELEROMETER);
        mTts = new TextToSpeech(this, this);
    }

    @Override
    protected void onResume() {
        super.onResume();
        mSensorManager.registerListener(this, mAccelerometer, SensorManager.SENSOR_DELAY_UI);
    }

    @Override
    protected void onPause() {
        super.onPause();
        mSensorManager.unregisterListener(this);
    }

    @Override
    public void onInit(int status) {
        if (status != TextToSpeech.ERROR) {
            mTts.setLanguage(getResources().getConfiguration().locale);
        }
    }

    @Override
    protected void onDestroy() {
        if (mTts != null) {
            mTts.stop();
            mTts.shutdown();
        }
        super.onDestroy();
    }
```

```java
private void generateRandomNumber() {
    Random randomGenerator = new Random();
    int randomNum = randomGenerator.nextInt(6) + 1;
    mNumber.setText(Integer.toString(randomNum));
    mTts.speak(Integer.toString(randomNum), TextToSpeech.QUEUE_FLUSH, null);
}

@Override
public void onAccuracyChanged(Sensor sensor, int accuracy) {
}

@Override
public void onSensorChanged(SensorEvent event) {
    float x = event.values[0];
    float y = event.values[1];
    float z = event.values[2];
    y -= 9.8f;
    float acceleration = (float) Math.sqrt(x * x + y * y + z * z)

    if (acceleration > SHAKE_THRESHOLD) {          ← 가속도가 어떤 문턱치를 넘으면 주사위를
        generateRandomNumber();                        새로 던진다.
    }
}
}
```

(4) 에뮬레이터에서 장치를 회전시키거나 이동시키면서 테스트해 보자.

실행
결과

만보계 제작

안드로이드 스마트폰에 장착된 가속도 센서를 이용하여서 아주 간단한 만보계를 작성해보자. 가속도 센서를 이용하면 스마트폰의 방향, 속도를 알 수 있다. 추가적으로 중력은 다른 물체들에 의하여 영향을 받는다.

여기서는 가속도 센서를 이용하여서 x, y, z 값을 출력하고 변화되는 y 값을 계산하여서 사용자가 주머니에 스마트폰을 넣고 걷는 걸음 수를 계산해보자. 시크바를 이용하여서 센서의 민감도를 조절할 수 있도록 하자.

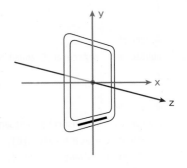

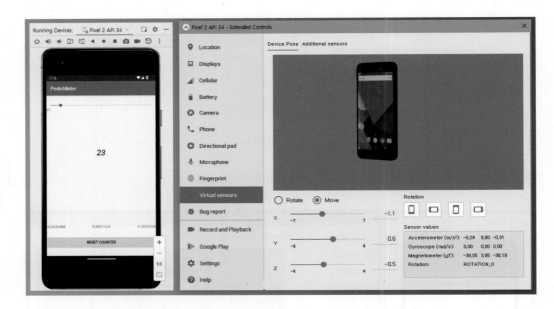

Exercises

연습문제

01 장치에 내장되어 있는 센서의 리스트를 제공하는 클래스는?

① SensorManager   ② Sensor

③ SensorEvent   ④ SensorEventListener

02 SensorEventListener 인터페이스에서 센서 값이 변경되면 호출되는 메소드는?

① onAccuracyChanged()   ② onChanged()

③ onSensorChanged()   ④ onSensorModified()

03 센서 리스너를 등록할 때 사용되는 메소드는?

① registerListener()   ② registerSensorListener()

③ registerSensor()   ④ enrollListener()

04 방향 센서는 소프트웨어로만 구현되는 가상 센서이다. 방향 센서가 참조하는 센서들을 모두 고르시오.

① 조도 센서   ② 근접 센서   ③ 가속도계   ④ 자력계

05 자동차 게임에서 센서를 이용할 수 있다. 우리는 화면에 자동차를 표시하고, 장치를 좌우로 기울이면 자동차가 회전하는 앱을 작성해보자.

(주제: 센서, 난이도: 상)

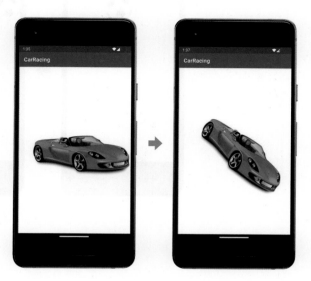

06 장치를 흔들면 화면의 전구가 켜지는 앱을 작성해보자. 가속도를 이용한다. 본문의 주사위
게임 Lab 코드를 참고한다.

(주제: 센서, 난이도: 상)

07 장치를 기울여서 화면의 공을 상하좌우로 굴러가게 하는 앱을 작성해보자.

(주제: 센서, 난이도: 상)

CHAPTER 18

모바일 쇼핑앱 제작해보기

모바일 쇼핑앱에서는 서버와 어떻게 통신하는지 궁금해요.

CHAPTER 18 모바일 쇼핑앱 제작해보기

SECTION 1 개요

이번 장에서는 간단한 모바일 쇼핑앱을 작성해보자. 이 쇼핑앱에서는 다음과 같은 기능만을 제공한다.

① 로그인 및 회원가입: 사용자는 쇼핑앱에 로그인할 수 있다.
② 제품 목록 및 상세 정보: 사용자는 제품 목록을 볼 수 있으며, 각 제품에 대한 상세 정보를 확인할 수 있다. 이 정보에는 가격, 설명, 사진 등이 포함된다.
③ 장바구니: 사용자가 원하는 제품을 장바구니에 추가하고 관리할 수 있는 기능을 구현한다.

쇼핑몰 앱에 추가할 수 있는 몇 가지 주요 기능을 나열해 보면 다음과 같다. 추가 기능은 기말 과제로 진행할 수 있다.

① **검색 및 필터링**: 사용자는 제품 목록을 검색하고 필터링하여 원하는 제품을 쉽게 찾을 수 있어야 한다.

② **주문 및 결제**: 사용자는 장바구니의 내용을 확인하고 주문을 처리할 수 있어야 한다. 이것은 결제 처리, 배송 주소 입력 및 주문 내역 확인을 포함한다.

③ **사용자 계정**: 사용자 프로필을 관리하고 주문 기록을 확인할 수 있는 사용자 계정 페이지가 필요하다.

④ **평가 및 리뷰**: 사용자는 제품에 대한 평가 및 리뷰를 남길 수 있어야 하며, 다른 사용자의 리뷰를 볼 수 있어야 한다.

⑤ **알림**: 할인, 프로모션, 주문 업데이트 및 제품 재고 알림과 같은 중요 정보를 사용자에게 전달할 수 있는 알림 기능이 필요하다.

⑥ **제품 추천**: 사용자의 이전 구매 이력이나 관심사에 기반하여 제품을 추천하는 기능을 추가할 수 있다.

⑦ **위치 기반 서비스**: 지도를 통해 가까운 매장 위치 또는 제품 배송 정보를 제공하는 기능을 추가할 수 있다.

⑧ **피드백 및 고객 지원**: 사용자가 앱에 대한 의견을 공유하고 고객 지원팀과 연락할 수 있는 메커니즘을 제공한다.

네이티브 앱 vs 웹앱

모바일 쇼핑앱을 만들 때, 제일 먼저 고려해야 하는 것은 "네이티브 앱으로 만들 것인가? 아니면 웹앱으로 만들 것인가?"이다. 웹앱은 14장에서 소개한 바 있다. 두 가지 방법을 비교해보자. 여기서는 네이티브 앱으로 작성해본다.

네이티브 앱	웹앱
· 특정 플랫폼(예: iOS, Android)에 최적화된 개발 환경에서 개발된다.	· 웹 기술(HTML, CSS, JavaScript)을 사용하여 모바일 브라우저에서 실행하도록 개발한다.
· 네이티브 코드로 작성되며, iOS는 Swift 또는 Objective-C, Android는 Java 또는 Kotlin을 사용한다.	· HTML, CSS, JavaScript와 같은 웹 기술을 사용한다.
· 사용자가 모바일 디바이스의 앱 스토어(예: Apple App Store, Google Play Store)에서 다운로드하여 설치해야 한다.	· 별도의 설치 과정 없이 모바일 브라우저에서 직접 실행된다.
· 특정 플랫폼의 하드웨어와 소프트웨어에 직접 접근하므로 높은 성능을 제공한다.	· 네이티브 앱보다는 성능이 떨어질 수 있으며, 특히 하드웨어 기능에 접근할 때 제한이 있다.
· 기기의 기능에 최적화되어 있어 카메라, GPS 등의 하드웨어 기능을 활용할 수 있다. ·	· 특정 플랫폼에 종속되지 않으며, 크로스 플랫폼 호환성이 뛰어나기 때문에 여러 플랫폼에서 실행될 수 있다.
· 오프라인에서도 사용할 수 있다.	· 서버 측에서 업데이트가 이루어지므로 새로운 기능을 사용자에게 바로 제공할 수 있다.

클라이언트 서버 구조

　모바일 쇼핑앱에서는 필수적으로 서버가 필요하다. 어떤 서버를 사용해야 할까? 역시 다양한 선택지가 있다. 클라우드 기반의 서버를 사용할 수도 있고 자체 호스팅 서버를 사용해도 된다. 웹 서버도 사용할 수 있다. 웹 서버는 일반적으로 웹 애플리케이션을 호스팅하고 관리하기 위한 용도로 설계되었지만, 모바일 앱과의 통합에도 사용될 수 있다. 웹 서버를 사용하는 몇 가지 방법이 있다. 한 가지 방법은 "RESTful API"를 사용하는 것이다. 모바일 앱과 웹 서버 간에 통신하기 위해 RESTful API를 구축할 수 있다. 앱은 HTTP 요청을 통해 웹 서버에 데이터를 요청하고 응답을 받는다. 이번 장에서도 웹 서버를 사용할 예정이다. 하지만 본격적인 RESTful API를 사용하지는 않고 사용자 로그인 과정만 아주 간단하게 구현해본다.

클라이언트는   HTTP 메소드   서버는
request를 보낸다.   response를 보낸다.

RESTful API

　이번 모바일 쇼핑앱에서는 RESTful API을 사용하지 않지만, 추가 기능을 구현해보고자 하는 독자들을 위하여 RESTful API를 간단히 소개해보자. RESTful API(Representational State Transferful API)는 웹 서비스와 클라이언트 간 통신을 위한 아키텍처 스타일 중 하나이다. RESTful API는 HTTP 프로토콜을 기반으로 하며, 간단하고 확장 가능한 인터페이스를 제공하여 분산 시스템 간의 통신을 가능케 한다. 여기서는 모든 것을 리소스로 표현한다. 예를 들어, 모바일 앱에서 제품, 주문, 사용자 등은 각각의 리소스가 될 수 있다. 리소스는 고유한 식별자인 URI를 통해 접근된다. URI는 각 리소스에 대한 고유한 경로를 나타낸다. RESTful API에서는 HTTP 메서드(GET, POST, PUT, DELETE 등)를 사용하여 리소스에 대한 CRUD(Create, Read, Update, Delete) 작업을 수행한다. 클라이언트와 서버 간의 통신은 주로 JSON 또는 XML 형식을 사용한다. 각 요청 간에 클라이언트의 상태를 서버에 저장하지 않는다. 각 요청은 서버에 필요한 모든 정보를 포함해야 한다.

　리소스를 식별하는 예는 다음과 같다.

① GET /products: 모든 제품 목록을 가져오는 요청

② GET /products/123: ID가 123인 제품의 세부 정보를 가져오는 요청

HTTP 메소드를 활용하여 CRUD 작업을 수행하는 예는 다음과 같다.

① POST /products: 새 제품 생성

② PUT /products/123: ID가 123인 제품을 업데이트

③ DELETE /products/123: ID가 123인 제품 삭제

웹 서버가 반환하는 형식은 다음과 같은 JSON 형식이 된다.

```json
{
  "id": 123,
  "name": "Product Name",
  "price": 50.99
}
```

RESTful API의 장점은 간결하면서도 확장성이 높은 디자인을 제공하며, 다양한 클라이언트 및 서버에서 상호 운용이 가능하다는 점이다. 이는 모바일 앱과 서버 간의 효율적이고 편리한 통신을 가능케 한다.

안드로이드 앱에서 RESTful API를 사용하려면 다양한 HTTP 통신 라이브러리가 있다. 그 중 몇 가지 인기 있는 라이브러리는 다음과 같다:

① Retrofit: Square에서 개발한 Retrofit는 안드로이드 앱에서 간편하게 RESTful API와 통신할 수 있는 라이브러리이다. 논리적인 구조를 가진 인터페이스를 정의하고, 이를 통해 강력한 REST 클라이언트를 생성할 수 있다. JSON, XML, protobuf와 같은 여러 데이터 형식을 지원하며, RxJava와의 통합도 제공한다.

② Volley: Google에서 개발한 Volley는 안드로이드의 공식 네트워킹 라이브러리로 RESTful API와의 통신에 사용할 수 있다. 단순하고 강력한 인터페이스를 제공하며, 이미지 로딩, 캐싱 등 다양한 기능을 제공한다.

③ OkHttp: Square에서 개발한 OkHttp는 안드로이드의 기본 HTTP 클라이언트보다 높은 성능을 제공하는 라이브러리이다. Retrofit과 함께 사용될 수 있고 단일 요청 및 응답을 처리하는 것뿐만 아니라 HTTP/2 지원과 연결 풀링과 같은 고급 기능도 제공한다.

톰캣 서버 설치

많은 서버가 있고, 무료로 설치할 수 있는 서버도 있다. 우리는 이 중에서 가장 많이 사용되는 아파치 톰캣을 설치하여 보자. 톰캣 안에는 간단한 웹 서버도 내장되어 있어서 별도로 아파치 웹 서버를 설치하지 않고서도 여러 가지를 테스트할 수 있다. 먼저 https://tomcat.apache.org/를 방문한다. 귀여운 고양이 그림이 등장하고 왼쪽에 보면 "Download"가 있고, 최신 버전은 "Tomcat 10"이다.

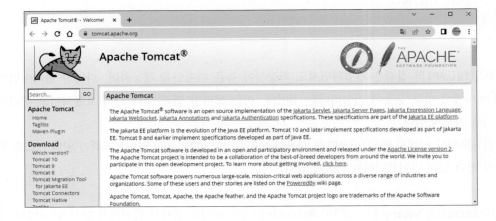

화면을 스크롤 다운하여, Binary Distributions 아래에 Core: 32-bit/64-bit Windows Service Installer (pgp)를 선택한다.

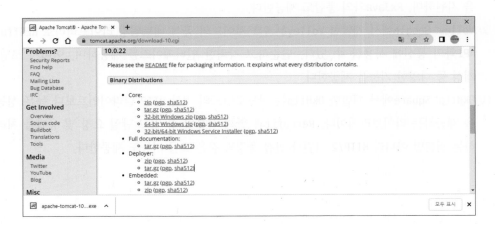

파일을 다운로드 받은 후에, 클릭하여서 설치를 시작한다.

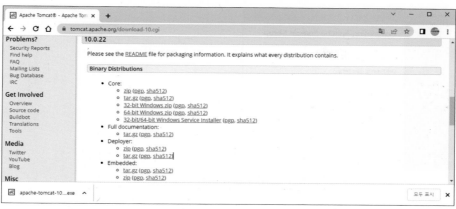

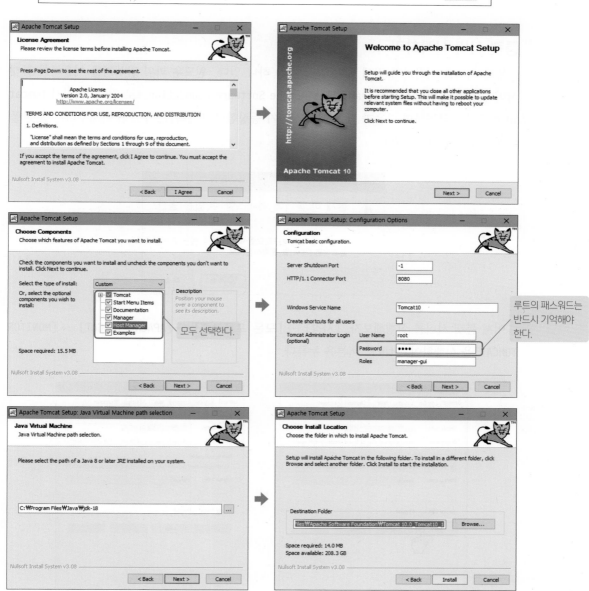

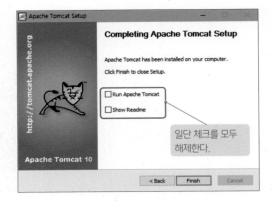

톰캣 서버 시작하기

톰캣 서버를 시작하기 전에 해야 할 절차가 하나 있다. 윈도우 파일 탐색기를 이용하여 톰캣 서버가 설치된 위치 C:\Program Files\Apache Software Foundation으로 간다. 여기서 Tomcat 10.0 폴더를 클릭하면 다음과 같은 대화 상자가 등장한다. [계속]을 누르면 이제부터는 톰캣 폴더에 항상 접근할 수 있다.

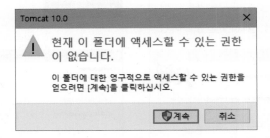

이제 톰캣 서버를 실행해보자. [시작] → [모든 프로그램] → [APACHE TOMCAT] → [MONITOR TOMCAT]을 실행하여 "Start" 버튼을 누른다.

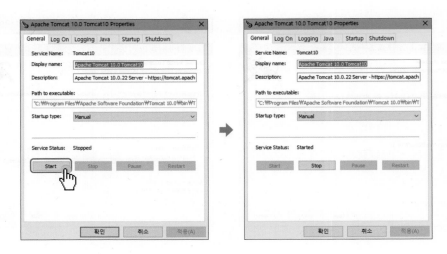

톰캣 서버 확인하기

톰캣 서버가 제대로 실행되는지 확인하려면 웹 브라우저에서 주소 `http://localhost:8080`을 입력하고 엔터키를 누른다. 다음과 같은 환영 화면이 나오면 로컬 컴퓨터에서 톰캣 서버가 올바르게 실행되고 있는 것이다.

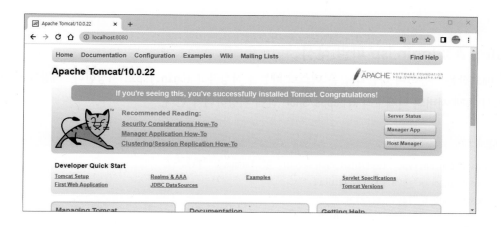

서버 프로그램 작성하기

톰캣 서버는 JSP를 처리할 수 있다. JSP는 자바가 내장된 HTML이라고 할 수 있다. 많은 JSP 문법 중에서 하나만 알아두자. `<%와 %>`를 적고 그 안에 자바 코드를 작성하여 넣으면 된다. 우리는 사용자 인증 요청이 오면, `request` 객체에서 사용자 이름과 패스워드를 꺼내서 "kim", "1234"와 동일하면 "success"를 클라이언트 컴퓨터로 반환하고, 그렇지 않으면 "failure"를 반환한다. 실제로는 데이터베이스에서 꺼내야 할 것이다.

Step #1: 애플리케이션 폴더를 생성한다

먼저 C:/Programs Files/Apache Software Foundation/tomcat 10.0/webapps 폴더로 간다. 여기가 바로 웹 애플리케이션이 모여 있는 곳이다. 여기에 새로운 폴더 SHOP을 생성한다.

로컬 디스크 (C:) › Program Files › Apache Software Foundation › Tomcat 9.0 › webapps ›			
이름 ^	수정한 날짜	유형	크기
docs	2023-12-24 오후 8:09	파일 폴더	
examples	2023-12-24 오후 8:09	파일 폴더	
manager	2023-12-24 오후 8:09	파일 폴더	
ROOT	2023-12-24 오후 8:09	파일 폴더	
SHOP	2023-12-24 오후 8:09	파일 폴더	

Step #2: WEB-INF

애플리케이션 폴더에서 반드시 있어야 하는 파일이 있다. WEB-INF 폴더가 있어야 하고 이 폴더 안에 web.xml이 있어야 한다. 우리는 단순히 tomcat/ROOT 안에 있는 WEB-INF 폴더를 통채로 폴더 SHOP으로 복사한다. 내용은 변경하지 않는다.

Step #3: login.jsp 파일 작성

메모장을 이용하여 다음과 같은 텍스트 파일을 작성하고 login.jsp로 저장한다. 저장할 때 반드시 톰캣 서버의 디렉토리 webapps/SHOP 안에 저장하여야 한다.

코드
작성

```jsp
login.jsp

<%@page contentType="text/html;charset=UTF-8" language="java"%>
<%@page import="java.io.*,java.util.*"%>
<%@page import="javax.servlet.*"%>
<%@page import="javax.servlet.http.*"%>
<%
    // 클라이언트로부터 전달받은 사용자 이름과 비밀번호
    String username = request.getParameter("username");
    String password = request.getParameter("password");
    // 실제 사용자 인증 로직은 여기에 구현되어야 한다.
    // 아래는 간단한 예시로 'kim'이라는 사용자 이름과 '1234'라는 비밀번호를 허용하는 것으로 가정한다.
    if ("kim".equals(username) &&"1234".equals(password)) {
        // 로그인 성공
        out.println("success");
    } else {
        // 로그인 실패
        out.println("failure");
    }
%>
```

이는 <%와 %>로 둘러싸인 스크립틀릿이다. 페이지가 요청될 때마다 실행되는 자바 코드를 포함한다. request.getParameter()를 사용하여 HTTP 요청에서 username 및 password 매개변수의 값을 가져온다. 그런 다음 제공된 사용자 이름이 "kim"이고 비밀번호가 "1234"인지 확인한다. 조건이 충족되면 "success"를 출력하고, 그렇지 않으면 "failure"를 출력한다. 이 예시는 간단한 시나리오를 가정하며, 성공적인 인증이 하드 코딩된 사용자 이름("kim")과 비밀번호("1234")에 의존한다고 가정한다. 이 코드는 매우 기본적인 예시이며, 실제 인증에 사용하려면 안전한 비밀번호 저장, 암호화 및 기타 보안 조치를 포함해야 한다.

모바일 쇼핑앱 작성 시 유의 사항

액티비티

쇼핑몰 앱은 5개의 액티비티로 구성된다. 이 액티비티들은 전역 변수인 products와 cartItems를 공유한다. products는 전체 상품들이 저장된 ArrayList이며, cartItems는 장바구니에 담긴 상품들이 저장된 ArrayList이다. 장바구니는 옵션 메뉴로 구현된다.

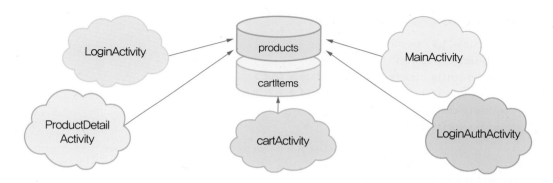

로컬 컴퓨터의 ip 주소

로컬 컴퓨터에 톰캣 서버도 설치하고 안드로이드 에뮬레이터에서 앱을 실행한다고 가정하자. 에뮬레이터에서 127.0.0.1 ip 주소에 접근하면 이것은 로컬 컴퓨터에 설치된 톰캣 서버가 아니다. 에뮬레이터도 일종의 가상적인 컴퓨터라고 볼 수 있으므로, 에뮬레이터를 가리키는 ip 주소가 된다. 이 문제를 해결하려면 안드로이드 에뮬레이터에서 호스트 컴퓨터를 나타내는 특별한 IP 주소인 10.0.2.2를 사용하여야 한다. 물론 별도의 웹 서버 컴퓨터를 가지고 있는 경우에는 이 주소를 사용할 필요가 없다.

HTTPS vs HTTP

최근 안드로이드에서는 보안 우려 때문에 HTTP 주소를 사용하는 것을 기본적으로 금지한다. "Cleartext HTTP traffic to localhost not permitted" 오류는 보안상의 이유로 안드로이드 앱이 기본적으로 안전하지 않은(암호화되지 않은) HTTP 트래픽을 사용하여 localhost(127.0.0.1)로의 통신을 허용하지 않는 상태에서 발생한다. 이 오류는 안드로이드 9

(API 레벨 28)부터 기본적으로 적용된 `Cleartext Traffic` 제한 때문에 발생한다. 안드로이드 앱에서는 HTTPS를 사용하도록 권장되며, 이를 통해 트래픽이 암호화되어 데이터의 보안이 강화된다. 톰캣 서버에 HTTPS를 사용하도록 인증서를 생성하여 연결할 수도 있지만, 상당히 귀찮은 작업이 된다. 이때는 애플리케이션의 `AndroidManifest.xml` 파일의 `<application>` 요소 안에 `android:usesClearTextTraffic="true"` 속성을 추가하는 방법이 있다. 이 옵션은 보안상 취약하므로 실제 상용 앱에서는 사용을 피해야 한다. 우리의 앱에서는 다음과 같이 매니페스트 파일과 추가 XML 파일을 작성한다.

(1) /res/xml 디렉토리 안에 `network_security_config.xml` 파일을 작성한다.

network_security_config.xml

```xml
<?xml version="1.0" encoding="utf-8"?>
<network-security-config>
    <domain-config cleartextTrafficPermitted="true">
        <domain includeSubdomains="true">10.0.2.2</domain>
    </domain-config>
</network-security-config>
```

(2) 매니페스트 파일을 다음과 같이 수정한다.

매니페스트
파일 수정

AndroidManifest.xml

```xml
<?xml version="1.0" encoding="utf-8"?>
<manifest xmlns:android="http://schemas.android.com/apk/res/android"
    xmlns:tools="http://schemas.android.com/tools">
    <uses-permission android:name="android.permission.INTERNET" />
    <uses-permission android:name="android.permission.ACCESS_NETWORK_STATE" />
    <application
        android:allowBackup="true"
        ..
        android:networkSecurityConfig="@xml/network_security_config"
        android:usesClearTextTraffic="true">
        <activity
            android:name=".LoginActivity"
            android:exported="true">
            <intent-filter>
                <action android:name="android.intent.action.MAIN" />
                <category android:name="android.intent.category.LAUNCHER" />
            </intent-filter>
        </activity>
        <activity android:name=".ProductDetailActivity"></activity>
        <activity android:name=".MainActivity"></activity>
```

```
        <activity android:name=".CartActivity"></activity>
    </application>
</manifest>
```

이 앱에서는 첫 번째 화면이 로그인 화면이 된다. 따라서 LoginActivity가 제일 먼저 실행되도록 인텐트 필터를 설정하였다.

 SECTION 4

로그인 화면 만들기

로그인 기능을 가진 화면을 만들어보자.

(1) MobileShop이라고 하는 프로젝트를 생성한다.

(2) 상품 이미지와 회사 로고 이미지, 쇼핑 카트 이미지를 /res/drawable에 복사한다.

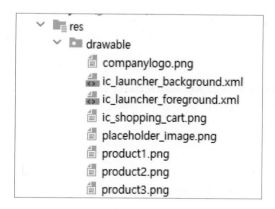

(3) 로그인 화면의 사용자 인터페이스를 디자인한다.

activity_login.xml **UI**

```xml
<?xml version="1.0" encoding="utf-8"?>
<LinearLayout >
    <TextView
        android:id="@+id/loginStatus"
        android:layout_width="wrap_content"
        android:layout_height="wrap_content"
        android:text="안드로이드 쇼핑몰" />
```

```xml
    <ImageView
        android:id="@+id/logoImageView"
        android:src="@drawable/companylogo" />

    <EditText
        android:id="@+id/emailEditText"
        android:hint="아이디"
        android:inputType="text" />

    <EditText
        android:id="@+id/passwordEditText"
        android:hint="비밀번호"
        android:inputType="textPassword" />

    <Button
        android:id="@+id/loginButton"
        android:text="로그인" />

    <Button
        android:id="@+id/registerButton"
        android:text="회원가입" />
</LinearLayout>
```

(4) 로그인을 위한 자바 코드를 작성한다.

코드
작성

LoginActivity.java

```java
public class LoginActivity extends AppCompatActivity {
    private EditText emailEditText, passwordEditText;
    private TextView statusText;
    private Button loginButton;
    String username, password;
    String line;
    StringBuilder response = new StringBuilder();

    @Override
    protected void onCreate(Bundle savedInstanceState) {
        super.onCreate(savedInstanceState);
        setContentView(R.layout.activity_login);          // 레이아웃 요소 초기화
        emailEditText = findViewById(R.id.emailEditText);
        passwordEditText = findViewById(R.id.passwordEditText);
        loginButton = findViewById(R.id.loginButton);
        statusText = findViewById(R.id.loginStatus);          // 로그인 버튼 클릭 이벤트 처리
        loginButton.setOnClickListener(new View.OnClickListener() {
            @Override
            public void onClick(View v) {                      // 아이디와 비밀번호 입력값을 가져오기
```

```java
                username = emailEditText.getText().toString();
                password = passwordEditText.getText().toString();
                attemptLogin();
            }
        });
    }
    private void attemptLogin() {
        new Thread(new Runnable() {
            @Override
            public void run() {
                final boolean success = isUserValid(username, password);
                // UI 업데이트를 위해 메인 스레드로 전환
                runOnUiThread(new Runnable() {
                    @Override
                    public void run() {
                        onLoginResult(success);
                    }
                });
            }
        }).start();
    }


    private boolean isUserValid(String username, String password) {
        try{
        String serverUrl = "http://10.0.2.2:8080/SHOP/login.jsp";
        String queryParams = "username=" + URLEncoder.encode(username, "UTF-8") +
                "&password=" + URLEncoder.encode(password, "UTF-8");
        // URL에 쿼리 파라미터 추가
        URL url = new URL(serverUrl + "?" + queryParams);
        // GET 요청 설정
        HttpURLConnection connection = (HttpURLConnection) url.openConnection();
        connection.setRequestMethod("GET");

        response = new StringBuilder();

        // GET 요청 수행
        try (BufferedReader reader = new BufferedReader(new InputStreamReader(connection.
        getInputStream()))) {
            String line;
            while ((line = reader.readLine()) != null) {
                response.append(line);
            }
            // 서버로부터 받은 응답 처리
            if ("success".equals(response.toString().trim()))
                return true;
        }
        } catch (Exception e) {
```

```
                e.printStackTrace();
        }
        return false;
    }

    public void onLoginResult(boolean success) {
        // 로그인 결과에 따른 처리를 여기에서 수행
        if (success) {
            // 로그인 성공
            SharedPreferences sharedPreferences = getSharedPreferences("user_session", Context.
            MODE_PRIVATE);
            SharedPreferences.Editor editor = sharedPreferences.edit();
            editor.putString("user_id", username); // 사용자 정보 저장
            editor.apply();                          // 메인 화면으로 이동
            Intent intent = new Intent(LoginActivity.this, MainActivity.class);
            startActivity(intent);                   // 로그인 액티비티를 종료하고 뒤로 가기 버튼으
            로 다시 돌아오지 않도록 설정한다.
            finish();
        } else {
            statusText.setText("로그인 실패!"+response.toString()+" "+username+" "+password);
                    // 로그인 실패 처리
        }
    }
}
```

이 자바 파일에서는 로그인 정보를 사용하여 로그인 인증을 한다. 실제로는 서버나 데이터베이스를 사용하여 인증을 확인하여야 하지만, 여기서는 아이디는 "kim"이고 비밀번호는 "1234"라고 가정하였다. 사용자 인증을 하기 위하여 톰캣 서버의 http://10.0.2.2:8080/SHOP/login.jsp 스크립트를 호출한다. 이 JSP 스크립트에서 사용자 인증을 수행한 후에 "success"나 "failure"를 반환하게 된다. 네트워킹 코드는 별도의 스레드에서 수행되어야 한다.

여기서 로그인 여부는 SharedPreferences를 사용하여 저장하고 있다. SharedPreferences은 간단한 키-값 저장소로 사용자 설정, 상태 정보, 또는 앱 내에서 지속적으로 유지해야 하는 데이터를 저장하는 데 유용하다. 여기서는 "user_id"라는 키로 사용자 아이디 값을 SharedPreferences에 저장한다. 데이터는 키-값 형태로 저장되며, user_id가 키이고 email이 값이다. 결과적으로, SharedPreferences를 사용하여 "user_session"에 사용자의 아이디 정보를 저장하게 된다. 이 정보는 앱을 종료하고 다시 시작해도 유지되며, 나중에 다시 사용할 수 있다. 이것은 사용자 설정 또는 세션 정보를 유지해야 하는 경우에 매우 유용한 기능이다. 사용자가 로그아웃을 하면 SharedPreferences에서 정보를 지우면 된다.

상품 목록 페이지 만들기

앞에서 로그인에 성공하면 제품 목록을 표시하는 MainActivity로 이동하게 된다. 사용자가
이 화면에서 제품을 선택하면 해당 제품의 상세 정보를 표시하는 ProductDetailActivity로 전
환된다.

제품을 나타내는 Product 클래스

하나의 상품을 나타내는 Product 클래스를 작성한다. 여기에 필요한 모든 정보를 추가할 수
있다.

Product.java

```java
public class Product implements Serializable {
    private int id;
    private String name;
    private int price;
    private String description;
    private int imageResId;

    public Product(int id, String name, int price, String description, int imageResId) {
        this.id = id;
        this.name = name;
        this.price = price;
        this.description = description;
        this.imageResId = imageResId;
    }

    // 접근자와 설정자
    public String getName() {
        return name;
    }
    public void setName(String name) {
        this.name = name;
    }
    public int getId() {
        return id;
    }
    public void setId(int id) {
        this.id = id;
    }
```

```java
    public int getPrice() {
        return price;
    }
    public void setPrice(int price) {
        this.price = price;
    }
    public String getDescription() {
        return description;
    }
    public void setDescription(String description) {
        this.description = description;
    }
    public int getImageResId() {
        return imageResId;
    }
    public void setImageResId(int imageResId) {
        this.imageResId = imageResId;
    }
}
```

제품 목록과 장바구니의 데이터는 어디에 저장될까?

거의 모든 액티비티에서 제품 목록과 장바구니 데이터가 필요하다. 어디에 저장하면 좋을까? 물론 원초적인 데이터는 데이터베이스나 서버에서 읽어오겠지만, 원초적인 데이터가 서버에서 도착하면 안드로이드 앱에서는 어디에 저장하여야 하는가?

자바에는 ArrayList라고 하는 데이터 구조가 있다. 여기에 저장하면 된다. 하나의 상품은 Product라는 클래스로 나타내고 이 Product 클래스의 객체들을 ArrayList에 저장하면 된다. 그리고 이들 데이터는 MainActivity 안에 저장하자.

MainActivity.java

```java
static List<Product> products; // 제품 목록
static List<Product> cartItems; // 장바구니
```

만약 다른 액티비티에서 이들 데이터가 필요하다면 어떻게 하면 될까? 액티비티 안에 정적 (static) 데이터로 저장하면 클래스 이름을 가지고 이들 데이터에 접근할 수 있다. 다른 액티비티(예를 들어서 CartActivity)에서도 MainActivity 이름은 알고 있으므로 다음과 같이 접근하는 것이 가능하다.

CartActivity.java

```
private List<Product> products  = MainActivity.products;
private List<Product> cartItems = MainActivity.cartItems;
```

MainActivity 작성하기

(1) 제품 목록을 나타내는 화면을 디자인한다. 레이아웃 XML 파일에서 `RecyclerView`를 사용하여 제품 목록을 표시하고 제품을 클릭하면 해당 제품의 상세 정보를 표시할 `ProductDetailActivity`로 이동하도록 설정한다.

activity_main.xml

```xml
<?xml version="1.0" encoding="utf-8"?>
<RelativeLayout xmlns:android="http://schemas.android.com/apk/res/android">

    <androidx.recyclerview.widget.RecyclerView
        android:id="@+id/productRecyclerView"
        android:layout_width="match_parent"
        android:layout_height="match_parent"
        app:layoutManager="androidx.recyclerview.widget.LinearLayoutManager"
        app:layout_constraintBottom_toBottomOf="parent"
        app:layout_constraintTop_toTopOf="parent" />
</RelativeLayout>
```

(2) 각 제품을 표시하는 레이아웃 파일을 작성한다.

product_item.xml

```xml
<LinearLayout>
    <ImageView
        android:id="@+id/productImage"
        android:src="@drawable/placeholder_image" />

    <TextView
        android:id="@+id/productName"
        android:text="Product Name"
        android:textStyle="bold" />

    <TextView
        android:id="@+id/productPrice"
        android:text="20000"
        android:textSize="14sp" />
```

```
</LinearLayout>
```

(3) ProductAdapter 클래스를 작성하여 제품 목록을 표시한다.

**코드
작성**

ProductAdaptor.java

```java
public class ProductAdapter extends RecyclerView.Adapter<ProductAdapter.ViewHolder> {
    private List<Product> products;
    private List<Product> cartItems = MainActivity.cartItems; // MainActivity의 장바구니 아이템 목
록을 가져온다.
    private Context context;

    public ProductAdapter(List<Product> products, Context context) {
        this.products = products;
        this.context = context;
    }

    @Override
    public ViewHolder onCreateViewHolder(ViewGroup parent, int viewType) {
        // XML 레이아웃 파일을 가져와서 ViewHolder를 생성한다.
        View view = LayoutInflater.from(parent.getContext()).inflate(R.layout.product_item,
        parent, false);
        return new ViewHolder(view);
    }

    @Override
    public void onBindViewHolder(ViewHolder holder, int position) {
        final Product product = products.get(position);
        holder.bind(product);

        // 제품 아이템을 클릭했을 때 상세 정보 화면으로 이동하는 이벤트를 처리한다.
        holder.itemView.setOnClickListener(new View.OnClickListener() {
            @Override
            public void onClick(View view) {
                Intent intent = new Intent(context, ProductDetailActivity.class);
                intent.putExtra("product", product); // 선택한 제품을 상세 화면으로 전달한다.
                context.startActivity(intent); // 상세 정보 화면으로 이동한다.
            }
        });
    }

    @Override
    public int getItemCount() {
        return products.size();
    }
```

```java
public class ViewHolder extends RecyclerView.ViewHolder {
    private TextView productName;
    private TextView productPrice;
    private ImageView productImage;

    public ViewHolder(View itemView) {
        super(itemView);
        productName = itemView.findViewById(R.id.productName);
        productPrice = itemView.findViewById(R.id.productPrice);
        productImage = itemView.findViewById(R.id.productImage);
    }

    public void bind(Product product) {
        // 제품 정보를 ViewHolder에 연결한다.
        productName.setText(product.getName());
        productPrice.setText("" + product.getPrice() + "원");
        productImage.setImageResource(product.getImageResId());
    }
    }
}
```

이렇게 하면 앱이 시작될 때 목록에 이러한 제품이 표시된다. 실제 앱에서는 이 목록을 서버에서 가져오거나 데이터베이스와 연동하여 동적으로 관리할 수도 있다.

(4) MainActivity를 작성하여 제품 목록을 표시한다.

MainActivity.java

```java
public class MainActivity extends AppCompatActivity {
    private RecyclerView recyclerView;
    static List<Product> products;
    static List<Product> cartItems;

    @Override
    protected void onCreate(Bundle savedInstanceState) {
        super.onCreate(savedInstanceState);
        setContentView(R.layout.activity_main);

        // 제품 및 장바구니 리스트 초기화
        products = new ArrayList<>();
        cartItems = new ArrayList<>();

        // RecyclerView 설정
        recyclerView = findViewById(R.id.productRecyclerView);
        recyclerView.setLayoutManager(new LinearLayoutManager(this));
```

```java
        recyclerView.setAdapter(new ProductAdapter(products, this));
        // 여기에서 products 리스트에 제품을 추가한다.
        products.add(new Product(1, "제품 1", 700000, "이 제품은 샘플 제품 1입니다.", R.drawable.
        product1));
        products.add(new Product(2, "제품 2", 1200000, "이 제품은 샘플 제품 2입니다.", R.drawable.
        product2));
        products.add(new Product(3, "제품 3", 600000, "이 제품은 샘플 제품 3입니다.", R.drawable.
        product3));
        // 다른 제품들을 추가한다.

    }

    @Override
    public boolean onCreateOptionsMenu(Menu menu) {
        // 옵션 메뉴를 생성하고 메뉴 아이템을 추가한다.
        MenuInflater inflater = getMenuInflater();
        inflater.inflate(R.menu.cart_menu, menu);
        return true;
    }

    public void show_cart(MenuItem item) {
        // "장바구니 보기" 메뉴 항목을 클릭한 경우, 장바구니 화면으로 이동하도록 코드를 추가한다.
        Intent intent = new Intent(this, CartActivity.class);
        startActivity(intent);
    }
}
```

상품 상세 정보 페이지 만들기

SECTION 6

상품 목록 페이지에서 특정한 상품을 클릭하면 상품 상세 정보 페이지로 이동한다. 이 페이지에서 장바구니에 상품을 추가할 수 있다.

(1) 제품 상세 정보를 표시하는 레이아웃 파일을 작성한다.

product_item.xml

```xml
<?xml version="1.0" encoding="utf-8"?>
<LinearLayout>
```

```xml
    <ImageView
        android:id="@+id/productDetailImage"/>

    <TextView
        android:id="@+id/productDetailName"
        android:textSize="20sp"/>

    <TextView
        android:id="@+id/productDetailPrice"/>

    <TextView
        android:id="@+id/productDetailDescription" />

    <Button
        android:id="@+id/addToCartButton"
        android:text="장바구니에 추가"/>
</LinearLayout>
```

(2) **ProductDetailActivity**를 작성하여 제품 상세 정보를 표시한다.

ProductDetailActivity.java

```java
public class ProductDetailActivity extends AppCompatActivity {
    private RecyclerView recyclerView;
    private Button addToCartButton;
    private CartAdapter cartAdapter;

    private List<Product> products;
    private List<Product> cartItems = MainActivity.cartItems;
    Product product;

    @Override
    protected void onCreate(Bundle savedInstanceState) {
        super.onCreate(savedInstanceState);
        setContentView(R.layout.activity_product_detail);

        // 인텐트로 선택한 제품 정보를 가져온다.
        Intent intent = getIntent();
        if (intent != null) {
            product = (Product) intent.getSerializableExtra("product");
            if (product != null) {
                // 레이아웃 요소 초기화 및 선택한 제품 정보 표시
                TextView productName = findViewById(R.id.productDetailName);
                TextView productPrice = findViewById(R.id.productDetailPrice);
                TextView productDescription = findViewById(R.id.productDetailDescription);
                ImageView productImage = findViewById(R.id.productDetailImage);
```

```
                    productName.setText(product.getName());
                    productPrice.setText("" + product.getPrice() + "원");
                    productDescription.setText(product.getDescription());
                    productImage.setImageResource(product.getImageResId());
                }
            }

            // "장바구니에 추가" 버튼 클릭 이벤트 처리
            Button addToCartButton = findViewById(R.id.addToCartButton);
            addToCartButton.setOnClickListener(new View.OnClickListener() {
                @Override
                public void onClick(View view) {
                    // 제품을 장바구니에 추가하는 코드
                    cartItems.add(product);
                    Toast.makeText(ProductDetailActivity.this, "장바구니에 추가되었습니다.", Toast.
                    LENGTH_SHORT).show();
                }
            });
        }


        @Override
        public boolean onCreateOptionsMenu(Menu menu) {
            // 옵션 메뉴를 생성하고 메뉴 아이템을 추가한다.
            MenuInflater inflater = getMenuInflater();
            inflater.inflate(R.menu.cart_menu, menu);
            return true;
        }
        public void show_cart(MenuItem item) {
            // "장바구니 보기" 메뉴 항목을 클릭한 경우, 장바구니 화면으로 이동하는 코드를 추가한다.
            Intent intent = new Intent(this, CartActivity.class);
            startActivity(intent);
        }
    }
```

장바구니

여기서는 제품을 장바구니에 추가하고 장바구니 내용을 표시하는 기본적인 기능을 구현한다. 특정 상품 옆에 있는 "Remove" 버튼을 누르면 상품이 장바구니에서 삭제되어야 한다.

(1) 장바구니를 나타내는 화면을 디자인한다. 레이아웃 XML 파일에서 RecyclerView를 사용하여 장바구니 목록을 표시한다. 결제할 수 있는 버튼 등을 추가한다.

product_item.xml

```xml
<RelativeLayout>
    <TextView
        android:id="@+id/textView"
        android:text="장바구니"
        android:textSize="48sp" />
    <androidx.recyclerview.widget.RecyclerView
        android:id="@+id/cartRecyclerView"
        android:layout_above="@+id/checkoutButton" />
    <Button
        android:id="@+id/checkoutButton"
        android:text="결제" />
</RelativeLayout>
```

(2) RecyclerView에서 하나의 항목을 나타내는 레이아웃 파일을 작성한다. 항목을 장바구니
에서 삭제할 수 있는 버튼을 추가한다.

UI

```
product_item.xml

<LinearLayout>
    <ImageView
        android:id="@+id/cartItemProductImage"
        android:src="@drawable/placeholder_image" />

    <LinearLayout          android:orientation="vertical">
        <TextView
            android:id="@+id/cartItemName"
            android:text="Product Name"
            android:textStyle="bold" />

        <TextView
            android:id="@+id/cartItemPrice"
            android:text="30000원"
            android:textSize="14sp" />
    </LinearLayout>

    <Button
        android:id="@+id/removeFromCartButton"
        android:text="Remove" />
</LinearLayout>
```

(3) 장바구니를 구현하는 자바 파일을 작성한다.

**코드
작성**

```
ProductDetailActivity.java

public class CartActivity extends AppCompatActivity {
    private RecyclerView recyclerView;
    private CartAdapter cartAdapter;
    private List<Product> cartItems = MainActivity.cartItems;
    Button removeButton;

    @Override
    protected void onCreate(Bundle savedInstanceState) {
        super.onCreate(savedInstanceState);
        setContentView(R.layout.activity_cart);

        // RecyclerView 설정
        recyclerView = findViewById(R.id.cartRecyclerView);
        // RecyclerView 및 CartAdapter 설정
        cartAdapter = new CartAdapter(cartItems);
```

```java
        recyclerView.setLayoutManager(new LinearLayoutManager(this));
        recyclerView.setAdapter(cartAdapter);

        // "결제" 버튼 클릭 이벤트 처리
        Button checkoutButton = findViewById(R.id.checkoutButton);
        checkoutButton.setOnClickListener(new View.OnClickListener() {
            @Override
            public void onClick(View view) {
                // 결제 처리 또는 주문 요약 화면으로 이동
            }
        });
    }
}
```

(4) 장바구니의 RecyclerView를 위한 Adapter 코드를 작성한다.

CartAdater.java

```java
public class CartAdapter extends RecyclerView.Adapter<CartAdapter.ViewHolder> {
    private List<Product> cartItems = MainActivity.cartItems;

    public CartAdapter(List<Product> cartItems) {
        this.cartItems = cartItems;
    }

    @Override
    public ViewHolder onCreateViewHolder(ViewGroup parent, int viewType) {
        // 장바구니 아이템을 표시하는 뷰 홀더 생성
        View view = LayoutInflater.from(parent.getContext()).inflate(R.layout.cart_item,
        parent, false);
        return new ViewHolder(view);
    }

    @Override
    public void onBindViewHolder(ViewHolder holder, int position) {
        final Product product = cartItems.get(position);
        // 뷰 홀더에 제품 정보를 바인딩하고 "삭제" 버튼 클릭 이벤트 처리
        holder.bind(product);
        holder.removeButton.setOnClickListener(new View.OnClickListener() {
            // "삭제" 버튼 클릭 시 해당 아이템을 장바구니에서 제거하는 메소드 호출
            public void onClick(View view) {
                removeItem(holder.getAdapterPosition());
            }
        });
    }
```

```java
    @Override
    public int getItemCount() {
        return cartItems.size();
    }

    public class ViewHolder extends RecyclerView.ViewHolder {
        private TextView productName;
        private TextView productPrice;
        private Button removeButton;
        private ImageView productImage;

        public ViewHolder(View itemView) {
            super(itemView);
            // 아이템 뷰에서 필요한 뷰 요소들을 찾아와서 뷰 홀더에 할당
            productName = itemView.findViewById(R.id.cartItemName);
            productPrice = itemView.findViewById(R.id.cartItemPrice);
            removeButton = itemView.findViewById(R.id.removeFromCartButton);
            productImage = itemView.findViewById(R.id.cartItemProductImage);
        }

        public void bind(Product product) {
            // 제품 정보를 뷰 홀더의 각 뷰 요소에 설정
            productName.setText(product.getName());
            productPrice.setText("" + product.getPrice() + "원");
            productImage.setImageResource(product.getImageResId());
        }
    }

    public void removeItem(int position) {
        // 장바구니에서 아이템을 제거하고 이를 RecyclerView에 알림
        if (position >= 0 && position < cartItems.size()) {
            cartItems.remove(position);
            notifyItemRemoved(position);
        }
    }
}
```